SERGENT CHARLES GUILLEUX
du 1ᵉʳ Régiment de Tirailleurs Algériens

JOURNAL DE ROUTE

D'UN

CAPORAL DE TIRAILLEURS

(MISSION FOUREAU-LAMY)

SAHARA-AÏR-SOUDAN
LAC TCHAD-CHARI
CONGO

BELFORT
J. B. SCHMITT, Libraire-Éditeur
1904

JOURNAL DE ROUTE

D'UN

CAPORAL DE TIRAILLEURS

DE LA

MISSION SAHARIENNE

(MISSION FOUREAU-LAMY)

Sergent CHARLES GUILLEUX
DU 1er RÉGIMENT DE TIRAILLEURS ALGÉRIENS

JOURNAL DE ROUTE

D'UN

CAPORAL DE TIRAILLEURS

DE LA

MISSION SAHARIENNE

(MISSION FOUREAU-LAMY)

1898-1900

SAHARA — AÏR — SOUDAN

LAC TCHAD — CHARI

CONGO

1904

A mes Chefs,

A mes Camarades,

Morts pour le Drapeau.

La traversée de l'Afrique, d'Alger au Congo par le Tchad, par une Mission française, partie d'Ouargla en octobre 1898, et arrivée moins de deux ans après sur les bords de l'Atlantique, est une des prouesses les plus retentissantes de l'Histoire Coloniale et une de celles qui honorent le plus ceux qui y ont pris part.

Pour la majorité du public, cette entreprise s'appelle « Mission Foureau-Lamy », du nom des deux braves qui ont uni leur science, leur énergie et leur patriotisme pour l'accomplissement de cette grande œuvre, payée de la vie de l'un d'eux.

La famille militaire, où chacun travaille pour la gloire commune sans en rien réclamer de personnel, la nomme « Mission Saharienne »; et, sur la poitrine de ses survivants, le ruban habituel de la médaille coloniale se distingue seulement par l'agrafe d'or que la France leur a décernée.

Dans la magistrale relation de son voyage, Monsieur Foureau n'a omis aucun détail pouvant intéresser le savant, le géographe ou l'explorateur. Il a eu le rare bonheur de réaliser, jusqu'au bout, l'entreprise à laquelle il avait voué son existence. Après avoir conçu, étudié et préparé, pendant de longues années, cette expédition, il a pu l'accomplir de point en point, telle qu'il l'avait projetée ; et, au retour, il a pu, dans un récit des plus complets, la raconter au monde entier.

Tous ceux qui aiment la France, tous ceux qui s'intéressent aux progrès de l'humanité et à la marche de la civilisation ont applaudi à son succès et ont lu ce livre. Mais ce qu'ils y cherchaient, avant tout, ce qu'il importait au voyageur triomphant de publier, c'étaient ses découvertes et les résultats de son audacieuse tentative, comme après la bataille un bulletin de victoire.

Les moyens d'exécution, les détails de la vie matérielle de ces hardis et persévérants explorateurs, pendant deux ans, s'effaçaient naturellement devant l'importance du but atteint. Loin de méconnaître la part de chacun des membres de la Mission dans le succès final, le chef civil de l'expédition leur paie, à chaque page, un éclatant tribut d'éloges. Mais il ne pouvait, sans nuire à son sujet déjà si vaste, s'étendre sur les événements intérieurs de la vie de l'escorte.

La modestie des officiers ne leur permettait pas d'en écrire une histoire qui, pour être véridique, ne serait qu'une longue louange de leur héroïsme et de leur abnégation. Le Journal des Marches et Opérations, malgré sa concision réglementaire voulue, est déjà rempli de citations et d'éloges.

Pourtant, ceux qui ne dédaignent pas de suivre le soldat dans l'accomplissement journalier de son devoir, de partager ses joies et ses peines, seraient peut-être heureux de savoir quelle fut, pendant ces deux ans, l'existence de ces hommes volontairement séparés du reste de l'humanité par cette barrière réputée infranchissable du Désert, à travers laquelle ils voulaient faire brèche et frayer un chemin pour relier deux terres françaises et étendre au loin le prestige de leur Patrie.

Plus que tout autre, un des membres les plus humbles de cette vaillante troupe pouvait oser dire ce qu'il avait vu, ce qu'il avait pensé.

Il le pouvait en toute sincérité, parce qu'il n'avait rien à dire qui ne fût à la louange de tous, à l'honneur de l'Armée, à la gloire de la France. Pas un acte, pas un fait ne s'était accompli qui n'eût été inspiré par l'amour du Drapeau et le plus ardent patriotisme.

Il le pouvait en toute modestie, parce qu'il ne revendiquait, dans le succès final, d'autre part de gloire qu'un mot d'approbation de ses chefs.

Ces lignes ont été écrites au jour le jour. Si certaines pages se ressemblent et paraissent monotones, c'est que les journées qu'elles retracent se succédaient toutes pareilles. Le soldat qui, chaque soir au bivouac, notait ses souvenirs, a manqué souvent de vêtements, parfois de nourriture ; il a dû, pendant de lugubres étapes, semer, le long de la route, tout ce qu'il possédait, ne gardant que son fusil ; mais il a eu la joie de pouvoir conserver aussi, jusqu'au bout, les feuillets jaunis et rongés qui, avec un crayon, étaient sa seule fortune.

Sa constante pensée, en recopiant ces pages, en revivant ces deux années, les plus belles de sa vie, est pour le chef vénéré dont le prestige a donné à sa troupe l'endurance de surmonter tous les obstacles et d'accomplir, sans aucune défaillance, une tâche si ardue.

Le Commandant Lamy exerçait sur tous ceux qui l'ont approché, aussi bien sur les peuplades hostiles que sur sa propre troupe, une fascination extraordinaire, faite de respect, de confiance et d'admiration, et se traduisant par le plus absolu dévouement.

Sa correspondance, recueillie et publiée par l'officier qui a si brillamment achevé son œuvre, montre de quel amour mâle et profond il aimait sa patrie et ses hommes.

Aussi le soldat qui considère comme le plus grand honneur de sa vie d'avoir servi sous un tel chef se permet-il de dédier respectueusement à sa mémoire les pages qui suivent.

Il adresse, avec émotion, un cordial salut à ses frères d'armes, les Tirailleurs et les Spahis, français et indigènes, qui ont payé de leur sang le succès final.

Qu'ils reposent en paix dans la brousse !

Puisse ce récit les faire connaître et aimer de ceux qui les ignorent, et les garder toujours vivants dans le souvenir de leurs camarades !

JOURNAL DE ROUTE

D'UN

CAPORAL DE TIRAILLEURS

DE LA

MISSION SAHARIENNE

PREMIÈRE PARTIE

DE BISKRA A AGADÈS — 2.445 Kil.

I. BISKRA-OUARGLA (Sahara) 400 k. (27 Sept.-12 Oct. 1898).

II. OUARGLA-TIMASSANINE (Sahara-Erg) 475 k. (23 Oct.-18 Nov.)

III. TIMASSANINE-TIKHAMMAR (Oued Samène-Tindisset) 318 k. (26 Nov.-20 Déc.)

IV. TIKHAMMAR-TADENT (Tassili-Adrar-Anakef) 363 k. (27 Déc.-17 Janv. 1899.)

V. TADENT-IN-AZAOUA (Tanezrouft) 274 k. (27 Janv.-2 Févr.)

VI. IN-AZAOUA-IFEROUANE (Confins touaregs) 272 k. (12-24 Févr.)

VII. SÉJOUR A IFEROUANE (Combat d'Irhazar) (24 Fév.-9 Juin.)

VIII. IFEROUANE-AGADÈS (Aguellal-Aouderas) 343 k. (10 Juin-28 Juil.)

SALUT AU DÉSERT

Le Désert... Ce mot si grand dans sa simplicité, rien qu'à l'entendre, tout mon être frissonne, tant il évoque en moi de souvenirs amers et tristes, et malgré tout, charmants !

Les yeux clos, je revois les paysages contemplés jadis : ces plaines de sable, ces dunes si blanches.

Oh ! ce blanc du désert ! ce blanc doré, incomparable, éclatant sous le ciel bleu ! comme il caractérise cette terre originale et inviolée ! Tout y parait blanc, sous les rayons inexorables du soleil !

Que de fois, sur une haute dune, extasié devant le panorama grandiose qui s'offrait à ma vue, je suis resté des heures entières immobile, sans pouvoir assouvir ma passion du Beau, regardant avidement ces horizons de sable, gravés dès lors à jamais dans ma mémoire.

Que de fois aussi, séduit par la monotonie même de ces visions sahariennes, bercé par le silence de ces splendeurs mortes, mon cœur se laissait aller vers l'Inconnu ; et, devant ces tableaux sauvages, ma bouche s'ouvrait pour crier ces mots, inconsciemment répétés :

« Oh ! que c'est beau, que c'est beau !... » qui s'envolaient dans l'espace, comme un hommage au Créateur de cette nature sublime.

Le désert est par excellence le pays de la rêverie, comme si, dans cette immensité sans bornes, l'âme se sentait plus libre pour s'évader du corps et pour s'enfuir vers le pays aimé.

Bien souvent, le soir, après une rude marche, j'oubliais ma fatigue pour admirer le coucher du soleil. Quel spectacle émouvant et grandiose, que la vue de ce grand disque de feu, qui descend lentement à l'horizon, embrasant de ses derniers reflets la plaine de sable et les dunes qui resplendissent comme de la poussière de diamant.

Et ce millier de chameaux qui rentrent au camp, comme ils se profilent sur les collines par petits groupes épars, suivis de leurs ombres noires qui s'allongent en des formes fantastiques. Quelle étrange couleur locale dans leur majestueux défilé !

Lentement, le soleil descend toujours ; enfin il disparait dans un flamboiement de feu d'artifice. Au jour succède un crépuscule fugitif, qui meurt bientôt lui-même, faisant place à la nuit. La blanche clarté de la lune allume mille scintillements dans le sable qui nous environne.

Tel était le charme de la nature endormie et silencieuse que tous nous restions muets, l'œil anxieux, fixé à l'horizon et l'oreille attentive, comme si le Génie du Désert avait dû nous apparaître et murmurer de ces douces paroles qui fortifient l'âme et font vibrer le cœur.

Rien d'aussi captivant que la contemplation de ces solitudes. Oh Mères si bonnes et si tendres, qui ne connaissez le désert, ses sites sauvages et grandioses que par nos récits, pouvez-vous trouver quelque charme à ces visions barbares ? Non, votre cœur se serre d'angoisse en songeant à l'énergie qu'il a fallu à ces pauvres Tirailleurs, à vos Fils, pour endurer des privations et surmonter des obstacles sans nombre dans la traversée de ces pays inhospitaliers.

Peut-être, si vous pouviez entrevoir ces horizons de sable, comprendriez-vous quelle fascination ils exercent sur nous, et comment l'attrait de l'inconnu peut triompher un moment de l'amour filial le plus profond.

Si le culte de la Patrie et du Drapeau entraîne vos fils loin de tout ce qu'ils aiment pour porter dans les profondeurs du continent noir le renom de la France et y faire flotter victorieuses les trois couleurs de notre grande Nation, songez qu'il les rendra grandis à votre tendresse et à votre orgueil maternels !

Au milieu du désert, le voyageur vit comme dans un songe. Il se sent enveloppé d'une atmosphère si étrange qu'il peut se croire transporté sur une autre terre inhabitée. Partout autour de lui, l'immensité morne et l'image de la mort ; pas un être vivant, pas un arbre, pas un brin d'herbe, rien... rien !

Ce pays dénudé n'est pourtant pas sans charme. L'isolement, d'abord pénible, finit par rendre l'âme plus légère. On s'abandonne à l'extase du rêve. Subjugué par le Beau, le cœur se brise d'émotion et laisse une larme, aussitôt bue par le soleil, perler et mourir au bord de la paupière.

Là, pour la première fois, devant toutes ces splendeurs, mon cœur, vierge de tout amour vrai, s'est pris à aimer, à aimer pour toujours...

Cet amour, dès lors enraciné dans mon cœur et sans cesse grandissant, cet amour auquel j'ai tout sacrifié, c'est celui de la Patrie.

Je l'avais toujours chérie, ma douce France, d'aussi loin que je me souvienne ; en me berçant, déjà ma mère m'apprenait à l'aimer ; mais je l'aimais comme un enfant ; je n'avais jamais senti mon cœur battre virilement à sa pensée, comme dans ce pays perdu, si loin d'Elle.

I. — DE BISKRA A OUARGLA

De Blida à Biskra, le détachement du 1er Régiment de Tirailleurs, dont je faisais partie, fut transporté en chemin de fer.

De Biskra à Ouargla, la route fut faite en quatorze étapes, jalonnées de gîtes connus. La Mission ne fut réellement constituée qu'à Ouargla, ou plutôt à l'oasis de Cédrata distant de trois kilomètres, où nous séjournons dix jours pour recevoir nos animaux de bât et nous organiser.

Les derniers préparatifs terminés, le 23 Octobre 1898, par une belle matinée, la colonne s'enfonçait à travers les dunes, vers le sud, vers l'Inconnu.

II. — DE OUARGLA A TIMASSANINE

Après huit étapes rendues très laborieuses par l'inexpérience de nos Tirailleurs qui, peu habitués aux chameaux, les chargeaient et les conduisaient mal, nous arrivons à Aïn-Taïba. Je suis fatigué, éreinté, par la faute de ces maudits chameaux. Quel supplice de mener ces bêtes que mes hommes, presque tous Kabyles, et moi ne connaissons pas ! Nous les chargeons mal ; et nous avons grand'peine à faire relever, une fois qu'il est chargé, le chameau qui tourne seulement la tête de droite et de gauche en bavant son herbe.

En marche, que l'un d'eux prenne peur, et tous l'imitent, se sauvant en désordre et semant leurs charges derrière eux. Les cordes cassent, les caisses se défoncent, les cartouches jonchent le sol, et les guerbas éventrées laissent fuir notre eau, le plus précieux de nos trésors.

Les chameaux allégés s'enfuient de plus belle, nous laissant seuls devant le désastre de notre convoi.

Il faut les poursuivre, les reprendre et les ramener sur le lieu de l'accident pour les recharger. Mais pendant ce temps, la colonne a disparu derrière une dune, me laissant livré à mes propres ressources avec quelques tirailleurs.

Que de fois, en pareille aventure, j'ai pleuré de rage devant ces charges abandonnées, maudissant l'infernal chameau. Et pourtant, sans lui, que deviendrions-nous ? Impossible de faire un pas en avant, et même de vivre !

Le petit lac d'Aïn-Taïba, encaissé entre de hautes dunes, est d'un accès très difficile ; l'eau n'en est pas bien bonne, mais il faut nous en contenter.

Maintenant que je suis un peu reposé, et que j'ai devant moi un bon quart de café fumant, je retrouve ma bonne humeur, et je repasse en moi-même les incidents de la route. Je ne puis m'empêcher de rire en pensant aux mésaventures de mon Tirailleur, Ragoua, un bon garçon plein de zèle, mais peu dégourdi. Hier, après trois heures de marche, le Lieutenant l'autorise à monter sur un chameau haut le pied. D'abord Ragoua ne savait pas le faire coucher et ne récoltait que des coups de pied ; à l'aide d'un camarade, il parvient enfin à le faire berrequer. Mais le chameau le regarde d'un air malicieux, et, à peine le Tirailleur a-t-il mis un pied sur le bât, qu'il se relève avec une promptitude inaccoutumée et prend sa course, entraînant son cavalier pendu par une jambe. A son approche, les Tirailleurs des autres escouades poussent des cris et le chassent pour l'empêcher de mettre le désarroi parmi les leurs, si bien qu'il s'enfuit toujours avec son malheureux Tirailleur en fâcheuse position.

Ragoua pousse des cris, appelle au secours et se démène pour grimper en selle, mais sans y parvenir ; et la course finit par sa chute sur le sable : il est guéri pour longtemps de l'envie de monter à chameau.

Nous abreuvons nos animaux ; nous remplissons nos guerbas, et, après quatre jours de station, mais non pas de repos, sous un sirocco effroyable, le 4 Novembre, nous reprenons la route en avant.

Nous allons traverser maintenant la partie du Sahara appelée le Grand-Erg. Nous suivons le Gassi-el-Adham longue vallée qui est comme tant d'autres un oued sans eau, et sans végétation. L'aspect de ses hautes dunes est imposant, surtout lorsque le vent est assez fort pour soulever la poussière de leur sommet et leur donner l'aspect de montagnes fumantes. « Les dunes fument », c'est le terme employé pour désigner ce phénomène.

Dans l'Erg, nous avons pour la première fois aperçu des mirages, Ces reflets trompeurs des moindres objets sur la couche d'air surchauffée au contact du sable brûlant nous font sans cesse illusion. Tantôt une forêt aux arbres gigantesques à la place de quelques touffes d'alfa ! Voyez ce lac tranquille aux eaux bleutées et limpides, plus nous marchons vers lui, plus il s'éloigne, et semble nous dire : « N'approche donc pas, je ne suis que chimère ». Ces murailles écroulées qui rappellent un vieux château féodal..., simples dunes, qui se perdent dans le brouillard ! C'est le mirage.

Cette partie du Sahara m'a paru la moins déserte et la plus fertile. On y trouve de beaux paturages de drinn et de mrokba. Après avoir traversé cette partie du Grand-Erg, on arrive à El-Biodh, qui est un point d'eau. Pas de puits : il suffit de creuser à 20 ou 25 centimètres dans le sable pour trouver de l'eau ; mais qu'elle eau ! On voit encore là quelques palmiers plantés par le Colonel Flatters en 1880.

Nous y arrivons le 10 Novembre et après nous être ravitaillés en eau, nous repartons le 15.

A El-Biodh, eut lieu la première alerte, sans autre suite que la mort d'un de nos chameaux. Un factionnaire, le prenant pour un méhari avait fait feu sur lui, et, trop bon tireur malheureusement, l'avait tué.

D'El-Biodh à Timassanine, le pays change d'aspect. Plus de dunes dorées, ni de plaines de sable ; c'est l'hamada pierreuse, déserte, avec de temps en temps quelques vallées où croissent de rares touffes de tamarins desséchés par le soleil. Ces rochers ne sont pas grandioses comme les vastes paysages de sable : leur aspect est mesquin et d'une morne tristesse.

On aperçoit entre autres la grande vallée de l'Igharghar, que nos guides nous ont fait remarquer.

Elle est tellement large qu'on a peine à se figurer qu'elle était le lit d'un fleuve dans les temps préhistoriques.

Depuis un bon moment, je regarde mon ami Pannet, monté sur un chameau qui porte deux sacs de cordes. Bercé par le roulis de la bête, il se laisse aller au sommeil. Là-bas, juste sur le passage du chameau, j'aperçois deux arbres très rapprochés, et je ris d'avance, car je prévois la fin de la promenade.

En effet, mon chameau, lentement, d'une allure majestueuse, se dirige vers les deux arbres ; il approche... le voilà qui passe entre les deux...

Le chameau a bien passé, mais non pas son chargement ; les sacs, arrêtés par les arbres, sont tombés, et mon pauvre Pannet s'est réveillé en sursaut, la tête dans le sable. Vous voyez d'ici la figure ahurie qu'il fait entre ces deux sacs, tandis que le chameau continue son chemin avec une indifférence parfaite.

Enfin, une belle plaine couverte de tamarins s'offre à nos yeux, puis quelques palmiers se dessinent à l'horizon : c'est Timassanine.

Timassanine est habité ; il y a une Zaouïa : le gardien est un Touareg, El-Hadj-Embarek, qui chaque matin avant le lever du soleil remplit l'espace endormi des sons harmonieux de sa voix. Cette prière matinale, rompant le silence de ces solitudes, semble évoquer les mânes des anciens habitants de ces lieux à présent déserts. Le voyageur, à quelque religion qu'il appartienne, ne peut, en l'entendant, se défendre d'une certaine émotion, et tous, nous l'écoutons avec recueillement,

Itinéraire de la Mission Saharienne
(d'après M. Foureau)

Dès notre arrivée dans ce pays, nos chameaux, comme toujours partaient le matin pour le pâturage sous la conduite de quelques tirailleurs qui restaient toute la journée exposés aux brûlants rayons du soleil, à monter la garde, et le soir, à la tombée de la nuit, ramenaient le troupeau au camp.

Il fallait nous voir nous jeter à corps perdu dans cette masse de chameaux, chacun cherchant le sien, pour qu'à l'appel le gradé pût dire : « J'ai mon compte ».

Mais, allez donc reconnaître les vôtres, dans cette foule de plus de mille animaux ! On en prenait vite au hasard le nombre voulu ; et, aidé de quelques hommes dégourdis qui les faisaient berrequer, dans l'intérieur du camp, on se hâtait de leur faire avec des ciseaux, des marques qu'on pût invoquer au besoin.

Les mêmes vols recommençaient tous les soirs. Souvent, entre hommes et gradés, c'étaient des injures, des coups même ; mais celui qui s'était emparé d'un chameau le gardait ; car faute de se débrouiller, on risquait quinze jours de prison. Que de fois, la nuit, je me suis traîné à plat ventre dans la section voisine pour marquer un ou plusieurs chameaux que, le lendemain matin, accompagné de mon Lieutenant pour soutenir ma cause, j'allais réclamer !

Mais un jour arriva, que les chameaux n'étaient plus que marqués sur tout le corps. Alors, les disputes et les coups redoublèrent. Tout le long de la route, ce n'étaient que discussions à propos de chameaux volés : « Je reconnais mon chameau, il est marqué à la queue ! — Non, il n'est pas à toi, regarde cette marque sur le cou. » Bref toutes ces histoires mirent beaucoup d'entraves dans notre marche. L'origine de tout ce mal est que pendant le premier mois de route nos chameaux étaient accompagnés au pâturage, outre les soldats, par des **chambba**, chameliers civils du sud. Ceux-ci profitaient de notre inexpérience pour faire disparaître derrière les dunes quelques bêtes, aussitôt emmenées par leurs complices, si bien que chaque soir il manquait quelques chameaux à l'appel... Et comme vous savez, dégrouillez-vous !

La ration n'était pas bien forte ; aussi fallait-il nous voir râcler le fond des marmites et déchirer à belles dents le peu de viande de chameau restant sur les os qu'on se disputait. Nous commencions à savoir ce que c'est que la faim ; et pourtant, si nous avions pu prévoir ce que l'avenir nous réservait, nous nous serions trouvés bien heureux.

Nous touchions un peu de farine de blé, deux cents grammes par jour ; et le soir, nous pétrissions notre pain avec un peu d'eau, avant de le mettre cuire dans la braise rouge. On était content rien que de le voir au feu, et d'avance, on se délectait à la pensée de pouvoir bientôt apaiser un peu sa faim. Quelquefois même on ne le laissait pas cuire complètement et on avalait la galette de pâte telle quelle.

Le tabac commençait aussi à manquer ; dès qu'un homme fumait, il n'était pas rare de voir dix ou quinze Tirailleurs en cercle autour de lui, se disputant pour avoir « El kémia » à fumer un peu. On fumait jusqu'à se brûler les doigts, pas un brin de tabac n'était perdu.

III. — DE TIMASSANINE A TIKHAMMAR

26 Novembre. — Après sept jours de station à Timassanine, nous reprenons la marche en avant. Encore quelques dunes, et bientôt à notre droite une montagne noire, hérissée de rochers se dresse dans la plaine. Au delà, nous trouvons le puits de Tabalbalet, où nous avons la douleur d'enterrer notre premier camarade français de la Mission, le caporal Receveur, emporté par la dyssenterie dont il était atteint depuis Ouargla.

La triste cérémonie de ses obsèques fut simple,

mais imposante. Le Commandant Lamy prononça quelques paroles dont j'ai surtout retenu ces mots : « Le Caporal Receveur, malade depuis notre départ, a préféré nous suivre et venir mourir ici, plutôt que de rester à Ouargla ; il nous encourage par son exemple et nous crie du fond de sa tombe : En avant ! marchez, marchez, que rien ne vous arrête, marchez jusqu'à la mort. »

Ici, j'ai à me confesser d'un petit larcin qui, j'ose espérer, me sera pardonné, vu les circonstances.

Une nuit, vers une heure du matin, ma section va conduire au puits ses chameaux pour les abreuver. Une fois arrivé, je m'aperçois que je n'ai pas assez de cordes pour descendre notre dallo jusqu'au fond du puits ; j'en rends compte à mon Lieutenant qui m'envoie au camp en chercher.

Ces cordes étaient cachées dans une garara (un sac) qui contenait des dattes. A la vue de ces fruits, la faim qui me tenaillait les entrailles me donne l'envie irrésistible d'y goûter. Après quelques instants de lutte avec moi-même, j'en pris une dizaine et je les avalai gloutonnement. J'aurais peut-être recommencé ; mais j'éprouvais déjà un remords de ma faute, car si j'étais torturé par la faim, mes camarades aussi en souffraient ! La conscience troublée, je refermai le sac, et je m'en retournai au puits. Chemin faisant, mon crime me parut moins grand, comparé à ces vols dont j'étais chaque jour le témoin.

Deux jours après, le 3 Décembre, nous étions à Aïn-el-Hadjadj. Quelques dunes entourent le puits creusé dans les rochers ; il a cinq ou six mètres de diamètre et dix ou douze de profondeur. L'eau est abondante et bonne.

Que de fatigues, pour tirer l'eau de ces puits ! La nuit entière se passait à abreuver nos bêtes et à remplir nos guerbas. Puis c'était le pâturage, toute la journée en plein soleil ! Ceux qui restaient au camp étaient employés à la Zériba, à l'arrimage des bagages, ou à des réparations. Jamais de repos, pas une minute à soi ; mais nous acceptions tout cela de bon cœur, en bons soldats.

Enfin, la nuit tombait. C'était le seul moment de la journée où l'on pût se détendre. En cercle autour d'un bon feu, les hommes de l'escouade réunis buvaient à petites gorgées leur délicieux moka, en parlant des pays que l'on devait traverser, et plus souvent encore de notre retour en France. Nous interrompions parfois notre entretien à la vue d'un blanc fantôme passant en silence et se dirigeant vers les petits postes : c'était notre Commandant qui faisait sa ronde et veillait à la sécurité du camp.

Quelques marchands, Touaregs d'In-Salah, vinrent alors à notre campement pour nous vendre des dattes, et comme toujours, ces gens-là profitèrent de notre situation précaire pour nous imposer des prix excessifs. Une misérable poignée de dattes sèches : 5 francs ! Une pelote de gros fil presque inutilisable : 1 franc ; un paquet de cigarettes : 2 francs. Tout était hors de prix, mais il n'y avait pas à marchander, et c'est encore à grand'peine qu'on arrivait à acheter. La Mission entière se ruait sur ces marchands. Tous nous voulions acheter quelques dattes pour calmer un moment la fringale qui nous déchirait le ventre.

On ne comptait pas son argent ; on le donnait à poignées. Que nous importait le prix des choses ; il nous fallait à manger et nous aurions donné notre dernière chemise pour quelques mauvaises dattes, bien vite dévorées dans un coin, à l'abri de la vue des camarades.

Par contre, les pâturages étaient assez bons, et nos chameaux en profitaient pour manger à leur appétit.

Le Commandant ayant découvert, dans une de ses reconnaissances, une source d'eau excellente dans la montagne, nous partîmes le 8 Décembre pour y terminer notre provision d'eau.

A cette source de Temannate, nous trouvons deux Targuis qui exécutent devant nous quelques danses de leur pays, entre autres la danse du sabre. On y fait un jour de halte, et, le 10 Décembre, en avant vers Inimany.

Nous traversons une grande plaine où l'on trouve, enfoui sous le sable, du bois mort par arbres entiers. Ici devait s'élever, dans les temps préhistoriques, une forêt magnifique. Plus loin, de petits bouquets de gommiers sauvages donnent un peu de vie à ces paysages. Devant nous s'ouvre la vallée de l'Oued-Samène, encadrée par des montagnes tantôt bleu foncé, tantôt noires, suivant les heures du jour. La végétation est abondante en drinn et en mrokba.

Nous étions presque arrivés au puits quand, en tête de la colonne, les Officiers apercevant des animaux et les prenant pour des onagres, tirèrent dessus ; mais qu'elle ne fut pas leur surprise lorsque, sortant de sa cachette, un indigène vêtu d'une peau de mouton rassembla tous ces onagres qui étaient de simples bourricots.

Du 11 au 14 Décembre, séjour, et, comme à l'ordinaire, abreuvoir, pâturage et récolte d'une grande provision de drinn, de quoi nourrir nos chameaux pendant trois jours.

Des Targuis nous rendent visite ; avec quelques mètres d'étoffes, nous leur achetons des chèvres et des moutons. Quel succulent repas, ce jour-là. La viande de chameau ne figurait pas à l'ordinaire. Têtes, pattes, intestins de moutons, tout était dans la marmite d'où sortit un bouillon que n'eut pas désavoué le célèbre Duval.

Jusque là, nous n'avions pas trop souffert de la route, mais les difficultés sérieuses allaient commencer. L'entrée du Tindesset, immenses montagnes rocheuses, en fut le début. Les beaux et faciles pays de sable étaient finis ; plus de dunes maintenant : rien que des rochers jusqu'à l'Aïr et presque jusqu'au Soudan.

On ne rencontre plus que des touffes de tamarins clairsemées dans les ravins. Partout d'énormes blocs, à peine un sentier pour le passage de la colonne qui s'allonge démesurément. La tête partait à 3 heures du matin et tout le monde faisait halte à 4 heures et demie du soir, là où on se trouvait. Pendant toute l'étape, on n'avait rien dans le ventre qu'un quart d'eau et un léger café.

Pas de bois pour faire cuire notre ration de viande de chameau. Heureusement que les Tirailleurs ramassaient en route des crottes de chameaux qui, séchées au soleil, servaient de combustible.

Pas de pâturage non plus ; notre réserve de drinn servait à la nourriture de nos bêtes, et bien maigre était leur ration, à ces pauvres chameaux. Ils n'avançaient que lentement, au milieu de précipices où un faux pas pouvait les précipiter. Que de peines pour leur faire traverser ces montagnes ! A tout moment, un chameau éreinté par la route, succombant sous le poids de sa charge, s'affaissait ; alors, il fallait toute l'énergie de quelques hommes pour le décharger, le lever et lui remettre sa charge sur le dos. Quatre pas plus loin, c'était à recommencer avec un autre.

Quand le chameau, à bout de forces, ne pouvait plus se tenir sur ses jambes, il était tué sur place, dépecé, et sa chair, emportée par les hommes, était consommée le jour même. Sa charge était enlevée par les Tirailleurs qui, bien qu'exténués de fatigue, n'hésitaient pas à se la partager, en attendant de pouvoir la répartir entre les chameaux les plus valides de la section.

Que de souffrances inaperçues, que de dévoûments ignorés dans ces rochers noirs et tristes !

Et toujours la faim ! Une nuit qu'elle était plus cruelle que d'habitude, j'étais couché près d'une garara (sac) de dattes sèches ; et pendant des heures, avec mes dents, n'ayant pas de couteau, je déchirai ce sac pour y prendre des fruits. J'y réussis enfin, et, encore une fois, au prix d'un vol, j'apaisai ma faim. Ce fut mon second et dernier exploit de ce genre.

Il faisait aussi très froid la nuit. Souvent, au réveil, nos guerbas étaient couvertes de glaçons ; et pas de feu pour se réchauffer ; presque rien pour se couvrir.

Ainsi, le jour, c'était la chaleur et la soif, la nuit, le froid qui nous infligeaient des tortures variées.

18 Décembre. — Après quatre jours de souffrances de toute nature dans ce pays désespérément triste du Tindesset, au milieu de ces rochers noirs, dénudés et monotones, qui n'avaient pas même le mérite de former un chaos grandiose, la vallée de Tikhammar nous apparut comme un Eden. Elle était là, devant nous, à nos pieds ; mais pour en fouler le sol, il fallait descendre dans le précipice béant, profond de deux à trois cents mètres, au bord duquel nous étions parvenus. Pas d'hésitations, coûte que coûte, il faut marcher. Poussé par son conducteur, le premier chameau s'engage dans cette descente à pic. Tremblant sur ses hautes jambes, il marche lentement ; les rochers lui barrent le passage ; il hésite et risque à chaque instant d'être précipité dans le vide. Mais son Tirailleur l'excite et le guide adroitement, et l'amène enfin dans la plaine.

Le premier est descendu ; il s'agit d'en faire faire autant aux mille chameaux qui sont là, inquiets, tendant le cou vers l'abîme. Les Tirailleurs s'échelonnent dans les crevasses des rochers, du haut en bas de la muraille, et les animaux s'engagent dans la descente. Après un travail inouï de la part de tous, ma section, la 2e, celle du Lieutenant Britsch, est enfin dans la vallée ; il nous avait fallu sept heures pour y amener nos 150 chameaux. Deux seulement manquaient : ils s'étaient brisé les jambes en tombant avec leur chargement. Nous campons aussitôt, et nos bêtes affamées se régalent jusqu'à la nuit.

Le lendemain, 19 Décembre, entre 6 et 7 heures du soir seulement, le dernier échelon de la Mission avait achevé la descente. Ce passage du Tindesset est un tour de force vraiment remarquable. En l'envisageant de sang-froid, on se demande comment ce coup d'audace a pu réussir sans plus d'accidents.

20 Décembre. — Encore une étape, et nous étions à Tikhammar. La vallée, légèrement ondulée de petites dunes, et couverte de gommiers sauvages, est magnifique. Le tamarin y pousse en quantité. Le puits, qui est à un kilomètre du camp, fournit de l'eau potable, délicieux nectar dont on se régale ; et, pour un moment, on oublie la soif.

Quelquefois nous lavions nos pauvres guenilles aux puits de la route ; mais comme le savon manquait, elles restaient toujours sales et pleines de crasse : et, séchées au soleil, elles prenaient une raideur telle qu'un pantalon aurait pu tenir debout sur ses jambes. Les poux — pour tout dire — n'étaient pas à la fête dans l'eau ; mais comme ils se vengeaient quand les effets secs reprenaient place sur notre corps. Oh ! les horribles petits insectes, quelles souffrances ils nous faisaient endurer ! La ceinture était leur place favorite ; car, revêtus du ceinturon, nous ne pouvions pas les atteindre. D'ailleurs, plus on tuait de ces vilaines bêtes, plus il y en avait. On les comptait par centaines, et de toutes les couleurs, des noirs, des rouges.... Oh ! ces rouges, ce sont les plus méchants !

Les hommes non employés aux pâturages raccomodaient leurs effets. Le fil manquait, comme tout d'ailleurs. On voyait force pantalons recousus avec de la ficelle et des bourgerons en loques, ne tenant plus sur le dos de l'homme que par quelques bouts de chiffons noués entre eux.

N'ayant plus de pantalon, je m'en étais fait un avec un sac de grosse toile ramassé je ne sais où, et voici comment. A l'aide de ma baïonnette, je coupe le fond du sac ; j'y ouvre une fente de bas en haut dans le sens de la longueur et bien au milieu, ayant soin toutefois d'arrêter cette coupure aux trois quarts de la longueur du sac, hauteur de l'entre-jambe. Au moyen de ficelle, je couds les jambes ; je fais tant bien que mal une ceinture et voilà mon serroual confectionné.

Certes, on souffrait de manquer du nécessaire, mais la nostalgie nous rendait encore bien plus malheureux que le dénûment matériel Depuis notre départ de Ouargla, pas d'oasis, pas d'habitants, rien qui pût nous distraire. Quelques rares oiseaux perdus au milieu de ces sables donnaient un peu de vie à ces solitudes. On devenait morose, irritable. Plus de camaraderie ; les causeries du soir se faisaient de plus en plus rares. On était comme anéanti par la vision obsédante de ces paysages toujours pareils. La tristesse régnait dans le camp.

Pas un incident, toujours la même chose ; la marche, l'interminable marche, puis l'abreuvoir, le pâturage, les rondes, le ravitaillement en eau.

Toujours les mêmes rations d'eau et de viande de chameau, et les mêmes ennuis de route. Seules, la faim, la soif, la fatigue, tour à tour en éveil, mettaient par leurs accès quelque diversité dans notre lamentable existence.

Quand un camarade vous abordait, on savait d'avance ce qu'il allait vous dire ; souffrant de la faim ou de la soif, il ne pouvait s'empêcher d'en parler :

« Oh ! disait-il, quand je serai revenu en France, ce que je passerai de temps à table ! J'y resterai des heures entières, pour déguster la bonne soupe, le bon pain, la bonne viande, tout ce qui nous manque ici. » Cette pensée redouble notre souffrance ; la tête basse, comme une bête, on marchait sans répondre ; on aurait voulu ne pas avoir entendu ; on aurait voulu détourner cette image obsédante, mais en vain. On avait toujours devant les yeux la soupe fumante, et, de colère, on invectivait le camarade assez maladroit pour venir encore ainsi surexciter votre faim.

IV. — DE TIKHAMMAR A TADENT

Partis le 27 Décembre de Tikhammar nous étions à Oued Afara le 1ᵉʳ Janvier 1899, triste jour de l'an ! Toujours des rochers noirs. Nous campons dans une vallée où le drinn est en abondance. Les puits, (il y en a deux) fournissent assez d'eau ; mais dans l'un d'eux, celui de Tadouhaout, elle n'est pas buvable : elle est souillée de crottes d'animaux, d'ordures et d'ossements de toute sorte : nous y abreuvons seulement nos chameaux, et à l'autre, nous emplissons nos guerbas. Cet autre puits, éloigné de 8 ou 9 kilomètres, se nomme Tidjidi. Il est creusé au pied d'une montagne magnifique et d'une forme bizarre. Partout des pics s'élancent vers le ciel ; d'immenses colonnes rocheuses en forme de clochers se détachent du massif et dominent la plaine.

La ration est toujours maigre et le ventre toujours plat.

8 Janvier. — Après un séjour d'une semaine auprès de ces puits, nous filons sur Tadent. Le paysage ne change guère d'aspect : toujours la montagne, sans autre végétation que quelques gommiers sauvages, petits et rachitiques. Tout est mesquin, rien ne distrait l'œil.

Après dix jours de marche, presque sans repos, on s'arrête à l'entrée d'une magnifique vallée boisée, mais où le pâturage fait défaut. Les montagnes sont très hautes, toujours arides. Le puits est à 12 ou 15 kilomètres du camp dans un dédale de montagnes ; ses abords sont très difficiles et propices à une embuscade, et il fournit peu d'eau. Les guerbas sont remplies ; mais comme elles sont presque toutes vieilles et rapiécées, elles arrivent au camp à moitié vides et la ration d'eau est diminuée en conséquence.

Souffrir de la soif au bord d'un puits, voilà encore une des misères auxquelles est exposé le voyageur dans le Sahara. Tantôt ils sont comblés par le sable, tantôt remplis d'ordures ; il faut passer des heures à les déblayer et à les curer, travail difficile et pénible, et souvent pour finir, on n'y trouve pas d'eau, ou presque pas. En arrivant à ce dernier puits, les hommes étaient si altérés qu'ils buvaient sans dégoût dans l'auge où s'abreuvaient les chameaux.

20 Janvier. — Deux jours après notre arrivée à Tadent, le Commandant, M. Foureau et M. Leroy, accompagnés de quelques chambbas partent pour Bir-el-Garama, puits situé à l'Est de notre camp, et où a été assassiné le Colonel Flatters en 1881. Ils revinrent au bout de quelques jours rapportant un talon de soulier français et un tibia. La scène du crime avait été reconstituée, grâce à un Targui rencontré sur la route et qui disait avoir été témoin de ce drame ; le lieu où il s'est déroulé s'appelle aussi Tadjenoud.

Pendant que le Commandant était en reconnaissance à ce puits funeste, un convoi de dattes venant de Ouargla était arrivé au camp. Le Capitaine Reïbell l'acheta, ainsi que quelques uns des chameaux de la caravane qui l'avait apporté. Nous y gagnâmes une augmentation de ration ; comme il y avait plus de charges que les chameaux n'en pouvaient porter, on répartit entre les sections le surplus des vivres pour être consommées immédiatement.

Tous les visages sont radieux : il y a de quoi manger ! De grands feux s'allument dans chaque escouade, et les hommes rassemblés en cercle regardent d'un œil attentif cuire leurs gamelles de dattes. Plusieurs de ceux qui ont déjà assouvi leur appétit féroce vont rendre à l'écart le trop plein de leur estomac, et, comme si de rien n'était, ils reviennent faire cuire d'autres dattes et recommencent à manger.

Ce festin dura deux jours et deux nuits. Plusieurs Tirailleurs en furent malades. Comment les en blâmer ? Ils avaient faim et profitaient de cette abondance inespérée pour manger à satiété et contenter une fois par hasard leur pauvre ventre.

Personne en pareille circonstance ne serait à l'abri d'une petite indigestion.

C'est à Tadent que je reçus la dernière lettre de mes parents.

V. — DE TADENT A IN-AZAOUA

On fait avant le départ une ample provision de drinn et de bois, car nous allions nous engager dans le véritable désert, la zone la plus désolée du Sahara, le Tanezrouft, ce qui signifie en Touareg « Chemin de la mort. »

Dans le Tanezrouft, nul obstacle n'arrête la vue : plus même de rochers ; c'est l'horizon sans limites, rivalisant d'uniformité avec celui de la mer. Les squelettes de chameaux rencontrés en chemin nous font frissonner. Dans ce pays maudit, dont il semble que nous ne devions jamais sortir, nous nous sentons perdus comme des naufragés dans un bateau sans mâts voguant sur l'Océan à la merci des flots. Un silence de mort plane sur ces régions. Au lieu du beau sable d'or, une poussière d'un blanc sale, semblable à du plâtre, couvre le sol.

27 Janvier. — Dès notre première étape dans ce pays, nous comprenons que notre salut dépend du courage et de l'énergie que nous mettrons à franchir le plus rapidement possible ces solitudes. Rien de plus démoralisant que la marche dans un tel pays. Vous marchez et vous croyez ne pas avancer ; rien ne change autour de vous.

Encore faut-il recueillir les charges que les chameaux ne peuvent plus porter ; les pauvres bêtes exténuées, couvertes de blessures où grouillent les vers et de gale, succombent en masse ; et pourtant, sans eux, c'est la mort qui nous guette, la mort horrible par la faim et la soif !

« Allons, Tirailleurs, du courage, relevons ces chameaux, excitons-les partageons-nous leurs fardeaux, mais qu'ils marchent ! Je sais bien que depuis ce matin, bien avant le jour vous peinez et que le soleil est encore loin de donner en se couchant le signal de la halte. Mais, regardez donc autour de vous : ce pays est un tombeau, prêt à nous ensevelir vivants si nous faiblissons un instant. »

« Marchons donc sans repos, sans trêve, sans sommeil, pour échapper à la mort. Songez au jour où, là-bas, flottera notre drapeau victorieux ! »

Les chameaux n'avaient plus à manger que des dattes qui leur donnaient la dyssenterie et les rendaient encore plus faibles. Malgré toute la bonne volonté déployée dans la traversée du Tanezrouft, nous laissions dans ce pays maudit 175 chameaux morts de fatigue. Pour nous autres, nous étions privés de bois et nous n'avions à manger que des dattes.

Vers la fin de cette pénible traversée, un de nos Tirailleurs, un indigène, sans doute à bout de forces, et surtout démoralisé, profita de la nuit pour mettre d'un coup de fusil fin à ses souffrances.

1er Février. — Enfin une montagne se dessine à l'horizon ; elle est encore bien loin, mais sa vue nous donne du courage. Le soir, à 7 heures, nous campions près de la limite sud du Tanezrouft, dont nous sortions le lendemain, un peu avant midi, pour arriver au puits de In-Azaoua.

2 Février. — Là, de nouvelles déceptions nous attendent. Il y a bien un peu d'eau, mais de pâturage, point. Heureusement qu'un de nos chambba en découvre un à environ trente kilomètres du camp. Après l'abreuvoir, nos chameaux, sous la conduite d'une centaine d'hommes et du Commandant lui-même, prennent la direction de ce pâturage. Plus de trente d'entre eux, qui n'avaient pu se relever après l'abreuvoir, restent au camp où ils périssent de fatigue et d'enflure. Plus de cinquante crevèrent dans le trajet du camp au pâturage. Le Camp avait l'air d'un abattoir ; on n'y voyait que chameaux gisant à terre, agonisant, le cou tordu et la tête entre les jambes.

Ainsi, nous étions parvenus, à force de persévérance, à traverser les trois quarts du désert sans laisser une seule charge derrière nous ; et voilà que, par suite du manque d'animaux, nous allions être forcés, pour continuer à marcher de l'avant, d'abandonner une grande partie de nos bagages. Le Commandant résolut cependant de tenter un dernier effort pour les sauver, et voici ce qu'il ordonna :

Les hommes qui n'étaient pas allés au pâturage furent employés à la construction d'un fortin en pierre qui prit le nom de Fort-Flatters. Dans cette redoute, nous allions laisser provisoirement tout notre matériel en excédent sous la garde de la 5e Section, celle des Tirailleurs Sahariens du Lieutenant Rondenay, en attendant que nous puissions venir les chercher avec les chameaux que le Commandant comptait trouver à louer dans l'Aïr.

C'est là, à In-Azaoua, qu'un convoi de dattes, escorté par des spahis sahariens, sous le commandement du lieutenant de Thézillat, vint nous rejoindre. Ces hommes avaient beaucoup souffert de la soif et leurs chameaux étaient fourbus. Le Commandant prit sous sa responsabilité de les garder à la Mission au lieu de les renvoyer dans le Nord.

Notre effectif augmenta donc de 22 hommes. Le Brigadier de ces spahis, un Français, nommé Ravin, avait eu en cours de route le bras cassé par la maladresse d'un homme pendant une inspection d'armes. Quelles souffrances il avait dû endurer pendant la traversée du Tanezrouft ! Et pourtant, en nous rejoignant à In-Azaoua, à part son bras en écharpe, il était équipé avec une correction parfaite : il avait fait toilette pour se présenter.

Les hommes transportent donc au Fort-Flatters les bagages que le premier échelon n'emporte pas. Le 10 Février, les chameaux rentrant du pâturage sont aussitôt abreuvés. Le 11 au matin, le fanion de la 5e

Section est hissé sur le Fort ; et, au son du clairon, nous disons adieu à nos camarades. Bientôt nos derniers chameaux disparaissent à leurs yeux derrière les dunes, et la solitude environne ceux qui avaient à remplir la mission ingrate de garder ce Fort.

Quarante-cinq jours après, un détachement, dont je faisais partie, devait revenir chercher cette Section qui, sans aucune nouvelle de nous pendant tout ce temps, avait été en proie à bien des angoisses.

VI. — D'IN-AZAOUA A IFEROUANE

La route que suivait la colonne en s'éloignant de Fort-Flatters était presque aussi aride et dénudée que dans le Tanezrouft, sauf quelques petites dunes et des garas qui rendaient le paysage moins monotone.

Deux jours après notre départ, nous apercevions de loin les magnifiques plaines de l'Aïr. Quelle joie, de pouvoir enfin, après tant de souffrances, contempler ces belles prairies de Mrokba vert, ces paysages vivants, à la végétation luxuriante, égayés par les cris de milliers d'oiseaux. Nous étions heureux de vivre, nous oubliions les mauvais jours passés.

Malgré la nourriture abondante pour nos chameaux, le nombre des morts augmentait tous les jours. Le pâturage, le sol, le climat, différents de ceux du sud de l'Algérie les dépaysaient et contribuaient pour beaucoup à les faire périr. Le sirocco, dont nous avions tant souffert dans les dunes, se faisait encore sentir. Quand il soufflait, le sable, soulevé en abondance, empêchait de voir à dix pas. Les chameaux, incapables d'avancer, se couchaient et, le cou allongé sur le sable, les narines dilatées, ils attendaient que l'ouragan fût passé.

Tous, nous étions suffoqués et presque asphyxiés par la chaleur lourde et le vent brûlant.

La tempête s'apaisa ensuite un peu ; la marche fut reprise, et, le 17 Février, nous arrivions au puits d'Igharghatène. Il est encaissé entre deux montagnes formant une cuvette ; les rochers voisins sont très hauts, inaccessibles et en même temps semblent propices à une embuscade. Aussi les précautions sont-elles prises en conséquence.

A ce puits, pour la première fois depuis notre départ d'Algérie, nous avons pu admirer une magnifique touffe d'herbe qui poussait là. Ce n'était pas du drinn, ni de l'alfa, mais de l'herbe, de la véritable herbe verte ! Cette chose, si simple partout ailleurs que dans le désert, attirait tous les regards et mettait la joie dans tous les cœurs. Elle était là, seule, bien en évidence, posée par la main de quelque fée, comme un signe précurseur de notre arrivée dans un pays fertile et habité.

Le soir, dans tous les petits groupes de Tirailleurs, autour des feux, on entendait parler de cette touffe merveilleuse (aachicha) ; et, durant toute la veillée, les conversations roulèrent sur ces petits brins d'herbe.

Quelques jours plus tard, le 24 Février, la vallée d'Irhazar, avec sa belle végétation tropicale, ses huttes entourées de palmiers, nous apparut au pied des montagnes du Timgué comme un paradis enchanteur. Après quatre mois et demi de marche et de souffrances, nous étions arrivés à la première grande étape de notre parcours, aux portes de l'Aïr.

Le pays qui s'ouvrait devant nous était habité surtout par la race des Touareg-Kélouis ; leur village principal, autour duquel nous allions séjourner beaucoup plus longtemps que nous n'aurions voulu, trois grands mois, s'appelle Iférouane.

Nous avions franchi à pied deux mille cent et quelques kilomètres depuis notre départ de Biskra.

VII. — L'AÏR — SÉJOUR A IFÉROUANE

Dans l'Aïr, les villages se groupent en agglomérations formant chacune comme un îlot isolé au milieu de la mer de sable. Celle que nous venons d'atteindre, bâtie au pied des montagnes arides du

Itinéraire de la Mission Saharienne
(d'après M. Foureau)

Timgué, porte le nom géneral d'Irhazar, (la Vallée); après Iférouane que nous occupons, et qui en est le principal centre, les villages de Tintaghodé et Séloufiet ont une certaine importance. C'est la première fois depuis notre départ d'Algérie que nous rencontrons des gens sédentaires : ces habitants sont de race Kelouïs : à peu de distance dans l'Est, on trouve des Tebbous, dans l'Ouest, des Kel-Chârous, des Aoullimiden, et une foule d'autres tribus rentrant toutes dans la dénomination générale de Touaregs. Les hommes de ces peuplades portent tous, pour se garantir du sable, des voiles qui leur donnent un aspect particulièrement étrange.

Dès notre arrivée à Iférouane, les chameaux sont envoyés d'abord à l'abreuvoir, puis, sous la garde d'une centaine d'hommes, au pâturage qui était très éloigné. Aussi les hommes emportèrent-ils des vivres et de l'eau pour les quatre jours que devait durer leur absence.

Les pâturages n'étaient pas très bons, de plus leur éloignement du camp nous tenait toujours sur le qui-vive. Le soir, quand les chameaux rentraient au bercail qui était entouré d'une zériba, forte haie, doublée d'un retranchement en terre, les petits postes étaient placés et les rondes circulaient toute la nuit autour d'eux.

Les petits postes étaient toujours de quatre hommes. Ce service au pâturage était très fatigant. La journée se passait en plein soleil, sur le haut des rochers, à garder nos chameaux, la nuit en service de sentinelles. Pas de repos, et le soir une maigre ration.

Pendant ce temps, à Iférouane, un marché s'était organisé : de jolies négresses venaient s'installer au camp, étalant devant elles des gracas (pains de béchena), des camarias (fromages) que nos tirailleurs achetaient avec plaisir. Le nonou (lait) et le dongoulé (crème) étaient en abondance. Mais la plus grande distraction pour nous tous était de taquiner les kradens (négresses).

Il y en avait surtout une vieille, très dégourdie, que nous nous amusions à faire danser : par ses manières et ses gestes diaboliques, elle mettait la gaîté dans tout le camp.

Quelques-unes par contre étaient vraiment affreuses, avec leurs énormes seins tombant comme de vieux sacs sur leur ventre démesurément gros. Leurs figures étaient sillonnées de raies transversales qui tailladaient leurs joues et leur donnaient l'aspect de vieux singes.

On était heureux là, bien que loin de la Patrie et sans nouvelles de personne ; car on se sentait moins seul au milieu de ces nègres. Le marché, très animé, les entrevues de plusieurs chefs Touareg avec le Commandant excitaient notre curiosité, et les journées se passaient très gaies, sans souci du lendemain.

Le chef de la tribu des Kel-Fadé, Tegoumane, venait tous les jours au camp et ne cessait de nous faire espérer que nous pourrions trouver à louer ou à acheter des chameaux pour transporter nos bagages ; les 300 ou 400 qui nous restaient n'étaient plus en nombre suffisant pour tout enlever.

Un jour, le chef du village d'Iférouane, El-Hadj-Mohammed vint rendre visite au Commandant. C'était un beau vieillard aux cheveux d'argent et à la barbe blanche. Il était très âgé, puisqu'il racontait avoir connu l'explorateur Barth, et lui avoir sauvé la vie en le dérobant dans sa propre maison à la vue des Touareg. Il donna, je crois, au Commandant, quelques manuscrits de Barth.

Le camp était bien fortifié. Une forte zériba, à l'extérieur de laquelle était creusé un profond fossé l'entourait. Nos bagages disposés en carré formaient encore un mur d'enceinte en dedans duquel la troupe logeait. Des gourbis en paille élevés par les hommes pour s'abriter du soleil, donnaient au camp l'aspect d'un petit village. Là, pour la première fois, nous pumes goûter un peu de repos et passer des nuits entières à dormir tranquilles.

Le soir, les Français de la colonne se réunissaient, et les soirées s'écoulaient gaiement. Notre cercle prit le nom de « la Boucle du Niger » ; on riait, on s'encourageait mutuellement ; et, après quelques bonnes heures passées ensemble, chacun s'en allait content se reposer sur sa couverture à sa place de combat. Toutes les nuits, cinq petits postes veillaient ; le jour, deux sentinelles suffisaient.

Les jours se succédaient ainsi pour nous sans soucis, au milieu de ces nègres et de ces négresses qui donnaient beaucoup d'entrain et de gaîté au camp. Il n'en était pas de même du Commandant qui voyait diminuer chaque jour le nombre de nos chameaux sans pouvoir en trouver d'autres pour les remplacer. Que deviendrait la Mission ? Avoir tant souffert, tant marché pour traverser le désert, et nous trouver maintenant, faute de moyens de transport, incapables de poursuivre notre marche en avant. Malgré notre courage, notre bonne volonté, nous étions vaincus !

Toutes ces idées noires rendaient notre bon Commandant triste et soucieux ; mais jamais on ne le vit faiblir ni se décourager. Il savait réagir contre l'adversité et nous montrer par son calme et son énergie dans les moments les plus durs que rien n'était perdu.

Quinze jours après notre arrivée dans le pays d'Irhazar, des rumeurs nous apprennent qu'une agression se prépare contre nous. En effet, le Sidi Tegoumane, qui nous avait promis de nous procurer trois ou quatre cents chameaux, organisait contre nous un ghezzi dans la tribu des Kel-Tadélé, et le 12 Mars il venait nous attaquer.

VIII. — COMBAT D'IRHAZAR

Pendant toute la matinée du 11 Mars, des bruits inaccoutumés s'étaient fait entendre dans le village d'Iférouane. Nous ne tardons pas à être renseignés sur ce qui se passe, car le chef El-Hadj-Mohammed vient prévenir le Commandant que le chef d'un village voisin s'avance pour nous attaquer, et qu'il excite les gens d'Iférouane à se joindre à lui.

La journée s'acheva cependant sans incident ; mais, lorsque la nuit eut étendu son voile sur le pays, de sérieuses mesures de précaution furent prises : les sentinelles redoublent d'attention, et les rondes sont renforcées.

Nous passons toute la nuit dans l'insomnie à nos postes de combat, nous attendant à chaque instant à être attaqués, car le tam-tam retentit sans interruption dans le village, excitant les guerriers.

12 Mars. — Le jour se lève cependant sans que l'ennemi se montre, et nos hommes se disposent à reprendre leur travail habituel, quand un redoublement de leur infernale musique et des youyou des femmes annonce l'attaque imminente.

En effet, une masse compacte de méhara débouche du village. A travers les palmiers, nous voyons les Touareg, la lance au poing, le poignard aux dents, qui nous chargent avec la furie particulière à ces bandits du désert.

Nous sommes prêts ; et, abrités derrière nos bagages qui nous cachent, nous attendons le moment favorable. Le Commandant est au milieu de nous ; un sourire sarcastique erre sur ses lèvres, car ces pauvres fous d'assaillants n'ont pas de fusils ! Ils approchent : ils sont à cinquante pas de la zériba. Le Commandant nous dit alors de sa voix tranquille : « Les voyez-vous, ces brutes ! Eh bien, comme à la cible ! » Aussitôt 40 fusils bien maniés crachent la mort dans leurs rangs. Une confusion inexprimable se met dans leur troupe ; car dans leur idée, nos fusils ne devaient par partir.

Pris de panique, les premiers veulent tourner bride ; mais leurs méhara sont lancés, d'autant plus que des noirs cramponnés à leur queue les lardent de coups de poignards pour accélérer la charge. Ils s'engouffrent donc dans la zériba, courant au massacre. Les derniers seuls, pour la plupart hors de combat, parviennent à s'échapper.

Leur tentative, loin de tourner à leur avantage, n'a donc fait que nous servir, puisqu'ils laissent entre nos mains une vingtaine de chameaux, sans compter les animaux qui allaient améliorer l'ordinaire, et une grande quantité d'armes.

Ce combat, où ils venaient de recevoir une si dure leçon, avait à peine duré un quart d'heure : la foule des assaillants comprenait de cinq à six cents Touareg.

16 Mars. — Après un mois de séjour à Iférouane, tous nos chameaux étaient suffisamment reposés pour retourner chercher l'échelon resté à In-Azaoua : la 5ᵉ Section.

Un détachement de 150 hommes, dont je fais partie, prend sous les ordres du Commandant lui-même la route du Nord. Les 270 kilomètres qui nous séparaient de Fort-Flatters furent franchis dans d'assez bonnes conditions ; il est vrai que les chameaux ne portaient presque rien.

26 Mars. — A In-Azaoua, nous fûmes reçus à bras ouverts par nos camarades. La dernière étape avait été longue et pénible. Aussi avec quelle avidité les hommes se jetèrent sur les bidons d'eau et de café qu'on nous avait préparés. On s'embrassait, on riait, on pleurait de joie. Il fallait voir les figures de ces pauvres abandonnés, sans nouvelles de nous depuis un mois et demi. Le bonheur rayonnait sur tous ces visages bronzés. Plus d'angoisses, plus de chagrins ; nous étions réunis pour ne plus nous quitter. Du moins, nous le croyions.

Toutes les charges que nos chameaux pouvaient emporter furent mises de côté ; l'excédent fut entassé à part. Pendant deux jours, ce fut une noce générale, un régal sans pareil, avec les vivres en surplus qu'il fallait consommer sur place. Le café était à discrétion, chaque homme en avait au moins un plein bidon de campement.

On se confectionna des effets avec les belles cotonnades bleues qui devait servir de monnaie d'échange avec les peuplades nègres, et on mit le feu au reste des bagages.

Quel sinistre spectacle, de voir ainsi brûler nos vivres, notre fortune ! Les yeux pleins de larmes, nous regardions monter ces flammes qui semblaient prendre plaisir à dévorer notre bien. Enfin, il fallut partir, et bientôt à l'horizon on n'aperçut plus que les lueurs rouges de l'incendie, embrasant le ciel bleu et colorant d'une teinte de sang les montagnes. La colonne marchait tristement, abattue par les événements qui venaient de se passer.

Comme les vivres que portaient les chameaux devaient à tout prix être rapportés intacts à Iférouane, tout le monde s'était chargé de dattes et d'une ou deux boîtes de conserves de 1 kilog. Les premiers jours, on ne pouvait retenir sa faim, et bientôt il ne nous restait plus rien de ces provisions de route. On serra alors les ceinturons, et, pour ma part, je restai huit jours sans autre nourriture que quelques dattes ramassées par ci par là, et un quart de café le soir. Je souffrais horriblement d'inanition, et je me demande encore maintenant comment j'ai fait pour marcher. Les hommes qui avaient encore quelques vivres les cachaient, car, la nuit, ceux qui n'avaient plus rien n'hésitaient pas à s'approprier le bien du voisin. Il fallait être roublard, sous peine de jeûner et de serrer sa ceinture d'un nouveau cran.

Plusieurs chameaux crevèrent en route et leurs charges furent brûlées sur place. Aussi le chemin suivi par la Mission était-il jalonné par des tas de cendres, à côté de chameaux que les vers commençaient à ronger. Tout cela n'était pas encourageant ;

et pourtant il fallait résister à l'abattement, marcher, et vaincre les difficultés de la route.

Au puits de Ighaghatène nous fîmes séjour ; et, pendant la nuit, on cacha dans les rochers quinze ou seize charges de belles perles au lieu de les brûler. On espérait les sauver et les retrouver plus tard, mais il n'en fut rien.

Pendant ce temps, rien n'était changé au camp. Toujours le marché, animé par le nombre croissant de jour en jour des marchands et marchandes. La veille du jour où le Capitaine Reibell savait que la colonne devait arriver, 3 fusées furent tirées pour signaler au Commandant que tout allait bien à Iférouane.

La première fusée lancée fit beaucoup d'effet sur les Touareg. Lorsqu'elle éclata dans les airs, et retomba en pluie d'étincelles, illuminant l'obscurité de la nuit, des cris stridents retentirent dans tout le village. Les noirs croyaient à une punition de Dieu. Ils se cachaient dans les coins les plus obscurs de leur case, se prosternaient, se jetaient du sable sur la tête en signe d'obéissance. Tous ces pauvres malheureux hurlaient, saisis d'une frayeur indicible et comme près de devenir fous.

Lorsqu'ils apprirent ce que c'était, leurs cris lamentables cessèrent. Au contraire, à chaque fusée, les tamtams remplissaient l'air de leur bruit sourd, et les youyou poussés par les femmes se mettaient aussi de la fête.

7 Avril. — Le lendemain matin, notre colonne venant d'In-Azaoua rentrait au camp. Tout le monde était joyeux de revoir nos camarades de la 5ᵉ Section. J'étais arrivé dans un état d'abattement qui faisait peur à mes amis. J'étais comme un fantôme, les **veux hagards, incapable de me trainer et ayant à peine la force de me tenir debout et de manger ma maigre gamelle de béchena.**

Quelques jours plus tard, j'étais rétabli, et ma première promenade fut au marché, où je pus admirer beaucoup de guerriers Touareg de l'escorte du visir du sultan d'Agadès, Mili, qui venait, je crois, pour nous faire payer les droits de passage.

Les Touareg Kel-ouïs ont le teint très noir, ils sont très grands, élancés, bien bâtis en muscles. Leur allure est fière, imposante, majestueuse et témoigne de leur mépris de la mort ; ils se sentent bien maîtres chez eux, et sont jaloux de leur liberté. Je crois qu'il serait très difficile de les soumettre à nos lois. Des femmes, j'en parlerai peu, car bien rares sont celles que nous avons entrevues ! Mais elles sont jolies, gracieuses, bien faites, et mettent dans leur toilette un peu de coquetterie et de pudeur : le plus beau de leur personne, ce sont leurs yeux noirs. Oh ! ces yeux ! au regard si fier, qui vous fascinent de leurs lueurs fauves et qui s'harmonisent si bien avec leur voix douce et leur démarche noble !

Ayant acheté une gamelle de béchena, je fis venir deux femmes esclaves pour me le réduire en farine.

Le grain est concassé dans un grand mortier de bois avec d'énormes bâtons d'une longueur de six pieds et de vingt centimètres de tour. Deux ou trois femmes sont autour de ce mortier qui est pareil à celui des anciens Egyptiens.

Chacune d'elles, avant de porter un coup de pilon, se soulève brusquement pour frapper avec plus de force. Le rythme le plus rigoureux est observé par les batteuses, de telle sorte que jamais deux pilons ne sont à la fois dans le mortier. Ce toum, toum, toum, d'une parfaite régularité, et ces groupes de femmes occupées à leur rude besogne sont un des souvenirs les plus caractéristiques que j'aie gardés des villages africains. Les femmes libres ne broient pas le grain ; seules les femmes esclaves sont employées à ce rude travail.

Par ce traitement, le grain, auquel on a mêlé un peu d'eau, est décortiqué et propre à être moulu. Toutes les fois que le décortiquage n'a pas eu lieu, la farine de sorgho est irritante et cause des maux d'estomac et d'entrailles ; mais il faut chez l'ouvrière une vigueur et une énergie peu communes pour détacher cette enveloppe qui adhère fortement à la graine.

Une fois cette opération terminée, le grain est séché et ensuite écrasé ; leur moulin est composé d'un bloc de granit ou de syénite, parfois même de micaschiste, ayant de 30 à 40 centimètres de long sur 20 de large et 10 ou 15 d'épaisseur.

La face supérieure est creusée, formant ainsi une sorte d'auge ; un morceau de roche de forme convexe, très dur et gros comme une demi-brique, sert à écraser le grain.

Quand la femme a du grain à moudre, elle s'agenouille, saisit à deux mains la pierre convexe, et la promène dans le creux de la pierre inférieure par un mouvement analogue à celui d'un boulanger qui prend sa pâte et la roule devant lui.

Tout en la faisant aller et venir, la ménagère pèse de tout son poids sur la meule et de temps en temps remet un peu de grain dans l'auge. Celle-ci est inclinée de manière que la farine, à mesure qu'elle se fait, tombe sur une natte disposée pour la recueillir.

Ces femmes ayant fini de moudre mon grain, je m'empressai de faire une galette qui fut vite cuite et mangée. Nous étions aussi très heureux d'avoir de la viande de mouton et de bœuf.

Les moutons ne sont pas couverts de laine comme ceux de nos pays ; et à première vue on les prendrait pour des chèvres. Les bœufs ont une bosse sur le dos, et ressemblent beaucoup aux buffles.

Un jour, étant à l'abreuvoir des chameaux, je m'étais avancé jusque dans les jardins du village ; et je fus ravi en voyant de petits carrés où poussait du blé. La quantité n'était pas très grande, mais du moins ces gens connaissaient et cultivaient le blé.

J'aperçus aussi plusieurs plants d'oignons, de cabouillas, d'ails. Ces petits jardins étaient bien arrosés, bien entretenus, car dans tous il y a un puits où, la journée entière, une pauvre esclave, aidée, soit d'un bourriquet, soit d'un bœuf, tirait de l'eau qui coulait dans quantité de petites saiyés (rigoles), et arrosait le jardin. Cette pauvre négresse n'était pas autant à plaindre, assurément, que beaucoup d'autres, mais je crois qu'elle aurait autant aimé se trouver dans son pays que d'être à Iférouane, esclave d'un Targui.

J'ai toujours été fort attristé en voyant dans quelle proportion considérable se faisait la traite des nègres dans l'Aïr. Pauvres nègres, et surtout pauvres négresses, que de souffrances vous endurez, de quelles cruautés vous êtes victimes depuis le jour où, bien tranquilles dans vos villages, vous devenez la proie d'un bandit de passage qui vous entraîne loin de votre sol natal !

Il vous faut faire de longues étapes avant d'arriver à un marché où vous serez vendues, séparées des vôtres, de vos mères, de vos sœurs, parfois même de vos enfants. Vous serez emmenées encore bien loin, traînant la jambe, battues, mal nourries. Si vous êtes jeunes et jolies, le Maître, qui a tous les droits sur vous, puisque vous êtes sa chose, son bien, fera de vous sa maîtresse, non par amour, mais bestialement. Las de vous, il vous revendra à un autre, et votre vie se passera en souffrances et en écœurements de toutes sortes.

Vous avez un bébé attaché sur le dos, il est lourd, il ralentit votre marche : un bourreau s'approche et malgré vos cris, d'un coup de sabre lui tranche la tête ; j'ai vu mille faits de ce genre. Que de cruautés commises dans ces pays noirs, et que nous, Européens, nous ne soupçonnons même pas. Surtout vous, chères lectrices ; si vous pouviez voir les souffrances et la vie de misère de ces pauvres négresses, vous vous trouveriez bien heureuses d'être nées dans un pays civilisé où vous êtes nos fées, nos idoles.

Notre temps se passait assez tranquillement à Iférouane, à part quelques travaux de fortification qu'on faisait autour du camp ; mais la chaleur était insupportable, 50° à l'ombre pendant une grande partie de la journée.

Les chameaux de louage cent fois promis et qu'on attendait tous les jours, ne venaient toujours pas. Le Commandant s'impatientait. Enfin un soir, le 22 Avril, il alla trouver M. Foureau sous sa tente, et toute la nuit les deux chefs discutèrent. Le Commandant voulait, je crois, anéantir dans un brasier immense tout ce que possédait encore la Mission, et, libre de toute entrave de bagages, piller le pays, le mettre à feu et à sang, et, avant de périr de faim et de soif, châtier les Touareg de leur mauvaise foi en leur faisant éprouver la puissance des armes et des moyens de destruction dont disposaient les Français. C'eût été une guerre de vengeance, une guerre de pillage et d'extermination, terminée par notre mort à tous.

M. Foureau fit tant et si bien qu'il détourna le Commandant de ce projet désespéré, et qu'on résolut d'attendre encore et d'envoyer provisoirement toutes nos bêtes se refaire dans les pâturages d'Oumerret, à une quarantaine de kilomètres de la vallée d'Irhazar.

Des ordres furent aussitôt donnés, et nous voilà, au nombre de 100 hommes, partis pour 20 jours au pâturage, avec l'espoir de trouver quelques chameaux à razzier.

Quelques jours après, nous étions au puits d'Oumerret. Le camp fut établi au pied de rochers très hauts qui dominaient les environs. Une zériba fut faite ; des gourbis furent montés, et le service de pâturage et de reconnaissances commença.

La nourriture emportée était restreinte ; aussi nous eûmes beaucoup à souffrir de la faim.

Les Touareg des environs, qui venaient au puits

pour abreuver leurs troupeaux, plusieurs fois nous vendirent des moutons.

Quand ce n'était pas moi qui m'offrais pour tuer ces bêtes, c'était mon ami Delaporte ; et ces jours-là nous gardions les têtes et les tripes qui, nettoyées grossièrement, nous faisaient un bon plat pour le soir. Pas de sel, pas d'assaisonnement, mais heureusement nous n'étions pas délicats, défaut que l'on avait vite perdu.

28 Avril. — Il y avait une dizaine de jours que nous étions à ce puits, quand deux Touareg de la tribu des Taïtoc se présentèrent au camp sans armes, en parlementaires. Le Commandant causa longuement avec eux et les pria de faire venir leurs chefs.

En attendant leur arrivée, le Commandant donna l'ordre à une section d'aller prendre position dans les rochers en face du camp. Au camp, le reste des hommes se préparait à une attaque presque certaine.

La sentinelle placée sur le haut des roches qui dominaient admirablement bien le pays, apercevait le ghazzi des Taïtoc en grands pourparlers.

Leur décision fut énergique, car ils remontèrent tous à méhari, et, sabre en main, s'avancèrent vers le camp.

Mais, arrivés dans l'oued où nous étions campés, ils profitèrent d'un bouquet de bois qui les cachait à notre vue pour tourner bride et s'enfuir.

Nous ignorons la cause de cette fuite, mais je crois que, seule la peur, les avait fait changer de direction.

A la tombée de la nuit, au nombre d'une quarantaine d'hommes commandés par le Lieutenant Rondenay, nous nous mettions à leur poursuite.

Le long de la route suivie par les Taïtoc, nous trouvâmes deux pauvres nègres, dont un de 10 à 12 ans, assassinés par eux. Ces malheureux étaient mutilés, hachés de coups de sabre. Ces bandits ont dû se venger de leur échec chez nous sur ces nègres inoffensifs dont ils avaient enlevé les troupeaux en s'enfuyant dans la montagne.

La poursuite dura jusqu'à une heure ou deux du matin. On s'arrêta pour se reposer un peu, et le matin, au petit jour, nous pûmes apercevoir nos ennemis campés à 700 ou 800 mètres de nous.

Quelques feux de salve, et « en avant, pas de charge ».

Les Touareg surpris ne prirent même pas le temps de seller leurs méharis, et, selle en main, montés sur leurs bêtes, ils s'envolèrent comme une nuée de corbeaux, et disparurent bientôt dans les rochers environnants, nous laissant les troupeaux volés.

Pas de chance ! Nous n'avions réussi à leur prendre que trois chameaux.

29 Avril. — Une halte fut faite sur le chemin de retour au camp, et chaque tirailleur, tirant son couteau de sa ceinture, s'empressa de couper la gorge à un mouton, en ayant soin, comme le veut le rite musulman, de lui tourner la tête du côté du levant. Le lieu du campement avait l'aspect d'une boucherie ambulante. A chaque arbre pendait un mouton qu'un Tirailleur s'occupait à dépouiller.

Il fallait nous voir, les bras nus, actifs à l'ouvrage, riant joyeusement et tâtant d'un œil de convoitise cette viande ferme et rose qui bientôt grillerait devant le brasier préparé à cette intention.

Après trois heures de repos, le ventre plein, nos musettes et nos mouchoirs remplis de viande, nous reprenons la route du camp d'Oumerret où nous arrivons dans la soirée. Je soupe avec Delaporte qui avait eu soin de préparer une bouillie de sorgho. Avec la viande que je rapportais, nous faisons un excellent festin.

Puis on tire sa pipe, simple tibia de mouton, et les crottes de gazelle mélangées de feuilles sèches qui nous servaient de tabac.

Cette soirée était une véritable fête. Il nous fallait si peu de bien-être pour nous trouver heureux !

Contrairement à nos habitudes, nous restons jusqu'à près de minuit à bavarder et comme toujours à parler de la France.

13 Mai. — Le temps fixé par le Commandant pour notre séjour au pâturage d'Oumerret étant écoulé, nous reprenons le chemin d'Iférouane. En route, nous rencontrons des Touareg venus au devant de nous pour nous vendre des gracas, des camarïas et un peu de tabac vert en feuilles ; tout cela nous fit grand plaisir ; aussi les marchands s'en retournèrent-ils la bourse pleine et les mains vides ; leurs affaires avaient été bonnes. Le lendemain, nous rejoignons nos camarades.

Rien n'avait changé, mais toujours pas de chameaux. Etions-nous donc maudits de Dieu pour qu'il mît tant d'entraves à l'accomplissement de notre devoir ? ou bien, voulait-il, si nous réussissions, que nous fussions plus dignes des honneurs qui nous attendaient ?

Sur ces entrefaites, un Targui nommé Raïou, connu dans tout le pays pour sa bravoure, son audace au vol, ses exploits plus ou moins avouables, célèbre par sa férocité, et redouté de tout le monde, vint au camp nous offrir ses services, pour nous procurer des chameaux par la force. Dans la situation désespérée où nous nous trouvions, il n'y avait pas à hésiter ; il fut décidé qu'on partirait dans quelques jours avec Raïou, (autrement dit Arhaïo), comme guide.

Comme au départ d'In-Azaoua, une section, cette fois la 2ᵉ, la mienne, allait rester à la garde d'une partie des bagages, en attendant que le gros de la colonne pût se procurer des moyens de transport.

Tous les chameaux, (ils étaient peu nombreux) furent chargés du strict nécessaire, et, par un beau matin du mois de mai quittèrent Iférouane dans l'espoir d'y revenir plus nombreux.

La 2ᵉ Section, Lieutenant Britsch, et le Capitaine Reibell restèrent au camp ; et le service de sûreté fut doublé. Encore une fois la mission s'était séparée en deux fractions, toujours dans l'espoir de sauver nos pauvres bagages. Le marché se fit désert ; d'ailleurs toutes les issues du camp étaient fermées, et on empêchait les noirs d'y entrer.

Une nuit, que j'étais de ronde, vers les deux heures du matin, un grondement terrible se fit entendre ; le ciel fut embrasé en un clin d'œil, et une masse énorme de feu traversa le ciel du levant au couchant.

Tout le monde était debout ; les factionnaires qui, eux, avaient vu cette boule de feu, tremblaient de tous leurs membres, et imploraient Allah.

On eut beaucoup de peine à les consoler ; tous avaient la ferme conviction que c'était un avertissement du ciel nous annonçant que nos camarades avaient livré bataille ; tous étaient morts, et dans ce grondement lugubre, c'était leurs âmes qui nous disaient adieu.

La nuit se passa sans autre incident. Quelle ne fut pas la joie de nos Tirailleurs, lorsque le matin, un Targui apporta au Capitaine une lettre en lui annonçant la prise de 150 chameaux et de 60 ou 70 bourriquots.

Tous les visages étaient joyeux ; et ce fut alors qu'on leur expliqua le phénomène de la nuit, qui n'était qu'un bolide. C'était le 3 juin.

Peu de temps après cet événement, les gens du village vinrent nous avertir qu'un ghazzi de pillards était près du camp, et que, si nous voulions, nous pouvions les surprendre et nous emparer de leurs chameaux. Le Capitaine donna l'ordre à trente hommes de se préparer à marcher ; quelques Touareg s'unirent à nous, en poussant leur cri de guerre, et brandissant leurs armes, il nous encourageaient à la poursuite.

Cette petite reconnaissance se mit en marche ; mais après une longue course, on ne découvrit pas même la trace d'un méhara. Le Capitaine donna le signal de la halte et, appelant les Touareg, leur demanda où était le ghazzi. Tous répondirent ensemble : il est encore loin, et en marchant toute la nuit, on pourra le surprendre au petit jour.

Le Capitaine très prudent, comprit bien que c'était un piège, et, malgré leurs paroles nous excitant à continuer la marche, on reprit la route du camp.

Le reste de la section nous attendait avec grande impatience. Le Capitaine, ayant reçu une autre lettre du Commandant, nous fit faire, avec des vieux sacs, des bâts pour les bourriquots, dédoubler nos charges qui étaient trop lourdes pour ces petites bêtes, rapiécer nos guerbas (peaux de bouc), arranger ceci, cela, afin qu'à l'arrivée du Commandant, tout fut prêt pour le départ.

Le Commandant, en quittant Iférouane le 25 Mai, s'était dirigé vers le sud. Les indications du Targui Raïou, avaient permis de surprendre au pâturage un troupeau de chameaux et de bourriquots. Les cinq sections avaient occupé les abords du village abandonné d'Aguellal, à deux étapes du poste où nous étions restés. Le camp était situé sur un rocher d'où on surveillait les environs.

De nombreuses reconnaissances avaient rayonné autour de ce point, sans grand résultat, sauf la capture de la femme d'un personnage influent, notre ennemi juré, El-Hadj-Sliman. On comptait beaucoup sur ce qui pouvait advenir de cette prise. Nous nous étions également emparés d'un troupeau de bœufs très gras.

Au bout d'une semaine, voyant qu'il ne pouvait pas se procurer d'autres bêtes de somme, le Commandant décide de venir nous chercher à Iférouane, et, une fois tous réunis, de reprendre coûte que coûte la marche sur Agadès.

C'est le 7 Juin que nous le vîmes arriver ; il était trois heures de l'après-midi, et la chaleur était de 49°. Ses hommes étaient à bout de forces et se traînaient plutôt qu'ils ne marchaient. Tous avaient les yeux hagards, à demi sortis de l'orbite, la bouche pâteuse, et souffraient horriblement de la soif.

De l'eau, du café, du pain, de la viande et même du Champagne les attendaient. Mais eux ne voyaient qu'une chose : le puits ; et tous s'y seraient précipités si le Commandant, le revolver au poing, ne les en avait empêchés.

Le Commandant est comme les hommes : il a soif. Il refuse cependant un quart de café que je lui offre ; et, très calme, réunit sa troupe et fait lui-même la distribution dans l'ordre suivant : un quart de café, un morceau de pain, un quart d'eau coupée de Champagne et enfin un autre quart de café.

Tout cela est englouti en un clin d'œil, et ce n'est qu'un quart d'heure après leur arrivée que les hommes sont laissés libres de boire à leur soif.

Alors seulement, le Commandant accepte mon quart de café et un verre de Champagne. Comme toujours, il faisait passer ses hommes avant lui-même et n'aurait jamais toléré que sa ration fût plus forte que les nôtres.

Nous le savions bien. Aussi avec quel dévouement aveugle nous l'aimions ! C'était, comme disaient les Arabes, notre « Bébec ».

Tous nos Officiers d'ailleurs étaient au-dessus de tout éloge. Jamais, pendant tout le cours de la Mission, ils n'ont eu plus à manger ou à boire que les hommes. Leurs rations d'eau et de viande étaient les mêmes que les nôtres. Partout il nous donnaient l'exemple en partageant notre service ; il n'était pas rare de voir un Officier aider un homme à charger un chameau, ou donner la main pour construire la Zériba.

Plus encore qu'Officiers, ils étaient soldats ! Rien ne les arrêtait ; partout ou un bras manquait, il était vite remplacé par celui de l'un deux. Au puits, ils nous aidaient à remplir nos guerbas.

Je ne saurais trop le répéter, nos chefs furent plus malheureux que nous ; car dans certaines circonstances où le soldat peut se débrouiller, l'Officier ne le peut pas ; et, de ce fait, est plus misérable que ses hommes.

8 Juin. — Le jour du départ est arrivé. Adieu les beaux bagages ! Il faut partir. Nous sortons du camp avec les charges que nous pensons pouvoir emporter, et on attend le lendemain.

Cette nuit là, personne ne dormit. Tous les hommes étaient retournés dans le camp où restaient les bagages en surplus qui devaient être brûlés ; et, à coup de hache ou de sabre, on éventrait de magnifiques ballots d'étoffes. On ouvrait à coups de marteau des caisses remplies de lait concentré. Tout le monde s'acharnait à briser. Partout c'étaient des faulx, des faucilles, des couteaux, des rubans, des boîtes de conserve, des glaces qui étaient foulés aux pieds gaspillés, déchirés. Tout le monde s'était fait un ballot de toile ; les têtes étaient coiffées de turbans démesurément gros, pour emporter de belles étoffes qui plus tard pourraient servir à nous confectionner des effets.

Je n'ai jamais vu un pareil pillage.

9 Juin. — Le lendemain, les bêtes sont chargées plus qu'elles ne peuvent porter ; elles plient sous le faix ; la marche en avant est impossible.

Le Commandant le voit bien. Aussi donne-t-il l'ordre de ne charger les animaux que de cartouches, de quelques paniers de vivres et de médicaments.

Tout le reste est entassé pêle-mêle en dehors de la zériba. Il y a de tout dans cet amas de charges : des boîtes de conserve que nous n'avons pas goûtées, des étoffes, des outils, des armes, des perles, des cordes, des jouets, des médicaments, du pain de guerre, du sel, du poivre, du café, tout en un mot, tout ce que nous avions eu tant de mal à amener jusqu'ici.

Mais le plus triste fut lorsque le Commandant donna l'ordre de jeter au feu nos ballots d'effets que les bourriquots ne pouvaient porter. Ce fut l'un des moments les plus cruels de la Mission pour nous tous.

Chaque homme avait pris son sac, et, s'approchant de l'incendie qui dévorait déjà tant de choses, lentement, pieusement, les larmes aux yeux, en tirait un par un ses effets et après leur avoir jeté un dernier regard d'adieu les lançait dans le brasier.

Oh, mes amis ! vous qui n'avez pas assisté à ce drame déchirant dans sa simplicité, vous ne pouvez pas comprendre ce que le cœur souffre lorsqu'il faut se séparer de tout, ne rien garder pas même une chemise, sacrifier sa mince couverture, ne pas même conserver un chiffon qui vous rappelle votre beau costume de tirailleur.

J'ai vu de vieux soldats qui embrassaient en pleurant les médailles qu'ils avaient si bien gagnées au Tonkin ou à Madagascar, et qui de rage, voyant qu'ils ne pouvaient même plus porter ces pieux souvenirs, les lançaient dans les flammes.

J'ai le cœur bien gros quand je me rappelle ces souvenirs ; et, lorsque je pense à ce jour maudit, je ne puis retenir une larme. Pourtant nous ne devions rien regretter puisque ce sacrifice si cruel était indispensable à l'accomplissement de notre devoir, et qu'il ne fut pas inutile.

Oh, ces flammes qui riaient de notre malheur, qui prenaient plaisir à réduire en cendres tout notre avoir, qui ronflaient comme pour chanter un sinistre *de Profundis*, avec quelle angoisse on les regardait !

Il s'en est fallu de bien peu qu'on se soit jeté sur les Touareg du village qui joyeux assistaient à l'agonie de la Mission.

Maudits soient tous ces Touareg qui n'ont pas voulu nous louer de chameaux, et qui nous ont forcés à tout sacrifier et à subir tant de misères pour pouvoir continuer notre marche en avant. Ils croyaient nous vaincre et nous anéantir. Bien au contraire ; devant tous ces malheurs, le cœur du Français se rehausse et devient plus fier encore.

Dans de tels moments, on n'hésiterait pas à donner son sang jusqu'à la dernière goutte pour accomplir sa tâche et faire voir à ces barbares que la mort ne nous effraie pas.

Après bien du mal, nous levons le camp ; mais ce n'était pas encore pour tout de bon, et nous n'avions pas fait 800 mètres qu'il nous fallait brûler le peu qui nous restait, car c'était encore trop lourd.

Le Commandant qui est toujours resté calme pendant ces événements fait appeler deux hommes par escouade, et devant eux brûle ce qui lui reste d'effets, en leur disant :

« Vous voyez et vous comprenez bien tous ce qui se passe : c'est par la méchanceté des Touareg que nous sommes forcés de tout brûler pour pouvoir avancer. Faites comme moi ; débarrassez-vous encore de ce que vous possédez et qui vous alourdit. Ne conservez rien d'autre que ce que vous avez sur le corps, et dites à vos camarades d'en faire autant. Bientôt, Inch Allah ! nous serons dans des pays meilleurs et plus heureux ».

Ces hommes revinrent dans leurs escouades et bientôt, tout autour du camp c'étaient de petits bûchers où se consumaient les derniers chiffons des hommes.

Plusieurs charges de vivres furent encore brûlées et rien ne nous gênant plus puisque tout s'était envolé en fumée, le lendemain, à 4 heures du matin, on prenait la route d'Aguellal.

IX. — D'IFÉROUANE A AGADÉS

10 Juin. — Nous avons deux étapes à faire pour rejoindre le gros de la mission qui est restée campée à Aguellal pendant que le Commandant était revenu nous chercher à Iférouane. Le pays que nous parcourons est monotone : toujours des rochers noirs sans végétation.

L'après-midi de notre triste départ, on fait grand halte de 2 heures à 5 pour boire le café et croquer deux biscuits bien secs ; puis on repart.

La route est pierreuse, la nuit est venue et l'obscurité est profonde. Nous suivons à grand'peine nos camarades de tête. Les hommes sont las ; et c'est avec un vif soulagement que nous voyons, à une heure du matin, la colonne s'arrêter, le Commandant ayant donné l ordre de faire le café.

Cette halte de nuit avait un décor fantastique. Les feux allumés çà et là éclairaient le sous-bois et donnaient aux arbres un aspect étrange. Les hommes, le fusil entre les bras, dormaient dans les rochers, pêle-mêle avec les bourriquots et les chameaux vautrés, leur charge sur le dos.

Seuls montaient la garde quelques tirailleurs dont les silhouettes amplifiées se dessinaient dans la pénombre.

11 Juin. — Le jour commença à poindre sur les hautes montagnes et à découper leurs formes bizarres sur le ciel. Quand sonna l'heure du départ, hommes et bêtes se levèrent, et « En avant ! »

Nous suivions maintenant le lit desséché d'un oued entre de hautes montagnes. Aridité absolue : pas un arbre, pas un brin d'herbe ; à peine un peu de mrokba et quelques tallas. Bientôt une muraille nous arrête ; elle semble infranchissable. Une étroite issue qui s'ouvre ne permet aux chameaux de passer qu'un à un. Au sortir de ce défilé nous étions dans les plaines d'Aguellal, tristes plaines sans végétation, et ne rappelant guère les plantureuses campagnes de France que ce mot évoque.

Grâce à la rapidité de notre marche presque sans arrêt depuis Iférouane, nous rejoignons dans la matinée, à Aguellal, les camarades restés à nous attendre. On s'embrasse, on se serre les mains ; encore une fois, nous étions tous réunis. Malheureusement nous n'apportions que bien peu des bagages qu'on avait espéré sauver en fractionnant la colonne en deux échelons.

Au lieu d'être bâti dans un endroit fertile comme les villages de la vallée d'Irhazar : Iférouane, Tintaghodé, Séloufiet, l'agglomération, d'Aguellal s'adosse à de hautes montagnes dans un site aride, triste et monotone ; les maisons sont toutes pareilles, rectangulaires et bâties en pierres sèches.

Cependant, aux abords immédiats du village, un vallon rempli de gommiers et de tallas très hauts et très gros, forme une véritable petite forêt.

Quand notre section arriva au camp, le village était désert : dès l'apparition de notre premier échelon, le 26 Mai, les habitants s'étaient enfuis, sans nous laisser malheureusement quoi que ce soit d'utile, comme bétail ou comme vivre : ils avaient fait le vide le plus complet autour de nous. Notre ravitaillement devenait donc très inquiétant.

12 Juin. — Un de nos hommes meurt d'insolation ; la température dépasse continuellement 40 degrés à l'ombre.

Le même jour, nous nous emparons d'un Targui venu roder aux abords du camp dans un but évident d'espionnage : nous ne lui rendrons la liberté qu'en échange d'une rançon de cinquante chameaux.

Nous avons d'autres prisonniers, provenant d'une razzia opérée le 27 et le 28 Mai, à titre de représailles pour punir les Touareg Kel-Aguellal d'avoir déserté leur village malgré les assurances formelles de paix que nous leur avions envoyées par un émissaire. Entre autres, nous gardons comme otage la femme du chef Targui, qui nous témoigne le plus d'hostilité : El-Hadj-Sliman. Elle se nomme Fathima : elle est jolie, gracieuse et attire les regards de tous les hommes... mais le factionnaire est là, qui veille !

13 Juin. — Préparatifs pour une reconnaissance, en vue de razzier quelques chameaux, puisque les habitants se refusent à entrer en relations avec nous. La troupe qui va partir est forte de 150 hommes, mais ma section n'en est pas. Elle emporte des vivres pour six jours.

14 Juin, — La colonne quitte le camp, sous les

ordres du Commandant lui-même. Nous restons à Aguellai.

Nous n'y sommes pas trop malheureux, car la viande de bœuf et de mouton est abondante. Des troupeaux emmenés par les Touareg et qu'ils ont été forcés d'abandonner dans leur fuite sont revenus au puits s'abreuver ; nous nous en emparons, et voilà de délicieux bouillon en perspective.

J'ai trouvé, dans un gourbi désert des peaux de fillali (peaux de chèvre ou basane). J'en profite pour me confectionner des chaussures. Avec des étoffes échappées à l'incendie d'Iférouane, je me taille un costume bleu, pas très militaire évidemment, mais fort présentable. Les galons y font totalement défaut ; d'ailleurs personne n'en a plus, nos chefs pas plus que nous mêmes ne portent le moindre insigne, et il serait difficile à quelqu'un qui ne nous connaîtrait pas tous, de discerner les grades.

18 Juin. — De garde ; je passe la journée à veiller sur le haut des rochers. De mon observatoire, j'admirais vers le sud une vaste forêt de tallas et de gommiers se perdant à l'horizon ; à l'est les majestueuses montagnes au pied desquelles s'étend le village. Par leur aspect sinistre, elles semblaient défier l'approche des plus braves : vaine menace qui ne nous empêcha pas de les explorer mainte fois.

Puis je contemplais longuement notre prisonnière confiée à la garde du poste.

Sans ma consigne qui me l'interdisait, je lui aurais bien volontiers parlé et passé la veillée auprès d'elle, car elle était jolie et ses pauvres guenilles cachaient mal un corps superbe qui eût inspiré un sculpteur.

Elle séduisait par son air ingénu et ses grands yeux noirs profonds et tendres.

Ce jour-là, nous fûmes aveuglés par une de ces tornades de sable comme nous en subissions presque chaque jour depuis notre arrivée dans l'Aïr.

Nous perdons encore un homme qui meurt d'une insolation.

19 Juin. — La reconnaissance rentre à Aguellal, après avoir pris trois méharis et quatre chevaux, fort regardés par tous, car c'étaient les premiers que nous voyions.

On distribue du pain de guerre, même pour les chevaux ; il faut encore nous alléger de beaucoup de bagages et brûler quelques charges.

Le lendemain, on touche vingt jours de sucre et de café et huit jours de biscuit à porter sur le dos.

Le 21, tir à la cible sur des boîtes de conserve vides pour ne pas abandonner de cartouches intactes.

Pendant la nuit suivante, il tomba beaucoup d'eau et le matin, nous fûmes tout surpris de voir couler, au pied de la montagne, une superbe rivière qui, malheureusement, dura peu ; bientôt l'oued fut sec, et le paysage reprit son aspect triste et aride habituel.

A 3 heures de l'après-midi, nous sortons du camp pour nous reformer en carré à 100 mètres de là et être prêts à partir. Ce soir-là, on éventra encore plusieurs ballots de rubans de soie de toutes les couleurs ; à la lueur des feux, nous nous partageâmes les plus beaux pour nous en servir plus tard dans les pays nègres comme objets d'échange.

Il y avait aussi de belles dentelles ; nos tirailleurs étaient fiers de ces soieries qui leur rappelaient les beaux mouchoirs des Fatmas de leur pays.

Quel contraste dans ce camp d'hommes déguenillés, que ces flots de rubans qui traînaient partout foulés aux pieds.

Une distribution de tabac est faite, et nous touchons nos six dernières cigarettes.

25 Juin. — Nous prenons la route d'Aoudéras. Le réveil sonne à 1 heure du matin ; la lune éclaire la plaine et nous aide à reconnaître et à charger nos bourriquots ; vingt minutes après, la colonne est en marche. Sans bruit, comme une ombre, à pas lents elle s'enfonçait sous les arbres.

J'étais d'arrière-garde avec ma section, corvée lamentable ! Plusieurs bourriquots mal sanglés se débarrassaient de leur charge par des mouvements brusques ou en se frottant contre les arbres.

Partout des charges abandonnées, des bidons, des gamelles et des guerbas pêle-mêle au milieu des outils qui nous restaient.

Les bourriquots libres trottaient à belle allure dans la colonne en mettant le désordre partout. Les tirailleurs à leur poursuite ne réussissaient qu'à activer leur course ; la débandade était générale, si bien que personne ne reconnaissait les siens. A la vue d'une charge tombée, chacun se hâtait de se sauver d'un autre côté, laissant le soin de la recueillr à l'arrière-garde.

Pauvre section ! et surtout pauvres gradés ! Quel travail de ramasser tout ce matériel épars sur le sable, de courir après les ânes, de les charger malgré leur résistance, de relever ceux qui étaient affaissés sous le poids de leur charge.

Nous étions fatigués et découragés ; pourtant il fallait faire vite, car le Commandant ne permettait pas que l'arrière-garde s'attardât trop loin en arrière.

Enfin, après cinq heures de ce pénible labeur, le jour commence à poindre et la marche devient plus facile.

Le paysage est toujours à peu près le même : rochers sauvages sans végétation. Un oued cependant où la culture est assez belle, est choisi comme terrain de bivouac. On se forme en carré ; les bêtes sont envoyées au pâturage sous la conduite de 50 ou 60 tirailleurs, tandis que les autres, comme d'habitude, construisent la zériba.

Vers deux heures de l'après-midi, une pluie abondante tombe ; et comme il n'y a pas d'abris et que nous n'avons plus rien à garantir, crânement nous continuons à travailler sans y prendre garde.

A cet endroit, nous avons été obligés d'enterrer dans le sable de l'oued dix mille cartouches que nous ne pouvions pas emporter. Y sont-elles encore ? J'en doute fort, car ces maudits Touareg nous suivaient, épiant tous nos mouvements ; et il peut se faire que, malgré les précautions prises, il nous aient vus.

Une distribution de vingt jours de café et de sucre est encore faite pour alléger nos bêtes. C'est notre ration ; il faut nous en charger, sans cela : « Pan, pan, l'Arbi ! »

26 *Juin*. — La marche est moins pénible ; la chaleur a beaucoup diminué ; les oueds sont remplis par l'eau tombée durant la nuit. Après avoir si longtemps souffert de la soif, on est heureux de tirer son quart de son sac pour puiser de l'eau et se régaler !

Les cinquante jours de vivres que nous portons sur le dos nous fatiguent beaucoup ; car nous ne sommes plus aussi vigoureux qu'au départ. Les visages sont maigres ; les jambes faibles. Ce n'est que par l'entraînement et la volonté, mêlés d'un peu d'abrutissement que nous marchons.

Nous avons encore laissé en route plusieurs chameaux ; pour sauver leurs charges, on eut recours aux chevaux des officiers. Ces pauvres bêtes, déjà éreintées par la route, affaiblies par le manque d'eau et de nourriture, ployaient sous le faix et arrivèrent à grand'peine à l'étape.

Le paysage est toujours le même : pas un arbre, pas un brin d'herbe ne poussent sur ces montagnes ; dans les plaines cependant, nous voyons quelques arbres assez verts.

27 *Juin*. — Mêmes difficultés, même paysage. Ma section est encore d'arrière-garde. Comme toujours, les chameaux et les bourriquots nous donnent bien du mal. Ces derniers sont moins turbulents qu'au début. Ils baissent l'oreille et se laissent conduire assez facilement.

Les chevaux des spahis, des officiers et du Commandant sont toujours chargés. Ils arrivent fourbus à l'étape ; et si cela continue, je crois qu'ils seront bientôt tous crevés. Tout le monde porte sa part. Nos officiers au départ de Ouargla, avaient chacun

3 chameaux ; ils ont maintenant un bourriquot pour deux.

Ils sont comme nous très misérables, sans chaussures, sans vêtements, touchant la même ration que les hommes.

Braves officiers, pleins d'entrain quand même ; ils nous donnent l'exemple et ne cessent de nous encourager.

Arrivé à l'étape, je suis de garde au pâturage ; je rassemble mes hommes, mes bêtes, et « En avant ! » Mon petit poste est placé sur le haut d'un énorme rocher qui domine bien la plaine. Tout en me reposant et en regardant pâturer mes chameaux, je contemple l'horizon. Au nord ; les hautes montagnes noires que nous venons de traverser ; à l'ouest, une plaine immense couverte d'arbres ayant la forme d'orangers et semée de quelques coteaux rocailleux ; à l'est, des oueds incultes sillonnés de méjebets (sentiers), et à l'horizon encore la montagne ; vers le sud, toujours la montagne triste et sans vie.

Enfin j'espère que dans trois ou quatre jours nous serons à Aondéras.

Il ne fait pas trop chaud ; le ciel est voilé. Les oueds sont remplis d'eau : nos bêtes s'abreuvent et nos guerbas s'emplissent. Nous venons de franchir de très mauvais passages dans les rochers, aussi augmente-t-on de plus en plus les mesures de sûreté.

La ration est en ce moment de quatre biscuits et 300 grammes de viande de chameau, arrosés de quatre cafés.

Le soir, à la rentrée du pâturage, le ciel était très couvert, la chaleur lourde, et nous étions presque suffoqués. Pour augmenter nos souffrances, le Sirocco se mit de la partie. Je m'abritai de mon mieux derrière trois ou quatre charges de cartouches ; et, après avoir mangé ma maigre ration de viande de chameau, je m'endormis sans m'occuper du mauvais temps.

Les factionnaires et les gradés de ronde souffrirent

beaucoup cette nuit-là, du vent et des tornades de sable.

Le soir, on ne voit plus de petits groupes de Tirailleurs rassemblés autour des feux ; tout le monde et fatigué ; chacun cherche le repos.

28 Juin. — Le départ se fait assez bien ; on marche en ordre serré, toujours à travers des rochers.

Nous traversons un oued où poussent de superbes gommiers entrelacés de lianes ; la végétation tropicale commence à se manifester.

Nous campons sur un plateau rocailleux ; à l'entour, des ravineaux parsemés de touffes de tamarins et de mrokba.

Le puits voisin du camp est un simple gbedir, où l'eau est en abondance.

A ce puits, le capitaine offre 100 francs à celui d'entre nous qui pourra lui faire une paire de chaussures ; mais comme tout manque, il est obligé de rester comme nous, pieds nus.

Mon travail terminé, je fais un peu la sieste, puis je vais au gbedir prendre un bain.

Un bain !... C'est la première fois depuis neuf mois que je me plonge le corps dans l'eau !

Toutes ces privations finissent par sembler naturelles ; on souffre toujours pourtant beaucoup, et de tout, mais sans faiblir. Aujourd'hui, nous nous disons : « Encore 40 kilomètres, et le village d'Aoudéras sera atteint ! »

D'après les renseignements de notre guide, Aïcha, la belle négresse d'Irhazar, l'étape sera un peu longue. Il est vrai qu'on ne peut s'en rapporter entièrement à elle, car c'est toute petite qu'elle a fait cette route, lorsqu'elle fut prise dans son village par les Touareg et emmenée comme esclave à Irhazar.

Mais comme les guides nous font défaut, nous sommes bien forcés d'avoir recours à ses services et de nous soumettre presque à ses ordres.

Elle faisait d'ailleurs de son mieux ; et si parfois

elle nous a égarés, ce n'a jamais été que momentanément.

29 Juin. — Nous partons donc de bonne heure, un peu avant le jour.

D'abord, c'est l'hammada pierreuse, pendant 10 ou 15 kilomètres ; puis des vallées arides.

Après plusieurs heures de marche, nous nous heurtons à la base d'un escarpement rocheux. Pas moyen de passer ; aucun sentier ne se montre. Malgré sa bonne volonté, Aïcha nous a égarés.

Une halte est ordonnée pour trente minutes ; un café aussitôt préparé calme un peu notre soif ; mais il est midi ; la chaleur est accablante ; les hommes et les bêtes commencent à faiblir, et pourtant il faut marcher et trouver de l'eau.

Nous revenons sur nos pas pendant environ vingt minutes, puis nous tournons vers l'Est.

Nous trouvons un puits, mais il est desséché Les rochers changent d'aspect ; au lieu d'être noirs, ils sont plutôt couleur de terre : quelques-uns sont blancs et polis comme du marbre.

Enfin, voici un oued immense, plein d'eau, ou plutôt de boue ; mais la soif est trop forte pour nous permettre d'hésiter. On commande : Halte ! — il est 2 heures et demie — vite, tout le monde court à la rivière.

Les chameaux et les bourriquots y sont abreuvés avant de partir pour le pâturage ; il faut les voir, ces pauvres bêtes, se jeter dans les petites mares ! Elles plongent la tête entière sous l'eau, et boivent à en crever. Au sortir de l'abreuvoir, plusieurs animaux sont tellement gonflés qu'ils peuvent à peine gagner le pâturage.

Peu après notre arrivée au bord de cette rivière que nous avions surnommée aussitôt « l'Oued Trompeur », le Commandant et M. Foureau, accompagnés de quelques spahis, partent à la recherche d'un passage pour franchir la montagne qui nous avait arrêtés le matin.

Quelle ne fut pas leur surprise, après vingt minutes de marche, de rencontrer, montés à méhari, deux éclaireurs touareg qui espionnaient la colonne.

Ils tirent sur eux, les couchent à terre, et les laissent pour morts. Le Commandant rentre au camp avec un superbe méhari blanc ; l'autre était blessé.

Nous étions tous contents de cette prise ; mais comme la présence de ces deux espions nous révèle que nous sommes suivis, le service de sûreté est augmenté.

Le soir de cette dure journée, nous sommes égayés par le vol des pintades, les premières rencontrées.

L'oued est magnifique avec ses berges plantées d'arbres énormes. Je m'installe à l'ombre d'un de ces géants pour me reposer et pour essayer de confectionner une paire de sebatte (souliers) à mon Lieutenant.

Je ne suis pas cordonnier ; mais le besoin fait tout entreprendre, et me voilà m'escrimant sur une peau de chameau.

Les hommes de service au pâturage ont capturé neuf bourriquots qui sont amenés au camp et aussitôt marqués au fer rouge à la marque de la section.

Comme toujours, lorsqu'à la tombée de la nuit, le troupeau rentre au camp, tout le monde cherche ses bourriquots ; on les attache par un pied à des piquets plantés en terre ; devant eux est étalé le fourrage pour la nuit. Les chameaux, eux, sont berrequés dans le camp derrière les ânes.

Les hommes, formant un carré qui entoure toutes les bêtes, sont couchés avec leur fusil à côté d'eux, le ceinturon avec les poches à cartouches autour du corps. Ainsi tous sont prêts à se battre à la moindre alerte.

30 Juin. — Réveil à 4 heures. Ma première pensée est pour le morceau de viande que j'ai mis hier soir dans ma musette. Comme par enchantement, il avait disparu, non pas certainement « dans les airs », mais sans doute dans une poche ou dans un estomac.

Je n'en fus pas trop surpris, car c'était chose habituelle ; pourtant je dormais toujours en gendarme ; mais la main d'un affamé avait été assez adroite cette nuit-là pour couper ma musette sous ma tête et pour s'emparer de ma ration.

« Une autre fois, me dis-je comme conclusion, il faudra tout manger le soir sans rien mettre de côté, quitte le lendemain à serrer d'un cran ton ceinturon ! »

Nous suivons le lit de l'Oued trompeur au milieu d'une végétation merveilleuse. Bientôt, nous trouvons au pied d'un jujubier un Targui, un de ceux que la reconnaissance avait blessés la veille, et que le Commandant avait cru mort. Cet homme a deux balles dans les reins ; il souffre et nous jure que, si nous le sauvons, il nous montrera la route d'Aoudéras.

Nous le hissons sur le dos d'un bourriquot, et d'après ses indications nous nous dirigeons vers la montagne.

Ces montagnes sont signalées par l'explorateur Barth pour leur aspect grandiose et terrifiant. Il semble que cet amas de rochers soit prêt à s'écrouler et à ensevelir le voyageur assez téméraire pour s'aventurer au milieu ; mais ce chaos est solide.

La pauvre Aïcha, heureuse d'être déchargée de sa mission de guide, manifeste sa joie par ses danses et ses battements de mains.

Au sortir de la montagne, nous traversons une sorte de cuvette remplie d'arbres superbes ; on voit à terre les traces de quantité d'animaux, et même celles de plusieurs lions.

Vers une heure, nous arrivons au puits, un oued encaissé dans les rochers et dans le lit duquel il suffit de creuser environ trente centimètres pour avoir de l'eau.

M. le médecin-major Fournial extrait les deux balles du blessé, et après un pansement sommaire, il n'y paraît plus. Les Touareg sont très durs à la souffrance ; jamais une plainte ne sort de leur bouche.

1ᵉʳ Juillet. — Départ à la même heure ; nous marchons d'abord vers l'ouest pendant une heure, puis nous reprenons la direction du sud.

La vallée que nous suivons est de toute beauté ; c'est une forêt verdoyante peuplée de lapins, de pintades et de gazelles.

Nous laissons derrière nous les trois grosses montagnes qui la veille nous indiquaient la direction du sud. Bientôt nous arrivons au puits fort différent des précédents : ils est large de 4 mètres et profond de 10 à 12. A l'orifice, trois gros pieux arc-boutés ensemble permettent de puiser l'eau.

Pendant l'étape, j'étais de convoi, c'est-à-dire chargé de conduire le troupeau de ma section avec quelques hommes, pendant que les autres, en flanqueurs protégeaient la colonne. Que de fois, le long de la route, je me suis mis en colère contre des hommes qui, voyant des bourriquots rester en arrière, ne voulaient pas enlever leurs charges pour les répartir sur le dos des plus forts.

Ils étaient tous, j'en conviens, exténués de fatigue ; mais quand le service commande, rien n'excuse la désobéissance.

J'ai beaucoup souffert moralement ce jour-là, de voir que mes hommes ne m'obéissaient plus, et me laissaient seul recueillir les charges de la section.

L'un d'eux, plus indiscipliné que les autres se permet, à un ordre que je lui donne, de me répondre grossièrement, de m'insulter. Je garde d'abord une attitude froide, mais il lève la main sur moi ! Alors mon sang ne fait qu'un tour, je charge mon mousqueton, et sans l'intervention d'un de mes camarades, j'allais le coucher mort à mes pieds.

Dans ces pays sauvages, quand les hommes sont fatigués et meurent de faim, il est bien difficile pour un gradé de se faire obéir. Endurcis par les privations, les hommes ne craignent plus les punitions, ni la mort. Seul, le gradé qu'obsède le sentiment de son devoir et de sa responsabilité, se met dans de terribles colères où il ne se connaît plus.

A présent, au repos de l'étape, ma fureur s'apaise ; comprenant que c'est l'excès de fatigue seul qui les a poussés à ces actes d'indiscipline, je pardonne à mes hommes. Mais je déplore que dans les moments difficiles ils soient si vite abattus et découragés.

Auprès du puits, pas de pâturage. On construit une forte zériba, car demain nous ferons séjour.

2 Juillet. — Séjour. Du haut du mamelon sur lequel est placé notre camp, je regarde l'oued qui se prolonge vers Aoudéras. Je passe une bonne partie de la matinée dans la béatitude de cette contemplation, heureux de penser que nous approchons du but.

L'aspect des bosquets d'asbigas qui nous entourent rappelle un peu celui des jardins de France.

Ce spectacle m'enchante, l'odeur de toutes ces plantes me grise, et sans vouloir réagir contre cette douce illusion, je me sens transporté en France !

Qu'il est doux à l'Exilé, loin de sa Patrie, de pouvoir, à la faveur d'un moment de calme, laisser fuir sa pensée vers tout ce qui lui est cher, de revoir ce qu'il aime, de revivre quelques minutes de bonheur, en pensant que peut-être à la même seconde les être chéris qu'il évoque par delà l'immensité du désert pensent aussi au fils, au frère, à l'ami absent.

La vision dissipée me laissait le cœur raffermi ; le paysage me semblait plus riant, et le ciel plus bleu. De petits oiseaux remplissaient l'air de leurs chants joyeux, et la silhouette gracieuse d'une gazelle entrevue dans une éclaircie animait par instants la vallée. Tout me paraissait d'heureux présage ; oubliant les souffrances et les mauvais jours passés, je quittai mon poste de rêverie, et m'en fûs gaîment à mon service, à l'abreuvoir.

Notre troupeau est hélas ! peu nombreux ; nos bêtes, promptement désaltérées prennent la route du pâturage.

Notre Targui blessé va tout à fait bien ; il nous avertit qu'un ghazzi nous suit de près. Voudrait-il nous faire peur ? Deux Chambba vont à la chasse et rencontrent comme gibier trois méhara qui s'enfuient à leur approche.

Heureusement que les fusils sont chargés et que nos Chambba sont adroits. Une de leurs balles tue un méhari que nous mangerons ce soir.

La faim me tourmente cruellement ; pour la tromper je prends dans mon sac une tablette de café en poudre et deux ou trois morceaux de sucre que je croque tels quels, et voilà mon repas terminé.

N'ayant pas de tabac, je fumais des crottes de chèvres ou de bourriquots. Tout ce qui pouvait brûler dans mon sepsi (pipe) était ramassé et pieusement caché dans un chiffon.

Souvent le soir, après une rude marche, nous n'avions comme soupe qu'un quart de bouillon fait avec la chair d'un de nos chameaux les plus fatigués et 200 grammes de viande ; rien de plus.

3 Juillet. — Départ à 5 heures. — Nous suivons, pendant un kilomètre, l'oued Aoudéras ; puis nous nous engageons sur un plateau où les roches sont si noires que l'on croirait traverser un dépôt de charbon. Après 8 kilomètres de marche, nous campons à gauche de l'oued Aoudéras, près de la route suivie par Barth.

Au départ je me retourne pour comtempler le soleil qui se lève sur un panorama enchanteur. L'énorme massif montagneux qui nous avait barré la route a toujours un aspect terrible. Au centre, une coupure laisse apercevoir quelques pitons qui nous avaient servi de points de direction pendant ces derniers jours.

Au puits, pas de pâturages, mais de beaux arbres bien verts et touffus nous servent d'abris contre le soleil.

Une vallée magnifique s'ouvre vers l'est. Au sud une très grande montagne se dessine à l'horizon.

C'est là, dit-on, que se trouve le village. Espérons-le ! car voilà déjà bien longtemps que l'on nous dit que nous en sommes près, et jamais nous n'arrivons !

On tue un bourriquot qui est resté en route, et nous nous régalons de sa viande. Le café est notre seul soutien, mais nous sommes malheureusement obligés de le boire sans sucre, ayant presque tous épuisé nos provisions.

Nous sommes réveillés toutes les nuits par les cris des chacals et autres animaux. Nous souffrons énormément, faute de tabac ; une pauvre pipe bourrée de tabac français nous ferait tant de bien comme dessert après notre maigre morceau de viande. Tout nous manque ; nous sommes bien misérables, mais nous ne désespérons pas d'être plus heureux un jour.

Je vais demander à M. Dorian une pipe de tabac qu'il me donne avec sa bonne grâce habituelle, et, seul dans un coin, je m'empresse de fumer ; mais bientôt je suis obligé de cesser. N'étant plus habitué au tabac, j'ai mal au cœur et à la tête.

Je reviens auprès de mes camarades et je leur fais voir ce qui me reste de ma pipe. Tous veulent y goûter et j'ai beaucoup de mal à donner à tour de rôle le tuyau de mon sepsi à chacun d'eux, pour qu'ils puissent tirer une bouffée.

4 Juillet. — Séjour jusqu'à 3 heures de l'après-midi. Ce matin-là, au soleil levant, je fus ébloui par le spectacle de montagnes aux flancs couverts d'arbres et de verdure ; c'était la première fois, depuis Ouargla que nous rencontrions une montagne boisée ; et nous en étions tout heureux.

A 3 heures : « En avant ». Et à la tombée de la nuit, nous nous arrêtons sur un immense plateau rocailleux. Deux ou trois gommiers sauvages poussent çà et là, et c'est tout.

5 Juillet. — Au jour, nous sommes déjà en route. Toujours l'immense plateau rocailleux où la marche est très difficile. Etant dans la montagne, en flanqueur sur la gauche de la colonne, j'aperçois à proximité, un ravin aux rochers polis comme du marbre. Tourmenté par la soif, j'y descends pour voir si dans quelque creux de rocher je ne trouverais pas d'eau.

Au bout de trente pas à peine, je découvre une superbe flaque d'eau ; mais loin de m'en approcher, je recule précipitamment... car là, tout près de moi, dans cette belle eau claire, s'abreuvait un lion qui me regardait. J'avais bien envie de tirer ; mais le Commandant ne nous permettait pas de brûler des cartouches à la chasse.

Pourtant, le pays s'améliore. Nous rencontrons des plantes et des arbres nouveaux ; la végétation tropicale commence à se manifester. L'eau se trouve en abondance dans le creux des rochers.

Nous nous arrêtons vers midi et, comme je suis de pâturage, je m'en vais bien vite avec mes hommes prendre possession de mon poste. Aussitôt mes sentinelles placées, je me fais une gamelle de café, dont le marc séché au soleil me sert de tabac.

Autour de mon poste, je remarque beaucoup de palmiers doum (palmiers fourchus) et d'arbres couverts de jolies fleurs aux formes et aux couleurs bizarres. Les traces d'animaux sont nombreuses sur le sol, et des oiseaux de toute beauté voltigent autour de nous, sans s'effaroucher de notre présence.

Je me regarde dans un morceau de glace précieusement conservé ; et, à mon grand déplaisir, je constate que j'ai la figure maigre et les traits tirés. J'aurais bien besoin d'un coup de rasoir et d'un coup de ciseaux dans mes cheveux qui commencent à boucler légèrement.

Le soir, à ma rentrée au camp, j'apprends que des Touareg sont venus nous rendre visite et faire leur bel-afia habituel. Ils ont apporté quelques denrées comme cadeau ; on ne s'en préoccupe pas ; nous ne pensons qu'à une seule chose : « Demain, nous serons au village d'Aoudéras ! »

Après avoir mangé ma ration de chameau, je fais

mon lit entre plusieurs gros rochers pour me garantir un peu du vent. Faire son lit ! Je m'entends. C'est-à-dire que je gratte un peu le sol caillouteux avec mon sabre, pour l'unir. Une grosse motte de terre me sert d'oreiller ; et content de mon travail, je me couche avec autant de plaisir que si j'avais un lit moelleux avec de beaux draps blancs.

J'ai toujours soin de placer mon « épouse de la route » auprès de moi, prêt à tout événement. Certes, dans ces pays hostiles, on préfère, comme camarade de lit, son ami sûr et fidèle, le Fusil, à la plus délicieuse Fathma.

Mais je n'avais pas compté avec les maudits poux qui, ce soir-là, dégoûtés probablement de mes loques, s'en prirent à mon corps. Bien que très fatigué, c'est à grand'peine que je pus m'endormir.

6 Juillet. — Le gentil petit village d'Aoudéras se montre enfin dans toute son originalité exotique.

Vu de loin, du haut des collines sur lesquelles nous cheminons, il fait illusion. La contrée semble belle et l'agglomération de maisons, assez considérable.

Hélas ! de nouvelles déceptions nous y attendaient encore.

L'oued, ou plutôt la vallée d'Aoudéras traverse le pays de l'Est à l'Ouest. A l'Est, au pied d'énormes montagnes et sur un petit plateau inculte est bâtie la plus grande partie du village. Dans le lit de l'oued sont aussi quelques gourbis. Tous sont en terre.

Un mur d'enceinte, en grande partie démoli, protège un peu le village qui possède plusieurs jardins, bien arrosés et bien cultivés. De beaux palmiers-dattiers mettent une note grandiose dans ce paysage si triste en général.

Plus loin, là-bas, vers l'ouest, et se perdant à l'horizon, est une forêt de gigantesques palmiers-doums. Le coup d'œil est charmant, féerique, enchanteur. Mais nous ne voyons pas de pâturage.

Le village est désert ; à notre approche, les habitants ont cueilli leurs dattes, quoique vertes, et se sont enfuis laissant à peine quelques légumes dans leurs jardins. Aussi, à notre arrivée dans ce village où nous croyions trouver un peu de bien-être, tous les visages sont-ils tristes, et chacun se demande ce que nous allons manger, et ce que nous allons devenir dans ce maudit pays.

Ah ! que ce serait bon, après tant de misères, de rencontrer enfin des êtres humains et de leur parler !

Malgré le site enchanteur, je ne puis m'empêcher de regretter mon cher pays, si loin, hélas ! et à tous ces splendides paysages, combien je préfère mon petit jardin du Perche où poussent modestement de si bons choux et de si gentilles fleurs.

7 Juillet. — Séjour. — Nous sommes campés tout près du village. Quelques Touareg viennent au camp voir El-Hadj-Lamy, nom que notre Commandant s'était donné pour se faire passer comme marabout et inspirer le respect, car seuls ceux qui sont allés à la Mecque portent ce titre vénéré de El-Hadj (le pèlerin).

Avec quelques morceaux de sucre que je possède encore, j'ai le bonheur de pouvoir acheter un peu de tabac et deux ou trois kilogrammes d'oignons que je m'empresse de faire cuire dans la braise. La faim assaisonne tout, mes quinze ou vingt oignons, une fois grillés, n'étaient peut-être pas un mets exquis, mais j'avais un tel appétit que, devant une volaille truffée ou des pâtés de foie gras de haute marque, je n'aurais pas mangé de si bon cœur.

Dès l'aube, les hommes sont allés au village rendre visite à tous les gourbis pour chercher, par tous les moyens possibles, de quoi faire un petit repas. Tous ces maraudeurs se glissent à travers les palmiers comme une bande de chacals, en se dissimulant le mieux possible à la vue des gradés.

Notre Commandant, à qui rien n'échappe, s'aperçoit vite que le camp manque de défenseurs et que tous les hommes sont partis dans le village. Aussitôt l'ordre est donné de faire un appel aux armes.

Les clairons lancent quelques notes tristes et sonores aussitôt répétées par les échos de la montagne. Les hommes ont entendu, et c'est au pas de course qu'on les voit tous revenir au camp. Ils ne courent pas, ils volent ; les camarades sont peut-être attaqués, il faut à tout prix les rejoindre.

Bientôt, ils sont tous là et l'appel signale peu de manquants. Une reconnaissance est envoyée au village pour les ramener.

Ce matin, 20 hommes sont allés à la mosquée et ont abattu un chevreau dont la viande a été offerte au muezzin en signe de paix.

Le Commandant envoie une lettre à Agadèz pour dire qu'il nous faut 200 chameaux, sans quoi nous brûlerons tout.

Défense est faite au rapport de sortir du camp ; le marché se tiendra auprès de notre zériba.

Les seules cultures qui existent à Aoudéras consistent en de petits jardins, d'ailleurs peu nombreux. Le Targui n'aime pas à cultiver la terre ; et cependant, dans beaucoup de vallées des plantations magnifiques pourraient être faites, qui enrichiraient le pays.

Mais ces gens sont paresseux, ils préfèrent vivre de vols et de rapines que de se fatiguer aux travaux de la culture ; ils élèvent pourtant beaucoup de troupeaux, qu'ils vont échanger chez les noirs, dans le Damergou, pour du mil ou du sorgho.

La nuit, des postes sont placés pour tenter de prendre, par surprise, quelques chameaux, mais, comme toujours, le flair subtil des Touareg les éloigne de nous.

8 Juillet. — Je suis de pâturage ; ce qui consiste, le pâturage n'existant pas, à faire couper la cîme feuillue des arbres, pour la donner à manger aux animaux.

Il y a bien certainement des vallées où le mrokba,

le drinn, les choux sauvages et autres plantes poussent, mais où cela ? Ces maudits fantômes noirs ne veulent rien nous montrer.

Dans l'oued où pâturent ainsi mes chameaux et mes bourriquots, poussent des palmiers-doums en grande quantité. Le palmier-doum ressemble au dattier ; toutefois, ses branches sont plus fines et il ne donne, comme fruit, qu'une noix à peine grosse comme une pomme. L'écorce en est très dure lorsqu'elle est vieille.

Les indigènes cueillent ces noix lorsqu'elles sont vertes et que leur écorce n'est pas encore fermée, et ils s'en servent comme nourriture. Bien peu substantiel aliment, auquel, hélas ! j'eus souvent recours pour apaiser ma faim.

Du 9 au 13 Juillet. — Ces jours-là se passent bien péniblement et nous voyons arriver avec douleur le jour du 14 Juillet, que nous n'avons même pas de quoi fêter un peu. Plusieurs hommes de ma section s'en vont en cachette cueillir des dattes vertes dans les palmiers du village. Ils en avalent tant qu'ils en sont malades et que moi, toujours veinard, je me vois infliger huit jours de prison comme responsable de leur conduite.

Le 13 au soir, le Capitaine et le docteur Fournial réunissent tous les Français de la mission pour préparer la journée du lendemain. Elle ne sera pas bien gaie la fête, nous dit le Capitaine, mais nous n'en chanterons pas moins, de bon cœur, les louanges de notre mère-patrie et l'écho de nos voix s'en ira au-delà du désert, porté comme un baiser d'espérance à tous ceux qui nous sont chers.

14 Juillet. — A 4 heures du matin, le réveil est sonné en fanfare par tous les clairons de la mission. Chacun revêt ses plus belles guenilles ; on se forme ensuite en ligne, chaque section devant son emplacement.

Les commandements de : « Portez armes ! » et de : « Présentez armes ! » retentissent.

Tout à coup ces visages amaigris s'illuminent, ces dos voûtés par les fatigues se redressent fièrement, car les trois couleurs de la Patrie viennent d'être hissées en haut d'un mât. Nous nous sentons remués jusqu'au fond de l'âme en voyant flotter notre drapeau, dont les plis majestueusement se déroulent au vent et semblent nous dire : Courage ! Espérance !

Nous sommes tous attendris ; tous les cœurs battent et bien des larmes coulent, douces larmes de joie.

Les sections exécutent trois feux de salve contre les montagnes et se forment ensuite en colonne sur le plateau face au village. Le Capitaine Reibell se met à la tête des troupes et le Commandant, accompagné de MM. Foureau et Dorian, passe en revue la mission. Enfin on défile par demi-sections, au son des clairons et de la Nouba.

La revue terminée, le troupeau sort du camp pour aller au pâturage.

Alors, tous les Français, sous la direction du major Fournial, entonnent à pleine voix la Marseillaise.

Qu'il est beau ce chant sacré de la Patrie, retentissant dans ces solitudes, au fond de ce paysage perdu du centre de l'Afrique. Ces paroles patriotiques et enivrantes, qui s'envolent dans l'espace pour se répéter d'écho en écho et aller porter un souffle de nos cœurs à notre mère-patrie, m'émeuvent comme si je les entendais pour la première fois.

Lentement, le soleil se lève à l'horizon ; ses rayons obliques viennent caresser le petit groupe de chanteurs dont les silhouettes apparaissent grandioses et entourées d'auréoles et dont les visages calmes et souriants défient la mauvaise fortune.

Mon cœur, à ce moment, déborde de joie et d'émotion, car il me semble apercevoir comme dans un brouillard confus, mes parents et mes amis qui me tendent les bras et me disent : « Ta voix arrive jusqu'à nous et nous console ; continue à bien faire ton devoir et bientôt tu seras parmi nous. » Tous les membres de la mission, officiers et civils, nu-tête, le front haut, écoutent avec recueillement l'hymne national. Tous les cœurs sont émus, et plus d'une larme coule.

Pauvres enfants abandonnés que nous sommes, perdus au milieu de ces pays déserts, le ventre creux, nu-pieds, sans vêtements, nous fêtons aussi le 14 Juillet ; et notre petite revue, à nous, était certainement dans sa simplicité, la plus grandiose de toutes celles qu'on passait le même jour ; et, si les spectateurs manquaient, est-ce que là-haut, le Tout-Puissant n'assistait pas à notre fête ?

Dans la journée plusieurs jeux furent organisés et j'eus le bonheur de gagner une gamelle de dattes vertes qui fit grand plaisir à mon pauvre ventre depuis longtemps mis à la diète. Certainement, à ce moment-là, je préférais quelques dattes à vingt ou trente francs.

L'après-midi, plusieurs Touareg des deux sexes vinrent au camp nous rendre visite et partager notre fête. Les hommes exécutèrent des danses originales remplies de charme. Les femmes se distinguèrent par une danse très bizarre que je crois pouvoir nommer et définir : danse de la tête.

Ces négresses, au nombre de quinze à vingt, sont assises en cercle, la tête complètement cachée par un morceau de toile aux nuances éclatantes. Lentement, très lentement, et en cadence, elles décrivent avec la tête un cercle de gauche à droite et peu à peu accélèrent l'allure qui bientôt sera poussée jusqu'au paroxysme. Elles ne cesseront que lorsque, lasses, étourdies, elles tomberont sans force sur le sable.

De vieilles négresses qui ne peuvent plus prendre part à la danse donnent la cadence en frappant dans leurs mains. Mais elles ne manquent pas de s'exciter elles-mêmes à la vue de toutes ces têtes bariolées pivotant sur leur tronc.

Il est bien entendu que la danse n'est réellement

bien exécutée que lorsque le corps ne bouge pas et que seule, la tête remue. Je ne pouvais m'empêcher de rire en voyant ces jolies négresses dandiner leur tête en toile et tomber ensuite fatiguées sur le sable.

Le soir, un grand feu fût allumé dans un coin du camp et tous les Roumis terminèrent cette belle journée du 14 Juillet 1899 par quelques chansons, chansonnettes et monologues. Nos Tirailleurs étaient assis autour du feu et plusieurs même nous égayèrent par leurs histoires et leurs farces arabes.

Malgré nos misères et la faim qui nous torturait les entrailles, nous nous sommes bien amusés. Et certainement, bien peu de Français se doutaient que les petits troupiers de la mission se fussent, en ce beau jour, unis de cœur avec eux pour fêter le 14 Juillet.

Bientôt tout le monde avait rejoint sa place de combat ; quelques tisons brûlaient encore, éclairant de leur lueur les silhouettes des factionnaires ; et le silence le plus complet se fit dans le camp.

Seul peut-être, un homme, le Chef, veillait.

Contemplant le ciel étincelant de milliers d'étoiles et la blanche clarté de l'astre des nuits, notre brave Commandant songeait.

A quoi pouvait-il penser dans cette nuit étoilée et silencieuse ? A nous, certainement ; à nous, ses enfants.

Des idées noires devaient tourmenter son cerveau ; il nous voyait sans pain, sans nourriture et pourtant gais. Il pleurait sur notre sort, et que n'eut-il pas fait pour nous tirer de la misère où nous étions.

Honneur à vous, mon Commandant, qui veilliez sur nous, lorsque dans le camp tous, insouciants du lendemain, dormaient. Que votre nom soit à jamais béni ! Tant que je vivrai je me rappellerai ces belles journées de la mission où vous fîtes preuve de tant de courage et d'endurance, où, par vos douces paroles, nobles et viriles, vous avez su ramener la confiance dans nos cœurs et où vous nous avez fait comprendre que rien n'était plus beau que de se sacrifier, de souffrir pour la Patrie et le Drapeau.

15 Juillet. — Séjour. Le Commandant donne l'ordre de tout préparer pour que, demain matin, nous puissions reprendre la marche en avant.

Nous en sommes tous très heureux, car pour nous, marcher vers le sud c'est nous rapprocher de la France. Aussi, je me couche joyeux, près de la zériba, sur un morceau de tente qui me sert de lit.

A mon grand étonnement, vers 10 heures, mon Lieutenant, M. Britch, vint me réveiller sans bruit. « Il faut vous préparer, me dit-il ; dans une heure nous partons en reconnaissance, un ghazzi est signalé dans l'oued Aoudéras ; nous ferons notre possible pour le surprendre et peut-être nous emparer de vivres et de bêtes. »

A 11 heures, la reconnaissance, forte de 150 hommes est prête. Le Commandant en prend la direction et l'on se met en route. Nous marchons très serrés et sans bruit. A cet endroit, les rives de l'oued sont couvertes de palmiers-doums qui plongeaient la vallée dans une obscurité complète et nous dissimulaient dans leur ombre.

Cependant dans cette obscurité, peut-être qu'un ennemi se cache et nous attend !

Nous marchons ainsi jusqu'à 3 heures et demie du matin sans rien voir. On s'arrête une heure, et comme rien d'anormal ne se montre, nous reprenons la route du camp.

Maintenant que le jour paraît, nous pouvons admirer cette belle végétation qui, la nuit, nous cachait. Partout ce sont de superbes palmiers-doums très hauts, qui dressent majestueusement vers le ciel leurs têtes couvertes de noix.

Plusieurs vols de pintades s'enfuient à notre approche en poussant de petits cris de peur. Une halte est encore faite et nous prenons un délicieux café qui apaise un peu notre soif et notre faim.

Nous rentrons au camp dans la matinée et nous

avons le bonheur d'y trouver un convoi de béchena envoyé par le sultan d'Agadèz.

Nous allons donc être un peu plus heureux et pour un moment nous oublierons la faim. Bien maigre pourtant, cette nourriture de sorgho ; mais il faut s'en contenter, car à part cette céréale, il n'y a rien.

Le lendemain je vais au pâturage. En route, je passe avec plusieurs hommes de ma section sur des rochers assez élevés qui dominent assez bien les environs.

Quelle ne fût pas ma joie lorsqu'à mes pieds, dans un ravin, j'aperçus un malheureux chameau couché sur le flanc.

Il avait une patte cassée. Ayant donc reconnu qu'il ne pouvait plus nous servir et que la seule chose à faire était de le tuer, je pris mon couteau et, lui ayant ramené la tête sur le côté, d'un seul coup, je lui ouvris la gorge. Le sang jaillit ; dans un suprême effort il essaya de se relever ; mais bientôt comme une masse, il retomba inerte et sans vie.

En un clin d'œil il fût dépecé et les morceaux, mis dans nos sacs, servirent aux repas de la journée.

Pauvres chameaux ! Pauvres bêtes ! Vous avez souffert pour nous ; vous avez marché jusqu'au moment où, éreintés, n'ayant plus la force de porter votre charge, vous avez succombé. Alors, toujours utiles, vous nous avez servi de nourriture.

Hélas ! sur 1.000 chameaux que nous avions au départ de Ouargla, pas un ne devait survivre ; tous sont morts, et presque tous nous ont donné leur vie pour l'accomplissement de notre mission et leur chair pour nous nourrir. Mes premiers démêlés avec les chameaux me les avaient fait prendre en horreur ; mais maintenant que je me rends bien compte que c'est à eux seuls que je dois la vie, et le bonheur d'avoir revu la France, je les estime, je les aime, et n'ai plus de dégoût de leur vilaine figure.

17 Juillet. — Je suis encore de pâturage. Pas gai le pâturage : beaucoup de rochers et rien pour nos bêtes.

Ce jour-là, je m'en souviendrai toujours, étant en petit poste avec mes hommes sur les rochers dominant l'hammada qui était à nos pieds, je désignai un factionnaire pour empêcher les chameaux de monter dans les rochers où ils se seraient certainement tués.

La chaleur était bien de 45 à 48 ; aussi mon tirailleur ne voulut-il pas aller en faction. Après une longue discussion, se mettant en colère et chargeant son fusil, il me mit en joue et me dit : « Si tu fais un pas, je te tue comme un chien ». Je ne lui répondis pas, mais devant cet acte d'indiscipline je restai froid, et, le regardant bien en face, je le défiai de tirer.

Mon attitude calme eut raison de cette brute ; et quelques instants après il était à son poste, mais j'ai beaucoup souffert ; et, le soir, couché sur ma maigre couverture, que de larmes j'ai versées !

Loin de la France, loin de ses parents et amis, quand on n'a pour famille que les hommes de sa section, qu'on soigne et qu'on traite comme ses enfants, il est dur d'être ainsi méconnu.

Il ne me vint même pas l'idée de sévir contre le coupable, mais j'étais démoralisé de voir mes hommes capables de s'avilir ainsi — car c'est une lâcheté — même de la part d'un inférieur, d'insulter un gradé qui n'a qu'une pensée : chercher à faire son devoir.

19 Juillet. — Je suis de petit poste en avant du camp et près du marché. Ma consigne est d'empêcher les hommes de soustraire quelques denrées aux indigènes et de veiller à ce que nos tirailleurs ne payent pas trop cher ce qu'ils achètent.

Les femmes que nous employons à la mouture du sorgho ne peuvent fournir plus de 350 grammes de farine par jour et par homme. La ration est donc bien maigre puisque la viande fait défaut. Le Commandant donne alors l'ordre de faire distribuer un supplément de 250 grammes de sorgho en grain à chaque homme qui s'arrangera pour s'en faire de la farine.

Je ne me fais pas prier ; je pars à la recherche de deux pierres qui me serviront de moulin. Je me mets à l'ouvrage ; et peu après, je savourais un petit pain cuit sous la cendre.

Faire un pain avec de la farine de sorgho est chose très difficile ; cette farine est d'ailleurs mal écrasée ; elle ne se lie pas et on ne peut la pétrir. Cette graine, une fois écrasée ressemble plutôt à une poignée de sable qu'à de la farine.

Voici donc comment j'opérai pour arriver à faire une galette : je mis ma farine dans un coin de ma couverture après l'avoir légèrement mouillée. Je confectionnai ensuite ma galette sans la pétrir et je la laissai sécher au soleil jusqu'au moment où elle fut assez dure pour pouvoir la prendre dans la main.

Je la mis ensuite dans le brasier et vingt minutes après elle était cuite ou plutôt brûlée. Quel pain ! Quel bon gâteau ! Et pourtant que mes dents souffraient à grignoter ce sable !

20 Juillet. — Je donne un morceau de ma ceinture rouge pour un fromage qui, avec ma gamelle de béchena me procure un succulent repas.

Les pourparlers continuent toujours au camp entre le Commandant et les indigènes.

21 Juillet. — Au pâturage. Quelle chaleur et que j'ai faim !

22 Juillet. — Je travaille au camp à l'arrimage de mes bagages et à la réparation de mes bâts.

23 Juillet. — Pâturage. Avec plusieurs hommes je fais une gamelle de Rouïna. Ce mets n'est pas très appétissant et il est indigeste. Il se compose simplement de graines de béchena grillées dans une gamelle avec un peu d'eau et de sel. C'est un maigre repas qui fut longtemps mon unique nourriture.

Le soir, à ma rentrée au camp, après cette dure journée passée au soleil et toujours sur le qui-vive, les tirailleurs de mon escouade m'apprennent que nous partons demain et qu'un chameau de la mission est resté en arrière.

Plusieurs hommes ont déjà commencé à le dépecer pour avoir le peu de viande qu'il lui reste sur le dos. Vite notre décision est prise. A la nuit, avec deux hommes, je traverse les petits postes en rampant le mieux possible pour ne pas être vus et ne pas risquer que les sentinelles tirent sur nous. Nous réussissons dans notre entreprise et nous ramassons la carcasse du chameau.

Comme il ne reste que très peu de viande, nous rapportons la tête au camp. Tous les camarades sont heureux. Aussi faut-il les voir se mettre à l'ouvrage.

Plusieurs ont déjà fait un grand feu ; d'autres un énorme trou où rôtira la tête enveloppée de braise ardente.

Le festin terminé, tout le monde reprend sa place de combat et s'endort en rêvant au rôti de chameau.

24 Juillet. — Départ à une heure du matin ; il fait très noir ; la marche est difficile car le chemin suivi est couvert de rochers où nos bourriquots tombent à chaque instant. Il faut les charger, les décharger ; c'est un travail très pénible qui ne cessera qu'au jour.

Après trois longues heures de marche dans ces maudits rochers le jour apparaît sur la crête des hautes montagnes qui se dessinent sur le ciel du côté du levant. Tout le monde se secoue pour chasser le sommeil qui l'envahissait, ouvre les yeux, et, joyeux, nous contemplons les nouveaux sites que nous traversons.

Nous avons enfin quitté Aondéras pour aller à Agadèz-la-Sainte. Que nous réserve l'avenir ? Toujours des marches, toujours une maigre ration ; mais peu nous importe ; nous marchons, nous nous rapprochons de la France voilà tout ce que nous avons besoin de savoir.

Aussi c'est gaiement que nous traversons ces montagnes et les oueds dénudés, car bientôt nous serons à Agadèz où nous espérons tous avoir des nouvelles des camarades qui sont partis du Soudan pour nous rejoindre à Zinder.

Hélas ! Bien des déceptions nous y attendaient.

Nous devions y passer des jours d'angoisse que nul n'oubliera. Les nègres nous y ont montré le fond de leur âme et nous ont fait sentir à quel point cette race blanche, cette race de Kouffars leur était odieuse.

Après 30 kilomètres de marche, nous nous arrêtons dans le lit d'un oued couvert de beaux arbres. Le pâturage est maigre mais l'eau ne manque pas.

Plusieurs sentinelles sont placées sur des collines pour surveiller les environs et éviter toute surprise de la part des Touareg.

Quelques heures après notre arrivée à l'étape, nos sentinelles placées vers le sud signalent deux Touareg qui se dirigent vers le camp. Bientôt ils sont là et nous reconnaissons dans l'un notre fameux guide du ghazzi d'Aguellal, le bandit Raïou. Il est monté sur un superbe cheval et son camarade sur un beau méhari. On le reçoit avec tous les honneurs dûs à son rang (rang peu estimable), mais très beau pour un Targui.

Sa figure n'a pas changé ; ses yeux sont toujours féroces. Son attitude, ses gestes, révèlent vite l'homme dangereux, le bandit de grand chemin que rien n'arrête, qui ne vit que de vols et de crimes. Sa figure est coupée de plusieurs balafres ainsi que son corps ; mais il n'en est toujours pas moins, au contraire, la terreur de l'Aïr.

Plusieurs autres Touareg viennent d'arriver, venant d'Aoudéras ; ils amènent deux bourriquots que le Commandant achète. Le soir, je me repose un peu de mes fatigues de la journée en regardant danser des négresses qui sont devenues les femmes de nos Tirailleurs.

On rit, on s'amuse à voir danser et gesticuler ces femmes à une cadence frénétique ; mais l'heure d'aller se coucher sonne et il faut aller à son poste de combat.

25 Juillet. — Départ à minuit ; la route suivie est toujours pierreuse et dangereuse pour nous, car, neuf fois la tête de colonne a été forcée de s'arrêter pour attendre que l'arrière-garde ait rejoint.

Beaucoup de bourriquots sont tombés en route ; pour ma part j'en perds quatre, et comme j'ai huit charges, je suis forcé de charger les chevaux d'officiers.

Pauvres bêtes ! Ereintées, exténuées, vous nous sauvez la vie encore une fois en ramenant au camp les charges laissées en route par nos bourriquots crevés.

Tout marche à la bonne franquette ; les hommes se moquent de ce que les bourriquots crèvent ; pour eux, nous allons à Agadèz et là nous verrons ce que nous avons à faire.

Au camp, une belle mare se trouve dans les rochers ; pour la seconde fois je prends un bain qui me soulage des fatigues de la route et m'enlève l'épaisse couche de crasse que j'avais sur le corps.

Le camp se trouve à côté de deux gbhedirs formés par la pluie tombée dans ces derniers jours.

Dans l'Aïr la saison des pluies doit donc avoir lieu dans les mois de Juin, Juillet, Août et Septembre. Je suis de planton à un gbhedir réservé aux hommes. L'autre est laissé aux bêtes et pour y nettoyer les effets.

Le camp a un aspect féérique. Il est situé au milieu de roches noires et au centre de l'oued.

A droite et à gauche d'immenses roches nous garantissent du vent.

Tout le monde est joyeux ; on sent l'approche d'Agadèz. J'ai encore un spili (pièce de 50 centimes) qui me sert à acheter un peu de tabac aux marchands touareg qui nous suivent.

26 Juillet. — Départ à minuit. Pendant trois heures la route est presque impraticable pour nos bêtes ; mais rien ne nous arrête. Vers les 3 heures du matin la colonne a franchi ces passages difficiles et marche maintenant dans un oued remarquable par sa végétation et sa largeur.

Depuis notre départ d'Algérie je n'ai jamais vu un oued aussi beau. Ses rives sont couvertes d'innombrables palmiers-doums ; rien ne peut rivaliser avec ce paysage et je me sens heureux devant ce tableau grandiose.

Pour un moment j'oublie les fatigues de la route et me sens prêt à fournir encore une longue étape. Après avoir traversé cette immense rivière, un pays non moins beau se déroule devant nous. C'est une immense forêt de palmiers aux hautes cîmes, fières et majestueuses, qui courbent légèrement leurs têtes sous l'action du vent.

Pas de brousse, pas d'épines, rien que de beaux arbres qui nous garantissent des rayons brûlants du soleil. Sous cette épaisse forêt l'air est frais ; aussi c'est à pleins poumons que nous respirons pour refaire un peu nos forces.

Mais à 9 heures nous commençons à tirer la langue et à traîner la jambe. Le soleil est haut, la chaleur accablante. Plusieurs hommes restent en arrière et se traînent comme ils peuvent pour suivre la colonne.

Plusieurs hommes de mon escouade faiblissent et réclament de l'eau. Je les excite à marcher ; je cause avec eux et je leur raconte (bien à contre-cœur, car moi aussi je faiblirais volontiers), quelques histoires de fathma.

Aussi ai-je le bonheur de les voir tous arriver à l'étape.

11 heures. La tête de colonne est arrêtée ; nous allons camper. Les bêtes sont débarrassées de leurs charges et vont au pâturage. Comme c'est mon tour je rassemble mes hommes et : En avant ! Je place comme toujours mon petit poste sur le haut d'un gara, et quelques sentinelles pour veiller sur le troupeau.

Il y a peu de pâturage ; aussi nos bêtes se voient

forcées de grignoter l'écorce des palmiers-doums très nombreux à cet endroit.

Après vingt minutes de repos, je prends mon fusil et, accompagné de deux hommes, je pars en reconnaissance dans les environs, à la recherche d'eau et de pâturage.

Je ne suis pas heureux dans mes recherches, car deux heures après je reviens à mon poste, n'ayant pu trouver que deux litres d'eau additionnée d'une grande quantité de terre.

Cela ne m'effraie pas, car de suite je fais du feu, et, avec un peu de farine de sorgho je fais une bouillie pour mes hommes et moi.

Il y avait beaucoup de terre, la bouillie avait une couleur de boue, mais il y avait longtemps que nous y étions habitués et ce plat fut pour nous un régal.

Comme toujours je tirai mon sepsi et, prenant dans un petit sac que je conservais précieusement, quelques crottes de gazelle, pour le bourrer, doucement, comme si j'avais eu devant moi un bon moka, je lançai en l'air des spirales de fumée, tout en laissant aller ma pensée vers la mère-patrie.

Tout à coup, je fus tiré de ma rêverie par un cri que venait de jeter une de mes sentinelles : l'oued coule, s'était-elle écriée, à la vue de l'oued quelques instants auparavant à sec, et maintenant plein d'eau.

En effet, il avait fait de l'orage dans la journée et l'eau avait dû tomber en abondance dans les environs du camp. Je fus ébloui devant cette rivière, et d'un même mouvement, hommes et bêtes s'y dirigèrent au pas de course. L'abreuvoir une fois terminé, nous reprenons nos places au pâturage.

Du haut de la colline où je suis de petit poste, je contemple le camp qui est tout près. J'aperçois un petit village autour duquel les hommes restés au camp s'empressent de construire une Zériba pour le garantir contre toute surprise.

D'autres sont occupés à faire cuire la maigre ration de chameau qui servira de repas ce soir. Tout ce tableau respire une vie intense. Tout le monde travaille avec ardeur.

On comprend très bien, en voyant ces Tirailleurs aller et venir dans le camp, qu'ils sont tous animés du même esprit : « Vaincre ou mourir ».

Le soir, à la rentrée au camp, les bourriquots sont attachés à la corde et par section. Quelques soins leur sont donnés car plusieurs sont blessés au garrot. On rend compte à son Officier si nos bêtes sont au complet et ensuite on se dirige vers sa gamelle.

Ce soir-là, je fus invité par mon ami Trabessac ; il avait préparé en mon honneur une gamelle de campement de bouillie, soit quatre ou cinq kilogrammes. Le tout disparut comme par enchantement dans nos ventres affamés ; un quart d'eau, une pipe de mon tabac et nous voilà heureux.

27 Juillet. — Départ à 1 heure. Aussitôt des rochers, de mauvais passages. Lorsque le jour apparaît, le paysage est encore nouveau. Nous sommes à présent dans l'oued Aoudéras, couvert de superbes palmiers-dorums, d'abisgas et de jujubiers.

Nous rencontrons deux petits villages abandonnés qui nous annoncent l'approche d'Agadèz. A notre vue, deux négresses qui étaient occupées à moudre du béchena se sauvent et laissent entre nos mains leur travail déjà commencé. « Cela fera de la soupe ce soir, me dit un tirailleur ; il ne faut rien laisser perdre ».

Nous nous arrêtons vers 10 heures sur la dernière colline de l'Aïr, après avoir laissé en route quinze bourriquots et trois chameaux. Le soir, à l'étape, un de ces bourriquots fit le régal des hommes de ma section. Mon travail étant terminé, je grimpe sur le sommet de la petite gara qui se trouve derrière le camp, pour voir de l'autre côté.

Quelle n'est pas ma surprise lorsque, arrivé sur la crête, j'aperçus une plaine immense couverte de végétation bien verte. Et là-bas, à dix ou douze kilomètres, une colonne noire et bien visible se

DEUXIÈME PARTIE

D'AGADÈZ A ZINDER. — 457 Kil.

(28 Juillet — 2 Novembre 1899)

I. PREMIER SÉJOUR A AGADÈZ
(28 Juill.-9 Août).

II. MARCHE SUR IRHAÏÈNE
178 k. (10-18 Août).

III. SECOND SÉJOUR A AGADÈZ
(19 Août-19 Oct.)

IV. AGADÈZ A ZINDER
(Tamaga-Damergou) 457 k. 17 Oct.-2 Nov.)

détache sur le ciel. C'est le minaret de la mosquée d'Agadèz.

Plus de montagnes, plus de rochers, la plaine partout ; c'est un pays nouveau qui s'ouvre devant nous.

Je suis charmé devant ce paysage gai et verdoyant et je sens mon cœur se détendre. Plus de roches sombres, ni de noires montagnes, c'est la plaine, la plaine couverte de beaux arbres, où des milliers d'oiseaux gazouillent, où les gazelles abondent, où enfin est bâtie Agadèz-la-Sainte.

Plusieurs camarades viennent me rejoindre ; comme moi, tous sont heureux d'être enfin arrivés aux portes de la capitale de l'Aïr. Nous nous sentons émus ; personne ne prononce une parole, nos pensées se sont envolées vers le pays aimé, la France ; et pour la première fois il me semble que je suis près de ma Patrie et que bientôt nous foulerons son sol béni.

Il me semble apercevoir là-bas, au-delà de l'horizon, des pays nouveaux où nous serons plus heureux et où bientôt nous trouverons des amis, des Français comme nous.

Je sens mes forces revenir ; les idées noires qui envahissaient mon cerveau s'envolent devant cette nouvelle nature. Dieu nous a récompensés des dures fatigues de la route.

Le courage, qui m'avait un peu abandonné, revient plus fort, plus vivace que jamais ; je suis prêt aux plus grands sacrifices ; j'ai oublié le passé pour ne plus penser qu'à l'avenir.

Après plusieurs heures passées en extase sur le haut de cette colline où encore une fois mon cœur a frémi, où l'amour de la Patrie s'est encore plus profondément enraciné en moi, je suis obligé de revenir près de mon escouade, car la nuit tombe ; le soleil a disparu derrière la forêt et dans un moment, tout le monde dormira dans le camp sous la protection des sentinelles.

28 Juillet. — A deux heures du matin la colonne est en marche sur Agadèz, accompagnée de plusieurs Touareg venus la veille, et d'un grillot qui ne cesse pendant toute la route de faire des grimaces affreuses, de sauter et de danser au son d'un tam-tam sur lequel il frappe à coups redoublés pour s'exciter lui-même.

6 heures. Le soleil se lève. Agadèz nous apparaît dans toute sa beauté exotique ; nous sommes arrivés. L'endroit où nous établissons notre campement est situé à 800 mètres d'Agadèz, à proximité des deux meilleurs puits de la ville.

Les hommes établissent une forte zériba et les chameaux sont envoyés aux environs du camp, au pâturage.

DEUXIÈME PARTIE

D'AGADÈZ A ZINDER. — 457 Kil.

(28 Juillet — 2 Novembre 1899)

I. PREMIER SÉJOUR A AGADÈZ
(28 Juill.-9 Août).

II. MARCHE SUR IRHAÏÈNE
178 k. (10-18 Août).

III. SECOND SÉJOUR A AGADÈZ
(19 Août-19 Oct.)

IV. AGADÈZ A ZINDER
(Tamaga-Damergou) 457 k. 17 Oct.-2 Nov.)

PREMIER SÉJOUR A AGADÈZ

Nous te voyons enfin Agadèz ! Nous pouvons t'admirer, te contempler tout à l'aise ; car depuis de longs mois nous ne parlons que de toi, nous ne vivons que pour toi !

Quelques instants après notre arrivée, plusieurs Touareg viennent au camp accompagnés d'esclaves. Ils apportent des nattes, qui sont aussitôt employées à construire des gourbis pour nos Officiers

Ces femmes mettent beaucoup d'entrain à cette besogne et elles ont l'air heureuses de notre présence ; pourtant, au fond du cœur, elles nous haïssent. Un troupeau de chèvres est amené ; quelques marchands apparaissent ; le camp prend une animation relative.

Bientôt on entend, du côté de la ville, des musiciens qui viennent nous annoncer pour demain, la visite du sultan. Ils entrent à l'intérieur de notre zériba, en soufflant à pleins poumons dans leurs instruments ; leurs joues se gonflent comme de gros ballons ; leurs yeux sortent des orbites ; ce sont réellement des musiciens enragés que ceux du sultan. Le Commandant les reçoit avec tous les honneurs qui leur sont dus ; et, joyeux, dodelinant leurs grosses têtes, et soufflant plus fort, ils retournent à Agadèz rendre compte de leur mission.

Pendant ce temps, plusieurs hommes ont dégagé la partie est du camp en coupant de gros arbres qui gênaient la vue sur la ville. Le drapeau est hissé au son des clairons et tambours ; et pour la première fois, une troupe d'infidèles a osé braver la légende d'Agadèz, qui veut que nul étranger n'en puisse impunément fouler le sol !

La journée se passe à placer nos bagages et à nettoyer le camp. Deux seules ouvertures en sont laissées libres ; la première, la plus grande, débouche sur le marché et donne passage aux notables de la ville. Par la seconde, sortent et rentrent nos chameaux pour le pâturage.

Au fond du camp, sur une assez forte élévation

de terrain, le 6ᵉ groupe (spahis sahariens et artilleurs) est établi. C'est sur cette petite plate-forme que les membres de la « Boucle du Niger » se réunissaient chaque soir pour se raconter les fatigues, les impressions de la journée. Il y fut fait bien des projets qui, hélas ! ne se réalisèrent jamais.

Je conserve encore de très bons souvenirs de cette petite place où, tous les soirs, les Français se réunissaient. A ce moment, deux seulement manquaient à l'appel. Tous les autres étaient gais, joyeux, l'espérance régnait dans tous ces cœurs jeunes et vigoureux. Qui donc aurait pu croire que beaucoup ne devaient plus revoir la France et quitter leurs bons camarades du club. Certes nul ne pensait à ces jours cruels qui devaient nous séparer et jeter un voile de deuil sur notre petite réunion.

29 Juillet. — Au petit jour tout le monde est à l'ouvrage. On se presse de nettoyer le camp, pour recevoir le sidi sultan. On fait vite sa toilette qui consiste à rattacher ses effets en loques en essayant de leur donner une forme un peu militaire. On se passe un peu d'eau sur la figure, on frise sa moustache et je crois que comme cela nous sommes présentables.

Si le sultan n'est pas ébloui par notre tenue, il sera toujours impressionné par la vue de tous ces gaillards à la mine hardie qui le regarderont en face et qui ne manqueront pas de lui en imposer ; et il pourra se dire, en nous quittant : sous ces haillons il y a des hommes qui n'ont pas peur et que rien n'arrête. Ah ! pauvre sultan, si tu savais ce que nous sommes capables de faire, tu n'oserais pas nous braver et nous irriter comme tu le fais par ta mauvaise foi.

Nous n'attendons pas longtemps. Le sultan, accompagné de ses musiciens, de ses vizirs et de quelques Ratiens est aperçu se dirigeant du côté du camp. Le Commandant se porte à sa rencontre avec les spahis algériens et l'aborde en lui serrant la main. Les sections placées en ligne en avant des deux faces du camp, du côté où arrive le sultan portent les armes ; et, au son des clairons et même d'un coup de canon, il fait son entrée au camp. Après avoir eu pendant vingt minutes avec le Commandant, une conversation où l'on parla surtout de chameaux, le sultan et sa suite sortent du camp avec les mêmes honneurs et la même dignité qu'à l'arrivée.

J'essayais de découvrir, sur leurs figures, l'impression produite par cette petite cérémonie ; car leur voile ne laissait paraître que leurs yeux aux lueurs fauves et traîtresses. Deux sections accompagnent le sultan jusqu'à son palais et reviennent après avoir visité la ville. Chose bizarre ! Ces deux sections ont franchi les remparts sacrés d'Agadèz et le sol ne s'est pas ouvert sous leurs pieds pour les engloutir, comme le prédit la légende.

Dans la soirée, nous apprenons avec plaisir que le sultan aurait dit au Commandant que des Français étaient à Zinder. Quelle joie pour nous d'être à 400 ou 500 kilomètres d'amis. Tout le camp se ressent de cette bonne nouvelle, car, maintenant, plus rien à craindre ; encore un effort et nous serons tous réunis ; nous aurons peut-être des nouvelles de France, nous verrons des visages blancs, des Français.

Le lendemain, une reconnaissance, musique en tête, se dirige sur Agadèz, et, passant derrière les murs, va à la recherche d'un pâturage. De mon côté, je vais au pâturage à l'ouest du camp et j'y passe une bien triste journée. Les Touareg ne nous ont encore rien apporté et, le soir à ma rentrée au camp, je dois me contenter d'une demi-gamelle de bouillie. Mes bourriquots entravés et soignés, comme tous les soirs, je vais me reposer un peu et m'entretenir des incidents de la journée avec mes camarades de la Boucle du Niger, déjà réunis à leur place habituelle.

31 Juillet. — Nous n'avons encore rien reçu d'Agadèz. Le Commandant se met en colère et fait braquer les deux pièces de canon sur la ville. Une reconnaissance part aussitôt rendre visite au Sultan et planter le drapeau français sur son palais. Un chameau y est aussi conduit, pour recevoir du marabout des amulettes qui doivent nous porter bonheur et nous faire réussir dans nos entreprises.

Nous entrons, musique en tête et drapeau au vent, dans la cour du Sultan où nous nous formons en masse. Il est là qui nous attend, au milieu de tous ses sujets, assis comme lui sur des nattes. Le Commandant s'approche de lui et pendant quelques instants lui explique sa visite. Le Sultan et sa suite poussent des « yos » (oui) après chaque parole prononcée par notre chef. Ils ont l'air de tout approuver ; mais certainement ils ne tiendront compte de rien.

Nous allons ensuite à la mosquée où le marabout nous attend. Nous nous formons en carré, et il apparait. Il est tout couvert d'amulettes ; son allure est nonchalante, il prend des poses pour la circonstance ; on lui amène le chameau que l'on fait berrequer devant lui, et il commence sa bénédiction. Le marabout, entouré du Commandant Lamy, de M. Dorian et de plusieurs chefs, récite une prière ; leurs mains sont réunies, ouvertes devant eux et de temps en temps, comme le prescrit le Coran, ils se les passent sur la figure. Tous ont l'air croyants ; ils récitent cette prière avec ferveur.

Les hommes imitent leurs chefs et, dans cette cour entourée de hautes murailles, pas un bruit ne se fait entendre. Tout le monde est recueilli, muet, et, dans le silence de cette prière, seul, le flottement de notre drapeau, dont les plis se balancent au gré du vent, se fait entendre.

De nombreux Touareg, la lance au poing, le sabre au côté nous entourent ; ils attendent peut-être un signe pour se jeter sur nous, mais déjà plusieurs hommes se sont retournés et les surveillent pendant que leurs camarades prient.

Moi aussi je prie ; mais au lieu de psalmodier

cette prière arabe, j'invoque Dieu du plus profond de mon cœur pour qu'il conserve et protège notre brave Commandant, pour qu'il nous fasse encore une fois vaincre les difficultés de la route.

Notre Commandant est réellement digne de l'affection de tous. Il sait souffrir, il sait vaincre, rien ne l'arrête ; il nous encourage toujours par son exemple, et, le premier au danger, il paye de sa personne tous les succès de la mission. C'est bien le soldat de la brousse, qui sait vivre de peu, et vaincre avec rien. Jamais je ne l'ai vu faiblir, ni hésiter. Energique dans ses entreprises, où il réussit toujours, c'est notre marabout, notre Dieu à nous. Il comprend la vie des noirs et sait s'y assimiler. Toujours un chapelet au cou, et ne commençant jamais un palabre sans faire la prière, il leur en impose. Si bien que nous, qui vivons toujours avec lui, nous finissons par croire qu'il est devenu marabout lui-même.

Il rit peu, notre Commandant ; et pourtant, lorsqu'il a pu tromper, dérouter les noirs, on peut le voir tirer nonchalemment sa moustache ; ses yeux brillent et son fin regard s'anime. Au coin de sa lèvre perce un sourire moqueur et rusé. Que c'est bien le chef qu'il fallait pour conduire cette expédition si dangereuse et si pénible ! Je n'ai jamais connu un homme pareil ; sous son regard, tous cèdent et s'inclinent ; sur un geste, tout le monde marche sans réfléchir, sans arrière-pensée, car avec lui on ne peut pas faire fausse route. Il est notre génie, notre père à tous ; qu'il prononce un mot, tous se précipitent, dussent-ils aller à la mort. La mort ! non pas ! car avec lui on ne connaît que le succès, et dût-on n'être que dix à le suivre pour lutter contre l'Afrique entière, on partirait joyeux et sûr de la victoire. Voilà ce qu'était et ce qu'avait fait de nous notre brave et vénéré chef.

La prière achevée, une amulette est mise au cou du chameau. Le drapeau, porté par le Maréchal-des-logis Bonjean, des Spahis sahariens, est amené devant le front de la troupe ; les clairons sonnent ; les commandements de : « Portez arme ! » et de : « Présentez arme ! » se font entendre et, devant tous ces Touareg éblouis, notre drapeau est planté sur le palais du sultan. Ils sont fascinés, anéantis par ce coup d'audace, mais pas un ne bouge. Ils sont encore une fois vaincus.

La cérémonie terminée, nous rentrons au camp après avoir visité la ville, assez vaste et bâtie en terre comme toutes celles du sud-algérien. Un mur, en grande partie démoli, l'entoure. Plusieurs maisons assez bien construites, de la hauteur d'un étage sont, je crois, les habitations des juifs touareg, MM. les « Ratiens ». Les rues sont étroites, propres et tortueuses ; les habitants, nonchalemment couchés sur des nattes, ne se dérangent même pas à notre approche. L'ensemble de la ville est gai, enchanteur pour nous, car c'est la première fois que nous voyons une agglomération aussi considérable de maisons aussi bien bâties. Nous rencontrons aussi, spectacle nouveau, dans une rue étroite, des autruches qui se promènent libres et sans entraves.

Ensuite nous sortons des murailles et nous arrivons sur le marché. Une bicoque en paille, deux négresses pilant du sorgho auprès d'un vieux couché sur le sable, et c'est tout. Je crois pourtant que les jours de marché on doit y voir beaucoup de marchands venant du Damergou, pour échanger du béchena contre des moutons et des chèvres. En ce moment il est désert ; seules, quelques pierres placées çà et là, et noircies par la fumée, sont les seuls indices qui puissent nous indiquer le lieu de réunion. Nous rentrons au camp à 9 heures, sous un soleil de plomb et au milieu d'une poussière épaisse, qui enveloppe tout le détachement. Peu de temps après notre arrivée, nous recevons un peu de béchena qui est distribué aux hommes pour être réduit par eux en farine, et faire notre repas du soir.

N'étant pas de service au pâturage, je vais couper

des branches de tallas pour me construire un gourbi, occupation qui prend toute ma matinée. Elle est simple, ma maison, et pourtant pittoresque ; quatre gros piquets sont réunis entre eux par six branches solidement attachées avec des cordes de ma fabrication. Le tout couvert de branchages, sauf une petite ouverture basse et étroite qui est la porte d'entrée. Bien drôle cette porte, car pour la franchir il faut se courber en deux ; encore la tête peut-elle en toucher le haut.

J'aime mon gourbi ; pour moi c'est un palais où je suis un peu à l'abri des rayons brûlants du soleil, où seul, le soir, je me laisse aller à la rêverie, et où, tranquille avant de m'endormir, je fume ma pipe. Plus je le regarde, plus il me plaît et c'est la première fois depuis mon départ que je puis dire : J'ai un chez moi.

Dans la journée, plusieurs marchands viennent au camp et apportent des œufs, des moutons, des poules, des pigeons que l'Adjudant Jacques achète pour la colonne ; aussi le soir se régale-t-on d'un peu de béchena et de pigeon. Moi j'ai toujours de la veine : Le Capitaine Reibell me connaissant comme un bon popotier me remet toutes les volailles de la section pour leur couper le cou et les plumer. J'en suis enchanté et j'ai soin de conserver le sang de toutes ces bêtes pour varier mon ordinaire. Etant riche, puisque je possédais cinq litres de sang que j'avais fait cuire (sans poivre ni sel, bien entendu), j'invitai un camarade et, grâce à notre féroce appétit, ce plat eût vite disparu.

1er Août. — Je suis de planton au puits près du camp. Je passe mon temps à taquiner les jolies négresses qui viennent chercher de l'eau pour leur maître ; et, pour un sourire, une poignée de main, je les aide à prendre l'eau au fond du puits. Je suis heureux de parler avec elles, je leur demande si elles sont heureuses et si elles ne préféreraient pas venir avec nous. Beaucoup ne répondent pas ; mais dans bien des yeux je crois voir « oui ».

J'aurais bien voulu les emmener, mais c'était trop pour ma pauvre ration ; je pouvais en aimer une, mais pas trente. Après bien des hésitations, j'arrêtai mon choix sur une gentille esclave, aux yeux langoureux, à la voix douce, à la démarche souple et gracieuse. Je lui parlai ; de quoi ? De tout. Je n'osais trop m'avancer, car c'était avec bien du mal que j'arrivais à lui faire comprendre ce qui m'attirait vers elle.

Elle comprit pourtant, puisque de sa voix la plus câline elle me dit dans un sourire « taufat » (demain) ; et me montrant sa goura, elle me fit comprendre que puisque j'étais si gentil je pouvais bien la lui remplir d'eau. C'est ce que je fis. Elle était si séduisante ; que n'aurais-je pas fait pour elle ! Je lui demande son nom. « Yamina » me répond-elle. Et gentiment, me tournant le dos avec beaucoup de grâce, elle prend du pas léger d'une gazelle le chemin d'Agadèz.

Je la regardais partir avec regret, cette mignonne négresse, et de ma voix la plus chaude je lui répétais moi aussi : « taufat ». Bientôt je n'aperçus plus que sa mince silhouette glissant comme une ombre sur le sable, puis plus rien. Je revins au puits où mon service me réclamait ; j'étais devenu maussade, méchant même pour les autres femmes qui venaient puiser de l'eau. Je les trouvais laides, affreusement noires ; rien ne pouvait me faire oublier ma gentille petite Yamina et son gracieux sourire.

La soirée me parut longue, et je fus réellement content, lorsque la nuit venue, je retournai au camp. Mon repas rapidement terminé, je m'empressai d'aller rejoindre mes bons camarades déjà tous rassemblés au lieu habituel. Je m'assieds auprès d'eux et je demande la parole pour leur raconter mes amours de la journée et mon espoir de demain.

Tous m'écoutaient attentivement et je leur exposais mon plan avec chaleur.

Plusieurs m'approuvèrent ; c'était un acte méritoire que de sauver une esclave des mains d'un Targui ; par contre, beaucoup d'autres me dirent : « Songe à ta ration avant de rêver d'avoir une femme ». J'étais si bien épris que je ne voulais rien entendre, et je me jurai à moi-même que rien ne m'arrêterait dans ma tentative de conquête. Je pensais bien à ma maigre ration, mais j'avais foi dans l'avenir qui ne pouvait manquer d'être meilleur. Hélas ! rien ne devait changer ; je devais rester célibataire ; et je ne devais même plus revoir de longtemps mes amours d'un jour.

Mais il se fait tard ; la croix du sud avec ses quatre étoiles éblouissantes commence à monter au-dessus de l'horizon. Nous nous séparons et chacun rejoint sa place.

Je me dirige du côté de ma maison où un bon lit de branchages m'attend. J'essayai de dormir, mais le sommeil ne vint point. J'avais trop d'idées amoureuses en tête, et je passai la nuit à rêver tout éveillé à mon idylle noire, à ma gentille Yamina.

2 Août. — Bientôt je fus tiré de ma torpeur par les notes stridentes du clairon de garde qui sonne le réveil. A cette sonnerie si désagréablement connue, je me lève et je me prépare pour le pâturage, car c'est mon tour.

Ce jour-là je ne quittai pas le camp sans regret ; car le mot de · taufat, résonnait encore à mes oreilles, et quelque instinct me disait : « Si tu pars tu ne la reverras plus, car elle sera fâchée de ton absence ». Des idées noires envahissaient mon cerveau et je crois que je ne serais pas parti si la voix de mon Lieutenant ne m'avait rappelé à l'ordre. Je poussai mes bêtes du côté de la porte de sortie et après un dernier regard sur Agadèz, je pris place sur un des côtés de notre petit troupeau ; et, silencieux et triste, j'allai au pâturage.

Après 40 minutes de marche nous nous arrêtons dans de maigres herbages, et les petits postes sont placés autant que possible à l'abri du soleil. Le mien est bon aujourd'hui. Une grosse touffe d'asbicas le jalonne. Vite je nivelle un peu ma place, je sors mon moulin à farine de ma musette et je commence à écraser du béchena pour me faire une gamelle de bouillie.

Dans ce petit coin de verdure quatre hommes sont assis et travaillent ; l'un pose une pièce à son pantalon, l'autre se confectionne une paire de souliers ; quatre pas plus loin, le factionnaire avec son grand chapeau de paille, sa poitrine presque nue qui reluit au soleil, ses manches de chemise retroussées jusqu'au coude, ses pieds nus sur le sable, scrute l'horizon d'un œil attentif et veille à notre sécurité. Que tout est cela est pittoresque ! Comme cette vie si rude au grand air, en pays hostile, est enivrante ! Et moi, lentement j'écrase mon grain en me laissant bercer au son d'une mélodie kabyle qu'un de mes Tirailleurs joue sur un simple morceau de roseau, flûte improvisée.

Nous sommes heureux tous les quatre ; aucun souci du lendemain ; rien ne vient troubler notre quiétude. De petits oiseaux voltigent autour de nous et viennent jusque dans mes mains prendre quelques grains de sorgho. Leur beau plumage est d'un jaune doré, ainsi que leur bec, qui sait si bien me voler mes grains de béchena. Ils ne sont pas farouches et se familiarisent très bien avec nous ; je les prends dans mes mains ; je mets du mil dans mes oreilles, ils viennent le prendre. J'en ai partout : dans mes poches, dans ma ceinture ; mon corps est comme un perchoir où plus de quarante petits oiseaux sont à la recherche de grains de mil. Mais à côté de ces gentils oiseaux, il y en a d'autres qui sont voraces, rusés et voleurs. Ce sont les éperviers. Ils n'hésitent pas à venir enlever notre ration de viande de nos mains même.

Je me rappelle un jour avoir bien ri. Un de mes hommes venait de toucher sa ration de viande de la journée ; c'était un superbe tibia de mouton. Il s'apprêtait à le manger lorsqu'un épervier, fondant sur lui, d'un habile coup de griffe le lui enlève avant qu'il ait pu y goûter. Mon pauvre Tirailleur en était resté ébahi, la main encore à la hauteur de la bouche. Il faisait peine à voir. Peu s'en fallût qu'une larme coulât sur ses joues, car c'était sa nourriture de la journée qui s'envolait dans les airs.

Une autre fois c'était le tour d'un brave cuisinier de ma section, le surnommé « Premier bataillon » un bien bon garçon, toujours gai, connaissant beaucoup d'histoires, un vrai boute-en-train, avec sa grosse face réjouie et ses petits yeux fins et malicieux. C'était l'heure de la soupe et tous les hommes, autour des cuisines, suivaient d'un œil attentif les derniers préparatifs du repas. Lui, l'infatigable cuisinier était là, un gros bâton à la main, prêt à châtier l'audacieux épervier qui aurait osé venir voler sous son nez un morceau de viande dans sa goura (marmite en terre). Plusieurs fois déjà, son bâton avait chatouillé le dos de ces voleurs et lui, content, nous regardait d'un air fier, nous disant « ak carbi makach a t'el ouaad il erfet l'aâm intana ».

Fût-ce pour le narguer, ou par simple hasard ? Toujours est-il qu'un épervier, rapide comme l'éclair, passe devant nos yeux et s'envole en emportant dans ses griffes un gigot encore tout fumant. « Premier bataillon » l'aperçoit et joue du bâton. Mais pas de chance ; son arme a manqué le voleur, mais non pas la goura, dont les flancs sont ouverts, sans une goutte de bouillon, tandis que tous les morceaux de viande sont dans la cendre.

Ce qu'il avait l'air penaud, notre cuisinier, devant les débris de sa pauvre marmite. Il n'osait rien dire et restait là, la bouche ouverte, les bras ballants, son bâton toujours entre les mains. Ce soir-là, nous fûmes forcés de nous contenter de ce qui restait.

Bah ! On prend sa ration de viande que l'on frappe sur le bout de son pied et le tour est joué.

Bien que tranquille au pâturage, heureux au milieu de mes quatre hommes qui ne cessaient de chanter et d'égayer notre petit coin ensoleillé, par leurs bavardages, je ne pus m'empêcher de songer à Yamina. Et ce fut d'un pas léger, et le cœur palpitant que, à la tombée du jour, je pris la route du camp. Sans même me débarrasser des poches à cartouches de mon fusil, je courus vite au puits, demander à plusieurs affreuses négresses qui étaient là, des nouvelles de ma Dulcinée. J'appris avec beaucoup de chagrin que son maître, épris follement de sa beauté, la tenait séquestrée dans sa maison, craignant, avec raison d'ailleurs, qu'elle ne vînt comme ses amies, partager la ration d'un Kouffar, (infidèle).

Devant toutes ces femmes, je reçus cette nouvelle froidement en apparence ; mais, lorsque un quart d'heure après, je fus couché sur mon lit de branchages, je ne pus retenir une larme de regret. L'avoir connue un jour seulement, avoir éprouvé pour elle, le premier sentiment tendre que mon cœur eût ressenti depuis près d'un an, et me trouver maintenant seul, plus seul que par le passé ! Les beaux rêves ébauchés le soir de notre première et unique entrevue, ces projets qui me faisaient voir l'avenir moins sombre s'évanouissaient devant l'amère réalité et me montraient le présent plus triste que jamais.

3 Août. — Brisé par cette insomnie, je reste sur mon lit plus tard que de coutume, et je ne me lève que lorsque les premiers rayons du soleil commencent à illuminer ma hutte. Quelle belle matinée se prépare ! Bien que j'aie le cœur encore bien gros je ne puis m'empêcher d'être distrait de mon chagrin par le merveilleux spectacle du réveil de la nature. Une multitude d'oiseaux de toutes couleurs au plumage chatoyant voltigent dans le camp à la recherche des grains de béchena égarés sur le sable : ils remplissent l'air d'un gazouillement harmonieux.

Les hommes vont et viennent dans le camp, chacun vaquant à son travail ; les uns reviennent du puits, lourdement chargés de guerbas remplies d'eau pour les cuisines ; les autres confectionnent des cordes, des bâts, des sebattes ; quelques-uns sont employés à la fabrication d'outres au moyen de peaux de chèvres, travail délicat d'autant plus important que nous allons avoir à traverser des contrées presqu'entièrement dépourvues d'eau.

Plusieurs groupes de tirailleurs forment le cercle autour d'un maitre joueur de loto qui lance de sa voix la plus sonore les plaisanteries habituelles tandis que les grands enfants attentifs qui l'entourent couvrent vivement avec des cailloux les numéros annoncés. Là-bas, bâtons en mains, les cuisiniers montent la garde auprès des marmites.

Cette vie en campagne, cette installation au campement, qui sembleraient si misérables à un Européen, sont pour moi remplies de charmes, de sensations familières et douces, surtout après les souffrances des dernières étapes. Devant ce tableau si riant, au milieu de cette vie active, on se sent grandir, on sent que l'on est homme, capable de lutter avec énergie, et de vaincre à force d'audace et de persévérance tous les obstacles. Le cœur frissonne d'un indéfinissable enthousiasme ; on est heureux de vivre !

Moi non plus ce matin, je ne veux pas rester oisif : je secoue ma torpeur ; et pour commencer ma journée, je vais au puits en compagnie de mon ami Becbec, laver mon linge — celui que j'ai sur le corps bien entendu — et prendre une bonne douche. Une grosse pierre va me servir de lavoir. Bien que nombre de jolies kradens soient là, sans pudeur, je quitte mes guenilles, et, nu comme un sauvage, je commence à les savonner, les pétrissant dans la boue sous mes pieds. Je saute, je frappe dessus pour en faire sortir la crasse ; de temps en temps, j'y remets un peu d'eau et de terre.

Toutes les négresses me regardaient avec étonnement : je ne tardai pas à comprendre pourquoi. Elles avaient bien vu ma figure blanche, mais elles ne croyaient probablement pas que mon corps fût de la même couleur ; aussi restaient-elles stupéfaites devant ce qui pour elles était un phénomène. Quant à détourner leurs regards de ma nudité, elles étaient bien trop négresses pour en avoir même l'idée.

Mon blanchissage dura bien une heure. Pour attendre que mon linge fût sec, je pris une douche ; mon camarade me frotta d'abord le corps avec de la terre avant de m'asperger de bidons d'eau. J'étais joli dans cette tenue ! couvert de boue jusque sur la figure ; j'étais couleur brique ; mais pour suppléer au savon qui manquait, je n'avais pas d'autre moyen.

Ma toilette terminée, je m'étendis à l'ombre, sur le sable, dans une pose plastique, en attendant de pouvoir remettre mon linge... blanc ! après cette lessive ! Ce ne fut pas long ; de ses rayons brûlants, le soleil eut vite séché mes effets. Je pus bientôt m'habiller et aller avec plusieurs camarades qui m'attendaient, jouer au banco : une de nos distractions journalières, car peu de jours se passaient en station où au pâturage sans que plusieurs Français ne se réunissent pour faire leur partie.

Déjà, depuis bien longtemps, les cartes à jouer nous faisaient défaut. Pour les remplacer, nous nous servions de feuilles de papier ayant servi à envelopper du sucre et des bougies, coupées en petits morceaux carrés sur lesquels était écrit : huit de trèfle, roi de pique ; etc. De cette façon nous pouvions continuer nos parties. Nous avions bien quelques billets de banque ; mais ils ne servaient à rien, puisque les noirs n'en voulaient pas. Mais il ne nous restait que très peu de monnaie.

Il fallait nous voir, enragés à jouer au banco, sou par sou, pour tâcher d'augmenter notre pécule de quelques pièces qui nous serviraient à nous payer un délicieux camarïa, ou un bon graca pour le repas du soir. Ce matin là les parties furent encore plus animées que d'habitude : nous avions touché chacun 3 fr. 50 de solde en monnaie.

Depuis un moment je commençais à perdre mon gain du début ; et j'aurais peut-être tout perdu, si une pluie torrentielle n'était venue nous troubler. Il fallut rentrer, chacun courut à son gourbi ; moi j'y volais plutôt, car j'étais sauvé et je me retirais avec un petit bénéfice. Cette pluie qui tombait avec violence ne dérangea pas nos cuisiniers qui, eux, restèrent en faction devant leurs marmites. Mieux valait être mouillé que de voir s'envoler notre viande. Puis, peu à peu, les nuages disparurent, le soleil se montra de nouveau et chacun se remit au travail ou au jeu.

Ayant quelques spilis (pièces de 50 centimes) j'allai au marché faire achat d'un peu de mil et d'oignons. Plusieurs marchandes y étaient encore, leurs denrées installées devant elles. J'allais de l'une à l'autre marchandant tout, mais n'achetant rien, lorsque j'aperçus une vieille négresse affreuse, horriblement laide avec une figure de vieux singe. Elle me montrait un gros nœud dans le coin de sa robe en me disant : « tapac ». Depuis Ouargla jusqu'au Gribingui, tous les noirs appellent le tabac « tapac ». Je restai muet à cette interpellation ; il y avait si longtemps que je n'avais entendu prononcer ce mot, que je doutais ! Je lui fis répéter ; et, sans marchander, je m'en rendais acquéreur en lui donnant un spili.

D'un bond je suis à ma case ; et seul, couché sur mon lit, je savoure plusieurs pipes, sans, bien entendu, me faire voir de personne, car, si un camarade m'avait vu, où serait passée ma petite poignée de tabac ? Tout en lançant en l'air de formidables spirales de fumée, je ne pouvais m'empêcher de songer à notre prisonnière d'Aguellal, la charmante Fathima.

Qu'elle était belle, maintenant avec les vêtements

neufs que le Commandant lui avait donnés. Ce n'était plus la petite sauvage d'antan ; c'était au contraire une délicieuse et espiègle Fathima apprivoisée. Il lui avait fallu peu de temps pour oublier son village et son mari ; au milieu de soldats toujours gais et joyeux, elle avait vite pris nos habitudes et ne s'en trouvait d'ailleurs pas plus mal.

Cette jolie négresse était désirée de tout le monde. Son corps souple comme celui d'une jeune tigresse, était irréprochable, sauf un petit défaut habituel chez ces dames noires : (certaine proéminence par trop exagérée). Ses yeux étaient du plus beau noir que l'on puisse rêver ; tout était sculptural chez elle, depuis la tête et le buste aux seins mignons et durs, jusqu'à ses pieds d'une finesse extrême.

Oh ! belle Fathima ! Que souvent seul dans mon petit gourbi, j'ai soupiré en te voyant passer, et en entendant tes éclats de rire ! Que n'aurais-je donné pour que tu fusses mienne lorsque le soir tu exécutais une de ces danses où tu savais si bien te distinguer par ta grâce, tes gestes langoureux, par tes petits cris fins et perlés qui s'envolaient de ta bouche mignonne !

Oui Fathima, toi aussi, je t'ai un peu aimée, mais tu étais notre prisonnière et mon devoir était de te respecter comme telle.

J'aurais bien voulu t'avoir pour cuisinière, pour amie de la route, mais pendant la mission seulement je l'avoue ; car après tout, malgré ta beauté, tout était noir chez toi, comme chez tes compagnes, et le noir, vois-tu, c'est trop sombre, et j'aurais eu peur de devenir triste à la longue en vivant près de toi.

Le lieu de rendez-vous pour la danse était toujours à la 5ᵉ Section, chez les Tirailleurs sahariens, dont un grand nombre de race noire, anciens esclaves, avaient réussi les premiers à trouver des épouses. Toutes les femmes du camp s'y rassemblaient. Et au son des tams-tams, des rêtas, des castagnettes soudanaises, des battements de mains et des cris des

Tirailleurs, les danses frénétiques commençaient. Elles étaient belles, enivrantes ces danses : on se sentait enlevé, électrisé, par toutes ces femmes, sautant, gesticulant, remuant le corps dans tous les sens. C'étaient de vraies diablesses qui nous faisaient passer d'agréables soirées. J'y allais presque tous les soirs, après un moment passé à la « Boucle du Niger », pour rire un peu, et surtout pour admirer la délicieuse Fathima faisant ses cabrioles.

Très souvent, lasses de danser, elles continuaient par la lutte. Le cercle des spectateurs s'élargissait ; on rallumait la pipe aux tisons du feu ; et, bien assis sur le sable, on assistait à un spectacle fin-de-siècle. Les deux négresses qui devaient lutter entraient en scène et, après deux ou trois paroles échangées, s'élançaient l'une sur l'autre, et la bataille commençait. Elles luttaient très bien, nos petites femmes, et sans pudeur, nous laissant voir leurs belles jambes noires et reluisantes. Parfois un jupon tombait, mais elles ne s'arrêtaient pas pour si peu. Que pouvait leur faire d'être nues devant nous si elles sortaient victorieuses de la lutte ?

Il y en avait une surtout qui luttait très bien et réussissait souvent à coucher son adversaire sur le dos. C'était Aïcha, l'inoubliable Aïcha, celle qui nous avait conduits, tant bien que mal, d'Aguellal à Aoudéras ; celle qui, plus tard, vint en France avec nous, et qui, maintenant, mariée avec un Saharien, habite In-Salah. Elle était très forte, rusée, avait beaucoup de malice, et de plus, une autorité effective sur ses compagnes ; car le Commandant l'avait nommée Caporal (dans son milieu, bien entendu) d'une escouade composée de toutes nos négresses. Elle avait aussi l'habileté de faire déserter beaucoup d'esclaves de chez leurs maîtres, et de les amener au camp où un mari les attendait. C'était un petit commerce pour elle et en même temps une bonne œuvre, car, avec nous, ces femmes étaient heureuses et pouvaient espérer revoir un jour leur pays.

4 Août. — Le ciel est couvert aujourd'hui ; l'air est frais, et cette nuit j'ai eu froid, étant peu couvert.

Je prends pour huit jours l'ordinaire, c'est-à-dire que je veillerai à la cuisson de nos aliments, à l'écrasement du béchena et à ce que la répartition des rations soit équitable. Car lorsque la faim se fait sentir, nul ne voudrait qu'un camarade touche deux grammes de viande de plus que lui.

Après une toilette sommaire, je vais faire un tour aux cuisines où notre infatigable « Premier bataillon » est en train de faire le café. Il représente bien dans son costume de cuisinier ; une couverture retenue par une corde lui entoure la ceinture, et c'est tout. Sa figure reluit de graisse, de sueur ; ses mains sont noires ; et ses pieds, je n'en parlerai pas ! Il est toujours gai, toujours sa grande bouche s'ouvre pour laisser échapper le résidu d'une chique qui ne le quitte jamais.

Il me souhaite un grand bonjour et s'empresse de me dire : « Ellioum sebah kawa melé ya a sidi » ; et moi de lui répondre à la vue d'une épaisse couche de graisse que j'aperçois dans la marmite : « Ada caoua inta elmi selmine. — Ah ! ques-ti veux ? Café la guerre, cila ». Oui, c'était bien vrai ; c'était un café de la guerre, mais cela ne l'empêchait pas d'être délicieux pour nous.

Une fois le café distribué aux hommes et à nos officiers, car il ne faut pas oublier que les officiers vivaient comme les hommes, j'allai chercher la viande pour ma section. La boucherie était tout près du camp, à l'ombre d'un magnifique tallas. Les bêtes une fois tuées étaient placées en cinq tas égaux, et, le tirage au sort commençait. Un des caporaux présents faisait demi-tour et le boucher, montrant du doigt un tas, s'écriait : « Lemen ada ? » ; le caporal répondait le numéro d'une section, et ce tas appartenait à la section désignée.

Cette habitude de tirer au sort était journellement employée par nous pour tout ce qui était la nourriture. Ma viande touchée, je la faisais apporter à la cuisine de ma section par un ou deux hommes qui la remettaient au cuisinier en pied. Ce dernier se mettait de suite à la découper avec une vieille hache touareg sur plusieurs troncs d'arbres qui lui servaient de billots. Il ne s'inquiétait pas si la viande, après avoir été coupée, tombait sur le sable. C'était un détail pour lui et aussi pour nous tous.

La viande coupée en morceaux est de suite jetée dans les gouras. Une fois cuite on la retire, et la ration de béchena la remplace. Alors commence un travail difficile pour notre cuisinier. Il lui faut, pendant une heure au moins, tourner constamment cette farine dans la marmite au moyen d'un bâton pour en faire une bouillie assez épaisse et bien délayée, qu'il répartit entre les gamelles.

Souvent les hommes étaient autour des cuisines, attendant leur gamelle, une heure d'avance. Ils ne pouvaient s'empêcher de donner leurs appréciations sur la soupe : c'état mal réparti ; les uns en avaient beaucoup, les autres (évidemment ceux qui étaient là), étaient mal servis, c'était des discussions à n'en plus finir. « Premier bataillon » ne disait rien aux premières paroles lancées ; mais lorsque la colère le prenait, il injuriait tout le monde, et peu s'en fallait qu'il ne les frappât de son bâton ou qu'il ne leur jetât une marmite à la tête. Tout ceci m'égayait ; c'était bien la vie de campagne que tout jeune, encore enfant, je rêvais de connaître.

La soupe distribuée, les gamelles des hommes au pâturage envoyées sous la conduite d'un gradé, je m'asseyais à côté de mon cuisinier en chef, et, tous deux, nous blaguions. On parlait des belles fatmas d'Algérie, de choses et d'autres, tout en savourant notre gamelle de bouillie. Pendant ce temps, le marc de café du matin était sur le feu, mijotant dans une marmite, et, quelques instants après, comme des princes, nous dégustions ce délicieux moka. Pas de sucre, mais on le trouvait bon quand même, notre café.

Le manque de couteaux et de cuillers fut longtemps pour nous une grande gêne. Nous étions obligés d'attendre que notre bouillie fût refroidie pour y mettre la main. J'ajouterai qu'il faut une grande habitude pour manger proprement avec les mains. C'était un art nouveau pour nous, que l'emploi de cette cuiller primitive ; pourtant j'y étais devenu adroit. Avec quelle agilité, je roulais entre mes doigts un peu de bouillie avant de la précipiter dans ma bouche. Mon repas terminé, j'allais faire un tour dans les escouades, veillant à ce que les hommes désignés pour écraser le mil, que nous devions emporter pour notre route d'Agadèz à Zinder, le réduisissent bien en farine, ce à quoi il est très difficile d'arriver avec nos moulins si primitifs. Ce travail est très dur et il faut un temps infini pour écraser 3 ou 4 kilogrammes de béchena.

C'était très drôle dans le camp, de voir tous ces soldats devenus meuniers. Plusieurs négresses s'étaient elles aussi, mises à l'ouvrage et aidaient nos tirailleurs pour un rien, un peu de sel, un bout de chiffon, les os des cuisines ; c'était une main-d'œuvre peu chère.

J'avais aussi plusieurs petits négros qui vivaient avec nous. Ils étaient très actifs à l'ouvrage.

La cuisine ne manquait jamais d'eau, jamais de bois ; et pour paiement ils avaient, à la fin de chaque repas, les fonds de marmite ; pour eux, c'était même beaucoup.

Comme tout le monde était à l'ouvrage, j'allais faire un peu la sieste, sous un superbe tallas, au centre du marché. Je dormais depuis une heure peut-être, quand mes amis vinrent me réveiller pour faire une partie de banco qui dura jusqu'à la soupe du soir.

La lune venait de se lever ; tranquillement couché sur le sable, je fumais ma pipe, quand le tam-tam se fait entendre dans un coin du camp ; avide toujours de nouveautés, je vais voir ce qui se passe. Je fus bientôt renseigné : c'était un caporal indigène des tirailleurs sahariens qui se mariait avec une négresse charmante et très jeune. Une fois les préparatifs terminés, tous les musiciens rassemblés en tête, le cortège se dirigea vers le gourbi du Commandant. Une foule de tirailleurs, dont beaucoup avec leurs femmes, le composaient. Les musiciens jouaient leurs plus beaux morceaux ; les femmes poussaient des yous, yous, frénétiques, et la fiancée elle-même avait pris pour la circonstance une physionomie pleine de candeur et de chasteté.

Je ne pus m'empêcher de rire lorsque tous deux, à genoux devant notre Commandant, reçurent la Bénédiction au milieu du silence le plus complet que l'on puisse rêver. On fit ensuite la prière ; le Commandant et M. Dorian, en donnèrent eux-mêmes le signal. Quelques spilis furent offerts aux mariés ; et, au son de la musique, le cortège alla rendre visite à tous les officiers de la mission dont ils reçurent encore quelque argent pour entrer en ménage. La soirée se termina par des danses et par plusieurs morceaux de musique exécutés par notre nouba. Puis on quitta les deux époux qui avaient hâte de se trouver seuls pour goûter les joies du mariage.

5 Août. — Nous activons la réparation des bâts, des guerbas, et de tout notre matériel, car dans quelques jours nous allons partir. Le Commandant possède tous les renseignements sur la route à suivre et même sur toutes les routes de caravane du Sahara.

6 Août. — Je vais au pâturage et j'y passe une agréable journée au milieu de plusieurs négresses, des « vieilles » qui sont venues nous offrir des denrées. J'achète même un peu de tabac soudanais. Vers les 11 heures du matin je casse la croûte avec un graca et un camaria que j'avais touchés la veille, et je passe le reste de la soirée à fabriquer des cordes avec du doum. Au moyen d'une peau de fillali que j'avais soustraite à un Targui, je me confectionne une musette. Je répare un peu mes poches à cartouches et mon modol (chapeau de paille). Le soir, à mon retour au camp, je rends compte à mon Lieutenant des incidents de la journée, et je m'empresse d'aller chercher ma gamelle qui est toujours la bienvenue.

7 et 8 Août. — Le matin, le Commandant donne l'ordre d'aller tout préparer pour marcher demain sur Zinder. Tout le monde se met à l'ouvrage de grand cœur ; nos bons officiers sont gais. On voit qu'eux aussi sont heureux de quitter ce maudit pays. Dans l'après-midi, quelle ne fut pas notre surprise de voir arriver notre bandit Rayou qui nous amenait un troupeau de bœufs. Où les avait-il pris ? Il ne nous le dit pas, mais il les avait certainement volés, dans quelque pâturage, après avoir tué les gardiens.

Il avait probablement appris que nous devions partir prochainement, et il ne voulait pas nous quitter sans avoir vu encore une fois la couleur de nos bouthyrs. Quel terrible bandit que ce Rayou ! Ces bœufs lui furent achetés et il partit en nous disant : au revoir ; mais pas adieu, car la canaille savait très bien qu'il nous reverrait un jour, le plus triste, je crois, que connût la mission.

Notre troupeau rentra de bonne heure ce soir-là, et fut conduit à l'abreuvoir un peu plus tôt que d'habitude. Chacun choisit ses bêtes, travail difficile, car ces maudits bourriquots sont devenus intraitables. On les approche avec beaucoup de peine et ils ne se gênent pas pour nous envoyer une ruade au moment où nous leur mettons la main sur le dos. Ils s'enfuient en sautant par dessus nos bagages, et il est impossible de les rattraper. Les hommes s'excitent, crient, et dans le camp, c'est une mêlée indescriptible. Plusieurs tirailleurs ont roulé sur le sable ; d'autres ont été traînés par terre car ils ne voulaient pas lâcher la patte du bourriquot qu'ils avaient saisi.

Les quelques chameaux qui nous restent se mettent aussi de la partie, et ce n'est qu'à grand'peine que nous réussissons à les attacher à leurs places respectives, derrière les bagages. Je comptai les bêtes : il n'y avait plus que 30 bourriquots et 7 chameaux pour la section. Bien tranquille maintenant, tous mes bagages étant préparés, je vais prendre un café au lait avec mes amis de la 5ᵉ section. On parla beaucoup de Zinder, de la France, des nouveaux pays que nous allions visiter, des amis que nous allions trouver là-bas.

Mais un contre-ordre imprévu survint au milieu de notre conversation. On ne partait pas. Le Commandant venait d'apprendre que le véritable sultan d'Agadèz s'était moqué de nous en exhibant son frère à sa place ; il avait aussitôt donné contre-ordre et, demain, nous irions demander raison au sultan de cet affront.

9 Août. — Nos deux canons sont braqués sur la ville. Le sultan, le vrai, cette fois, vient au camp faire le bel-afia habituel ; et nous le reconduisons jusqu'à sa demeure, où, encore une fois, il nous jure fidélité.

Mais, comme toujours, tenace dans ses idées, il ne nous livre pas un seul chameau, donnant comme prétexte qu'ils sont en caravane.

Le Commandant envoie un courrier à El-Goléa, à un marabout qu'il y connut lorsqu'il était Capitaine. Nous remplissons nos guerbas, nous touchons 5 kilogr. de farine que nous devons porter sur le dos. Nous préparons tout ; et, après 3 heures de repos, nous reprenons la marche en avant vers le sud ; il est 11 heures du soir, et il fait nuit noire.

II. — MARCHE SUR IRHAÏENE ET RETOUR

10 Août. — Nous avons enfin quitté ce maudit pays targui. Nous voudrions bien que le jour parût pour pouvoir causer du plaisir que nous éprouvons, de marcher en avant Mais impossible ; il faut se taire et ouvrir l'œil. Nous marchons en carré, nos bêtes au centre ; tout le monde est silencieux ; sans un mot, sans un murmure, la colonne glisse comme une ombre sur le sol rocailleux. Une charge tombe-t-elle, elle est aussitôt relevée sans bruit par les hommes du convoi. Tout est automatique chez nous. L'habitude que nous avons prise de ces marches de nuit, rend pour nous chose très naturelle de marcher en sommeillant.

Le premier homme guide les autres ; toute la section lui emboîte le pas et marche sur ses traces. Si par malheur le chef de file tombe, les autres le suivent dans sa chute. On se relève, on remarche, on retombe, toujours sans bruit, sans une parole. Malgré le sommeil si lourd qui s'empare de presque tout le monde, au premier bruit, au moindre souffle du vent dans la plaine, on se réveille et, nos yeux cherchent à percer l'obscurité puis, l'alerte passée, ils se referment, et la marche continue.

Le jour commence à paraître ; le soleil se lève, nous inondant de lumière. Nous pouvons maintenant fumer, parler, rire, sans crainte de tomber ! Plus de fantômes devant nos yeux ! Rien à craindre ; c'est le jour bienfaisant, le jour tant aimé et tant désiré de nous tous. Une immense plaine s'ouvre devant nous, légèrement ondulée de petites dunes de sable, où pousse du nesri en grande quantité ; nos bêtes, tout en marchant, se régalent de cette herbe dont elles sont friandes.

8 heures. — La colonne s'arrête. Les bourriquots et les chameaux sont soulagés de leurs fardeaux et prennent la route du pâturage sous ma conduite.

Les hommes qui restent au camp se munissent de dallos ; chaque section se dirige vers le puits qui lui est désigné, et en commence le curage. Travail pénible pour celui qui descend dans le puits. Généralement ils sont peu larges et l'homme qui se trouve au fond a à peine la place nécessaire pour travailler et emplir de terre ou de détritus quelconques, le dallo qui sera remonté à l'orifice par les hommes qui sont en haut.

L'eau ne se puise que goutte à goutte ; pourtant il en faut pour emplir les guerbas pour la route, pour la ration du jour et encore pour le troupeau qui viendra, lui aussi, se désaltérer un peu. Ce travail au puits est notre cauchemar à tous ; et, à chaque étape, on se demande quand on aura enfin le bonheur de voir une vraie rivière où l'eau coulera, où l'on pourra boire à sa soif et où nos bêtes pourront s'abreuver toutes ensemble. Les puits sont aujourd'hui assez nombreux, mais l'eau manque ; le peu que nous y puisons est sale, plein de terre jaunâtre et ne suffit même pas à faire un café potable. Nous sommes donc forcés de renoncer à faire la cuisine et même de nous priver de boire. Heureusement que nous avons l'habitude d'attendre au lendemain.

Etant au pâturage, je souffris beaucoup de la soif ; j'espérais que l'on m'apporterait un peu d'eau. Je regardais souvent du côté du camp si le café arrivait ; mais rien ne vint et je passai la journée sans un quart d'eau, sous un soleil tropical.

Je tombai par épuisement dans une sorte de somnolence, quand vers 3 heures de l'après-midi j'entendis des cris partant du camp. J'aperçois avec surprise un Officier à cheval courant à bride abattue vers notre troupeau, qui, ayant soif lui aussi, avait quitté le pâturage pour aller à la recherche d'un abreuvoir. Par où était-il sorti ? Je n'en sais rien. D'ordinaire, pourtant, je gardais bien mon troupeau ; mais la fatigue et la chaleur avaient eu probablement raison d'un factionnaire qui s'était endormi. Deux heures après, le Lieutenant ramenait le troupeau, et moi, je recevais un mandat de huit jours !

5 heures du soir. — Je pousse mon troupeau (bourriquots, bœufs, chameaux) du côté des puits où attendaient les hommes chargés de l'abreuvoir. Opération sommaire, puisque l'eau manquait ; et,

comme nous, les bêtes durent attendre au lendemain pour apaiser leur soif. J'en profitai pour emplir mon bidon d'eau prise sur la ration du troupeau. Que me faisait que les bêtes y eussent trempé leurs museaux et mis leurs pattes ! J'avais de l'eau ! J'étais heureux.

Je me rendis ensuite au camp, entouré comme toujours d'une zériba, et je commençai à faire ma cuisine. Je mis dans une gamelle un peu de sorgho que j'avais, avec de l'eau de mon bidon. Et je fis une bouillie. Quelle bouillie ! C'était immangeable, de la boue, pour mieux dire. Et pourtant je l'avalai gloutonnement. J'avais bien encore soif, mais je préférais ne pas boire et garder mon eau pour le lendemain.

Le Lieutenant nous rassemble pour nous communiquer les ordres : Départ à 11 heures et on espère arriver au puits vers 8 heures. Dix minutes après tout le monde était couché. Un silence de mort règne maintenant sur tous ces hommes accablés qui, dans quelques heures, seront debout, prêts à repartir.

11 heures. — Le signal du réveil retentit. Tout le monde se lève, les bêtes sont chargées et, quelques minutes après, on s'enfonce dans l'obscurité. Déjà fatigués par une journée passée à souffrir de la soif, la nuit fût très dure pour nous.

Le sommeil l'emportait sur la volonté, on trébuchait à chaque pas, on marchait courbé en deux, la tête basse, sans penser à rien. Souvent le silence était troublé par la chute d'un homme qui s'en allait rouler sur le sable, sans un mot, sans une plainte. Si nos regards se portaient sur l'intérieur du convoi, ils apercevaient les silhouettes noires des hommes occupés à ramasser les charges tombées. Tout cela se faisait sans bruit et vite. Les ordres se donnaient à voix basse de la tête à la queue de la colonne. Cette marche dans la nuit était triste et lugubre.

Plusieurs fois je me réveillais après une chute dans un buisson épineux où je laissais des lambeaux de mes pauvres effets. J'ouvrais les yeux tout grands, je remuais la tête pour chasser le sommeil, mais je ne pouvais y réussir, et quelques instants après, je sommeillais encore et je continuais à marcher, les jambes lasses, les bras ballants, comme une chose morte. Malgré la fatigue, nous marchions toujours, espérant que le jour viendrait bientôt pour chasser ce dur sommeil et faire apercevoir ce but si ardemment désiré : le puits.

11 Août. — Du côté du levant, le jour commence à poindre à l'horizon. Nous relevons la tête, les traînards rejoignent leurs places, les pipes commencent à s'allumer ; la colonne s'anime un peu. On marche d'un pas plus léger ; grâce à la fraîcheur du jour naissant, on oublie un peu la soif, les jambes redeviennent plus souples, les yeux s'ouvrent.

Le soleil se lève ; il va faire chaud. « Est-ce que le puits est encore loin ? me demande un Tirailleur. Je ne sais pas » lui répondis-je, car je n'aperçois devant moi que l'immense plaine sans fin se perdant là-bas dans la brume.

8 heures. — Toujours la plaine sablonneuse. Nous marchons depuis longtemps et le puits, paraît-il, est encore loin. Les hommes traînent la jambe ; les bourriquots commencent à tomber ; il faut les relever, les exciter de la voix et du geste pour les forcer à marcher. La chaleur est de plus en plus lourde, la soif se fait sentir, et pourtant il faut marcher.

9 heures. — La colonne s'allonge. Les traînards sont plus nombreux, les rangs s'éclaircissent ; il fait une chaleur suffocante. Déjà beaucoup se sont assis sur le sable pour se reposer un peu ; mais bientôt il faut se lever, car l'arrière-garde a dépassé. Ils se relèvent, les yeux hagards, pour la suivre à pas chancelants.

Plusieurs hommes m'ont demandé de l'eau. Hélas ! Mon bidon est vide ; j'ai déjà tout bu. De l'eau ! Que ne donnerais-je pour en avoir ! J'ai si soif, ma bouche est pâteuse ; plus de salive ; plus rien qu'un peu d'écume blanche au coin des lèvres et pourtant je marche encore, je veux suivre !

Le soleil devient de plus en plus ardent. Cette plaine est un enfer où le sable étincelle, où les bouquets d'arbres se confondent dans un brouillard confus et tremblottant. Déjà nombre de bourriquots sont tombés, suffoqués par la chaleur et personne ne les a relevés. Bientôt d'autres auront le même sort et, comme eux, seront abandonnés. Quant aux hommes du convoi, je n'en vois plus ; ils sont éparpillés dans la plaine, se traînant lourdement sur leurs jambes fatiguées qui bientôt ne pourront plus les porter.

J'ai soif, j'ai faim, mes jambes fléchissent ; mes yeux se troublent ; est-ce que je faiblirais ? Non ! Il faut marcher, marcher pour arriver au puits qui est proche, peut-être ! Hélas ! On n'en voit pas trace ; la plaine s'étend à perte de vue, aride et dénudée. Je regarde autour de moi, personne ! Tous sont derrière, je suis seul. Incapable de réagir davantage, je me couche aussi pour me reposer un peu.

Pendant le temps que je restai là, une demi-heure peut-être, une effroyable scène de cauchemar se déroule devant moi : Un par un, je vois passer mes pauvres camarades qui donnent un dernier effort. Plusieurs tombent, la face contre terre, suffoqués par la chaleur. D'autres demandent d'une voix rauque, étranglée par la soif : A boire ! A boire ! Quelques bourriquots passent seuls, sans charge, les oreilles basses, tirant la langue. Tous ces êtres vivants sont à bout de forces, vaincus par la soif.

10 heures. — Je me lève et je marche à grand'peine ; j'ai cependant encore assez de volonté pour échapper au sort de mes camarades qui agonisent, couchés çà et là, leur chapeau d'un côté, leur fusil de l'autre. Aussi loin que se portent mes regards, je n'aperçois que bien peu d'hommes encore debout ; derniers fantômes vivants de la colonne. Les autres sont couchés sur le sable attendant la mort.

Tous ces corps inertes que je rencontre à chaque pas sont effroyables à voir. Où sont ces Tirailleurs ardents et fiers d'Algérie ? Ce sont maintenant des cadavres sans force et sans courage. Le moindre buisson, l'arbre le plus rabougri, projettent leur ombre chétive sur des groupes de Tirailleurs et de bourriquots qui sont couchés pêle-mêle, n'ayant pu aller plus loin. Echelonnée sur un parcours de 15 kilomètres, la mission est couchée sans vie, torturée par la soif, sous un soleil brûlant.

Je viens de laisser au pied d'un arbre mon ami de Moustier, mourant de soif et de fièvre. Quelques pas plus loin c'est un officier qui agonise sur le sable au milieu de son convoi de bourriquots. Les hommes l'ont abandonné ; lui seul a marché, poussant ses bêtes qu'il ne voulait pas laisser en route ; et il est venu tomber là, à bout de forces, vaincu par la soif malgré son courage.

Je marche toujours, mais je faiblis de plus en plus. Je sens que moi aussi, bientôt, je vais succomber et que je ne verrai pas le puits. J'ai soif, je n'ai même plus la force d'ouvrir la bouche ; je ne peux plus marcher. Non ! je ne veux pas rester dans cette plaine maudite. Je veux marcher. Il faut que j'arrive jusqu'au rocher que j'aperçois là-bas, et où j'aurai de l'ombre et peut-être de l'eau.

Je tends le cou, je raidis mes jambes pour avancer. Mais la soif et la fatigue ont raison de moi, et, comme une masse, je m'abats sur le sable brûlant. Rester là ! Non ! Là-bas, ce rocher ! Il faut que je l'atteigne ; il faut marcher. J'essaye de me relever. Impossible. La chaleur est trop lourde ; un cercle de feu m'entoure la tête ; je retombe encore.

En ce moment le soleil darde d'aplomb ses rayons brûlants sur la plaine où tout brille, où tout est de feu. Vais-je donc rester là ? D'un suprême effort je réussis à me lever et, chancelant, les yeux hagards, la bouche grande ouverte pour respirer à pleins poumons, je repars en avant.

Que vois-je là, tout près ? Un chameau mort ; deux tirailleurs lui ont ouvert l'estomac pour chercher le peu d'eau qu'il contient peut-être. Moi aussi je veux boire. « De l'eau ! de l'eau ! criai-je ». Mais ils ne me répondirent pas. « De l'eau » répétai-je. Rien. Je me raidis et, d'un bond, je suis auprès du chameau éventré, cherchant des yeux la poche d'eau. Mais elle est vide. J'essaye de la sucer encore, peine inutile, elle est déjà sèche.

Je repars encore plus anéanti, plus abattu du côté d'un rocher où quelques instants après, je tombe presque sans connaissance. Combien de temps restai-je inerte sur le sable ? Je ne pourrais le dire, mais quand j'ouvris les yeux, j'avais deux autres martyrs auprès de moi. Pauvre Ducros ! Pauvre Ménage ! vous aussi vous avez succombé, et, comme moi, vous êtes maintenant sans force, sans espoir. Nous sommes tous les trois couchés sur le sable, sans prononcer un mot. Seuls nos yeux hagards parlent et se disent que nous souffrons.

Au bout d'un moment Ducros se soulève sur un coude et d'une voix étranglée, presque éteinte : « A boire, à boire, dit-il ; de l'eau ou tuez-moi. Je souffre trop. Achevez-moi, ne me laissez pas souffrir ». Nous avions les larmes aux yeux, mais nos bouches, scellées par la soif ne s'ouvraient pas pour répondre.

Bientôt, nous aussi, nous serons comme lui, car, de minute en minute, nos souffrances augmentent ; et rien pour nous soulager, personne pour nous secourir. Tous les camarades, eux aussi, sont tombés dans quelque coin, vaincus par l'horrible soif.

Aucun espoir de secours, c'est fini. Nous pouvons nous coucher pour mourir. Toutes nos espérances sont brisées ; plus besoin de penser aux heureux jours de retour, au bonheur de revoir la France, sa mère, ses amis.

J'essaye encore de me soulever pour voir si je n'aperçois pas un camarade. Hélas ! rien. Pas un être vivant dans la plaine en feu ; tous sont morts.

Il faut donc que je meure enfoui sous ce rocher, sans la consolation de combattre et de vendre chèrement ma vie, sans revoir ces maudits Touareg qui causent notre mort. Que n'êtes-vous là, fantômes noirs ! Lâches assassins qui n'osez nous combattre en face, mais qui savez nous faire souffrir !

« A boire ! A boire ! » me crie Ménage ; et dans un dernier effort il s'affale sur le sable. Je suis seul maintenant, soutenu par la volonté de vivre, seul avec mes deux amis qui sont sans connaissance sur le sol.

« O Touareg ! Venez donc m'achever moi aussi, car je souffre trop maintenant. Je veux mourir ; que m'importent mes amis, mes parents, j'ai trop soif ! Tuez-moi, c'est horrible de souffrir. Ah mon Dieu ! Vous qui êtes là-haut, soulagez-nous ou prenez-nous la vie, car c'en est trop ». Je n'en puis plus, j'étouffe, je sens ma tête qui brûle ; mes yeux ne peuvent plus pleurer ; tout est sec en moi ; tout est mort. C'est bien fini maintenant. Dans quelques minutes nos corps serviront de proie aux vautours qui sont là, tout près, regardant d'un œil farouche notre agonie.

Un genou à terre, les mains tendues vers le ciel embrasé, les yeux errants sur la plaine qui sera bientôt mon tombeau, je me rappelle une prière que, tout jeune, je récitais au berceau.

J'invoque le ciel du plus profond de mon cœur ; je veux, avant de mourir, penser encore à ma patrie, à mes amis, à ma bonne mère qui, là-bas, attend mon retour.

Je veux, dans un dernier baiser, dire encore une fois adieu à ceux que j'aime, et que je ne reverrai plus. Puisse mon dernier soupir aller au-delà du désert, porter comme un souffle de consolation à mes parents aimés ! D'un dernier regard j'embrasse tout l'horizon. Le sang me sort du nez, je retombe une dernière fois pour ne plus me relever....

2 heures. — Un Chambbi est auprès de nous qui nous donne à boire. Ce brave arabe, lui, a été

jusqu'au puits et, après s'être désaltéré, a pensé aux camarades restés en arrière. Revenu sur ses pas, il nous a aperçus tous les trois sans connaissance, et s'est empressé de nous donner de l'eau, qui seule pouvait nous sauver, et nous rappeler à la vie.

Quelle est bonne, cette eau ! Quel délicieux breuvage ! Que c'est bon, après avoir eu si soif de pouvoir enfin mouiller ses lèvres sèches, de rafraîchir un peu son gosier brûlant.

Notre figure livide reprend un peu de vie ; nous croyons nous réveiller d'un terrible cauchemar.

Nos membres sont raides ; nous sommes sans force, mais l'espoir revient. Nous vivons ! « Il y a de l'eau tout près, nous dit le Chambbi », qui repart pour porter à boire aux camarades qui sont encore là-bas, couchés épars dans la plaine.

Nous voyons arriver le Lieutenant Métois qui remonte un peu notre courage et nous dit : « Encore un effort et vous êtes au puits ». Et nous voilà tous les trois debout, fantômes vivants, marchant d'un pas chancelant dans la direction du puits.

J'eus encore bien du mal à y arriver. L'atmosphère était en feu ; tout brillait, tout était confus, tremblottant sous l'action du soleil. Enfin, après plusieurs arrêts je l'atteignis. Quelques hommes y sont déjà, creusant le fond avec leurs baïonnettes. Le Commandant les excite, les aide même à emplir quelques récipients, qui seront portés à l'arrière pour les camarades.

Il est très calme, notre Commandant ; pas un trait de son visage trahit ses pensées. Il reste grave, debout, regardant creuser le puits ; et de temps en temps ses regards se portent sur la plaine où meurent ses soldats.

Je me précipite au fond d'un puits et avec rage, ma baïonnette d'une main, mon quart de l'autre, je commence à creuser.

Dès qu'une goutte paraît, je la ramasse avec mon quart et je la bois avec avidité. J'absorbe ainsi plu-

Le puits

sieurs litres d'eau. Le Commandant vient me faire sortir du puits en me disant de sa voix tranquille : « Vous avez assez bu, maintenant, remplissez une guerba et allez porter à boire à ceux qui souffrent, là bas ». Et, du doigt, il me montre la plaine.

3 heures. — Ma guerba est pleine, soit 25 ou 30 litres d'eau. Ma soif est apaisée et je ne souffre plus. Je charge ma guerba sur mon dos, et d'un pas rapide, je vais à la recherche de mes camarades. Quelques instants après je trouve un groupe de Tirailleurs couchés, anéantis au pied d'un arbre. Je leur crie : « El ma ! El ma ! achkoun y chrobte ? » D'un seul bond ils sont sur moi et c'est avec beaucoup de peine que je peux leur donner à boire l'un après l'autre. Ils se battent à qui sera le premier servi. Les quarts d'eau disparaissent comme par enchantement. Encore un ou deux et ma guerba est vide. « Maintenant que vous avez bu, leur dis-je, il faut marcher ; le puits est proche et dans quelques instants vous y serez arrivés ».

Je reprends moi-même la direction du puits ; mais avant, je relève quatre bourriquots qui sont couchés sur le sable ; je replace sur leur dos leurs charges de cartouches, et, les excitant, les poussant de la main, je puis, après bien du mal, les amener au camp. À la vue du puits ils s'y précipitent avec leur fardeau et deux tombent dedans. C'est avec beaucoup de mal que l'on peut retenir les autres et les empêcher de faire comme leurs camarades de misère.

Quand on a retiré les deux bourriquots du puits l'abreuvoir commence pour tous les quatre. Ils sont là, les yeux injectés de sang, la langue pendante, l'écume à la bouche, regardant la gamelle qui, peu à peu, s'emplit d'eau. Dès qu'une gamelle est remplie, on la donne à un bourriquot qui l'aspire d'un trait. Puis c'est le tour d'un autre. Souvent, la gamelle est vidée par un Tirailleur qui, arrivant à l'instant, s'est jeté dessus, bousculant le bourriquot qui déjà y a mis le museau.

Jusqu'à la tombée de la nuit, hommes et bêtes arrivent un par un dans un état lamentable, en se traînant.

Tous les Tirailleurs qui se sont désaltérés se mettent à l'ouvrage, car l'eau ne vient que goutte à goutte et il faut donner à boire à tous ceux qui arrivent.

Très tard, vers le soir, je vis arriver à pied notre brave Capitaine ramenant sur son cheval son malheureux ordonnance, sans force, presque sans connaissance. Il ne l'avait pas abandonné et était resté la journée entière avec lui, au soleil, sans eau ; quel courage, quelle énergie il lui avait fallu pour résister à la soif qui le torturait. Vous êtes bien digne d'éloges, mon Capitaine, pour avoir, tant de fois, montré ce qu'un Officier français est capable de faire lorsque le devoir commande. Je me souviendrai toujours du Tanezrouft ; où, tous les jours, seul derrière la colonne, vous ramassiez les traînards, occupé constamment à décharger et à recharger les chameaux qui tombaient, à encourager les faibles, à exciter les forts. Dans cette terrible traversée, vous faisiez l'admiration de tous par votre énergie et votre exemple.

12 Août. — L'abreuvoir dure une bonne partie de la nuit, au clair de la lune et recommence le lendemain matin, avant le jour. Toutes nos bêtes sont autour du puits, attendant que le Tirailleur qui puise de l'eau ait rempli une gamelle et puisse leur donner leur ration.

Ce n'est pas bien gai de voir tous ces pauvres petits bourriquots qui sont là, la tête basse, attendant l'aumône d'un peu d'eau ; ils se battent et se mordent lorsque une gamelle d'eau apparaît à l'orifice du puits, et ce n'est qu'à force de coups que l'on peut éloigner ceux qui ont un peu bu.

Le détachement parti ce matin pour retrouver un homme qui manquait hier soir à l'appel et tâcher de rapporter les quelques charges abandonnées par nos bourriquots vient de rentrer. Il ramène le Tirailleur et plusieurs charges. Le Commandant s'est vite aperçu que les puits ne débitent pas assez d'eau pour alimenter toute la mission. Aussi envoie-t-il de suite quelques chambba et notre guide à la recherche des ghedirs qui peuvent exister dans les roches voisines du camp. Peu de temps après, ces hommes reviennent et nous annoncent qu'un grand ghedir se trouve dans une crevasse de la montagne, et pas trop loin du camp.

Le Commandant et le Lieutenant Métois, emmenant avec eux 50 à 60 hommes, dont je suis, et tous les animaux sans exception prennent aussitôt la direction de l'abreuvoir. Pendant une demi-heure nous suivons le lit de l'oued Irhaïène ; puis la colonne s'enfonce à travers les rochers, où la marche est difficile et dangereuse, jusqu'au ghedir. A peine les hommes de tête ont-ils aperçu l'eau qu'ils s'y précipitent pour goûter à pleine bouche ce clair liquide si rare. Tous les autres hommes et tous les animaux les suivent ; et, en masse compacte, toute la colonne entre dans l'eau sans songer même aux ennemis qui pourraient être aux aguets.

Le ghedir a maintenant un aspect tout à fait amusant. Bêtes et gens, nous sommes pêle-mêle luttant à qui boira le plus. On danse, on saute, on est heureux de pouvoir apaiser sa soif. Nos cris de joie et les hennissements joyeux des chevaux et des bourriquots remplissent l'air d'une assourdissante cacophonie.

L'abreuvoir terminé, nous nous dirigeons d'un pas plus alerte vers le camp où nous arrivons à la nuit.

Beaucoup de bagages furent encore cachés dans les rochers ; il y avait de tout : sucre, café, pain de guerre, sel et même un joli costume de notre bon toubib.

13 Août. — Vers une heure ou deux heures du matin nous sommes réveillés en sursaut par des cris et des détonations qui partent du côté du petit poste placé en avant de l'oued. Tout le monde est debout.

Les fusils sont rapidement chargés et crachent la mort sur des ombres que nos yeux à demi fermés par le sommeil s'imaginent apercevoir dans la nuit noire.

C'est un brouhaha, une cohue épouvantables. Tout le monde tire de son côté sans s'occuper des camarades qui se trouvent devant ; plusieurs encore couchés sur le sable ne se lèvent même pas et lancent leur coup de feu dans les jambes de leurs voisins. Les balles sifflent à nos oreilles. On se bouscule sans savoir pourquoi. Un grand nombre de Tirailleurs inexpérimentés ont cru, lorsque le cri lugubre « Aux armes » a été poussé dans la nuit par les sentinelles, qu'une troupe de Touareg était là et qu'il fallait tirer. C'est une grave faute de tirer sans apercevoir l'ennemi ou sans être certain qu'il est là.

Le feu aurait certainement continué longtemps si le Commandant n'avait fait sonner « Cessez le feu » par un clairon qui se trouvait à côté de lui. Malgré le peu de temps que dura l'alerte nous avions eu le malheur de blesser un des nôtres qui mourut le lendemain matin. Un cheval était légèrement blessé, un chameau aussi et un artilleur avait eu les cheveux du sommet de la tête rasés par une balle. Notre troupeau de bœufs avait fui pendant que nous étions occupés à tirer, si bien que le manque de sang-froid du factionnaire qui avait donné l'alarme nous coûtait la mort d'un homme et la perte de notre troupeau. Il ne nous restait plus que nos moutons.

Vers 5 heures du soir la colonne s'ébranle. Elle va prendre position au pied de petites collines de grès situées près du ghedir découvert la veille.

Nous découvrons en route la trace de plusieurs Touareg. Ce sont probablement eux qui sont venus auprès du camp et ont occasionné l'alerte. On ne se tourmente pas pour si peu, car on se sait suivi journellement par plusieurs de ces bandits qui ne laissent rien traîner derrière nous.

Je vais au pâturage où je reste jusqu'au soir sans manger. A ma rentrée au camp, le Commandant réunit tous les gradés, leur reproche leur manque de sang-froid pendant la nuit précédente et, nous montrant le corps du Tirailleur tué, nous dit : « Si pareil fait se renouvelle, je sévirai énergiquement envers ceux qui occasionneront ces malheurs ».

A 6 heures. — Vent, tornade de sable d'une grande violence. Nous sommes aveuglés par ce sable qui voltige et nous empêche de voir à 15 pas devant nous.

Un dernier quart d'eau, un rapide coup d'œil aux charges ; on serre son ceinturon d'un cran et à 7 heures nous reprenons la route du sud.

La nuit n'est pas très noire. On distingue très bien le terrain sur lequel on avance. C'est un plateau où poussent beaucoup de gommiers. On est heureux d'être enfin hors de ce mauvais passage et de pouvoir reprendre la marche sur Zinder.

Vers 10 heures, la colonne s'arrête ; et nous nous demandons ce qu'il y a, car nous ne sommes pas habitués à ces haltes pendant la nuit. Presque tous les tirailleurs se portent en avant. Nous trouvons le Commandant et nous sommes bientôt renseignés, car les nouvelles se répandent vite à la mission. Le guide paraît-il a essayé de nous perdre et, après quelques détours nous a dirigés droit vers le nord. Il est bien entreprenant le guide, mais pas assez rusé pour tromper le Commandant qui s'est vite aperçu que nous faisions fausse route. On fait demi-tour ; et le guide est gardé à vue par deux tirailleurs qui, sans hésitation, lui feront passer l'envie de nous tromper, s'il tente de se sauver.

Vers 1 heure du matin, nous nous arrêtons formés en carré, les bêtes au centre, attachées à leurs charges qui ont été enlevées. Nous sommes près d'Irhaïène. Une reconnaissance de 10 tirailleurs volontaires part en embuscade sous la direction d'El-Hadj-Abdul-Hakem. Au camp, pas de bruit, le silence le plus complet règne pour ne pas éveiller les rôdeurs qui suivent sûrement la colonne. Nous sommes couchés autour du troupeau, notre fusil prêt à la première alerte. Pas un homme ne dort, tout le monde se demande à voix basse ce que nous allons devenir et comment le Commandant va faire pour nous tirer de ce mauvais pas. Mais nous ne cherchons pas à approfondir la situation, car notre confiance en notre Chef est telle que nous sommes absolument sûrs qu'il réussira. Il saura encore une fois montrer que dans les moments les plus difficiles et les plus périlleux, il sait vaincre tous les obstacles quels qu'ils soient.

14 Août. — Un peu avant le jour, nous sommes en route pour notre ancien campement que nous atteignons au lever du soleil.

Nous voyons arriver nos tirailleurs ramenant trois prisonniers Touareg qu'ils ont pris pendant la nuit auprès des puits. Ils sont aussitôt remis au Commandant qui les interroge et les remet ensuite à la garde des sections.

Celui que nous avons à la deuxième est un beau mâle, bien bâti, bien découplé, à l'œil méchant, à la démarche souple et hardie.

Il est immédiatement enchaîné et mis sous la garde d'un factionnaire. De temps en temps il nous demande si on le fusillera, et ajoute qu'il n'est pas méchant et ne nous veut aucun mal. On ne lui répond, qu'en lui montrant les fusils et en lui faisant comprendre que s'il bouge, « boum ! boum ! il est mort ».

On s'amuse même à l'effrayer en lui disant que nos balles peuvent aller jusqu'à Agadèz, tuer les habitants. Il est ébahi, lui qui ne connaît que la lance et le poignard.

Une détonation retentit : c'est le guide Khelil qui vient d'expier son crime. Je me tourne du côté de notre prisonnier et, d'un ton sévère, je lui dis : « Ton tour viendra bientôt, mais ne te tourmente pas ; nous avons vite fait d'expédier les bandits de ton espèce. — Taufat ? (demain), me dit-il. — Yo !

Taufat ! (oui demain) » lui répondis-je tout en lui lançant un regard menaçant.

Le Tirailleur Jacquin, qui s'était perdu pendant la nuit, n'est pas encore rentré. Deux patrouilles sont envoyées à sa recherche pendant la journée. L'une ramène deux autres Touareg, dont un de 15 à 18 ans. Des renseignements leur sont demandés, et, bien entendu, ils ne connaissent pas la route. Si j'étais à la place du Commandant, je vous la ferais bien connaître, de gré ou de force, la route.

Comme il se fait tard et que le soleil a disparu derrière les montagnes noires qui nous entourent, je me fais cuire un peu de chameau sur quelques tisons ardents et je me prépare pour le lendemain. Il y avait peu de temps que j'étais allongé sur le sable à ma place de combat, lorsque le Lieutenant Britsch vint me trouver, pour l'aider à enfouir dans les rochers plusieurs charges que nous ne pouvons plus emporter.

Toutes les fois qu'il fallait se séparer de ses charges, c'était encore de nouvelles souffrances à ajouter aux autres. Avoir tant de mal à les conserver, à les transporter le plus loin possible, se priver même pour conserver tout pour l'avenir, et se voir forcé de les abandonner dans quelque coin perdu au milieu des rochers. C'est un sacrifice très pénible pour nous tous qui sommes si pauvres, et si misérables. Nous le ferions encore de bon cœur si nous savions ce que nous réserve l'avenir, mais il n'en est rien, car nous vivons journellement dans l'incertitude, ne sachant pas ce que nous ferons demain.

15 Août. — Nous partons de bonne heure pour aller camper sur un plateau rocailleux près du ghedir. Il fait déjà bien chaud et je me demande ce que nous allons devenir avec un pareil sirocco. Dans l'après-midi je vais me promener autour du camp à la recherche de quelque nourriture. J'ai le bonheur de trouver un nid de pigeons où piaillaient quatre petits, sans plumes ; je m'empresse d'aller les faire rôtir dans la braise. C'était bien peu, mais ils étaient délicieux à croquer.

Je vais maintenant travailler aux bâts de mes bourriquots ; car ce soir, nous repartons en avant. Ils sont dans un état lamentable, ces pauvres bâts, et ils ne sont plus rembourrés, car l'étoffe qui avait servi à faire le rembourrage est maintenant sur notre corps. Pour la plupart déchirés, couverts de taches de sang provenant des blessures de nos ânes, ils exhalent une mauvaise odeur, et il faut avoir le cœur solide pour les manipuler.

A 4 heures tout est prêt ; nos bêtes sont chargées, quelques guerbas sont remplies d'eau et nous nous mettons en marche. Allons-nous avoir plus de bonheur cette fois-ci ? Je ne sais, mais certainement, si l'on fait demi-tour, mon prisonnier en verra de dures, la canaille ! Vers 6 ou 7 heures, le vent commence à nous aveugler. Quelle malchance ! Etre fatigué par toutes ces marches, et souffrir encore de ces tornades de sable qui coupent la respiration, et remplissent la bouche de gravier. Il est vrai que nous nous moquons de la pluie ou du vent, et nous en avons trop bien pris l'habitude pour nous émouvoir de si peu.

Au milieu de la nuit on s'arrête pour attendre le jour ; on est près du puits, dit-on. Nos bêtes sont déchargées et, jusqu'à l'aube, on se repose. Comme j'ai encore un peu de tabac je fume, avant de m'endormir, une bonne pipe dans mon tibia de mouton et je me berce d'illusions à la pensée du puits et de notre prochaine arrivée à Zinder.

16 Août. — La marche est reprise en avant ; nous sommes heureux à l'idée de voir bientôt des amis. On rit, on cause gaîment, mais, hélas ! il faut bientôt changer de ton, car nous nous arrêtons. Impossible d'aller plus loin ; le guide ne connaît plus la route. Encore une fois il faut faire demi-tour, la rage au cœur, et rebrousser chemin. Maudits Touareg ! Infâmes bandits ! Priez le ciel que je ne rencontre jamais aucun d'entre vous seul à seul. Celui-là pourrait être certain de ne plus jamais manger de camérias ni de gracas.

Que c'est donc démoralisant de faire demi-tour ; nos jambes fléchissent, nous perdons courage ; tout nous paraît triste, lugubre ; les camarades ne parlent plus. Tout le monde est abattu, anéanti. Plus d'espoir, rien qu'un profond et noir chagrin au cœur.

Pourtant il faut marcher. Il faut repasser par les mêmes plaines, gravir les mêmes collines, revoir les mêmes paysages où nous avons tant souffert, et tout cela sans but précis, sans aucun espoir, rien que sur de bien vagues espérances.

Je crois que s'il avait fallu faire encore une fois demi-tour, je n'aurais pas hésité à me loger une balle dans la tête, plutôt que de subir de pareilles souffrances.

Comme nous avons encore un peu d'eau et que la chaleur est accablante, le Commandant fait faire une halte. Il est 10 heures, je crois, car le soleil est très haut ; je ne pense pas me tromper de beaucoup, car depuis déjà bien longtemps, je n'ai plus pour montre que le soleil pendant le jour, et la lune et la croix du sud pendant la nuit.

Ma montre ! Dans un jour de misère et de faim je l'ai démontée pièce par pièce pour acheter à manger. J'ai même eu bien du mal à en placer tous les morceaux qui, pour les noirs, avaient bien peu de valeur.

J'y ai réussi quand même après une journée passée au soleil ; allant d'une vendeuse à l'autre, marchandant ceci, cela, offrant une roue, une vis, le verre, pour bien peu de chose : un brin de tabac, une poignée de farine.

Nos bêtes sont envoyées au pâturage aux abords du camp. Les chameaux escortés de Tirailleurs et conduits par El-Hadj-Hakem vont au ghedir chercher de l'eau dans dix guerbas par section. Pendant ce temps j'installe un abri pour me garantir du soleil.

J'ai accroché ma pauvre chemise par les quatre coins aux épines d'un tallas, et, de cette façon je suis un peu à l'ombre.

Après avoir touché mon quart d'eau — ration de la journée — je m'installe sous mon gourbi et, lentement, le plus doucement possible, je bois goutte à goutte, en fumant une pipe. Quelle est bonne cette eau ! Avec quelle jouissance je la déguste ! Je la savoure, je la regarde briller dans mon quart ! Jamais bonne absinthe bien fraîche et bien préparée ne m'a donné autant de plaisir. Rien ne peut rivaliser avec mon quart d'eau, et pour tout l'or du monde je ne le donnerais pas. C'est ma seule nourriture, mon seul breuvage, aujourd'hui. Il me le faut boire lentement, pour apaiser un peu la faim et la soif.

Les chameaux partis au ghedir ne venant pas encore, j'invite un camarade à venir se mettre à l'ombre de mon gourbi, et, tous deux, bien installés, nous faisons une partie d'écarté en attendant l'eau.

Tous les Tirailleurs ont confectionné des gourbis. Aussi le camp a-t-il vite l'aspect d'un lieu habité. A tous les arbres pendent des lambeaux d'étoffe qui fournissent un peu d'ombre aux hommes. Plusieurs même — les acharnés, ceux-là — ont commencé à jouer au loto. On oublie vite les fatigues à la mission !

A 5 heures arrivent nos chameaux chargés d'eau. Tout le monde se précipite, chacun a ses guerbas. C'est une confusion générale. Les hommes cherchent leurs outres mais ne peuvent les reconnaître. Les débrouillards prennent les meilleures et il ne reste pour les retardataires que celles qui sont percées et presque vides.

On se dispute, on crie, on s'arrache des mains les outres qu'on prétend être siennes. C'est un brouhaha épouvantable. Moi j'en profite pour me glisser au milieu de la foule avec quelques hommes dégourdis et transporter en lieu sûr plusieurs guerbas pour ma section. Le tumulte passé, dans un coin, en silence, j'en fis la répartition entre les hommes enchantés de voir leur ration d'eau s'augmenter de plusieurs quarts.

« C'est le service dégrouillez-vous » me disaient mes tirailleurs. Oui, c'était bien vrai ; nous étions devenus rapaces et avares de tout ; et jamais l'idée ne nous serait venue de partager avec un camarade plus misérable que nous.

A la tombée du jour, nous sommes en route pour Irhaïène. Sur notre chemin ce ne sont que buissons épineux où, de temps en temps, une loque de mes effets reste accrochée. Nous sommes conduits par El-Hadj qui est un fin limier et ne peut se tromper sur la route à suivre.

D'ailleurs nous commençons à apercevoir là-bas, tout au loin, des lueurs rouges qui se détachent sur le ciel noir. Ce sont celles du feu que quatre Tirailleurs restés au puits entretiennent pour nous guider.

Elles sont sinistres ; et pourtant elles nous conduisent vers le puits, vers le lieu de la halte et du repos. La tache rougeâtre grandit de plus en plus. Les silhouettes de nos Tirailleurs vont et viennent autour du feu comme des fantômes. Encore quelques pas et nous sommes arrivés. Il est 10 heures et demie à la croix du Sud.

Les bêtes sont de suite débarrassées de leurs fardeaux et attachées. J'aplanis un peu le sol rocailleux où je dois me coucher et, j'y étends une botte de mrokba ramassée en route. Puis je vais au feu de mon escouade, rejoindre mes hommes.

La conversation, ce soir, est très animée. On parle de retourner à Agadèz, de prendre la ville d'assaut et de châtier le sultan. Moi, dans tout ceci, je ne songe qu'à une chose : c'est à retrouver ma gentille Yamina et à l'emmener avec moi.

Tous les hommes sont déjà couchés ; il ne reste plus avec moi qu'un Tirailleur auprès du feu. Lorsqu'il s'est bien assuré que tout le monde dort il me dit à voix basse : « Tab n'ta ibau caoua ? » (Tu veux que l'on fasse un peu de café ?) — Kaïne ? —

(Tu en as ?) lui répondis-je. Oui. — Et il me montre un petit sac en toile qu'il cache précieusement sous sa chemise.

En moins de temps qu'il n'en faut pour l'écrire, une gamelle est sur le feu et commence à bouillotter.

Qu'il est doux de se reposer devant ce feu qui pétille. Ses flammes éclairent les hommes de mon escouade qui, sans souci, sans crainte, dorment d'un profond sommeil, le fusil entre les bras. Ce tableau est simple et grandiose, dans ce silence profond de la nuit qui règne sur le camp.

Tout autour de moi, des feux, où quelques tisons flambent encore, me laissent deviner des silhouettes d'hommes qui, eux aussi, profitent de l'obscurité pour faire cuire en cachette un morceau de viande ou un peu de marc de café. Après avoir bu mon café, comme toujours à petites gorgées, je regagne ma place, non sans donner un regard à nos ânes endormis.

17 Août. — Je reste un peu tard « au lit » douceur d'autant plus agréable qu'elle est plus rare. Comme l'eau abonde, je vais prendre un bain dans un petit ghedir, à 100 mètres du grand. Je croyais être seul, mais déjà bien d'autres y étaient, barbottant comme des canards.

Peu de temps après le Commandant rassemble tous les gradés et nous dit ceci : « Vous savez tous quelle est notre situation, plus de vivres, sauf quelques moutons. Impossible de continuer à marcher en avant. Nous avons essayé deux fois, et deux fois les guides nous ont trompés.

« Il ne nous reste pas assez de bêtes pour porter de l'eau et des vivres et je ne veux plus, dans l'état où vous êtes, que vous portiez vos vivres sur le dos.

« Voici ce que nous allons faire : nous partirons ce soir à quatre heures et demain matin, j'espère que nous serons aux puits de Aballah. De là, nous filerons sur Agadèz, pour y arriver au petit jour. Si la population ne nous procure pas des vivres et des chameaux nous prendrons la ville d'assaut.

« J'ai fait confectionner des bombes qui seront lancées par dessus les murs. Nous avons des pétards à mélinite qui nous serviront à tout faire sauter, et après nous verrons.

« Faites part de tout cela à vos hommes, encouragez-les pour la dure étape de cette nuit et dites-leur que je compte sur la bonne volonté de tous pour la réussite de notre entreprise. »

Nous allons transmettre les ordres de notre Commandant à nos hommes et on se prépare pour partir.

Je viens d'apprendre que le Chambbi Embarek a été trouvé assassiné par les Touareg. Il portait plusieurs coups de sabre sur le corps. Le bruit court que c'est un esclave de Rayou qui a commis ce crime pour procurer à son maître un de nos fusils que celui-ci désirait depuis longtemps. A 5 heures le camp est levé et nous reprenons, la rage au cœur, le chemin d'Agadèz.

Jusqu'à la nuit je pus revoir les endroits où, presque mourant, je m'étais arrêté, où j'avais vu mes camarades, couchés, attendant la mort. J'éprouvais des frissons à me rappeler les terribles souffrances endurées quelques jours auparavant. A 11 heures, après avoir plusieurs fois trébuché dans les buissons d'épines, je vis avec plaisir la colonne s'arrêter pour la halte. Je tombe comme une masse auprès de mes hommes qui, déjà, ont formé une face du carré et je m'endors aussitôt.

15 Août. — 2 heures du matin. — La mission est en marche. J'ai bien dormi, mais je dormirais bien encore un peu.

Je vais trouver un camarade et tous deux nous cherchons à tromper le sommeil en racontant les tours que nous avons joués aux Touareg depuis notre départ.

Je ris de bon cœur de l'ignorance d'un Targui qui,

était venu trouver mon ami au pâturage et lui avait demandé si notre fusil — le bendiga comme ils l'appellent — était une arme mortelle.

Sur l'affirmative de mon camarade, il lui avait répondu que rien ne pouvait traverser leur bouclier, ni aucun homme, ni aucune bête portant des amulettes sacrées. Il prétend que notre fusil ne vaut rien et qu'une balle ne traverse pas son méhari.

Aussitôt dit, aussitôt fait. Le méhari est placé devant un tallas et à l'abri du bouclier du Targui. Le tireur se met à 200 mètres et « pan ! » Pas de chance : le bouclier est percé, le chameau et l'arbre aussi. Devant son bouclier troué et son méhari étendu à ses pieds, ne donnant plus signe de vie, le Targui reste anéanti. Ce qu'il avait l'air penaud devant ce spectacle !

Tout autour, les hommes du petit poste riaient et se moquaient de lui. « Pauvre fou ! Tu peux aller maintenant raconter à tes coreligionnaires ce que nos « bendigas » sont capables de faire ». — (Cette farce eut lieu avant notre combat d'Irhazar).

Notre conversation est tout à coup interrompue par des coups de feu tirés sur notre gauche. Le Commandant donne l'ordre de s'arrêter ; on allume des feux, plusieurs sonneries de clairon sont faites ; on tire même plusieurs coups de feu car, il n'y a pas à en douter : c'est un groupe de tirailleurs qui a dû rester en arrière pour arranger ses charges tombées ; et, comme depuis une heure au moins la nuit est très noire, ils se sont perdus.

Nous sommes bientôt rassurés ; nous entendons les voix de plusieurs hommes criant après leurs bourriquots qui ne veulent plus avancer. Plusieurs nous interpellent en nous criant le plus fort possible : « Oh Mohammed, oh ! » Nous leur répondons sur le même ton, et, quelques instants après, nous les voyons arriver à la lueur des feux.

On fait un café qui est le bienvenu, car il fait froid, et tout le monde s'endort, sous l'œil vigilant des sentinelles en attendant que le jour paraisse. A 5 heures 1/2, les yeux encore tout gonflés par le sommeil, fatigués par cette marche de nuit, nous repartons. Enfin, après bien du mal, car il fait très chaud, nous arrivons au puits : il est 8 heures 1/2. Nous campons à notre ancienne place.

Les corvées pour le curage des puits se mettent de suite à l'ouvrage. Comme j'ai grand soif et que j'ai peur de ne pas pouvoir emplir mon petit bidon d'eau, je m'empresse de descendre au fond du puits pour le curer et aussi pour être le premier à avoir ma ration.

Pendant longtemps je reste au fond, ne pouvant avoir l'eau que goutte à goutte. Je pus malgré tout, mais après bien des difficultés remplir quelque récipients pour mes hommes, puis je remontai à l'orifice et laissai la place à un autre.

Après une petite sieste faite à l'ombre de deux charges de cartouches, j'allai m'asseoir auprès de trois de mes tirailleurs qui avaient fait cuire une gamelle de bouillie. C'était tout ce qui nous restait. A pleines mains, avec beaucoup d'adresse, nous commençons à manger. C'était un repas pittoresque et sommaire : ni cuiller, ni couteau, ni pain ; rien que nos doigts pour ustensiles.

A 4 heures, au moment du départ, un vent violent se lève, nous aveuglant de sable et de gravier. Cette tornade épouvantable nous cache même le soleil. Impossible de se tenir debout. Nos bourriquots sont pour la plupart renversés sur le sol. Il faut se coucher et se garantir la tête dans sa musette pour ne pas être asphyxié par ce déluge de sable. La tornade dure peu heureusement, et nous pouvons partir.

Il nous semble, maintenant que nous approchons d'Agadèz, que la route est moins pénible ; les caporaux rassemblent leurs escouades tout en marchant et désignent des hommes qui devront rester au convoi, ceux qui sont chargés de jeter les pétards et enfin ceux qui doivent monter à l'assaut et tâcher de prendre les notables de la ville. On s'excite déjà à la pensée du combat, des prises que nous ferons et des bonnes bouillies de béchena que nous allons manger. Je pense toujours à ma gentille Yamina. Il me semble la voir qui me sourit et dans un baiser me remercie de l'avoir sauvée. Oh ! maître maudit qui la retient séquestrée, que je ne te rencontre pas sur mon chemin, car tu courrais grand risque de ne plus revoir Yamina !

Le sol que nous foulons maintenant est couvert de flaques d'eau. On enfonce dans la boue jusqu'à la cheville et l'on prend cependant plaisir à patauger dans ces bourbiers. Je suis si heureux de voir ces petites mares que, bien maladroitement, je trouve le moyen de dessiner ma grande et maigre silhouette au milieu de la boue. Je ne riais plus, mais les hommes riaient à leur tour et lançaient force quolibets.

Après 6 heures de marche nous sommes près d'Agadèz. On distingue assez nettement ses murs sombres et son minaret qui se dessinent, majestueux, pleins de grandeur, sur le ciel étoilé. Les habitants nous ont-ils vus ? Ont-ils été avertis ? Je n'en sais rien, mais ils connaissent certainement notre présence ici, car les cris, les you-you, les hurlements, les tam-tam font un vacarme effroyable dans la ville, vacarme qui arrive jusqu'à nous.

Tous les animaux sont déchargés et les sentinelles placées. On se couche côte à côte autour de nos bagages, un chargeur dans notre fusil, et, pensif, rêvant à la belle journée qui se prépare, on s'endort bien tranquille et sans crainte.

III. — SECOND SÉJOUR A AGADÈZ

19 Août. — Le jour commence à paraître ; le bruit de la veille redouble dans la ville. Sur les murs, les maisons, les ruines, des groupes de Touareg, hommes et femmes, guettent, anxieux, notre départ. Nous chargeons nos bêtes et, en ordre de combat, nous marchons sur Agadèz. Nous avons aussi équipé nos deux canons que nos artilleurs tirent à bras.

Nous sommes à peine à 100 mètres de la ville que nous voyons venir un Targui qui parlemente avec le Commandant.

Cinq minutes après, il retourne annoncer au sultan nos intentions et revient transmettre les ordres qu'il a reçus. Puis nous prenons le chemin de notre campement.

Ce coup raté nous fait mal au cœur ; être si près des murs, apercevoir tous ces gens qui, du haut de leurs terrasses, se moquent de nous, avoir combiné un joli petit plan d'attaque et voir tout cela s'envoler. Quelle déception !

Nous atteignons bientôt notre campement où tout ce que nous avons laissé a été enlevé. Seul, mon gourbi a été respecté, car je l'aperçois toujours à la même place. J'en suis heureux ; il me rappelle de si chers souvenirs et puis je n'aurai pas besoin d'en construire un autre ! Les sections reprennent leurs anciennes places ; les chameaux et les bourriquots vont au pâturage. Je me rends à ma case pour me reposer un peu. Les négresses arrivent, apportant des nattes pour construire des cases. Ces femmes parties, le camp prend un aspect triste, abandonné. Tout est silencieux. Pas un marchand, personne au puits.

Ce calme profond dure jusqu'à 6 heures, moment où l'on nous apporte un peu de béchena et de mil. La distribution se fait de suite entre les sections et les hommes. Comme la ration est très minime, on se met à trois ou quatre pour arriver à faire une petite galette qui sera partagée, et les morceaux tirés au sort.

Le soir, pas de danses, pas de lutte, pas de chants. Chacun reste couché à sa place, se demandant si demain la ration sera la même.

20 Août. — Nous apercevons le drapeau français qui flotte sur la maison du sultan. C'est qu'ils sont

fins, ces Touareg. Ils l'ont gardé, se doutant que si leur crime n'aboutissait pas, ils pourraient se mettre sous la protection de nos trois couleurs. On amène au camp quelques moutons et un peu de mil qui sera la ration du jour. A 5 heures, les troupeaux arrivent du pâturage sous la conduite d'un Officier et du Sergent Belin. Je remarque que ce dernier est en colère. Sans doute il a faim ce soir et n'a rien à manger. Attention les bourriquots ! Vous allez être encore une fois boxés, si ça ne marche pas.

Je ne m'étais pas trompé : le premier bourriquot qui pénètre à l'intérieur de la zériba a le malheur de le frôler. C'en est assez. Belin se jette sur lui et la leçon de boxe commence ; coups de poing à droite, coups de pied à gauche, gare aux oreilles de celui qui approche. Comme il est tout entier à sa boxe, il ne voit pas arriver un des plus maussades de la bande qui s'avance sur lui, tête baissée, les oreilles hautes, prêt à faire un mauvais coup. Comme il est à quelques pas de lui, le solide poing de Belin lui chatouille l'arrière-train. D'un bond le bourriquot se soulève sur ses pattes de devant, envoie d'une ruade bien dirigée mon boxeur rouler sur le sol, au milieu du troupeau où il reçoit encore plusieurs horions des chameaux qui passent sur lui.

Il se relève tout penaud et s'empresse de se tâter la partie la plus charnue de son individu qui, je crois, a dû être sérieusement endommagée. Continuer la lutte est impossible. Les ânes sont maintenant attachés à la corde. Il lui faut trouver quelqu'un sur qui passer sa colère. Son inséparable ami, le comique de Moustier est là et c'est lui qui reçoit l'averse ; heureusement qu'il y est habitué et que les fureurs de Belin sont ses distractions journalières.

Belin et de Moustier resteront à jamais mémorables dans les annales de la mission. C'étaient deux bien braves Sous-Officiers. L'un, toujours gai, criard, blagueur, ne pouvait laisser passer une journée sans taquiner son camarade qui, lui, plus froid et plus réfléchi, ne plaisantait pas avec le service. Ces deux caractères, si différents l'un de l'autre, s'aimaient très sincèrement. Ils vivaient ensemble, partageant leur ration, se consolant l'un l'autre des chagrins de la route. Où l'on voyait Belin, on voyait de Moustier.

Malgré leur profonde amitié, ils étaient toujours en querelle. Ils criaient et gesticulaient comme des fous, tout volait en l'air dans leur malheureux gourbi. La goura en terre où cuisait la pâtée de béchena recevait souvent un coup de pied qui l'envoyait rouler, brisée en morceaux, sur le sable. C'était alors le moment le plus critique de l'affaire. Se voyant sans ration devant leur bouillie encore toute fumante dans les cendres, ils s'en allaient, chacun de son côté, à la recherche de quelques restes. Ils rendaient visite à tous les amis ; les marmites des cuisiniers étaient aussi visitées minutieusement ; s'ils avaient le bonheur de trouver un peu de mil, on pouvait les voir ensemble, dix minutes après, jouant aux cartes et fumant leurs grosses pipes, comme si rien n'était venu troubler leur tranquillité.

21 Août. — Je vais au pâturage. C'est mon tour. Pour passer ma journée sans trop m'ennuyer, je ramasse beaucoup de mrokba, et je me confectionne un paillasson qui me servira de lit. Je fais de temps en temps des rondes autour du troupeau pour m'assurer que les hommes veillent et que les animaux mangent. Tous les petits postes travaillent à faire des nattes, des cordes, à raccommoder leurs effets qui sont dans un piteux état. Quelques-uns font la sieste en attendant leur tour de faction. Tous me demandent si je n'ai rien vu arriver du camp, si on n'a pas apporté du béchena. Tout le monde a faim et on voudrait bien être à ce soir.

A ma rentrée du pâturage, j'ai la douleur de constater que la ration est toujours la même. Les indigènes nous apportent juste de quoi ne pas nous laisser mourir de faim, mais assez peu pour nous faire souffrir.

Je me dirige ensuite vers le 6° groupe où sont déjà réunis les membres de la « Boucle du Niger ». On parle beaucoup, et on fume de nombreuses pipes pour tromper un peu la faim.

La conversation roule surtout sur les fatmas, les uns les trouvant ravissantes, pleines d'attraits et pourvues d'excitants contours. D'autres ne voient en elles que du noir et ne permettent pas qu'on les compare aux jolies payses laissées là-bas.

Je suis indécis, mais je ne méprise pas leurs charmes ; car, depuis si longtemps que je vois tout en noir, je me suis habitué à cette couleur. N'ayant aucun souvenir amoureux enraciné dans le cœur, je me laisserais bien, pour une fois, aimer par une d'elles, ne fût-ce que pour avoir une compagne de route, une petite amie à taquiner, avec qui, le soir, je pourrais parler d'autre chose que des banales histoires de la route. Beaucoup de camarades sont comme moi et je crois que si l'occasion se présente tous les autres feront de même, car personne ne peut dire : Fontaine je ne boirai pas de ton eau, devant toutes ces jolies négresses qui n'attendent qu'un signe pour se jeter dans nos bras et nous faire goûter un peu les joies du ménage. Je veux bien qu'en campagne on pense d'abord à son fusil et aux prochaines batailles, mais on peut rêver aussi un peu d'amour ; cela n'empêche pas d'être brave.

11 heures. — Il faut aller se coucher. Je m'arrête un instant à regarder le Lieutenant de Chambrun, comme toujours visant les étoiles avec son théodolite et lançant de temps en temps à son aide, ce mot qui faisait rire nos Tirailleurs : « Stop ! » Quelle persévérance, mon Lieutenant ! Partout, dans la plaine, sur les hautes montagnes, au sommet des dunes, je vous entends toujours crier : Stop, sans jamais vous lasser. Vous êtes réellement dévoué de passer toutes vos nuits à contempler le firmament. Bien sincèrement je préfère mon travail ; car, au moins, quand j'ai une bonne nuit pour dormir j'en profite. Vous,

c'est le contraire. Après une rude étape, harassé, fatigué, vous ne vous couchez jamais avant d'avoir fait vos observations et vos calculs, et cela, pour avoir le plaisir de vous dire : « Nous sommes à tant de degrés de latitude et de longitude de Paris, ou de Zinder. »

22 Août. — De bon matin, je suis en train de laver mes effets au puits ; et, comme aucune négresse n'y est encore, je prends, sans pudeur, une bonne douche. Puis, nonchalamment je vais faire une promenade du côté de l'abattoir où, déjà, le boucher, les manches de chemise retroussées jusqu'au coude, travaille avec ardeur. Il est très adroit, ce grand négro de Tirailleurs sahariens, pour trancher la tête d'un mouton. D'un seul coup il le renverse sur le dos, d'une main lui tourne la tête du côté du levant, et de l'autre lui coupe le cou sans hésiter. Et ainsi des cinq ou six qui sont là. Puis, sans se préoccuper de ces pauvres bêtes qui, agonisantes, la gorge ouverte, se tordent de souffrances à ses pieds, il emplit tranquillement sa pipe de tabac. Lorsque tous sont inertes et sans vie sur le sable il pratique une petite incision au-dessus du genou et souffle dedans jusqu'au moment où, le mouton est bien enflé, ce qui est nécessaire pour le dépouiller facilement.

Plusieurs vautours perchés sur les branches d'un arbre voisin attendent, anxieux, que tout le monde soit parti pour se jeter sur les détritus qui resteront. Tous ces oiseaux sont d'une voracité telle qu'il ne reste jamais rien aux abords du camp.

Je retourne à ma case où je relis et mets à jour mon journal de route. Je suis très attentif à mon travail, lorsqu'un énorme serpent me tombe sur la tête en poussant un sifflement aigu qui me glace tout le corps. Est-ce un effet de la peur ou de la sensation nerveuse produite par ce corps froid me glissant sur la figure ? Toujours est-il que d'un bond je suis hors de ma case, sans pouvoir me rendre compte de la manière dont je suis sorti. Décidément on éprouve toujours des sensations nouvelles à la mission, mais elles ne sont pas toujours agréables.

A 6 heures du soir, pour la première fois depuis notre retour à Agadèz, le tam-tam se fait entendre, chez les Tirailleurs sahariens.

Je me dirige de ce côté pour chercher un peu de distraction. Plusieurs femmes dansent déjà. Je remarque même la *Princesse* (surnom que nous avions donné à Fathima) qui se trémousse avec frénésie. Je suis enchanté de pouvoir encore une fois admirer sa beauté ! Plus je la regarde, plus je la trouve belle. Elle danse avec grâce et attire les regards de tous les spectateurs. Plus d'un en ferait bien sa femme, mais hélas ! impossible de l'aborder. Elle est trop farouche pour qu'on ose lui parler.

Enivré par ces danses, je rentre dans mon gourbi pour rêver un peu à tout ce qui m'a tant amusé ce soir. Je songe.... A quoi ? A mille choses ! J'envie ces Tirailleurs qui ont réussi à trouver une épouse. Je voudrais être comme eux, aller le soir, avec ma femme, voir danser, chanter et lutter. Je voudrais avoir une amie pour égayer mes longues nuits d'Agadèz. Je serais heureux de posséder une femme que j'aimerais bien, qui partagerait ma vie, mes privations et, dans les moments difficiles, saurait m'encourager, par un sourire, un regard de ses grands yeux noirs. Hélas ! Cela ne sera pas et je me vois condamné à rester seul, isolé, sans amour, sans amie. Je souffre de voir mes espérances s'envoler ainsi, sans jamais se réaliser. Je serais pourtant si heureux d'épancher mon cœur débordant d'amour et d'enthousiasme pour toutes les beautés grandioses de la nature répandues à profusion devant moi, en aimant une de ces jolies négresses d'Agadèz.

Rêvant toujours d'amour et de conquêtes, je m'endors en souriant aux étoiles.

23 Août. — Les stridentes notes du réveil viennent de retentir. Il faut se lever et aller prendre le service de planton au puits de Tinkhamane. Je me dirige d'abord du côté des cuisines pour boire mon café, premier soin du soldat à son réveil. Je trouve au puits bon nombre de Tirailleurs qui puisent de l'eau pour emplir les guerbas de leurs sections.

D'autres remplissent leur petit bidon pour aller au pâturage. Tous ces hommes sont gais, pleins d'entrain. On voit que cette vie d'aventure leur est douce. Ce qui m'amuse, c'est la bizarrerie de leurs costumes. On n'en voit pas deux pareils. Les uns portent des gandouras touareg, blanches ou noires ; d'autres n'ont qu'une couverture comme vêtement, qu'un sac comme pantalon. Pas de chaussures. Un chiffon autour de la tête, ou un large chapeau de paille. Il y en a encore quelques-uns qu' portent, dernier souvenir de leur costume de Tirailleur, de vieux bourgerons tout troués, tout rapiécés, loques dégoûtantes que l'on n'oserait pas laver. Ce tableau de misère devrait être triste ; cependant il est gai, et prend, sous la blanche clarté du premier rayon de soleil naissant qui l'illumine, un aspect original et exotique qui m'enchante.

Plusieurs négresses viennent, dans la journée, puiser de l'eau. Je suis le premier à les aider à tirer sur leur dallo. Et j'en profite pour les taquiner, leur prendre la taille, ce qui leur fait pousser de petits cris et les fait rire en montrant de magnifiques dents blanches. Au premier abord on les croirait novices, chastes, et pourtant elles n'éprouvent aucune gêne à se montrer toutes nues devant nous lorsque l'envie leur vient de prendre un bain. Cette noire nudité n'est pas déplaisante à voir ; loin de là, du coin de l'œil j'admire leurs formes pour la plupart magnifiques et vraiment sculpturales. A 5 heures je rentre à ma section et je me prépare à attacher mes animaux qui vont bientôt arriver du pâturage. J'apprends avec douleur que, cette après-midi, on a enterré le Tirailleur Lamory, malade depuis longtemps de la dyssenterie, un ancien compagnon du Commandant au Tonkin, à El-Goléa, et à Madagascar.

Les danses continuent, ce soir, plus belles, plus enivrantes que jamais.

24 Août. — Je place un factionnaire auprès de notre prisonnier qui attend toujours, pour recouvrer la liberté, que ses parents nous amènent des chameaux comme rançon. Il ne maigrit pas, ce maudit Targui. Pourtant, la ration qu'on lui donne est bien réduite et peu nourrissante. On ne peut d'ailleurs pas faire mieux, puisque nous-mêmes nous jeûnons toujours, ne recevant que peu de mil.

Depuis un moment je regarde de Moustier marchandant un peu de tabac qu'une affreuse négresse tient soigneusement caché dans un chiffon. Ils sont comiques, tous les deux, surtout lui qui crie, hurle, gesticule, pour effrayer la malheureuse toute tremblante de peur devant lui. C'est une scène amusante que de le voir se débattre comme un diable. Bras, jambes, tout remue et il menace de son poing la négresse parce qu'elle lui demande un prix trop élevé.

Il n'est peut-être pas trop cher, son tabac ; mais comme il est pauvre, il voudrait bien qu'elle le lui laisse pour un morceau de chiffon qu'il lui présente. La négresse ne veut rien entendre et ne cesse de lui répéter : « Bon-thyr, bon-thyr, illa » (tu as des pièces de 5 francs). Hélas ! le malheureux n'en a pas. Le tabac va lui échapper ? Comment faire pour l'avoir ? Ne trouvant rien dans ses poches depuis longtemps vides, il la renvoie avec son pied quelque part et lui crie en bon français, souligné d'un geste menaçant pour qu'elle comprenne mieux : « Va-t-en, eh, vilain singe ! Que jamais je ne revienne ici comme cantonnier, car je te tuerai avec ma pelle ! ». Et la négresse de filer dare-dare. Ces saillies étaient familières à de Moustier lorsqu'il était en colère. C'était un bien brave ami qui, souvent nous faisait passer d'agréables moments. Aujourd'hui comme les autres jours le mil arrive en petite quantité.

25 Août. — Je pars, au réveil, pour le pâturage

qui, dit-on, est très beau. L'herbe est verte, les oiseaux y abondent ainsi que les sangliers. En effet : quelques instants après notre départ nous apercevons de magnifiques vallées couvertes de verdure de toute beauté ! Les petits postes sont placés, les factionnaires veillent, je peux contempler tout à mon aise cette merveilleuse nature.

Je me promenais sous l'épais ombrage des abisgas et des tallas très nombreux en cet endroit, lorsque je fus surpris d'entendre tout à coup près de moi des éclats de rire. Je me dirigeai du côté d'où ils venaient mais je ne trouvai rien ; et ils se répétèrent derrière moi. Très intrigué, j'allais continuer mes recherches lorsque j'aperçus dans la brousse un homme et une femme touareg coupant de l'herbe. Je m'avance près d'eux et leur demande des explications. Ces deux indigènes se mettent à rire et me montrent du doigt un oiseau assez gros, au plumage d'un vert foncé, perché non loin de nous, sur une branche. Ils me font comprendre que c'est lui qui pousse ces cris. C'était un perroquet !

Mes hommes m'appellent au poste pour venir manger un peu de pâtée de mil. Réunis tous les six autour de la gamelle de bouillie, nous racontons des histoires tout en plongeant de temps en temps la main dans le plat. Le repas terminé, chacun, suivant le cas, reprend son travail ou fait la sieste.

26 Août. — Le marché est triste. On ne peut rien se procurer ; le Capitaine Reibell est chargé d'acheter en bloc tout ce que les noirs apportent, pour éviter que les hommes ne paient trop cher. Je passe une partie de la journée à jouer au loto avec les hommes de mon escouade. Vers le soir on nous apporte une trentaine de moutons et un peu de mil. Les danses continuent ; c'est notre seule distraction.

27 Août. — Le travail des guerbas continue. Il demande beaucoup de soins. Un Tirailleur très dégourdi est chef d'atelier. Il faut retourner la peau de chèvre qui n'a comme ouverture que le cou. Le ventre n'est pas ouvert. Puis, on enlève la chair qui reste et on tanne la peau dans de l'eau où macèrent des haricots pilés, dont les noirs de ces régions se servent en guise de tannin. Ce moyen est très bon ; et l'on réussit, après deux ou trois jours de bain, à rendre une peau de chèvre utilisable pour le transport de l'eau.

Ce travail terminé, il faut attacher des cordes aux quatre pattes, de sorte que l'eau ne puisse pas filtrer par ces ouvertures. On retourne ensuite la peau pour que les poils soient en dehors. C'est un travail très délicat, car, si la guerba est mal tannée, l'eau prend un goût de pourriture qui la rend impropre à servir de boisson.

Vers les trois heures arrivent au camp plusieurs notables de la ville, sans doute pour faire patienter, mais sans rien nous apporter. Le Commandant les conduit à un endroit où se trouve un coup de poing Bréguet préparé à l'avance. Un des noirs frappe sur le coup de poing. Une détonation retentit et tous restent anéantis, stupéfaits devant l'arbre qui vient de sauter, coupé en deux. Je crois que ce spectacle nouveau et terrifiant pour eux, augmentera peut-être leur empressement à nous satisfaire.

28 Août. — Ce matin on nous apporte un peu de mil aussitôt distribué aux sections pour être réduit en farine car il ne faut pas oublier que c'est nous-mêmes qui faisons ce travail. Je vais au marché essayer d'acheter un gracas ou un peu de mil avec mon épinglette, seul souvenir qui me reste d'Algérie. C'est avec beaucoup de regret que je me sépare de ce dernier objet. J'ai déjà vendu pour un peu de mil ma montre, ma bague en or, que mes camarades m'avaient offerte avant mon départ, et il me faut encore vendre mon épinglette pour ne pas mourir de faim. J'hésite longtemps mais, vaincu par le besoin de manger, je la donne pour deux ou trois cents grammes de mil.

C'est fini maintenant. Il ne me reste plus qu'un

crayon et quelques feuilles de papier arrachées à l'incendie d'Irhazar pour écrire mes impressions de route.

29 Août. — Rien ne change au camp. Toujours le même travail. Les marchands sont rares et apportent peu de denrées. Nous achetons quarante moutons, ce qui améliore un peu l'ordinaire. Nous en avons même quelques-uns qui constituent un petit troupeau et nous donnent du lait pour nos malades.

30 Août. — Je suis de service au pâturage et c'est pour moi une distraction de passer une journée au milieu de la brousse où des milliers d'oiseaux gazouillent, où les sangliers abondent, où je peux me coucher à l'ombre d'un arbre et rêver à l'avenir, tout en regardant paître mes animaux. Le soir nous prenons, bien tranquilles, la route des puits de Tedjajaret pour y abreuver nos chameaux et nos bourriquots. Ces tilmas sont situés dans le lit d'un oued de toute beauté, très large, aux rives vertes et boisées, situé à 2 kilomètres du camp. Nous avons aussi trouvé dans cet oued un magnifique ghedir, très grand, où, pendant 7 jours, nous avons abreuvé notre troupeau. Les bords sont couverts de gazon qui rappelle de loin les vertes prairies de France.

Le seul inconvénient de ce petit étang est qu'il faut entrer dans la boue jusqu'à la ceinture pour atteindre l'eau. Nos ânes qui sont de petite taille, s'enfoncent très souvent jusqu'aux oreilles dans la vase. Il faut alors les retirer, travail qui nous fait bien rire ; car, en se débattant, ils roulent sur le dos et sortent dans un piteux état.

1er Septembre. — Ce matin, de bonne heure, le marché s'anime. La journée sera peut-être meilleure en achats. Avec deux camarades je vais m'asseoir sous un superbe tallas, afin de regarder le marché.

Beaucoup de femmes y sont déjà, apportant des poules, des œufs, des dattes et un peu de lait aigre pour vendre. Je regarde ces vieilles négresses avec curiosité. Pas une qui soit jolie. Toutes sont déjà fanées, ridées par le travail.

Je regarde aussi les Touareg venus pour vendre des moutons et des chèvres. Ils nous inspirent peu de confiance ces gens-là, avec leur figure voilée, dont on ne voit que les yeux aux lueurs fauves et traitresses. Tous portent un sabre au côté, une lance et un poignard attaché au poignet gauche.

Beaucoup de femmes, plus ou moins jolies viennent chercher de l'eau et en profitent pour causer avec les Tirailleurs. Elles restent quelquefois au puits une journée entière, ne pensant plus que leur maître les attend. Souvent même elles oublient complètement de regagner le logis. C'est un va-et-vient continuel de femmes venant puiser de l'eau. On ne peut se faire une idée du rçoubaha qui se produit au puits où bon nombre de Tirailleurs se disputent à qui offrira ses services aux plus jolies esclaves. Ce bruit durera jusqu'à la nuit au dehors du camp et se continuera à l'intérieur avec les nouvelles épouses arrivées jusqu'à 10 ou 11 heures du soir. Les moutons achetés aujourd'hui sont venus grossir notre troupeau qui commence à devenir assez important.

2 Septembre. — Le soleil n'est pas encore levé que je suis à la boucherie, aidant à tuer les moutons. Je suis assez adroit, mais ce qui m'attire là c'est que j'aurai pour salaire les intestins d'un mouton.

La distribution de viande est terminée. Chaque caporal d'ordinaire est parti, emportant la ration de sa section. Je vais au puits nettoyer mon plat de tripes. Quand elles sont suffisamment propres je les étale sur la haie pour les faire sécher un peu et je me couche à côté. Malheureusement pour moi, sous l'action de la fraîcheur de l'endroit, je m'endors en rêvant au délicieux repas que je vais faire. Quand je rouvre les yeux, c'est pour apercevoir mon dernier morceau de viande qui disparaît dans les airs, emporté par un vautour. Que faire ? L'oiseau est déjà loin ! Je rentre au camp, jurant, mais un peu tard, qu'on ne m'y prendrait plus.

Le marché est animé ; notre troupeau de moutons augmente tous les jours. En me promenant autour du camp j'ai la chance de trouver une petite mesouette (sac en cuir) contenant du tabac. Je la cache précieusement sous ma chemise pour la porter à ma case où je l'enfouis dans le sable afin d'être certain qu'elle ne me sera pas volée. Malgré le soin que j'avais apporté à ne pas me laisser voir, le Tirailleur Ménisser de mon escouade m'avait aperçu ; et je crois que tout aurait disparu si un autre de mes hommes ne m'avait dit que quelqu'un était dans ma case, cherchant dans le sable. D'un bond je suis auprès de mon voleur que je prends la main dans le sac. Menisser ne s'effraye pas pour si peu et me répond tranquillement : je cachais ton sac, car j'avais peur qu'on ne te volât. Je crois bien que si je n'étais pas arrivé à temps mon sac de tabac aurait pris le même chemin que les tripes de ce matin. Il se serait envolé pour ne plus revenir. Pour remercier le Tirailleur qui a eu l'obligeance de m'avertir, je lui fais cadeau d'une poignée de tabac. Il le réduit en poussière et le mélange avec de la cendre pour faire du tabac à chiquer.

3 Septembre. — L'ordinaire s'améliore. Nous ne souffrons presque plus de la faim. L'achat des moutons continue et nous sommes obligés d'établir une bergerie où, le soir, nous enfermons notre troupeau.

Le lait est apporté en grande quantité et distribué aux sections. Nous touchons aussi quelques camarias et des gracas.

A midi je vais déjeuner avec mon ami Philippeaux qui a fait cuire une gamelle de haricots exquis. Nous avons en outre, comme dessert, une excellente salade de pourpier, sans condiments, bien entendu. Le bien-être commence a se faire sentir dans le camp ; tous les soirs, des danses et des chants ont lieu au clair de lune.

4 Septembre. — Le va-et-vient du camp augmente. Je crois que les indigènes ont changé de tactique.

5 Septembre. — Puisque nul service ne me retient au camp, je vais au puits, chercher quelques distractions. Au bout d'une heure à peine je vois arriver Yamina, suivie de quelques amies, venant puiser de l'eau. Quelle n'est pas ma joie de la revoir ! Je ne sais que lui dire ; je suis si heureux. Pourtant, risquant une main, je lui prends la taille et je mets un baiser sur son front. Puis, gentiment, avec beaucoup de précautions, je la conduis à ma case où je la fais asseoir sur mon lit, le seul meuble que je possède ; pendant longtemps je lui parle de bien des choses que depuis notre dernière entrevue il me tardait de lui dire.

Je lui dis qu'elle peut maintenant rester auprès de moi, que son maître ne viendra pas la chercher et que nous partirons bientôt pour son pays qui est Zinder. « Yo ! » me répond-elle en me lançant un amoureux regard. Je suis si heureux, à présent, que tout me sourit puisque l'amour me tend les bras. Les oiseaux eux-mêmes gazouillent autour de ma case, comme pour fêter ce premier jour de bonheur. J'oublie toutes les fatigues passées et je ne songe qu'à l'avenir qui s'ouvre devant moi, enchanteur, rempli de promesses.

Le soir nous partageons ma ration ; et, de peur qu'elle ne soit pas satisfaite de ce maigre repas, je la lui laisse presque toute entière. Puis nous nous dirigeons du côté des chants qui déjà nous appellent à la veillée. Le temps que je passe à regarder danser me paraît bien long ; j'ai hâte d'être seul avec Yamina, ma jeune épouse. Elle aussi, je crois, a hâte de s'en aller car elle ne cesse de remuer à sa place. Bientôt tout bruit cesse dans le camp ; chacun a rejoint sa place, et je m'endors dans les bras de Yamina.

6 Septembre. — Le jour commence à éclairer ma case où, la figure souriante, tranquillement, Yamina repose. Je l'embrasse ; je lui recommande de bien écraser mon mil pour la route, et, après un dernier regard, je pars pour le pâturage. Après une heure de marche, nous sommes arrivés. Je place aussitôt mon poste et mes sentinelles et je vais me reposer à l'ombre d'un gros arbre aux branches basses et touffues. Ma pensée s'envole vers Yamina. Enfin je l'ai retrouvée ! Elle est mienne maintenant. Je la vois souriante, heureuse travaillant avec courage à écraser mon mil. Je ne suis plus seul, maintenant. J'ai une amie pour me consoler, m'encourager et m'aider dans mon travail. J'entrevois déjà les jours heureux que je passerai à Zinder où la nourriture abondera, où je trouverai peut-être quelques étoffes à acheter pour l'habiller, et la rendre encore plus jolie et plus désirable.

La tête pleine de ces pensées, je prends le soir la route du camp où Yamina va me sauter au cou pour m'embrasser. A peine arrivé, sans prendre le temps de faire rentrer les bêtes au bercail, je cours à ma hutte. Hélas ! Elle est vide. Mon amour s'est encore envolé en emportant mon sac de tabac et un kilogramme de mil que je conservais précieusement pour les mauvais jours. J'ai bien envie de pleurer mon amie, mais la colère d'être volé l'emporte sur l'amour ! Donc, plus de mil, plus de tabac. Mon pauvre tabac était parti. Je me renseigne auprès de mes Tirailleurs qui m'apprennent que vers 3 heures de l'après-midi une vieille négresse est venue parler à Yamina ; toutes deux ont ensuite pris la direction du marché et ne sont plus revenues. Maudite soit cette vieille qui est venue me voler ma femme, le seul trésor que j'aimais. Pas de chance en amour ! Espérons dans l'avenir et ne nous décourageons pas.

7 Septembre. — Nous touchons un peu d'argent comme prêt. Je vais dépenser ma part au marché. J'achète un peu de haricots et un pigeon ; de quoi faire un bon petit plat fin. Les joueurs de loto ont vite sorti les cartons de leur sac pour faire quelques parties. Dans tous les coins, à l'ombre d'un tallas, ce sont des groupes qui se rassemblent, qui se bousculent pour avoir ce carton fatal qui leur fera peut-être gagner un peu d'argent ou leur fera tout perdre. Les moutons augmentent tous les jours, mais les chameaux n'arrivent pas vite.

8 Septembre. — Le marché est gai et nous passons notre journée à taquiner les négresses. Le soir, comme d'habitude, réunis à la « Boucle du Niger », nous nous entretenons des incidents de la journée.

9 Septembre. — Au réveil, le Commandant est debout, prêt à monter à cheval pour accompagner le bétail au pâturage, et chasser le sanglier. A midi, je vais conduire la corvée de soupe au pâturage.

Au premier chameau qu'ils aperçoivent, les hommes de corvée poussent des cris pour avertir leurs camarades que la soupe arrive. Les appels : « Oh ! Mohammed ! Oh ! Miloud ! Oh ! Abdelkader ! » retentissent dans la plaine, et les autres de répondre : « Aroua lana ! Aroua l'houne ! ». C'est un mélange de cris qui doit sûrement arriver aux oreilles des Touareg voisins du pâturage.

C'est le meilleur moment de la journée, que l'heure de la soupe. On se réunit, on parle des événements survenus au camp, les pipes s'allument et on raconte des histoires. A mon retour au camp je constate que la réserve de béchena augmente.

10 Septembre. — Dimanche ! On achète beaucoup de mil et de nombreux moutons. Je vais avec plusieurs de mes camarades me promener aux environs du camp, comme toujours le fusil en bandoulière. Nous voyons des pintades s'enfuir à notre approche et nous cherchons le moyen d'en tuer au moins une. Après bien des hésitations, nous enlevons la moitié de la poudre d'une cartouche 86. De cette façon, la détonation sera moins forte et ne sera pas entendue du camp. Pannet s'avance seul, en suivant la brousse, pour arriver à bonne portée d'un groupe de pintades perchées sur les branches d'un abisga.

Une faible détonation retentit et nous voyons tomber une pintade, la tête percée d'une balle. Nous la plumons et nous la rentrons au camp cachée dans un fagot de bois. Ce soir elle fera le régal de notre souper et changera un peu notre ordinaire.

11 Septembre. — Vers 2 heures du matin nous sommes réveillés par des coups de feu. Tout le monde est à son poste ; les fusils sont chargés, prêts à faire feu. Quelques minutes après nous voyons rentrer le Sergent de ronde et un Tirailleur, factionnaire auprès du prisonnier de la 2ᵉ section ; il le conduisait à la feuillée, en dehors de la zériba, quand celui-ci s'est échappé. Le Tirailleur tira sur lui, mais dans sa précipitation, le manqua.

Le Commandant donna l'ordre d'amener le prisonnier de la 1ʳᵉ section, de le conduire à trente pas de la zériba et de le tuer d'un coup de baïonnette. Cela servira d'exemple à celui qui reste. Le prisonnier est conduit, les fers aux pieds, en dehors de la zériba. Lorsqu'il est à trente pas, le Tirailleur chargé de l'exécution fond sur lui et d'un seul coup le traverse de part en part.

Le Targui tombe sans pousser une plainte, sans laisser échapper un cri, la figure tournée du côté du levant. Puis tout redevient silencieux.

Dans la matinée je vais voir le Targui exécuté dans la nuit. Plusieurs Touareg sont déjà près de lui, mais pas un n'y touche ; ils ont probablement peur. Je leur fais comprendre que s'il a été tué, c'est sa faute. Il a tenté de se sauver ; la sentinelle l'a aperçu et l'a tué. S'il ne s'était pas évadé nous ne lui aurions pas fait de mal, car nous n'avons pas l'habitude de maltraiter nos prisonniers.

Je remarque que les vautours et les chacals ont déjà commencé à le déchiqueter. Dans quelques jours il ne restera plus que les os. Nous apprenons avec plaisir que Zinder est occupé militairement par des Français qui essayent de communiquer avec nous.

12 Septembre. — Je vais passer ma journée au

pâturage. Le Commandant et M. Dorian y sont aussi. A ma rentrée du pâturage j'assiste à l'exécution d'un autre prisonnier. Il est conduit près de son camarade par 8 hommes, fait face du côté du levant et psalmodie une prière. Pas un trait de sa figure ne bouge. Rien dans sa personne ne trahit son émotion. Il reste calme, froid, devant les 8 hommes qui le mettent en joue. Le commandement de : Feu ! retentit, suivi d'une forte détonation qui se répercute jusque sous les murs d'Agadèz. Le Targui tombe ; c'est fini ; il est mort. Ce soir, grand divertissement au camp. Danses, musique, tout y est.

13 Septembre. — Le travail des guerbas se continue. On fabrique des cordes avec du doum. On répare ses chaussures avec de la peau de bœuf préalablement salée, enduite de cendre et séchée au soleil. C'est un tannage médiocre, mais il n'y a pas à choisir ; c'est le seul que nous connaissions.

14 Septembre. — Je suis réveillé par les jurons que lance notre cuisinier « Premier bataillon » qui, malgré sa vigilance, s'est encore vu enlever devant son nez, par un vautour, un morceau de viande qu'il s'apprêtait à découper pour le mettre dans la marmite. Il a beau jurer, se démener, le morceau de mouton est parti et il est impossible de le remplacer. Les hommes qui ont vu l'affaire ne manquent pas de le taquiner et de l'exciter à un tel point, que le Lieutenant doit mettre le holà. Je prends un bon café au lait avec un petit pain de béchena que je me suis fait cuire hier soir dans les cendres. J'améliore mon ordinaire par quelques denrées achetées avec l'argent que j'ai gagné ces jours-ci au banco. Le soir, nous touchons quelques gracas, camarias, poules, pigeons que le Capitaine Reibell a achetés au marché, et même un quart de lait qui est lentement dégusté en fumant une pipe.

Je suis maintenant forcé de demander un peu de tabac à mes amis, puisque ma dulcinée m'a emporté le mien. Je ne l'aime plus maintenant, cette déloyale

Yamina, et je me promets de ne plus aimer une négresse, fût-elle la plus jolie du monde, car elles sont trop trompeuses. Le Commandant a bien raison de dire : « Ces gens-là sont noirs dehors et noirs dedans. Tout est faux, mensonger chez eux. Il ne faut pas se fier à leurs belles paroles ». Les moustiques commencent à me taquiner la nuit et m'empêchent de dormir par leur continuel bourdonnement.

15 Septembre. — Bien avant le lever du soleil je suis dans la brousse avec une dizaine d'hommes, coupant du bois pour les cuisiniers. A mon retour je rencontre le troupeau qui va au pâturage.

Il est charmant, ce défilé. En tête, les chameaux avec leurs longues pattes et leur grand cou, puis les ânes marchant bon train en groupe, enfin les moutons. Ceux-ci sont les plus nombreux ; ils sautent et se bousculent ; les brebis poussent de plaintifs bêlements pour appeler leurs agneaux que les Tirailleurs portent dans leurs bras. Autour, marchent les hommes, les uns lourdement chargés d'une outre pleine d'eau, les autres portant des marmites pour faire cuire le mil. Tout ce petit monde est gai et plein d'entrain.

16 Septembre. — La belle-sœur de Guedd-el-Kheir amène huit chameaux ; le Commandant n'en accepte que deux ; les autres sont trop blessés.

17 Septembre. — Des achats de moutons et de mil augmentent nos réserves. Nous possédons près de 300 têtes de bétail. Le travail des bâts continue. Du matin au soir, le bruit des moulins à farine retentit dans le camp se mêlant aux you-yous poussés par les femmes.

18 Septembre. — Je raccommode mon pantalon avec le bas de ma chemise, qui est encore assez bon ; je mets des pièces à mon chapeau à l'aide d'une vieille guerba. J'effile brin par brin un lambeau de ma chemise pour avoir de quoi coudre. Mes pieds qui ne forment plus qu'une plaie me font cruellement souffrir. J'ai d'énormes crevasses aux talons, ainsi qu'à tous les doigts : cela provient d'avoir marché sans chaussures dans le sable brûlant. Je n'ose pas les laver ; ce serait peine inutile ; je ne pourrais jamais enlever l'épaisse couche de crasse qui les recouvre. Malgré le soin que je mets à nettoyer mes effets, les poux y pullulent toujours ; j'ai beau leur faire la chasse et les tuer par centaines, impossible de s'en débarrasser !

19 Septembre. — Les hommes de service au pâturage ont aperçu beaucoup de chameaux dans la plaine. Espérons qu'ils nous sont destinés ! Le marché reste animé, les achats de la mission sont toujours considérables.

20 Septembre. — Je vais au pâturage où je passe une agréable journée. Le soir, à la rentrée au camp, nous entendons des voix qui nous crient de loin : « Kaïne il posta idjé men Zinder ! ». Nous sommes tous intrigués et nous ne tardons pas à apprendre la bonne nouvelle. Mili-Menzou, le vizir que nous n'avions pas revu depuis Irhazar, vient d'arriver des environs de Zinder, et, à son passage dans le Damergou, une lettre lui a été remise pour nous ; elle est signée du Lieutenant Pallier.

Le camp est rempli d'animation ; tout le monde va et vient, courant de l'un à l'autre pour annoncer la bonne nouvelle. On se serre les mains, on crie, on chante. C'est un inexprimable brouhaha. Tous les visages sont gais et on ne sait comment exprimer sa joie. Les femmes elles-mêmes poussent de frénétiques you-yous ; pour elles, Zinder est la délivrance, la fin de l'esclavage.

Ce soir-là, tous les feux sont entourés de Tirailleurs qui parlent de la fameuse lettre. Ils ébauchent bien des projets et s'enivrent à la pensée de nouveaux pays où la vie sera plus facile et plus gaie, où l'on trouvera tout en abondance : à manger et de jolies négresses. A la « Boucle du Niger » la veillée se prolonge jusqu'à 1 heure du matin. Nous bâtissons aussi des châteaux en Espagne. Nous entendons déjà nos amis nous donner des nouvelles de la France :

c'est la joie poussée jusqu'au délire. Plus de misères, plus de souffrances ! Bientôt nous dirons adieu à ce maudit désert où nous n'avons rencontré que des déceptions, et dont nous garderons de bien tristes souvenirs.

21 Septembre. — Tout le monde travaille avec entrain ; la bonne nouvelle a produit un effet extraordinaire. J'oubliais de dire que c'était hier l'anniversaire de notre départ de Blidah. Voilà donc un an que nous marchons dans ce maudit désert ! Quand je pense qu'après une année de misère nous en sommes arrivés à nous trouver presque bien dans ce funeste Agadèz, où nous pouvons au moins nous reposer un peu de nos fatigues, je ne peux pas y croire. C'est pourtant vrai que voilà une année de passée ! Comment se passera la suivante ? Peut-être un peu mieux. Peut-être encore plus mal. — Attendons...

Philippeaux, mon bon camarade de la 5ᵉ Section m'invite à partager sa table pour la journée. Il a acheté au marché un peu de lait, trois camarias, des haricots et quatre pigeons. Tout cela joint à notre ration de béchena nous fait un succulent repas. Nous prenons du café que le cuisinier de sa section a fait avec le marc de celui du matin. Nous ne pouvons rêver meilleure chère. Mon ami possède même du tabac venant de Katchéna ; il est très bon et ma pipe répand un délicieux parfum.

Ce qui m'amuse surtout, c'est de voir les Sahariens avec leurs femmes. La plus drôle est certainement la grosse Kadidja ; elle est si grasse qu'elle ne peut même pas se baisser pour travailler. Ce qu'elle a de plus hideux dans sa disgracieuse personne, ce sont les seins. Pareils à d'énormes outres en peau de bouc à moitié vides, ils se balancent, flasques sur sa poitrine et tombent plus bas que sa ceinture. Elle est bien vilaine ; pourtant un Tirailleur l'a prise pour femme. Sans doute il faisait nuit quand pour la première fois il lui a parlé d'amour.

22 Septembre. — Je me fais couper les cheveux ; c'est la seconde fois depuis le départ. Je le ferais bien plus souvent ; mais comme s'est un vrai supplice, je le remets toujours au lendemain. Nous ne possédons plus à l'escouade qu'une vieille paire de ciseaux. Ils sont ébrèchés, ne coupent plus et arrachent les cheveux. L'opération ne va pas sans cris de douleur de la part du patient ; aussi quand c'est fini, se promet-on bien de ne plus y revenir. Nous touchons ce soir un quart de lait et un demi-pain de béchena.

23 septembre. — La journée est employée à déboiser une large avenue pour donner au camp des vues vers le puits de Edderfis. On travaille avec acharnement. Nous coupons tous les arbres ; il semble que nous nous vengeons ainsi un peu des Touareg. Je suis en train, avec quelques Tirailleurs de couper un magnifique tallas quand j'aperçois un groupe de négresses venant vers nous. Je les appelle et leur fait signe d'approcher. Je dis quelques mots à voix basse à mes hommes, et je vais me placer du côté où va tomber l'arbre ; les quatre négresses me suivent ; je les occupe en leur parlant de choses et d'autres, tout en jetant de temps en temps un coup d'œil du côté de mes Tirailleurs. Un craquement retentit : je fais un bond de côté, et je laisse mes quatre esclaves enfouies sous les branches dans une position des plus comiques. Il fallait les voir se démener sous ces rameaux épineux qui leur piquaient les chairs et leur faisaient pousser des cris lamentables. Après avoir un peu ri, j'eus pitié d'elles et je les aidai à sortir de cette fâcheuse situation, mais sans galanterie, je l'avoue, car je les tirai un peu vivement, sans me soucier si leurs jupes restaient accrochées aux épines. Le groupe de ces négresses sortant presque nues de dessous le fouillis de verdure faisait un tableau assez pittoresque.

24 Septembre. — Je suis de garde au pâturage. Arrivé sur le lieu du pacage, je vais au petit poste où se trouve mon ami Philippeaux. Nous causions avec entrain quand une jeune négresse nous aborde et nous demande gentiment si le nommé X... n'est pas là ? — Mon camarade lui répond en lui montrant du doigt le factionnaire qui là-bas, sous un arbre surveille le troupeau. Allons ! Encore une amoureuse passionnée qui vient jusqu'au pâturage retrouver son amant.

25 Septembre. — Las de toujours fumer dans mon tibia de mouton, je me confectionne une pipe avec une branche de tallas. Ce n'est pas très facile quand on n'a ni couteau, ni vrille ; j'y parviens pourtant sans autre outil que ma baïonnette qui est assez effilée. Aujourd'hui, encore une amoureuse vient se joindre à la tribu de nos négresses. Ces femmes se rendent compte qu'en venant se confier à nous, elles courent la chance de revoir un jour leur pays. D'ailleurs elles ne sont pas malheureuses avec nous qui ne les brutalisons jamais et qui ne leur demandons en échange de l'hospitalité qu'un peu d'amour. Et pour elles, l'amour est chose si naturelle qu'elles nous rendent ce petit service sans y attacher la moindre importance.

26 Septembre. — Deux nouvelles recrues arrivent encore au camp d'où elles ne sortiront que le jour du départ, car leurs maîtres sont là aux aguets, attendant le moment propice pour les pincer et les remettre dans le droit chemin. Grand palabre au camp. Le Commandant finit par se mettre en colère et déclare aux Touareg que s'ils ne livrent pas immédiatement les chameaux promis, nous consignerons les puits à tous les habitants. Le ciel est couvert aujourd'hui ; il fait une chaleur lourde. Le Commandant fait construire une forte zériba aux deux puits situés non loin du camp : si les indigènes n'amènent pas les chameaux demandés, nous occuperons ces puits et MM. les Touareg devront se passer d'eau.

27 Septembre. — Nous avons cinq femmes esclaves

pour écraser le mil de la section. Le soir nous leur donnons en paiement le déchet de la farine écrasée dans la journée. Ces femmes sont extrêmement laborieuses : du matin jusqu'au soir, elles n'interrompent pas leur travail, même pour manger ; et le soir, elles passent une bonne partie de la nuit à chanter et à danser. Elles sont d'ailleurs plus robustes que les femmes de race blanche. On voit beaucoup de chameaux et de moutons aux alentours de la ville.

Le Commandant donne l'ordre de fusiller le dernier prisonnier ; il est aussitôt conduit en dehors de la zériba, à l'endroit où sont déjà tombés ses deux camarades. Le peloton d'exécution s'approche, les fusils sont chargés, on est prêt à faire feu, quand le Commandant fait dire de ramener le prisonnier au camp. Un Targui vient de venir promettre quatre chameaux pour qu'il ait la vie sauve ; mais il peut dire qu'il a vu la mort de bien près. Vers 3 heures arrivent 33 chameaux assez beaux, conduits par deux Touareg et le vizir lui-même. Nos 27 vieux chameaux, maigres et galeux sont remis à la surveillance des chambba et les nouveaux arrivés sont donnés aux Spahis et aux Tirailleurs sahariens. La nuit, une négresse fugitive arrive, les fers aux pieds : décidément notre sérail se peuple plus vite que notre écurie.

28 Septembre. — Encore deux nouvelles venues ! Bientôt le tout Agadèz féminin aura émigré chez nous. L'abatage des arbres continue. Le camp est plein d'animation avec toutes ces femmes. Si Yamina prise de remords revenait, elle serait encore bien reçue, car malgré tout, je n'ai pas oublié la journée du 5 Septembre. Je me couche torturé par des coliques qui me font souffrir toute la nuit.

29 Septembre. — Mes coliques sont passées, je vais mieux et je mange une bonne gamelle de haricots cuits avec des tripes que je suis allé chercher à l'abattoir hier soir.

Les nuits sont très froides ; nous grelottons, sans

couvertures et sans vêtements. La Nouba ne cesse de jouer toute la soirée pour égayer le camp et faire danser les Kradens.

30 Septembre. — Au pâturage. Je dois me coucher, tant ma faiblesse est grande ; j'ai eu toute la nuit des coliques qui m'ont fait beaucoup souffrir ; j'ai le corps échauffé par le béchena et je digère à peine : mais si le ventre souffre, heureusement que la tête reste bonne.

Le marché bat son plein ; le camp reste animé jusque vers 11 heures du soir.

1er Octobre. — La journée se passe gaie, pleine d'entrain. Le soir cependant, le Commandant donne l'ordre au Lieutenant Oudjari d'aller avec 40 hommes occuper les tilmas de Tedjajaret. 20 autres hommes occuperont le puits d'Edderfis. La consigne est de laisser boire tout le monde, mais de ne pas laisser emporter d'eau ; si l'on voit approcher des chameaux, ne pas les écarter, mais tâcher de s'en emparer.

2 Octobre. — Les négresses, comme à l'ordinaire arrivent de bon matin pour chercher de l'eau aux puits. Lorsqu'elles aperçoivent les Tirailleurs dont les silhouettes se dessinent au-dessus de la zériba, c'est un effarement général ! La plupart, prises de peur, se sauvent en laissant choir leur goura sur le sable ; elles poussent des cris pour avertir leurs amies de ne pas approcher. D'autres plus hardies passent la journée assises sur le sable, leur goura entre les jambes, attendant de notre bon plaisir la permission de puiser de l'eau.

Bientôt le Marabout, accompagné d'un haut dignitaire de la Ville, vient demander au Commandant de laisser les puits libres : « Nous sommes tes enfants, lui disent-ils Agadèz t'appartient. Nous ne te voulons que du bien, et tu nous laisses mourir de soif : ce n'est pas loyal ! » Le Commandant, à cette hypocrite prière, se met en colère, et leur demande pourquoi ils ont essayé, eux, de nous faire mourir de soif à Irhaïène, pourquoi ils ne nous livrent pas les chameaux qu'il nous faut pour aller à Zinder rejoindre nos amis. Il les charge de dire au sultan que les puits resteront fermés jusqu'au jour où il aura tenu ses promesses.

Le marché se fait désert. A 8 heures, je vais au puits d'Edderfis, avec le Maréchal-des-Logis Bonjean et quelques hommes relever les camarades qui y sont de garde.

Après nous être installés le plus confortablement possible, nous faisons faire un grand feu qui sera entretenu toute la nuit. Deux factionnaires veillent aux angles de la zériba ; on peut maintenant dormir tranquille. Pourtant, à une heure du matin, je ne dormais pas encore : blaguant avec mon ami Bonjean, quand tout à coup la sentinelle nous interpelle en disant : « Kaïne ouaad kraden èna, yab y dokla. — Fais la entrer, lui répond Bonjean. »

Une minute après, elle était auprès de nous. Comme tout le monde dormait, elle n'avait pas l'embarras du choix d'un mari ; le factionnaire en profita : il la fit coucher à ses pieds, et attendit la fin de sa faction pour aller l'embrasser.

3 Octobre. — Nous passons la journée entière au soleil, sans aucun abri, à jouer aux cartes, en savourant un délicieux café. A 8 heures, on nous relève.

4 Octobre. — Pâturage. Nous faisons paître nos bêtes entre les deux puits d'Edderfis et de Tedjajaret, tout près du camp ; à la première alerte, nous pourrions rentrer. Le soir, on nous livre 10 chameaux : 7 seulement sont acceptés. Les puits sont laissés libres aux habitants. On parle beaucoup du prochain départ ; la confection des bâts et des outres continue.

5 Octobre. — On travaille avec acharnement dans tout le camp à rapiécer les effets et à remettre en état le peu de matériel qui nous reste. Nos ânes sont devenus gros, gras et méchants. Il ne faut pas les approcher sans précautions, sinon gare aux ruades ; d'ailleurs, nous rions de bon cœur des tours qu'ils nous jouent. La ration est plus que suffisante : 600

grammes de béchena, 400 grammes de viande. Malgré cela, il y a des goinfres qui éprouvent le besoin d'en acheter en surplus et de manger jusqu'à l'indigestion. Ce soir, à la « Boucle du Niger », le Caporal Ménage nous a bien fait rire avec ses chansons Montmartroises. C'est qu'on sait encore s'amuser, malgré tout, à la Mission ! C'est à qui contera les plus grosses blagues, à qui chantera les plus jolies chansons pour égayer les Camarades !

6 Octobre. — Mili nous amène 13 chameaux ; il en faut encore 30, sinon les puits seront de nouveau fermés. Nous sommes en bonne voie ; espérons que les Touareg, fatigués de nous voir sous leurs murs, vont enfin s'exécuter. Toutes les femmes du camp sont employées au broyage du mil. Elles ne cessent, du matin au soir, de chanter en travaillant. Dans ma section, l'une d'elles porte son mioche attaché sur son dos à l'aide de lambeaux d'étoffe. Le va-et-vient du corps de la négresse remplace avantageusement un berceau, et l'enfant s'endort sous l'action de ce roulis, tout en laissant balancer sa petite tête au gré du mouvement.

7 Octobre. — Grands palabres au camp, mais toujours pas de chameaux. Le soir cependant, on en amène un. Une autre négresse fugitive vient aussi d'arriver. Comme d'habitude, à la nuit close, danses et chants.

8 Octobre. — Le camp conserve son animation ordinaire ; aucun incident ne vient troubler nos occupations. Une autre femme vient se mettre sous la protection de notre drapeau.

9 Octobre. — Mili amène quatre chameaux qui viennent aussitôt rejoindre les autres au pâturage où je suis de garde. Vers midi, un troupeau de moutons conduits par des Touareg passe à proximité : aussitôt 4 hommes se détachent du poste et font habilement main basse sur un joli chevreau qui, en moins d'une heure est dépouillé, rôti et mangé. Il était excellent et vraiment pas cher.

10 Octobre. — Plusieurs hommes de chaque escouade vont couper du doum pour en faire des cordes. Nous emballons nos charges dans des nattes, faute de gararas. Ce n'est guère solide et c'est très embarrassant, mais nous n'avons pas d'autre ressource. Le soir, quand toutes nos bêtes sont rentrées du pâturage et attachées à la corde, nous les visitons minutieusement pour voir si les anciennes blessures sont bien guéries. Deux esclaves viennent encore au camp se confier à nous. Les danses sont tout à fait remarquables ce soir. Plus de vingt femmes sont en scène, faisant assaut de talents, de grâces et de séductions.

11 Octobre. — Dans ma promenade à travers le camp, je m'amuse à observer les négresses vaquant à leurs soins de ménage ; les unes pilent la provision de béchena de leur seigneur et maitre, d'autres surveillent la cuisson du dîner. Toutes sont gaies, rient, chantent et semblent heureuses de leur sort. Celles à qui je parle d'Agadèz, « Babo-zine ! » me répondent-elles en jetant un regard de dédain sur la ville. Le camp sera bientôt trop exigu pour contenir tout ce petit monde noir. L'organisation est sommaire. Où couche le mari ? — Au pied de la zériba, bien entendu, à sa place de combat. — Et la femme ? — Mystère. Car si peu de pudeur qui nous reste en ce pays sauvage, les hommes ne les gardent pas à côté d'eux. Il est vrai qu'il fait à présent un fâcheux clair de lune. Si la nuit était bien noire, peut-être en serait-il autrement.

12 Octobre. — Les achats continuent ; la réserve de mil et le troupeau de moutons augmentent chaque jour. Tout est prêt ; bien que vieilles, nos guerbas feront bien la route ; nous avons des bâts commodes, des cordes solides ; toutes les charges sont emballées : il ne nous manque plus que des chameaux. Ce qui nous manque aussi — mais c'est un détail — ce sont des vêtements et des chaussures. Nous sommes tous en guenilles ; nos effets ne sont que loques graisseuses et dégoûtantes, bonnes tout au plus à servir de refuge aux poux qui y pullulent. De notre belle tenue militaire du départ, il ne nous reste plus rien qu'un lointain souvenir et un amer regret. Notre petite armée ressemble à une troupe de bandits.

13 Octobre. — Mili amène dix chameaux et trois ânes, aussitôt conduits au pâturage où je suis de service. Le Lieutenant les répartit entre les sections ; la mienne reçoit les bourriquots. Je fais rougir à blanc des baguettes de fusil pour marquer mes trois animaux. Travail fertile en incidents comiques : deux hommes tiennent l'âne ; l'un lui prend la tête, l'autre lui lève un pied ; il semble alors paralysé, et je lui dessine un numéro sur l'arrière-train ; mais il regimbe et envoie des ruades de tous côtés ; gare à qui s'approche.

14 Octobre. — Nous comptons les jours avec une impatience croissante. Encore trois, dit-on et nous partirons. A la grâce de Dieu ! Voilà assez longtemps que nous languissons ici dans l'attente et l'énervement. Le camp est plus animé que jamais. De tous côtés résonnent de douces et plaintives mélopées, accompagnant le bruit cadencé des pilons retombant dans les mortiers à farine. Il me semble aussi que les oiseaux gazouillent plus que d'habitude, comme pour nous souhaiter bonne route vers de nouveaux pays plus hospitaliers que ce farouche Aïr. Merci de tout cœur, mignons bengalis et joyeux pinsons : je n'oublierai jamais vos matinales aubades qui remplissaient mon cœur de douces espérances !

Puissions-nous réussir cette fois, et qu'un nouveau demi-tour nous soit épargné ! J'aimerais certes mieux mourir que revenir encore une fois vaincu sous les murs d'Agadèz.

15 Octobre. — Bien avant le jour, tout le monde est au travail. Tout est prêt à être chargé sur les animaux ; les guerbas s'emplissent aux puits ; les femmes se hâtent d'achever la mouture du mil en farine. On amène 17 chameaux ; encore 5 et l'effectif sera complet.

16 Octobre. — Les 5 chameaux manquent toujours, et nous ne partons pas. Le Commandant fait dire au sultan que si les animaux ne sont pas au camp ce soir nous réoccuperons les puits. Chacun a fait son ballot pour la route : les nôtres sont petits ; mais il faut voir ceux des femmes ; ils contiennent le peu de linge de leur Tirailleur, une marmite en terre, du mil, des calebasses, et un tapis (le lit !) Comment ces pauvres femmes arriveront elles au puits, distant de 86 kilomètres d'après l'évaluation du Commandant ?

A 8 heures du soir, les chameaux n'étant pas arrivés, le Commandant envoie deux sections aux puits. C'est le tour de la 2ᵉ ; nous partons donc, conduits par le Commandant lui-même, pour les tilmas de Tedjajaret. Arrivés sur le bord de l'oued, où s'ouvrent les puits, il nous quitte en nous souhaitant bonne chance. Le Lieutenant Britsch nous rassemble et nous donne ses ordres à voix basse : en silence, le fusil à la main, l'oreille tendue, le corps courbé, prêts à bondir, nous avançons à pas lents vers la petite colline où la zériba se silhouette au clair de lune. Nous arrivons au pied du monticule sans avoir donné l'éveil ; un silence complet règne autour de nous ; tout dort ; pas même un souffle de vent : seul, de temps en temps, le cri lugubre d'un hibou se répercute dans la forêt comme un glas funèbre.

Lentement, à genoux, retenant notre respiration, nous gravissons la pente. Les premiers arrivés au sommet se retournent et nous font signe d'avancer avec prudence. Là, à nos pieds, des Touareg abreuvent leurs chameaux. On s'arrête un instant pour reprendre haleine et se rendre compte de la situation ; puis, sur un geste du chef, d'un seul bond, baïonnette au canon, nous sommes au bas de la colline, comme une apparition fantastique. Les Touareg surpris abandonnent leur troupeau, s'enfuient et disparaissent. Un seul parvient à saisir la queue de son méhari qui détale, il est en croupe d'un bond et bientôt hors de vue.

Tout est redevenu calme ; nous examinons notre capture : il y a là 12 chameaux et une femme, la seule de la bande, que j'avais empêchée de fuir, et qu'on relâche d'ailleurs. Nous occupons la zériba ; les sentinelles sont placées, les chameaux berrequés, et nous pouvons rire à l'aise de ce petit coup si réussi.

A 2 heures du matin, étant de ronde, j'aperçois un petit groupe de chameaux sans conducteurs qui s'avancent lentement vers les puits ; mais tout à coup, avant d'y arriver, ils font un brusque demi-tour, et, rapides comme l'éclair disparaissent dans la nuit.

17 Octobre. — De bon matin, nous recevons la visite de Mili ; instruit déjà des événements de la nuit, il vient s'en rendre compte par lui-même. Le Lieutenant le charge d'un mot pour apprendre au Commandant notre prise. La réponse ne tarde pas ; c'est l'ordre de rentrer au camp : nous partons ce soir. Quel bonheur !

A 3 heures, les animaux abreuvés, nous sommes prêts à démarrer. Tous les notables de la ville sont là, venus pour nous faire leurs adieux. On récite ensemble la fatha habituelle, les mains tendues, ouvertes devant soi.

Les sections sortent de la zériba et se forment en ligne hors du camp, face au drapeau qui flotte à l'un des angles. Nous présentons les armes, les clairons sonnent aux champs, tandis que le drapeau descend lentement de son mât. Cérémonie plus touchante là, dans sa simplicité, que partout ailleurs. Sous nos pauvres chemises en lambeaux, nos cœurs répondent par leurs battements à la sonnerie des clairons. La vue fascinante du drapeau bien-aimé nous remplit d'une nouvelle ardeur et réveille nos forces.

A 4 heures, la colonne s'ébranle dans la direction de l'Ouest. Sur les murs en ruines, sur les terrasses, les gens se pressent pour nous voir partir et regarder une dernière fois leurs esclaves qui s'en vont.

Scène étrange que le départ lent et silencieux de cette colonne d'hommes déguenillés à l'allure martiale, défilant fièrement entre deux haies d'indigènes richement vêtus. Nous marchons. Et bientôt la masse sombre de la ville se perd à l'horizon. Adieu Agadèz, adieu pour toujours ! Adieu, Yamina ! Adieu pays désolé et maudit, où nous avons tant souffert ! Qu'Allah vous garde ; car un jour, proche peut-être, vous reverrez nos trois couleurs, et il vous faudra expier vos crimes et implorer notre pardon !

IV. — D'AGADÈZ A ZINDER

Nous sommes donc partis d'Agadèz où nous étions depuis trois mois. Nous marchons d'un pas léger ; on chante, on rit, on parle des nouveaux pays qu'on va voir, des camarades qu'on va rencontrer. Nous ne doutons plus d'arriver. N'avons nous pas plusieurs guides et le vizir Mili lui-même avec nous ? La colonne compte deux malades portés en palanquin à dos de chameau ; l'un est notre pauvre médecin major Fournial, souffrant depuis longtemps, l'autre un simple Tirailleur. Chemin faisant, nous trouvons des charges de mil, abandonnées sans doute par quelque caravane qui aura fui à notre approche. Vers 11 heures, nous campons ; les animaux sont déchargés, on touche un peu d'eau, et on s'empresse de se coucher car le réveil sonnera bientôt.

18 Octobre. — 3 heures du matin. En route ; il fait nuit noire ; défense de fumer ; il faut se taire et marcher en ordre. Bientôt le jour se lève, nous inondant de lumière ; on peut causer maintenant. Une large plaine, sans trace de végétation, s'ouvre devant nous ; elle nous rappelle de biens cruels souvenirs, vieux de deux mois déjà, mais à jamais ineffaçables de notre mémoire. C'est là que nous avons failli mourir de soif le 11 Août ! El-Hadj-Abdul-Hakem et un Tirailleur par section quittent la colonne et se dirigent vers le puits d'Irhaïène, où ils vont essayer de retrouver les charges de sucre et de café que nous y avons cachées ; ils disparaissent bientôt dans le mirage. Il fait très chaud ; les hommes commencent à tirer la jambe. « Est-ce que nous sommes arrivés, me dit un Tirailleur ? — Oui, lui répondis-je » en voyant en avant le Commandant et les guides arrêtés.

9 heures. — Nous faisons halte au milieu de la plaine. Pas d'ombre ! rien que quelques gommiers rachitiques ; les animaux pâturent tout près du camp ; mais les pauvres petits moutons, épuisés par cette longue étape se couchent, incapables de brouter les maigres broussailles. Aidé de deux Tirailleurs, je bâtis avec nos charges et quelques chiffons, un gourbi où l'on n'est guère au large, mais où l'on peut du moins savourer son café sans trop souffrir des brûlures du soleil. La sieste dure jusqu'à 2 heures, et l'on repart à 3 heures pour ne plus s'arrêter qu'au puits. Peu après le départ, nous gravissons une ligne de rochers peu élevés, mais difficiles à franchir à cause de leur escarpement à la crête. Nous tirons des fusées et des coups de fusil pour avertir El-Hadj de la direction que nous suivons. La route est maintenant boisée, mais pierreuse et dure à nos pieds ensanglantés. Les ânes commencent à faiblir ; il faut sans cesse les exciter de la voix. La colonne s'allonge ; les sections sont à grande distance les unes derrière les autres.

11 heures du soir. — Nous sommes enfin arrivés au puits de Abellama. Quel soupir de soulagement on pousse en s'étendant sur le sable qui sera notre lit cette nuit ! A l'appel, on constate l'absence du Tirailleur français Jacquin. Où peut-il donc être ? Pas très loin sans doute, puisque tout à l'heure des hommes l'ont vu assis au pied d'un arbre. Des patrouilles partent à sa recherche, mais reviennent sans avoir retrouvé ses traces. Peut-être s'est-il endormi près du camp ; c'est ce que nous verrons demain matin. En attendant, on allume de grands feux pour le guider vers nous.

19 Octobre. — A 2 heures du matin, le détachement du puits d'Irhaïène rentre au camp. Le Tirailleur de ma section nous raconte que les Touareg ont découvert et pillé nos charges cachées dans les rochers, et n'en ont laissé que quelques débris épars sur le sable. Lui, rapporte un paquet de bougies, un peu de sucre et de café. Une gamelle de caoua aussitôt préparée, nous aide à passer le reste de la nuit à blaguer de choses et d'autres. Au lever du jour, nous abreuvons nos animaux qui n'ont pas bu depuis Agadèz. Le travail est pénible, car le puits a plus de 30 mètres de profondeur ; mais les hommes s'y mettent de bon cœur, rassurés désormais par la certitude d'être sur la bonne route. Au camp, on répare les enveloppes en nattes des charges. Je vais chercher, chez le boucher, un peu de graisse de mouton pour panser mes pieds qui sont dans un état lamentable. Je souffre beaucoup, mais je n'y pense guère : le Temps, ce grand médecin, guérira cela comme le reste.

20 Octobre. — Notre séjour se prolonge pour continuer à chercher Jacquin. A tout moment, des femmes qui n'avaient pu suivre la colonne, rejoignent le camp. Elles sont exténuées mais pittoresques d'aspect, traînant la jambe, une calebasse d'une main, un soulier de l'autre, le corps ruisselant de sueur et de crasse. Leurs maris qui pleuraient déjà sur la perte de leurs épouses, les accueillent avec joie.

On achève la provision d'eau et l'abreuvoir des animaux ; on mange à la hâte un plat de bouillie et on est prêt à partir ; il est 3 heures après-midi.

Les patrouilles envoyées de nouveau à la recherche de Jacquin rentrent au camp sans nouvelles de lui. C'est fini maintenant, il est perdu. Mort ou vivant, nous devons l'abandonner. Cette disparition nous cause à tous une indicible douleur ; mais nous ne pouvons pas attendre plus longtemps ; le Commandant vient de crier : « En avant ! »

Nous marchons pêle-mêle, comme souvent au départ. Chacun cherche ses bêtes qu'il ne peut reconnaître ; elles sont farouches et méchantes et se débarrassent à qui mieux mieux de leurs fardeaux ;

la mise en route est toujours pénible. Enfin, avec bien du mal, nous parvenons à rétablir l'ordre et à ramener nos animaux à leur place. En plein jour, la marche est d'ordinaire assez gaie ; mais quand la nuit tombe, il faut éteindre les pipes, marcher serré et en silence. Les femmes aussi, bruyantes quand le soleil luit, perdent tout leur entrain dès qu'il fait sombre. Vers 10 heures, Abdul-Hakem tire sur une autruche aperçue au clair de lune, mais la manque ; peu après, on fait halte sur un terrain rocailleux : les pierres ne manqueront pas pour remplacer l'oreiller absent ; j'en fait un tas sous ma tête, et, fumant une délicieuse pipe, je contemple avant de m'endormir la voûte étincelante, sillonnée d'étoiles filantes.

21 Octobre. — A 3 heures, heure habituelle, coup de sifflet : debout ! Il faut partir. Les bagages sont chargés, on déguste le café, on fume la pipe, permise tant qu'on ne marche pas, et en avant ! J'ai les jambes engourdies et je commence à trouver les étapes un peu longues. « Pourrai-je arriver jusqu'au bout ? » Voilà ce que je me demande. La nuit me paraît interminable, et la venue du jour m'apporte un réel soulagement. Je remarque sur le sol de nombreuses traces, de lions, d'antilopes et d'autruches. Quel gibier varié ! Tous les arbres sont couverts de sauterelles vert foncé. A 7 heures, on s'arrête dans un oued de toute beauté, bien ombragé, où nous nous reposons mieux qu'à l'ordinaire. Une énorme gamelle de béchena arrosée de café nous donne des forces pour repartir à 3 heures. La plaine est maintenant couverte d'arbres touffus, peuplés d'oiseaux en abondance ; les gazelles sont nombreuses.

Nous arrivons au puits à 5 heures ; aussitôt, dans les escouades, chacun vaque aux occupations qui lui incombent : les uns déchargent les animaux, les autres vont au bois, installent les cuisines. Le boucher tue quelque moutons. Tout le monde travaille, même les plus fatigués. Cette arrivée au puits est toujours un moment de satisfaction générale ; c'est le seul de la journée où l'on goûte un véritable repos physique et surtout moral. On peut alors rêver à la France, aux parents, aux êtres chers restés là-bas, et il ne s'écoule jamais un jour où notre pensée, infatigable voyageuse, ne s'envole pour passer quelques instants dans la Patrie bien-aimée.

22 Octobre. — Le puits se nomme Tembellaka. Il est très profond ; son eau est sale et répand une odeur infecte. On la boit cependant avec plaisir. Mais l'abreuvage des animaux est long et fatigant. En marche nous avons été gênés par une graminée dont les tiges sont recouvertes de piquants très fins qui se collent sur la peau et font horriblement souffrir : le Karindjia. A 2 heures, reprise de la marche ; toujours la plaine semée de buissons épineux où nous laissons les dernières loques que nous avions sur le corps. Je regarde marcher la grosse Khadidja. Est-elle vilaine, affreuse ! Il faut vraiment avoir grand besoin d'une épouse pour la prendre pour femme ! Son corps n'est qu'une masse de graisse informe et dégoûtante, couverte de sueur, dont chacun se hâte de s'éloigner.

La contrée pullule de gibier et d'oiseaux effarouchés à notre approche. A 6 heures nous campons dans la brousse en attendant le lever de la lune. Etant de ronde, je ne me couche pas ; je reste assis près du feu à contempler les étoiles et cette éblouissante Croix du Sud qui monte chaque nuit plus haut au dessus de notre tête, témoin de l'espace que nous dévorons vers elle. La lune se lève, il est 11 heures, on repart et jusqu'au jour il nous faut lutter contre les épines qui nous deshabillent au passage.

23 Octobre. — Je commence à souffrir du manque de sommeil ; je ne suis pas le seul à me démoraliser, car à l'instant un Tirailleur ne pouvant plus, sans doute réagir contre les fatigues vient de se suicider d'un coup de mousqueton. Je vais le voir ; il est couché inerte au pied d'un arbre, le corps traversé d'une balle. Ses armes lui sont enlevées, et la colonne passe... Le puits était proche pourtant... Pour l'atteindre j'essayai d'enfourcher un bourriquot qui marchait sans charge ; mais la vilaine bête ne voulait « rien savoir » et d'une ruade bien appliquée, elle m'envoie m'asseoir dans un buisson d'épines. Cette mésaventure me secoue et me donne de nouvelles forces : dégoûté de l'équitation, je continue courageusement à marcher à pied.

Le puits de Tedalaka est, comme le précédent, très profond, et son orifice est large de 10 à 12 mètres. Après quelques heures consacrées au sommeil dès l'arrivée, je vais au pâturage, au nord du camp dans un épais taillis où le korna pousse en grande quantité. Je place mes sentinelles et je me mets à raccommoder mes effets qui en ont grand besoin. Je fais un brin de toilette avec un quart d'eau que j'ai envoyé chercher au puits, et je me regarde dans un petit morceau de glace que je ne donnerais pas pour la plus belle fatma du pays. Je constate que je suis d'une saleté repoussante. Ma barbe est une broussaille de poils durs et raides comme des épines ; j'ai les bras et la poitrine noirs comme ceux d'un nègre ; mais ce qui me fait le plus de peine à voir, ce sont mes pieds, mes pauvres pieds ensanglantés et déchirés par les rochers et les épines. Je n'ai rien pour les soigner, et je ne sais quand nous aurons fini ces marches éreintantes.

Le soir, à ma rentrée du pâturage, je vais passer un moment avec mes amis qui doivent partir demain ; car, le puits ne fournissant pas assez d'eau, la colonne va marcher en deux échelons. La nuit se passe à remplir les guerbas que le premier groupe doit emporter pour la route.

24 Octobre. — Les 4e, 5e et 6e Sections finissent le remplissage de leurs outres et, à midi, sous la conduite de Mili, elles se mettent en route. Une dernière poignée de main au camarades qui nous quittent. Nous leur recommandons de préparer une bonne gamelle de mil pour notre arrivée ; puis ils s'enfoncent dans la brousse vers le sud. A notre tour maintenant de remplir nos guerbas ; la 3ᵉ section d'abord, puis la 1ʳᵉ, la 2ᵉ en dernier. La lune n'étant pas encore levée, nous allumons un grand feu pour éclairer notre travail. Un guide descend au fond du puits pour emplir les seaux et activer l'opération. L'orifice de ce puits, entouré de ces hommes allant et venant à la lueur pourpre du brasier a un aspect fantastique. J'aime cet étrange travail de nuit, quand la nature sommeille et que tout est silencieux. On se sent vivre d'une existence de rêve, que seule rattache à la réalité la pipe dont on aspire de longues bouffées, et dont la fumée monte lentement vers les constellations de la voûte céleste.

25 Octobre. — Dès l'aube tout le monde est au puits ; on hâle avec ardeur sur les cordes, car les bêtes attendent avec impatience devant les chréas ; elles ont soif et il nous faut soigner ces pauvres animaux, nos compagnons de misère. A 11 heures cette corvée est finie ; le temps de charger les bagages et de boire le café, il est midi. Sous le commandement du Capitaine Reibell, nous nous engageons sur la route suivie hier par nos camarades. Dès le départ, la brousse épineuse, puis cette maudite plante aux graines piquantes qui se collent partout ; mon pauvre pantalon à jour est vite rempli de ces graines qui s'implantent dans ma chair et m'obligent à marcher les jambes écartées, pour éviter leur frottement. D'ailleurs, je ne suis pas le seul à en souffrir. Je vois le sergent de Moustier, vêtu d'une grande gandoura bleue qui crie, jure et se débat comme un diable contre ces envahissantes graminées. Le sergent fourrier Fonteneau auquel son capuchon sert maintenant de pantalon, n'est pas plus heureux ; et plus mal partagé encore est un pauvre Tirailleur qui n'a pour tout vêtement qu'un morceau de couverture.

Au départ d'Agadèz, nous étions loin d'être bien

habillés ; mais à présent, c'est bien autre chose ! Les épines de la route ont lacéré le peu d'étoffe que nous avions sur le corps ; c'est à peine s'il nous reste quelques chiffons pour couvrir les parties les plus intimes de notre personne. Encore si notre nudité pouvait prétendre à un aspect artistique ! Mais nous ne sommes pas beaux, tant s'en faut, avec nos membres maigres, décharnés, noircis par le soleil.

Qu'importe, nous marchons, c'est l'essentiel ; et jusqu'à présent, nous avons triomphé des difficultés de la route. C'est dans ces moments difficiles, où il faut faire preuve d'abnégation silencieuse et de courage discret, que le caractère du soldat français se montre dans toute sa grandeur. Isolés, loin de la France, nous souffrons avec joie pour elle qui l'ignore, qui l'ignorera peut-être toujours. Peu importe que notre sacrifice reste un secret entre le désert et nous, que le drapeau qui nous guide en soit le seul témoin. Nous sommes Français, et soldats dans l'âme ; la conscience fière du devoir accompli, nous n'aspirons pas après d'autre gloire. Si le temps qui nous reste à vivre ne doit pas nous apporter ici-bas de récompense, il nous est bien permis d'espérer là-haut le prix d'une existence modeste vouée toute entière au culte des choses les plus nobles de ce monde : la Patrie et la Gloire.

La route est à présent meilleure. A 6 heures, la colonne s'arrête dans un bas-fond boisé ; je fais berrequer les chameaux qui portent la viande des moutons tués ce matin ; et, à la lueur du feu, je la répartis entre les escouades. Chaque Caporal fait ensuite la part de chacun de ses hommes. Tous sont à présent autour du feu, riant et blaguant de bon cœur, devant leur morceau de mouton qui rôtit sur la cendre. Ces haltes de nuit m'enchantent. L'aspect fantastique de ces feux qui éclairent le camp est inoubliable ; pendant ces heures-là, je vois se réaliser les rêves ébauchés jadis dans mon imagination d'enfant après la lecture des explorations dont les récits me fascinaient. Maintenant tout le monde dort ; je suis seul en attendant l'heure de faire ma ronde. De temps en temps, je jette un morceau de bois dans le feu pour l'entretenir, et me réveiller moi-même. J'ôte mon pantalon, rempli de graines épineuses et je le remplace par un morceau de toile verte, débris d'une bâche.

10 heures. — Le Sergent Belin, sa ronde finie, rentre et me souhaite bonne chance pendant la mienne ; puis il va s'étendre sur le sable près du feu. Je fais deux fois le tour des petits postes et je m'arrête un instant à regarder nos guides endormis. Birri est tout à fait drôle avec le casque en liège qu'il a ramassé, je ne sais où pour remplacer son chapeau de paille.

26 Octobre. — Départ à minuit ; le clair de lune rend relativement facile notre marche à travers la brousse. Le paysage qui se montre au lever du jour est de toute beauté ; la plaine est légèrement accidentée, et de nouvelles échappées de vue s'ouvrent à chaque instant. Les oiseaux et les gazelles abondent. On fait halte de 8 heures à midi et on repart à travers un pays où l'œil a plaisir à se reposer sur la verdure, de la réverbération saharienne. Une superbe girafe se montre à 200 mètres, à notre droite ; El-Hadj essaye de s'en approcher à bonne portée ; mais elle l'aperçoit et disparaît avec la rapidité de l'éclair. Je me félicite des services que me rend, en guise de pantalon, mon morceau de bâche verte, très pratique en tous cas contre les « chouks » (épines).

Le Sergent Belin, qui ne peut plus marcher, ses pieds n'étant plus que plaies, monte sur un âne, le plus méchant de tous, je crois bien. Il n'est pas dessus depuis un quart d'heure que le maudit bourriquot, las de le porter, prend sa course et donne tête baissée dans un buisson de jujubier qu'il traverse en y laissant son cavalier, dans une posture très douloureuse. Deux hommes l'aident à sortir des épines qui lui labourent la figure et le corps. Le pauvre garçon fait peine à voir ; à peine peut-il se tenir sur ses jambes ; mais courageux jusqu'au bout, il ne veut pas rester en traînard et marche quand même, jusqu'à ce qu'il trouve enfin une monture tranquille sur laquelle il peut achever l'étape sans encombre.

A 4 heures et demie, nous rejoignons le premier échelon au puits de Techiasco. « Il n'y a pas d'eau, me disent les Tirailleurs ». En effet, les animaux n'ont pas tous bu et beaucoup de récipients sont encore vides. Que va-t-on faire ? Je commence à tout hasard, par remplir d'eau mon bidon et je rejoins ma section déjà campée. La soirée et la nuit toute entière sont employées à abreuver les bêtes et à remplir les récipients des trois sections de l'échelon de tête ; pour ce travail, les sections se relèvent de deux heures en deux heures.

27 Octobre. — Le premier groupe part à 2 heures du matin ; nous lui succédons au puits sans perdre de temps, et douze heures après nous sommes, à notre tour, prêts à partir. Je suis de plus en plus épuisé par le manque de sommeil ; en route, les buissons épineux ne nous permettent pas une seconde d'inattention. Au bout de quelques kilomètres, nous nous arrêtons à des puits où des Touareg abreuvent des troupeaux de chèvres. Le paysage est égayé en cet endroit par quelques paillottes, au pied de gros jujubiers ; nous remplissons bidons et guerbas, et en avant ! La brousse s'épaissit, ralentit la marche et allonge la colonne. A 6 heures, on fait halte en attendant le lever de la lune. Les feux s'allument pour le rôti de mouton ; puis on dort quelques heures sous la protection des sentinelles.

28 Octobre. — Départ à 2 heures comme à l'ordinaire ; nous sommes obligés de faire halte vers le matin, car les traces de la colonne qui nous précède sont confuses et difficiles à suivre. Heureusement que le Commandant y a songé et nous envoie le guide Birri, qui nous remet dans la bonne direction.

Pendant cet arrêt, notre médecin-major, porté en palanquin depuis Agadèz, se lamente à propos d'une corde qu'on ne peut retrouver, ce qui fait rire tous nos Tirailleurs, toujours disposés à prendre gaîment les petits accidents de la route. Pauvre Toubib, que ces étapes ont dû vous paraître dures, ballotté que vous étiez sur votre chameau dans ce maudit « bassour ». Que de fois les Tirailleurs vous ont fait languir, lorsque vous leur demandiez si on était bientôt arrivé, en vous répondant par plaisanterie : « Le village est là tout près, on le voit ». Le montrant même du doigt, alors qu'on en était à quatre ou cinq heures de marche.

Vers 8 heures, le guide nous montre à peu de distance, à flanc de coteau, un groupe de cases rondes aux toits pointus : c'est le premier village du Damergou. Enfin, nous en avons donc fini avec cette interminable brousse du Tamaga, plus inhospitalière encore que les dunes du Sahara, que nous venons en dix jours de franchir en de gigantesques étapes. Nous sommes sortis de ces domaines incultes des Touareg ; devant nous commence un pays nouveau, cultivé, pourvu d'eau, et dont les populations nègres sont, pour la plupart, pacifiques. Le climat n'est plus le même non plus. Au vent sec et brûlant du désert, à son ciel éternellement bleu, succèdent la chaleur humide et malsaine des régions tropicales et la brume plombée des temps d'orages.

Nous atteignons donc le premier village nègre : Angoua, où nous faisons halte. Il séduit l'œil, ce petit village, par sa nouveauté surtout, mais aussi par l'agglomération pittoresque de ses huttes en paille, la plupart démolies, qui s'entassent les unes sur les autres dans l'enceinte d'une forte haie, qui lui sert de rempart contre les attaques des voisins. Les habitants se montrent, nous souhaitant la bienvenue sans crainte. Les femmes poussent de frénétiques you-yous qui nous égayent.

Plus loin, notre route se poursuit entre des cultures

de mil, des jardins plantés de cotonniers, où poussent aussi des cabouillas et des pastèques. Nous passons près de trois gros villages dont les habitants nous font aussi fête. Chaque hutte est surmontée d'un œuf d'autruche ; les villages sont riants, propres et ombragés de gommiers ; en tous cas, au sortir du pays que nous quittons, ils nous semblent admirables. Nous arrivons bientôt aux trois villages de Gangara, où nous rejoignons le Commandant ; je dirige aussitôt mes animaux vers les puits situés dans les jardins mêmes du village. Les cotonniers, le maïs, le béchena et quantité d'autres cultures occupent, une partie de l'année, cette population laborieuse et intelligente. Plusieurs noirs viennent m'offrir leurs services pour abreuver mes animaux ; ils ne sont pas sauvages et ont l'air doux et serviables. Pendant qu'ils travaillent, je me promène dans les jardins où je ramasse quelques pastèques et beaucoup de piments. Comme je passais près d'une case où des femmes travaillaient à piler du mil, un vieux nègre s'approche de moi et me présente une calebasse de lait en me faisant signe de boire ; je ne me fais pas prier. Pendant ce temps, les femmes me regardaient avec curiosité ; c'était certainement la première fois qu'elles voyaient un blanc. J'achète un assez beau poulet pour un bouton de culotte en plomb ; peut-être croient-ils que c'est de l'argent ?

A mon retour au camp, je suis surpris de la foule de noirs, hommes et femmes venus pour nous voir. Ils apportent des provisions de toute sorte, poules, maïs, béchena, pastèques, piments, que les Tirailleurs s'empressent d'acheter, toujours contre des boutons de culotte. Aussi, en peu d'heures, tous nos boutons ont-ils disparu, et nous sommes forcés d'attacher nos pantalons avec des ficelles. Peu importe d'ailleurs, l'essentiel est de bien manger. Un marabout vient au camp pour chanter la prière. Il crie, hurle, gesticule, se démène ; c'est la scène comique de la journée. Le soir, le camp prend une grande animation ;

partout s'allument des feux où l'on fait la popote. On chante, on danse ; une joie délirante éclate de tous côtés, et la veillée se prolonge fort avant dans la nuit pour célébrer cette étape remarquable.

29 Octobre. — Au lever du jour, la musique reprend de plus belle dans le camp. Les habitants apportent une grande quantité de mil qu'on leur achète pour renouveler notre provision presque épuisée. Les gens de tous ces villages sont doux et peu guerriers ; ils recherchent la tranquillité ! Ils vont presque tous nu-tête, sauf quelques élégants coiffés de bonnets de coton blancs qui leur donnent une physionomie placide et ouverte. Comme armes, beaucoup d'entre eux ont des arcs et des flèches ; d'autres, la lance avec un fer très large.

Une partie de la journée se passe à abreuver les animaux et à remplir les outres ; on répare aussi tout le matériel en vue du départ de demain. Nous nous sentons heureux au milieu de tous ces noirs ; une vie nouvelle commence pour nous ; plus de désert, plus de Touareg ; les gais paysages qui nous entourent nous rappellent presque la France. Jusqu'à 10 ou 11 heures du soir, la musique assourdissante des tam-tams retentit dans le camp et berce nos rêves d'avenir.

30 Octobre. — A 3 heures du matin, nous quittons à regret ces villages hospitaliers. Il fait nuit noire, et, contrairement aux habitudes, tout le temps de la marche, ce ne sont que chants et cris de joie de la part des femmes du convoi, heureuses d'approcher de leur pays. Un griot qui nous suit, ne cesse de danser et de chanter des complaintes, rappelant de loin les mélodies espagnoles. Partout à l'entour, des champs de béchena, au milieu desquels s'élèvent des paillottes, greniers à grains. Nous traversons ainsi les villages de Angouafatou, Galindambou, Garinetambétouya et deux autres dont j'ai oublié les noms. Auprès de chacun d'eux, des mares d'eau où barbottent des canards. Nous nous arrêtons un moment auprès du gros village de Kouïoua, dont les habitants nous apportent de l'eau dans des calebasses ; tous ont l'air heureux de notre passage.

La route se continue ainsi fort agréablement jusqu'au village de Sabankafi, aussitôt baptisé « Ça, bon café » par les Tirailleurs. Les noirs accourus à notre approche nous saluent de la main ; les femmes, par leurs you-yous, excitent les nôtres qui leur répondent par les mêmes cris. Chaque arrivée dans un village est pour nous une source de nouvelles distractions, par les types nouveaux d'hommes et surtout de femmes qui se présentent à notre vue. Le village de « Sabonkafé » possède un mur d'enceinte en terre, mur à moitié démoli, à la crête dentelée. Toutes les cases sont en paille, sauf une seule en terre. Sur la face nord de l'enceinte, une mare à sec, séjour de beaux canards, qui feraient joliment bien dans ma gamelle ce soir...

L'après-midi, visite au village en grande pompe, clairon et nouba en tête de la colonne, avec une station à la mosquée, qui sert aussi d'école, pour dire la fatha d'usage. Pendant ce temps, l'abreuvoir continue ; des femmes viennent nous offrir des denrées ; j'achète un peu de mil avec mon dernier bouton de culotte. Une quinzaine de négresses viennent se mettre sous notre protection. Toutes ont apporté des provisions pour la route, du mil dans des calebasses. Les notables de la ville viennent les réclamer ; mais leur demande est repoussée, les esclaves affirmant leur désir de nous suivre. Je conviens avec l'une d'elles qu'elle me servira jusqu'à Zinder ; j'en suis enchanté ; maintenant que la nourriture est assurée, je puis songer à me donner le luxe d'une femme. Dans la matinée, deux méharistes sont arrivés au camp, apportant au Commandant des lettres de Zinder.

31 Octobre. — Dès 2 heures du matin, le camp est en pleine animation, les feux se ravivent, le déjeûner cuit et les pipes s'allument. C'est un délicieux moment, toujours trop court, à mon gré, que celui qui précède la sonnerie du réveil. A 3 heures, on lève le camp. Ma section est d'avant-garde ce matin ; j'en suis content, car, marchant à quelques pas derrière le Commandant, je puis saisir quelques lambeaux de conversation, toujours pleins d'intérêt. Les deux méharistes et les guides sont en tête de la colonne. Nous laissons de côté plusieurs villages : Cagoua, Jabagui et Ouankey, dont les habitants nous saluent : la halte a lieu à Dambiri. Plusieurs puits sont creusés dans l'oued, mais ils donnent peu d'eau et l'abreuvage des animaux est pénible. Nous autres, nous n'en manquons pas, grâce aux pleines jarres que nous apportent les indigènes et qui nous servent à emplir nos bidons et à faire le café. Nous touchons un peu de viande de mouton que nous faisons griller. Ma femme est très gentille ; elle a porté nos provisions, et, pendant que je fais la sieste, elle me prépare une bonne bouillie. Voilà le rêve !

A 11 heures, le troupeau rentre du pâturage ; tout le monde se précipite à la recherche de ses bêtes, qui sont marquées d'un numéro sur l'arrière-train. On a d'ailleurs bien vite fait de les trouver, car nous commençons à les reconnaître de loin, nos ânes. Mes Tirailleurs ont baptisé tous ceux de l'escouade : il y a Jean, François, Julot, etc.

A midi, la marche reprend par une chaleur tropicale. Nous dépassons le gros village de Kadaoua, puis nous rentrons dans la brousse. Tout en marchant, je cause avec les femmes qui nous accompagnent. Elles me parlent avec enthousiasme de Zinder et des belles esclaves que je pourrai y acheter. Tout y abonde, à Zinder, c'est leur « Paris » à elles. Je m'y vois déjà, entouré de nègres et d'esclaves, choyé, dorloté comme un pacha. En attendant, la route est longue.

6 heures. — On s'arrête au milieu de la brousse, bien heureux de prendre un peu de repos après cette marche pénible surtout en raison de la chaleur ;

mais, la nuit venue, il fait au contraire très froid. N'ayant rien pour me couvrir, je grelotte ; je m'accroupis devant le feu ; et c'est dans cette posture que le réveil me surprend.

1ᵉʳ Novembre. — Réveil à 1 heure et demie. Je constate avec stupéfaction que pendant mon sommeil ma sacoche en cuir renfermant mon journal de route et mon morceau de miroir a été attaquée par les termites ; et je suis encore plus navré de voir dans quel état est mon pauvre tablier de toile qui me servait de pantalon ; il est à moitié rongé par les maudits insectes : rien ne protège plus mes grandes jambes maigres et décharnées. Nous partons, toujours dans la brousse. N'en pouvant plus, je demande à mon Lieutenant la permission de monter sur un chameau : fâcheuse idée que j'ai là ; je ne suis pas plutôt grimpé sur son dos que la méchante bête passe sous un arbre épineux aux branches tombantes. Je suis labouré par ces milliers de griffes ; et, le chameau avançant toujours, je n'ai d'autres parti à prendre que de me jeter à terre où je me fais en tombant une bosse que je garderai au moins 3 jours.

Le hallier s'éclaircit pourtant ; le village de Bakimarane se montre ; nous y campons dans notre formation de marche ; il est 10 heures. Quelques hommes vont au village à la corvée de bois ; d'autres vont conduire le troupeau à l'abreuvoir aux puits de Négoulchide, à 8 kilomètres du camp. Je n'en suis pas, heureusement. Le puits du village ne débite que très peu, je me procure néanmoins une goura d'environ 10 litres que je remets à ma femme pour faire la bouillie de béchena. Puis je m'étends à l'ombre en attendant la soupe. Peu après, d'ailleurs nous recevons 60 outres pleines d'eau que nous envoie le sergent Bouthel, commandant le poste de Zinder. Je m'empresse de toucher ma ration et d'en faire du café avec quelques tablettes qui me restent.

Installé sous mon gourbi qui se compose d'un vieux sac attaché aux broussailles par les quatre coins, j'ai près de moi ma femme qui babille et rit de bon cœur. Je lui réponds de temps en temps « Oui » par le seul mot que je connaisse de sa langue. A petites gorgées, je déguste mon quart de café, en regardant mon épouse. Elle est assez jolie et désirable ; en tous cas, elle est jeune, et j'aspire après le moment où je pourrai en tête à tête lui parler d'amour. Je la taquine en lui enlevant un morceau de roseau dont elle s'est orné la narine droite. « Zine » (c'est beau) me dit-elle. Pour elle, je n'en doute pas ; mais pour moi c'est affreux.

Plusieurs femmes viennent nous offrir des denrées ; j'en fais asseoir deux près de nous ; et, à l'aide de ma négresse, je leur persuade de nous suivre. Elles s'en vont au village chercher des provisions de route et quelques ustensiles et sont bientôt de retour. Le Caporal indigène Kassoum s'est aperçu du manège ; il vient me trouver, et, moyennant une bonne pipe de tabac, je lui permets de se joindre à nous pour festoyer avec elles dès qu'il fait nuit.

2 Novembre. — Bien avant le réveil, je m'escrime à raccommoder mes guenilles pour tâcher de ne pas avoir l'air d'un bandit trop sale à mon entrée à Zinder ; puis je mange une bonne bouillie préparée par ma charmante épouse. Deux heures ! le coup de sifflet retentit. En avant, les bourriquots, et pour Zinder cette fois !

Faute d'avoir fait attention en passant auprès des puits de Négoulchida qui s'ouvrent au milieu du chemin, je manque de tomber dans l'un d'eux, et, comme la nuit est très noire, je me demande comment j'en serais sorti. Au jour levant, Dogouchouri et Madara se montrent dans la plaine au milieu de cultures de mil.

Ce petit coin du Damergou si propret, si soigné, avec ses jardins sillonnés de rigoles d'eau claire, où le vert bronzé des pastèques se mêle au jaune d'or des épis de béchena m'enchante tout particulièrement. Sans les palmiers majestueux qui dominent ces champs de leurs panaches on pourrait se faire illusion et se croire dans une campagne de France... de France ! et voilà encore une fois ma pensée qui s'enfuit. Sans même fermer les yeux, je revois ce paysage du Perche, berceau de mon enfance, où j'avais jadis ébauché tant de projets aujourd'hui presque réalisés.

Si l'on m'avait dit alors que je verrais un jour ces contrées dont je me dessinais à moi-même une image chimérique, je ne l'aurais pas cru. J'y suis pourtant, au fond de cette mystérieuse Afrique ; ils sont à portée de ma main, ces villages vivants et peuplés. Quel joli spectacle pour le voyageur au sortir du désert que ces huttes aux toits pointus, ces jardinets de poupée, et tout auprès, contraste frappant, ces baobabs touffus, des arbres dont les proportions gigantesques dépassent tout ce qu'on peut se figurer avant de les avoir vus.

A 8 heures, halte au village de Bellamari. Les noirs sortent de leurs cases à notre approche pour nous vendre du mil, des oignons, du piment et quelques gracas. Tous sont curieux de nous voir et paraissent enchantés de notre passage, car partout les tam-tams résonnent, et des cris de joie assourdissants se répètent de village à village, invitant les habitants à nous accompagner jusqu'à Tamagara (Zinder).

La marche est reprise à 8 heures et demie au milieu d'une foule compacte de cavaliers, de piétons, de femmes et de griots qui prennent la tête. C'est une cohue de gens criant, sautant, gesticulant ; plusieurs femmes avec leurs enfants sur le dos se mêlent aux jeunes pour animer la marche. Quel accueil extraordinaire, pour nous qui, jusqu'ici n'avions rencontré sur notre route que méfiance et hostilité.

Nous passons entre les deux villages de Delladi et de Negoulmâllem, dont les habitants viennent encore grossir la colonne. En grande pompe, les notables, montés sur de jolis chevaux, viennent à vive allure saluer le Commandant. Deux spahis soudanais arrivent au grand galop annoncer que le Sergent Bouthel avec sa troupe nous attend dans la plaine. En effet, nous ne tardons pas à voir un peloton de 8 ou 10 cavaliers, ayant à leur tête le Sergent qui, drapeau déployé, viennent à notre rencontre. Le cœur palpitant, je regarde de tous mes yeux arriver ces cavaliers, et je ne puis détacher mes regards du Sergent qui, lui, est « un Français ! » le premier rencontré dans ces pays depuis notre départ, depuis un an !

La vue du drapeau qui domine cette troupe me cause une joie et une émotion inexprimables : mon corps frissonne, mes yeux se mouillent, je me sens défaillir... mais non, je me redresse et je relève la tête pour saluer ce drapeau qui semble nous bénir. Ma pensée évoque aussitôt la mère-patrie, où peut-être en ce jour on nous croit morts ; et pourtant nous sommes tous là réunis, victorieux, pleins d'espoir dans l'avenir.

Je me revois assis sur mon banc à l'école, lisant avec passion ces belles pages de l'histoire de France où tant de braves ont sacrifié leur vie pour la Patrie et le Drapeau ; et j'éprouve un sentiment de fierté bien excusable en songeant que je marche sur les traces de ces héros, que j'aurais peut-être un jour prochain à suivre leur exemple, et je prie Dieu qu'il me permette de me montrer digne de mes glorieux aînés. Cette pensée m'exalte, et je crois voir la France nous applaudir et nous remercier.

Ah, France chérie ! c'est loin de toi, mieux encore que dans ton sein, qu'on apprend à t'aimer et à te vénérer ! C'est surtout loin de toi que le culte des moindres souvenirs se réveille en nous. On se rappelle les veillées au coin du feu, où le grand-père nous faisait trembler avec ses histoires de revenants ; on entend ronronner le gros chat noir sur sa chaise ; on voit sur la table la bonne soupe aux choux fumante, et la serviette soigneusement pliée. On pense à son berceau, au petit crucifix de bois qui vous tendait les bras ; on refait avec la jeune sœur les longues courses à travers les plaines fleuries ; on sourit à ses premières joies ; on tressaille à son premier amour ; on repleure ses premiers chagrins. Toute mon enfance, toute ma jeunesse, toute ma vie passée, à la fois si brève et si bien remplie, me parlent de la France, et la France est là, dans les plis du drapeau !

Oh, mes amis, vous qui n'avez jamais quitté le toit maternel, ni connu l'exil, vous ne pouvez comprendre ces visions bénies qui exaltent mon âme, et dont mon cœur gardera fidèlement l'impression comme la plus sainte et la plus précieuse des reliques. Que de douces larmes j'ai versées dans ces pays noirs en évoquant ces chers souvenirs, ma consolation suprême dans les jours de détresse et de souffrance !

Nous marchons maintenant en ordre, l'arme sur l'épaule, plus fiers qu'on ne nous vit jamais à aucune parade. Le prestige du costume nous manque assurément ; mais l'allure et le regard disent bien haut qui nous sommes. Une section de Tirailleurs sénégalais nous rend les honneurs ; les clairons sonnent, et nous portons les armes pour saluer nos frères du Sénégal. Ce défilé devant cette section est des plus émouvants ; je voudrais leur crier : Merci ! mais ma voix s'arrête dans ma gorge ; je pleure de joie et de bonheur et je remercie Dieu qui, là-haut, s'unit à nous dans ce jour de fête de l'entrée de la Mission Saharienne à Zinder.

Les grands chefs de la ville accompagnent le Sultan Ahmidou avec le faste et l'étiquette qui entoure tous ces potentats nègres. Ils s'avancent quatre par quatre au galop pour nous donner la bienvenue. C'est un mélange gracieux de costumes aux couleurs chatoyantes. Les burnous blancs, bleus, noirs, mêlent leurs notes sobres aux oripeaux bigarrés de la foule, sous les rayons éblouissants du soleil. Il y a des gens de partout : des habitants du Damergou coiffés d'un bonnet phrygien, des Touareg à la face voilée, des Tripolitains aux costumes arabes richement brodés ; et au milieu de ce luxe de vêtements, nous défilons en guenilles, montrant nos poitrines brunies et luisantes, nos pieds nus et blessés, et nos figures amaigries. La musique joue son rôle aussi. Derrière le Sultan, plusieurs noirs à cheval soufflent à pleins poumons dans des trompettes en fer blanc longues de près de 3 mètres, d'où sortent des sons étranges rappelant la musique des chevaux de bois.

La marche continue jusqu'à Zinder au milieu de tout ce monde qui ne sait comment manifester son enthousiasme. Nous nous installons dans un long bivouac entre Zinder et Zengou. Le sergent Bouthel nous a fait préparer des gourbis en nattes où les sections vont loger. Les gourbis des Officiers s'élèvent au milieu à l'ombre de magnifiques jujubiers.

Les animaux loués aux Touareg leur sont rendus, avec le prix convenu pour la location, ce qui semble surprendre fort ces gens de mauvaise foi. Les autres bêtes du troupeau sont conduites au pâturage sous la surveillance d'habitants du pays. Plus de chameaux, plus de bourriquots ni de moutons. Quelle délivrance pour nous, d'être enfin débarrassés de la préoccupation des soins à donner à ces bêtes, mon cauchemar depuis Ouargla.

Le clairon sonne à la distribution ; j'y vais avec quelques hommes seulement. Le fourrier Fonteneau est là, fort affairé, au milieu de pâtés de mil. Les manches retroussées, il remue toutes ces bouillies mêlées de sauce gluante, le tout peu appétissant. Il me crie de sa voix gouailleuse : « Mais tu n'as pas assez d'hommes ! Regarde donc tout cela. C'est la noce aujourd'hui. Va chercher tous les hommes et toutes les femmes de ta section, et je ne sais même pas si tu auras encore assez de monde ». En effet, c'est qu'il y en a des pâtés ! Cela me fait de la peine d'en voir tant aujourd'hui, moi qui tant de fois ai souffert de la faim faute d'en avoir un peu.

La distribution achevée — ce qui est fort long — chacun prend sa part. Puis, sous son gourbi ou sous un arbre, avec sa femme ou avec un ami sénégalais de rencontre, on puise à pleines mains dans les plats. Quelle est bonne cette pâtée et comme j'en mange ! J'en absorbe tellement, que pendant deux jours je souffrirai de coliques et de constipation. Après tout, ce n'est pas tous les jours fête, dis-je à ma femme qui commence à s'endormir, rassasiée elle aussi pour longtemps. Le camp est envahi de chanteurs noirs ; les femmes des Sénégalais exécutent des danses diaboliques ; les nôtres courent d'une amie à l'autre, se faisant part de la joie qu'elles éprouvent d'être à Zinder. Tous les gourbis sont pleins d'habitants des villages voisins en quête de nouvelles à rapporter chez eux. Une foule de noirs, accroupis sur le sable devant la case du Commandant, psalmodie la fatha, dont les paroles s'élèvent en un doux murmure.

Peu à peu, tout ce monde quitte le camp, nous laissant un ineffable souvenir de cette belle journée. Le soleil disparaît lentement, comme à regret, derrière les rochers, nous souriant encore de ses derniers rayons. La plaine devient silencieuse, le camp s'est endormi sous la clarté argentée de la lune.

Moi qui suis de garde, je veille, en adressant à Dieu, de toute mon âme, une fervente prière.

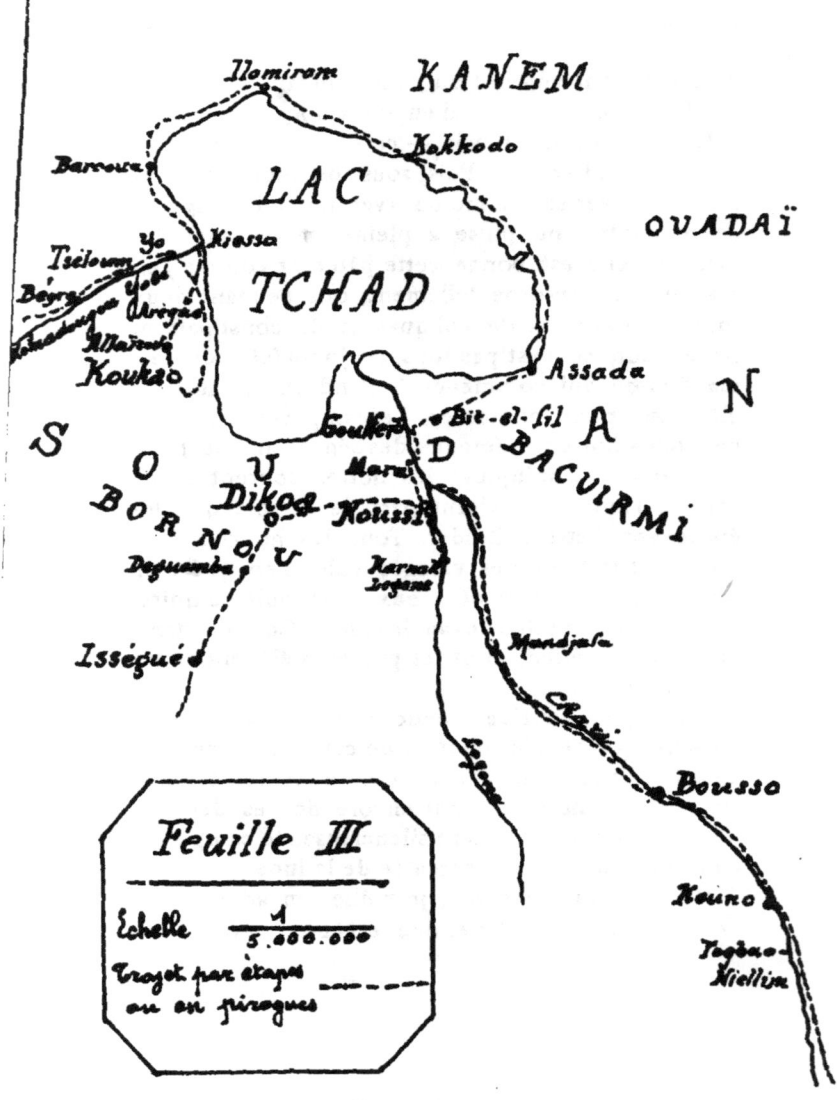

Itinéraire de la Mission Saharienne
(d'après M. Toureau)

TROISIÈME PARTIE

—

DE ZINDER AU TCHAD ET AU CHARI
1.402 Kilomètres

(3 Novembre 1899 — 24 Février 1900)

—

I. SÉJOUR A ZINDER
(3 Nov.-25 Déc. 1899)

II. DE ZINDER AU LAC TCHAD
(Damagaram — Komadougou : 707 k.)
(26 Déc. 1899-21 Janv. 1900)

III. AUTOUR DU LAC TCHAD
(Bornou — Kanem : 695 k.)
(21 Janv.-24 Fév. 1900)

I. — SÉJOUR A ZINDER

3 Novembre. — Le matin de notre premier réveil à Zinder, tout le monde est debout de bonne heure. On range le matériel laissé en désordre la veille au soir dans la hâte de l'arrivée, et on s'installe. On court d'un gourbi à l'autre pour se dire bonjour. Après tant de nuits à la belle étoile, nous sommes tout dépaysés devant ces huttes qui nous servent de logis.

Des Tirailleurs sénégalais et soudanais viennent se promener avec leurs femmes dans notre camp, pour faire connaissance avec nous. Un grand gaillard, bien bâti, vient à moi la main tendue, me disant : « Bonjour, toi Français, toi blanc, pas Arabe ! — Oui, moi Français, lui répondis-je. — Camarade, alors ! » Et me prenant par la main, il m'engage par le geste à le suivre. Où me mène-t-il ? Chez lui, probablement. Nous franchissons la porte de sortie, pour prendre une avenue d'énormes jujubiers qui mène au fort Casemajou, où loge une partie de la mission « Afrique Centrale ». Nous passons au pied d'un entassement de rochers, théâtre de la résistance suprême de la mission Casemajou. Au nord, dans le cimetière qu'on vient de créer, deux fosses s'ouvrent, prêtes à recevoir la dépouille mortelle du Capitaine Casemajou et de l'interprète Olive.

Un peu plus loin, la porte d'entrée du fort où nous pénétrons. L'enceinte est pleine de huttes en paille où grouillent quantité de femmes et d'enfants. Anes et chevaux à la corde, attendent paisiblement l'heure de la botte. Nonchalamment couchés sur des nattes, les Tirailleurs sénégalais fument d'énormes pipes en terre, en surveillant d'un œil attentif leurs femmes qui nettoyent leur fusil et leurs esclaves qui écrasent la ration de mil pour le repas du soir. D'autres jouent au banco avec des cauries. Quelques-uns, les plus maladroits sans doute, font l'exercice dans un coin du camp. L'ensemble du tableau est gai, vivant, plein d'entrain. Parfois, un chant plaintif et cadencé sort d'une case. C'est une femme qui berce son enfant. Le bruit sourd des pilons dans les mortiers à mil résonne sans trêve de toute part. Une sensation intense de couleur locale se dégage de ce milieu exotique si original. J'éprouve mieux que jamais ce charme irrésistible : vivre d'une existence inconnue, dans un pays qu'on découvre !

Mon camarade le Sénégalais ne me quitte pas d'une semelle. Il paraît ravi de me voir satisfait. Tout en passant d'une paillotte à l'autre, nous arrivons à la sienne, où sa femme a préparé, en mon honneur, une bouillie de mil avec du lait, et des dattes sèches. Le dedans de son gourbi est propre et bien balayé. Trois grosses pierres forment le foyer. Un gamin tout nu, le sien, se roule sur le sable, sans souci du soleil qui fait reluire sa peau noire comme l'ébène. La porte d'entrée est fermée par un rideau de lanières de cuir de toutes couleurs. Un lit, sorte de caisse en roseau, occupe la plus grande partie de la chambre ; il nous sert de siège pour le moment. D'un côté est suspendu un fusil, dont la culasse brille ; de l'autre, une mandoline indigène à trois cordes. Quelques vases de cuisine en terre, et une petite caisse en bois où sont empilés des effets disparates, sans doute fruits de razzias, complètent l'ameublement.

Sa femme nous apporte, en faisant une gracieuse flexion sur la jambe droite, la bouillie de mil toute fumante qui dégage une très pénétrante odeur d'herbes. C'est à moi que revient l'honneur d'entamer le plat. Sans hésitation, avec tout le tact de circonstance, je plonge la main dans la pâtée et le repas commence. Jamais, chez les noirs, la femme ne prend ses repas en même temps que son mari ; mais je demande à mon hôte qu'il fasse venir son épouse pour manger avec nous, comme c'est la coutume de France. Sans se faire prier, elle prend place à côté de son maître et seigneur, et enfonce comme nous ses mains dans le plat. Pour faciliter la descente du mil qui se colle parfois au palais, nous buvons l'un après l'autre, dans la même calebasse, du lait de chèvre très frais.

Notre petit repas est vraiment des plus gais. La négresse me fait rire par les câlineries dont elle entoure ce grand diable de Sénégalais. Je voudrais bien être à sa place, car la beauté de sa femme l'emporte de beaucoup sur celle de la mienne ; elle est moins noire et semble plus caressante et plus espiègle. Sa bouche mignonne montre deux rangées de petites dents blanches contrastant avec la couleur de sa peau. Son buste svelte et vigoureux, ses bras et ses jambes bien modelés semblent ceux d'une jolie statue. Elle est véritablement belle. Serait-ce la femme que je rêve depuis si longtemps ? Mais, n'oublions pas l'obstacle, le mari, qui, malgré toute son amabilité, n'hésiterait peut-être pas à me couper le cou si je lui prenais sa femme.

Bien rassasiés, heureux de ce moment passé en famille, allons maintenant faire visite aux femmes des Sénégalais partis avec le Lieutenant Joalland vers le lac Tchad. Elles sont gardées par un poste de Tirailleurs. Elles sont entassées pêle-mêle dans un petit fortin aux murs de terre assez élevés ; plusieurs d'entre elles sont jeunes et assez jolies. Elles me saluent de la main, en me faisant de gracieux sourires. « Pourquoi sont-elles ainsi gardées ? dis-je à mon guide. — C'est que, vois-tu, les maris sont partis ; elles aussi pourraient bien partir ; et c'est notre devoir d'amis de les surveiller pour les leur rendre à leur retour. — Mais, qu'est-ce que c'est que cette petite ceinture qu'elles portent à la taille ? — Ça, mon vieux, c'est fermé à clef. Pas peur, camarade, y prendra pas femme à toi ! — Ah ! bon, je comprends à présent : C'est une ceinture de chasteté. J'en avais bien souvent entendu parler en plaisantant, mais je n'en avais jamais vu ; il me fallait, pour cela, venir au centre de l'Afrique. Ce qu'ils sont roublards, ces bons maris nègres! » Beaucoup de ces femmes, les plus jolies surtout, en portent. J'ai pu le constater d'une façon certaine ; car mon Sénégalais ne se gênait pas pour me les faire voir de près.

Nous passons ensuite devant le fort proprement dit, résidence du sergent Bouthel. C'est une maison lourde et massive, entièrement construite en terre, une vraie forteresse, d'un vague style mauresque. L'étage à toit plat forme terrasse ; devant la façade, un terre-plein sert le soir de lieu habituel de réunion pour la musique, les jeux et les danses. A l'entour les huttes des soldats, closes, pour la vue seulement, de haute nattes. L'ensemble est propre et témoigne d'un certain goût.

Allons maintenant visiter le grand marché et la ville indigène. « Pas peur ! me dit le Sénégalais, à qui je fais remarquer que nous sommes sans armes. Ici, moi toujours sortir sans fusil, sans rien. » J'hésite à le croire ; pourtant je constate que tous les Tirailleurs qui passent sont aussi sans armes. Allons, tant mieux ! je suis enchanté de pouvoir en faire autant. Quel rêve, pour moi qui depuis plus d'un an ne faisais jamais un seul pas sans mon mousqueton.

Une masse compacte de noirs autour d'un énorme jujubier dont l'ombrage pourrait abriter 200 hommes, m'apparaît au pied des murs de la ville. C'est le centre du marché. Que de bruit, quel fourmillement ! Les Halles centrales de Paris n'ont pas, même le matin, une pareille animation ! Ce marché est bien bâti ; des rangées de paillottes, divisées en petites boutiques l'entourent de trois côtés. Le dernier côté du carré est le mur de la ville. On y voit de tout : les femmes, assises sur le sable, ont devant elles des gouras de beau beurre jaune doré, des piments, des haricots, du riz, du sel, des oignons, des clous de girofle, des citrons verts, le tout soigneusement rangé par petits tas sur des nattes. Il y a aussi des feuilles de tabac gris et noir, du natron pour chiquer, des cacaouettes, des noix de gouro (kola).

Toutes les femmes qui sont là, à part quelques rares exceptions, sont vieilles, vilaines, et tatouées. Pour la plupart, elles passent leur temps à se frotter les dents avec des fleurs de tabac pour leur donner une couleur rouge. Elles s'acharnent à ce travail, ouvrent des bouches où mon poing entrerait tout entier, et font des grimaces affreuses qu'aucun singe ne pourrait imiter et qui me font bien rire. D'autres au contraire, se grattent les dents avec un petit morceau de roseau pointu, pour les rendre blanches. Celles-là sont moins affreuses à regarder que les autres, bien qu'elles ne soient ni moins vieilles ni moins laides.

Nous rencontrons plusieurs « horizontales » qui nous regardent et nous sourient d'un air langoureux ; elles s'arrêtent même pour nous parler. Partout règne une odeur de chair humaine à bouleverser les cœurs les plus solides. Le mien résiste pourtant. Ces noirs épidermes reluisants, ces formes gracieuses qui se dessinent sous la jupe mince et claire ne m'inspirent que des sentiments d'admiration et de désir. Il faut que je voie de près, que je tâte toutes ces jolies filles. « En voilà justement une que je connais ! me dit mon Sénégalais : viens, je vais te présenter. » La formalité n'est pas longue ; d'ailleurs le gros sac de cauries que je porte à la main ne doit pas être étranger à l'aimable accueil que me fait la Belle. Nous voilà partis à trois maintenant à travers les boutiques. Des cordonniers fabriquent de hautes bottes en fillali ; puis c'est un marchand de cacaouettes ; un autre nous montre des étoffes, des pagnes en coton du pays ; mais tout cela est trop cher pour que je puisse offrir un cadeau à ma compagne. Nous passons devant les marchands d'aiguilles, et nous allons faire un tour à la boucherie où la viande se présente fraîche et appétissante, sans os, sans graisse, car celle-ci est vendue à part.

Les bouchers de Zinder sont d'une adresse extrême pour dépouiller les moutons ; ils enlèvent toute la viande, et laissent la carcasse intacte. Dans leurs boutiques, cette viande est dressée en tas de cinq cents, mille, deux mille cauries, et plus. Outre la viande crue, on peut en acheter de la cuite chez des maîtres cuisiniers qui nous offrent, pour 20 cauries, de délicieuses brochettes : elles se composent de petits morceaux de viande, gras et maigre alterné, enfilés sur de minces baguettes en bois, et qu'on fait rôtir en les plantant en terre autour d'un feu de braise. Je me paie le luxe d'offrir quelques-unes de ces grillades à ma compagne ; elle accepte avec joie, et me remercie d'un regard plein de promesses de ses grands yeux noirs.

« Il faut boire, maintenant, lui dis-je en accompagnant mes paroles du geste. — Yo, nounou illa. » Et elle me montre un groupe de femmes accroupies parmi d'énormes marmites en terre, pleines de lait. Quoiqu'un peu aigre, ce lait n'est pas trop mauvais. Mais quelle odeur de bouc il dégage ! Des morceaux de beurre nagent à la surface au milieu d'une quantité de mouches. Mais, bah ! on est nègre, ou on ne l'est pas ! Et d'un seul trait, j'en bois un litre au moins. A côté des laitières, sont les marchandes d'eau. Celles-là n'ont pour clients que les pauvres qui ne peuvent pas se payer du lait comme boisson.

Galant jusqu'au bout, je vais reconduire ma compagne à sa case. En passant sous la voûte d'entrée de la ville, je vois plusieurs mendiants nègres dont les pieds sont enflés et dont la peau s'écaille : je leur donne comme aumône quelques cauries qui font la joie de ces misérables. Les rues qui mènent chez ma conquête sont tortueuses et bordées de masures. Chez elle, pourtant, c'est plus luxueux : une cour entourée de nattes, une hutte en terre et un magnifique jujubier. Dans un coin, une négresse si vieille et si ridée qu'elle n'a plus d'âge. J'entre hardiment en Maître dans la cour ; en bon musulman, je quitte mes souliers, (un cadeau de mon Sénégalais) et je récite quelques mots d'une prière arabe afin de leur en imposer un peu.

Avec beaucoup de grâce, mon amie m'apporte une calebasse de lait et m'invite à boire. Puis nous entamons une conversation assez banale, car je ne comprends guère son langage. Je regarde partout, cherchant mon camarade ; il s'était esquivé, ne voulant pas troubler notre tête-à-tête. Je n'avais qu'à faire bonne contenance, tout en ouvrant l'œil, et le bon. D'ailleurs, qu'avais-je à craindre, avec ma jolie négresse, assise nonchalamment sur une natte à mes pieds et me regardant d'un air langoureux ? « Cauries illa ? — Yo, illa. » Et je lui donne le sac contenant ma fortune. Après en avoir bien examiné le contenu, elle s'approche de moi ; je m'apprête à lui sauter au cou pour l'embrasser, quand je la vois retirer de sa bouche une énorme chique de tabac. Le dégoût me prend ; et comme un fou, oubliant mon sac de cauries, je sors de la hutte et je reprends le chemin du camp. Encore une fois, j'ai donc été dupe d'une négresse ! Heureusement, ma fidèle épouse m'a préparé à manger et m'attend ; sans quoi, je me serais couché sans songer à souper.

Tranquille maintenant, étendu sur ce qui me sert de lit, je songe à cette première journée. Je revois le marché, les vendeuses aux dents rouges, aux narines traversées d'un morceau de verre ou de roseau, et les centaines de vautours aux aguets autour des boucheries. Tour à tour repassent devant mes yeux les marchandes attendant les acheteurs, les oisifs rôdant à travers les groupes, en quête d'un coup de main, ou d'une idylle noire pour égayer leur séjour. Je songe aux marchands de berlingots dont la présence ici m'a tant étonné ; ce sont de vrais berlingots qu'ils fabriquent, et il y en a de très bons. Pour leur donner un peu plus de goût, on mêle à la pâte du piment écrasé : ces petits bonbons se vendent 5 cauries pièce. Zinder est d'ailleurs, dans ces pays noirs, l'endroit le plus renommé pour la pâtisserie. On y fait d'assez bons gâteaux de farine de blé, ou plus souvent de béchena, additionnée de piment, le tout frit dans du beurre. Je suis assez gourmand de ces friandises, aussi je me promets de retourner demain au marché en acheter pour une centaine de cauries... Mais j'y pense, où donc est mon argent ? Hélas, je n'ai plus rien ; mon sac est resté là-bas, entre les mains de cette demi-mondaine à la chique, qui ne songe guère à me le rendre.

4 Novembre. — Le camp est toujours très animé par le va-et-vient des noirs qui accourent rendre visite au Commandant. On s'amuse à regarder les sénégalaises qui apportent des denrées pour les Officiers : elles ont de jolis bracelets, et à tous les doigts des bagues en argent. Pour costume, des pagnes aux brillantes couleurs, qui leur serrent la taille sans la déformer, et quelquefois, une ceinture écarlate ou jaune d'or d'un très bel effet. Nos femmes aussi sont en grande toilette, leurs maris s'étant procuré chez les Sénégalais et les Soudanais de quoi les habiller. Une des plus remarquables est une grande diablesse, à la démarche hardie, portant deux enfants ficelés sur son dos, et habillée à l'européenne. C'est la femme de mon ami Delaporte, tailleur de son état, qui lui a confectionné une robe. Lui du moins a largement monté son ménage, prenant du même coup une femme et deux mioches.

Après mon petit déjeûner, je vais au fort Casemajou, voir mon Sénégalais ; je le trouve couché devant sa porte et jouant avec son enfant. Il est très surpris du récit de mon aventure d'hier soir : « Toi pas dégourdi, dit-il, bon femme celle-là. — C'est bien possible, mais le goût de la chique ne me plaît pas du tout. »

Après quelques minutes de conversation, nous décidons d'aller visiter Zinder (Tamagara), comme il l'appelle. Nous buvons une tasse de lait, nous ajustons notre coiffure, car il fait déjà chaud, et nous voilà partis. A travers les branches, nous apercevons les murs noirs, au sommet dentelé, de la ville ; de nombreuses silhouettes de vautours les couronnent, prêts à s'abattre sur la moindre proie ou la première charogne qu'ils apercevraient sur le sable. Les murs se dressent maintenant, superbes de grandeur, barrant le ciel bleu. Voici l'entrée de la ville, large couloir entaillé, formant brèche dans le mur. La première porte est grossière, sans sculptures, mais bardelée de fer et hérissée de clous ; la seconde, au milieu du couloir, est moins forte, sans être mieux décorée. Des madriers recouverts de terre forment une voûte au-dessus de ce passage où une foule d'estropiés tendent la main. Sitôt l'enceinte franchie, on trouve à droite un amas de rochers que nous gravissons. La vue est belle du haut de cette butte qui domine la ville et les environs. On distingue à merveille l'enchevêtrement bizarre des rues, les unes tortueuses et les autres droites, et on contemple tout à l'entour un panorama d'une incomparable beauté soudanienne. Quelques maisons en terre, entourées de murs élevés dominent les nombreuses paillottes ; le minaret de la mosquée érige majestueusement son pain de sucre au-dessus de toutes les habitations, exhortant les fidèles à la prière. Au bout de la grande rue qui mène au palais du Serki, devant une maison en ruine, se dresse une longue perche. On distingue vaguement au sommet une tête et une main coupées : ce sont celles du Sultan, assassin du Capitaine Casemajou et de l'Interprète Olive. L'aspect d'ensemble de la ville est agréable, elle est ombragée de gros baobabs et de Tamariniers qui égaient de leur note claire la teinte un peu sombre des maisons. Le mur qui l'entoure est une formidable masse de 15 à 20 mètres d'épaisseur à la base. En dehors des fortifications, plusieurs petits villages avoisinent Zinder : Zengou, Delladi, Chergui, et quelques autres. Enfin, le Fort Casemajou, tout près, domine la plaine de son belvédère où veille une sentinelle.

Après avoir longuement joui de ce spectacle,

nous descendons de notre observatoire, pour aller flâner dans les rues, en quête de distractions et d'aventures. Nous suivons d'abord une ruelle étroite, entre des murailles de paillassons qui servent de clôture aux huttes. Partout le pilon résonne ; le chant des femmes se mêle aux cris des marmots ; les ânes braient, les oiseaux gazouillent et les abeilles bourdonnent. Du plus petit au plus grand, les êtres vivants font à qui mieux mieux du bruit. Une vie active, exubérante, déborde de toute chose et me conquiert à son charme étrange. Je suis heureux au milieu de ce tapage assourdissant. Pour le moment, je ne désire rien d'autre que de me laisser vivre de cette existence enfiévrée, et je ne regrette pas les fatigues subies pour arriver ici. Tout en rêvant de la sorte, j'arrive sur la grande place du marché, relativement déserte pour le moment. Le marché a été en effet transporté en dehors de l'enceinte, à proximité du camp (à l'endroit où nous l'avons vu hier), pour donner aux soldats plus de facilité pour leur achats. Les huttes que nous voyons n'abritent donc que quelques malheureux qui attendent le soir pour reprendre leur commerce, à l'heure où la fermeture des portes rendra au marché intérieur quelque activité.

Le palais du Serki s'élève à côté ; c'est un amas confus de bâtiments et de murs, très étendu, mais peu imposant. Une foule de gens, cavaliers, piétons, griots, attendent la sortie du maître pour le saluer et le suivre dans sa promenade. Une très large avenue sablonneuse conduit de la place du palais à la porte de Delladi. Elle est bordée de belles maisons de style arabe, et de paillottes avec des jardins bien entretenus. D'autres rues tortueuses s'en détachent et se perdent entre les huttes. Plantés au milieu du passage, des kiosques servent de lieu de rassemblement et d'ateliers pour les artisans. Ils sont formés d'un toit pointu supporté par 10 ou 15 piquets, et entourés d'un bourrelet de terre d'un demi-pied de haut. Sous l'un d'eux travaillent des cordonniers et des selliers, très actifs et habiles. Il y a même des boutiques de tisserands, de teinturiers, de brodeurs et des écoles, où des gamins de tout âge hurlent, en lisant des lettres arabes tracées sur des planchettes.

Dans la rue, les femmes sont en grand nombre, pas farouches d'ailleurs, mais très coquettes ; les unes sont très noires, d'autres ont le teint plus clair et plus mat ; j'admire leur corps souple, leur buste admirablement modelé, et leur démarche d'une grâce nonchalante qui excite le désir. Elles ont la voix douce et chaude, tout en elles, surtout le regard, annonce de fougueuses passions. Leurs coiffures sont bizarres ; beaucoup d'entre elles portent les cheveux réunis en petites tresses qui se terminent par une touffe non nattée, d'autres au contraire en forment une sorte de cimier de casque de cuirassier. Cela ne serait pas vilain, si ces chevelures ne ruisselaient pas d'un beurre rance qui coule jusque sur leurs épaules. Celles qui ne se graissent pas la tête, et elles sont rares, sont les plus recherchées par les « Kouffars. »

Il y a sept portes à Zinder : au nord, la porte de Zengou, la principale et celle de Delladi ; à l'ouest, celle de Dadène-Serki ; au sud, celles de Tinessinddi et de Baorioua ; à l'est, celles de Chergui et de Mossalati. Près de chacune d'elles se tient un petit marché de quartier, mais l'après-midi seulement ; car, le soir, tout le monde va au grand marché près du palais du Sultan. Des noirs me saluent et m'abordent ; ils semblent contents de me serrer la main et de me parler ; ils appellent leurs femmes qui m'apportent des calebasses d'eau fraîche et de lait pour me désaltérer, des petits pains, des gracas, des cacaouettes et des patates douces. Ils ne savent comment me témoigner leurs bonnes intentions. Ces femmes ont une manière très gracieuse de vous servir ; elles ne présentent jamais rien sans faire une profonde révérence, et elles restent la jambe droite fléchie jusqu'à ce qu'on ait pris ce qu'elles vous offrent. Ici, tous sont polis et accueillants, ce ne sont que saluts et sourires : quelle différence entre les Touareg, voilés et sauvages, et ces braves paysans nègres, doux, et tranquilles !

Je rencontre un homme vénérable, à la barbe blanche, à l'aspect intelligent et sympathique, qui me fait asseoir sur une natte, et me raconte tant bien que mal à peu près ceci : « J'ai beaucoup voyagé, étant jeune ; je connais Tunis, Malte et Constantinople, et tout le désert. Maintenant que je suis vieux, je reste ici, près du Sultan dont je suis l'ami. Quant à l'autre, celui qui a fait tuer les deux Roumis, et qui est mort, voici ce que je lui ai dit : — Tu as tué deux Kouffars. Et bien, il en viendra d'autres, demain, après-demain, dans un an ou deux, mais pour sûr un jour, et ils te couperont le cou. — Le Sultan s'est mis en colère, il m'a dit de me taire et m'a menacé de me faire tuer : mais depuis ce jour-là, il ne couchait jamais deux jours de suite dans la même chambre. Lorsqu'il a appris l'arrivée des Français, il s'est sauvé, mais, vendu par son frère, le Serki de maintenant, il a été poursuivi et rattrappé un beau matin par un sergent de Sénégalais ; et comme tu peux le voir, sa tête est là-bas au bout d'une matraque. — Alors, tu ne déteste pas les Kouffars ? — Non, vous autres blancs, vous n'avez qu'une parole et vous ne faites de mal à personne ; tandis que les noirs, les Sénégalais et les Soudanais sont menteurs et voleurs, et nous prennent nos femmes. — Alors tu aimerais mieux que nous soyons à Zinder à leur place ? — Oui, et tous les habitants le voudraient aussi ; mais je pense que vous venez pour faire la guerre à Rabah, qui a tué des Kouffars. » Il disait vrai, ce vieux : nous ne devions pas tarder à apprendre l'assassinat de Bretonnet, de Crampel et de Béhagle.

Après cette longue et intéressante conversation, je reprends la route du bivouac, et je rencontre en chemin une foule nombreuse, le cortège du Serki qui vient de souhaiter la bienvenue au Commandant. En tête dansent et gesticulent des griots qui frappent sur d'énormes tam-tams aux son lugubres. D'autres, munis de longs bâtons fourchus, écartent les branches d'arbres qui pourraient frôler le Maitre à son passage, et même celles qui sont à deux ou trois mètres au-dessus de sa tête. Puis vient le Serki, vêtu d'un riche costume brodé d'or ; son cheval est caparaçonné d'étoffes précieuses. A ses côtés chevauchent ses eunuques, solides gaillards à la voix féminine. Il y en a beaucoup à Zinder. Derrière à distance respectueuse, vient le « pauvre peuple » chantant des louanges entremêlées de danses sauvages et frénétiques qui soulèvent une aveuglante poussière. Tout cela est amusant à voir : c'est un spectacle bien nègre. Rentré au camp, j'apprends que le Sultan vient de jurer fidélité à la France. Il est comme bien d'autres, lui aussi ; jurer lui coûte peu : c'est si facile de dire : Oui et de penser non !

Presque tous les Tirailleurs ont déserté le camp. Où sont-ils ? A la maraude sans doute, et en quête d'aventures ; l'inaction ne leur convient guère ; il leur faut toujours du nouveau, des distractions pour passer le temps et oublier les jours de misère. Un coup d'œil à mon gourbi et à ma femme, un bonjour en passant à un camarade, et je m'en retourne chez mon ami le brave sénégalais. Je le trouve en train de jouer au banco avec plusieurs autres. Je profite de son attention au jeu pour m'éclipser avec un sergent Sénégalais qui m'invite à boire du dolo, une boisson qui ressemble au cidre, et que les noirs fabriquent avec du mil fermenté et du miel.

Nous traversons tout le camp, et nous arrivons devant une maison basse, en terre sans fenêtres, avec une petite porte pour unique ouverture. L'intérieur est sombre ; à peine a-t-on franchi le seuil qu'on est saisie à la gorge par une odeur âcre. Des nuages de fumée laissent à peine apercevoir les Tirailleurs à moitié ivres couchés sur des tapis. Au centre, des femmes chantent d'une voix éraillée par l'ivresse. Au fond de la case, un groupe forme le cercle autour d'une énorme marmite de dolo, et s'abreuve lentement. Les grosses pipes en terre débordent de tabac, dont la fumée noire remplit la chambre. Tous braillent à tue-tête, et la voix du sergent réclamant le silence ne s'entend pas. Assis maintenant à côté de tous ces braves troupiers, je fais comme eux. Je fume dans la pipe de mon voisin de droite, et je bois dans la tasse de celui de gauche. Je chante pour accompagner les femmes qui, à demi pâmées, dansent devant nous. Leurs corps se dandinent de droite à gauche, tantôt lentement en des poses plastiques, tantôt avec fureur dans des mouvements qui grisent et enthousiasment les spectateurs.

Tout le monde hurle et gesticule ; on puise à pleins verres dans la marmite de dolo ; la gaîté devient de la frénésie ; on oublie tout, jours heureux, et mauvais souvenirs. Je me sens heureux dans cette atmosphère de fumée et de bruit. Je rêve de combats sanglants, sabrant l'ennemi de droite et de gauche, et couchant un rempart de noirs à mes pieds. Je parcours les monts et les plaines, toujours vainqueur, enivré de gloire, fier d'être soldat au milieu des dangers et du carnage. Tout me sourit et tout m'excite ; je ne songe pas à la mort ou plutôt je me ris d'elle ; je me sens d'une force irrésistible, capable des exploits les plus rares, anéanti que je suis par l'ivresse qui s'empare de moi ?... Peu à peu la cuve de dolo se vide, les cris et les danses cessent. La tête lourde et pleine de fantastiques visions, on quitte à pas lents ce lieu d'oubli, pour aller chercher à l'ombre quelque coin où dormir.

Après quelques heures de sommeil, je me réveille ; ma première pensée est qu'un sénégalais, mon voisin auprès de la cuve de dolo, m'a promis de me faire cadeau d'une peau de bœuf. Je me dirige donc du côté du parc aux bestiaux, et je trouve mon buveur endormi sur le sable, rêvant sans doute de combats et de charges à la baïonnette. Quelques instants après, ma peau de bœuf sur le dos, je me dirige d'un pas rapide vers Zinder. Là, au marché, sans trop marchander, car ma dignité est en jeu, je laisse la peau à un acheteur pour 5.000 cauries, soit 5 francs. Je suis donc riche maintenant, très riche même ; allons vite au camp conter cette bonne aubaine à ma petite femme qui m'attend. Un bon souper, de la bouillie comme toujours, me réconforte, après quoi, je me couche sur le sable devant ma hutte, content de ma journée, et songeant aux plaisirs de France, à ces concerts et à ces théâtres où l'on oublie le soir les fatigues du jour. Je suis tout entier à ma rêverie lorsque la sonnerie « Au feu » se fait entendre dans le camp des Sénégalais.

On se rassemble auprès du Chef de Section, et au pas de course, on est vite là-bas. Plusieurs cases flambent. Les femmes poussent des you-yous de frayeur. Des Sénégalais transportent leurs gourbis tout d'une pièce dans un coin à l'abri du feu. Des détonations retentissent ; ce sont les cartouches restées dans les cases incendiées qui éclatent. On organise le travail ; armés de pelles et de pioches, nous éteignons l'incendie. Je suis tout à ce travail lorsque la femme de mon ami vient me dire que sa case brûle, et que son mari n'est pas là. En effet, je l'aperçois parmi les travailleurs, une pioche à la main. D'un bond, je suis à la hutte, et, à l'aide de quelques hommes, je la soulève et je la transporte en lieu sûr, à l'abri des flammes, sur un monticule d'où nous voyons les soldats lutter contre le feu. Que se passa-t-il alors ? Fut-ce par émotion, par amour, ou pour me témoigner sa reconnaissance ? Toujours est-il que la jolie négresse tomba dans mes bras ; et, tandis que là-bas le brave Sénégalais frappait dur, de sa pioche sur les décombres, nous éteignions sa femme et moi un terrible incendie.

5 Novembre. — Une heure après, je dors d'un profond sommeil. A l'aube, je vois qu'une belle journée se prépare. Salué par les gazouillements des oiseaux, le soleil montre au-dessus de l'horizon sa grosse face rouge. De longues files d'esclaves se dirigent à pas lents, le dos voûté sous les gouras, vers les puits de Zengou. Les Tirailleurs, à moitié endormis, étirent leurs membres engourdis ; d'autres, en cercle autour du feu, font réchauffer un reste de pâtée de la veille. Assis sur un sac, au milieu du camp, le Commandant contemple en souriant et en effilant sa moustache ce gai réveil de ses enfants, si différent des lugubres matins d'Agadèz. On a de quoi manger, maintenant ; puisque matin et soir les esclaves de Mallem-Yaro nous apportent de la nourriture ; elle n'est guère bonne, je l'avoue, mais on en a suffisamment pour apaiser sa faim. Hier, nous avons touché chacun un beau costume blanc, pas bien solide il est vrai, mais très suffisant pour nous permettre de nous présenter à notre avantage dans le grand monde de Zinder. Que nous faut-il de plus ? Nous n'avons pas beaucoup d'argent ; mais j'ai de quoi me payer de temps en temps des friandises, et même quelques aumônes. Quant aux femmes, ce n'est pas elles qui nous ruineront. A chaque pas, derrière chaque buisson, chaque rocher, on en voit une sourire d'un air engageant. Nous n'avons donc pas à nous plaindre de notre sort.

Le service ne me retient pas au camp. Que faire aujourd'hui ? Justement, les chevaux partent pour l'abreuvoir ; si j'allais avec eux ! Je franchis la porte, et me voilà, pieds nus, coiffé de mon grand chapeau de paille, mon fusil en bandoulière, courant dans la plaine. Le paysage est médiocre ; le pays est peu accidenté, assez aride ; comme arbres, quelques jujubiers et des baobabs ; çà et là, des rochers. Un lac d'eau limpide, aux reflets azurés, dont la surface frissonne sous la caresse de la brise matinale s'étend à nos pieds. Les chevaux sont débarrassés de leurs licols. Quelques ruades et quelques galops, et ils vont plonger leurs naseaux dans cette eau délicieuse.

J'en fais autant, c'est-à-dire qu'en un tour de main je me déshabille, et d'un plongeon, je suis au milieu de l'eau, barbottant comme un canard. Que je suis heureux de prendre un bain, plaisir si rare, de me sentir enveloppé de cette eau tiède qui me délasse et assouplit mes membres. Je nage, je plonge et je fais la planche, enchanté de constater que je n'ai rien perdu de mes talents de nageur ?

Je rentre au bivouac juste pour l'heure de la soupe. Les plats de bouillie sont déjà alignés par files et séparés en quatre tas, un par escouade. Je procède à la distribution. Je fais tourner le dos à un Tirailleur, et je lui dis, en désignant l'un des tas : « Lemen ada ? (Pour qui cela ?) — 6ᵉ Escouade, » me répond-il. Je procède de même pour les autres escouades. Une fois les plats enlevés, pour répartir mon tas entre les hommes de la 5ᵉ escouade, la mienne, je m'y prends de même. J'installe sur une bâche ou un vieux sac la pâtée partagée en autant de parts qu'il y a de Tirailleurs à servir, et je recommence à dire : « Lemen ada ? »

Chacun ayant touché sa ration, je vais à mon gourbi partager la mienne avec ma femme. Les négresses des environs connaissent très bien l'heure de la soupe chez nous. On les voit arriver chaque jour, apportant des jarres de lait frais ou aigre, des petits pains de béchena, du beurre et des fromages. Elles sont en confiance avec nous ; familièrement, sans crainte, elles pénètrent dans l'intérieur des cases, offrant leurs denrées d'un petit air ingénu. Elles rient avec nous, se laissent volontiers pincer la taille, ce qui ne manque jamais de charme. Elles passent parfois la journée entière au camp ; et il n'est pas rare, la nuit venue, de les voir derrière un rocher rêver aux étoiles avec un Tirailleur. J'en connais une assez originale. Un jour, elle pénètre dans ma hutte, s'assied sans gêne à côté de moi et me salue, en français d'un « Bonssour Msieu ! » qui me stupéfie. Quoi ! une négresse de Zinder qui parle français ! Elle continue, toujours en français : « Tunis ! Malte ! Télégraphe, madame, danser, chanter, piano, Paris, Lyon, Bordeaux, Marseille ! » Je suis de plus en plus intrigué. Ma négresse sourit, me prend la main et me dit : « Tarf l'Arbia ». Oui, lui répondis-je. Alors, elle entame en arabe le récit de son odyssée.

« Je suis née, me dit-elle, dans un village sur les bords du lac Tchad. Un jour, j'étais encore toute petite, les Tebbous vinrent chez nous et m'emmenèrent dans le désert. J'y restai deux ans avec eux ; puis je fus vendue à un habitant de Tripoli qui m'emmena dans cette ville. De là, j'allai (ici un nom de ville que je n'ai pu comprendre, ne l'ayant jamais vu sur la carte), où je fus vendue une seconde fois, à un Français qui me prit à son service. J'accompagnais toujours sa femme, et je promenais les deux enfants le soir sous les palmiers. Mon maître quitta le pays pour aller à Tunis ; j'allais souvent avec sa femme pour le voir : il tapait sur un petit bouton, tac, tac, télégraphe. Un jour, il me dit : Nous allons en France ; veux tu venir avec nous. — Je dis : Oui, mais il faudra revenir ici. Nous partons ; nous arrivons à Marseille. Là, piano, danse, madame, Paris, Lyon, Bordeaux, toujours danser, piano, tac-tac, télégraphe, puis revenu Tunis. Voulant revoir mon pays, je quitte Tunis avec un nègre et de ville en ville nous arrivons à Tripoli, où je fus prise par un Targui qui allait à Zinder. Une fois arrivée ici, je l'ai quitté, et je suis allée offrir mes services à un autre chez qui je suis toujours. » Ce voyage a bien dû durer une dizaine d'années, car au début, cette négresse était jeune, et maintenant, elle paraît avoir de 25 à 30 ans. Ce petit bavardage nous fit faire connaissance, et depuis ce jour, tous les matins, elle me donnait un peu de lait et quelques gracas.

Depuis quelques jours, ma femme me paraît triste, lunatique. Voyons donc ce qu'elle a : « Allons, viens ici, vilain singe ! (C'est le petit nom d'amitié que je lui donnais). Qu'as-tu ? Tu ne m'aimes donc plus ? N'as-tu pas assez à manger ? Allons, dis ce qui te rend maussade. — Alors, faisant une petite moue qui la rend désirable, voici ce qu'elle me dit de sa voix la plus tendre, ou plutôt ce que je ne puis comprendre, dans son discours mêlé d'arabe et de touareg : « Toutes les autres femmes, mes amies sont belles et bien habillées ; moi je n'ai rien ; tu ne me paye jamais rien ». — Evidemment, je ne te fais pas beaucoup de cadeaux. Mais je crois que mon pauvre ventre doit passer avant ta toilette. Au diable les amours, s'il faut encore serrer sa ceinture ! Allons, ouste, décampe, ou prends garde que mon pied n'aille chatouiller le plus volumineux de ta personne ! » Sans demander son reste, elle prend le chemin de la 4ᵉ section où un Tirailleur l'attendait. Ah, quel soupir ! être seul, maintenant, à manger la pâtée. et je suis plus libre pour porter mon amour aux pieds de ma jolie Sénégalaise, et voilà mon rêve. Bourrons donc notre pipe, et ne songeons qu'à l'avenir et aux nouvelles intrigues.

Mon sac de cauries sur le dos, je prends le chemin de Zinder. En passant près du fort Casemajou, je m'arrête un instant à regarder travailler les esclaves qui construisent d'après les plans du Commandant, un mur d'enceinte et une plate-forme au sommet des rochers. Ils sont nombreux, mais bien indolents ; et le mur n'avancerait guère, si un grand diable de nègre, chef de chantier, n'était là avec une trique pour réveiller ceux qui s'endorment sur l'ouvrage. Il y en a surtout quatre qui ont l'air bien malheureux, étranglés qu'ils sont par une énorme chaîne qui leur serre le cou. J'aurais bien volontiers assommé le grand singe de surveillant et délivré ces pauvres malheureux. Le Commandant fait bien tout ce qu'il peut pour empêcher la traite des esclaves ; mais nous sommes encore trop jeunes conquérants pour imposer ici nos lois. Il ne faut jamais précipiter les réformes dans un pays nouvellement occupé. On doit avant tout respecter la religion, et ne toucher aux mœurs et aux coutumes que si elles sont par trop barbares. Le Commandant à cet égard est d'une habileté extrême ; il ne manque jamais de faire une prière avant de commencer un palabre, ou en le terminant, ce qui est du meilleur effet aux yeux de tous ces fanatiques et le fait passer pour marabout. Il a bien raison, ce n'est que par astuce qu'on dompte ces gens-là.

Pan. Pan. Deux formidables détonations viennent de retentir. Les noirs affolés sont cloués sur place de peur ; les femmes s'enfuient, abandonnant gouras, calebasses et béchena, et poussant des cris de peur. Pourtant, ce n'est rien qu'un bloc de rocher qu'on vient de faire sauter à la mine, là-haut sur la plate-forme. Un dernier regard à cette scène, et je vais au marché. Là, toujours grand bruit et grande animation. Les Tirailleurs ont déja fait connaissance avec une foule de gens qu'ils appellent par leur nom ; beaucoup d'entre eux sont installés en amis dans les boutiques des marchands de tabac et de cacaouettes. Ils racontent d'interminables histoires, sans quitter des yeux les tas de tabac ou de cauries qu'ils convoitent, et malheur au marchand occupé de son commerce dont l'attention se relâche un moment ; il n'en faut pas davantage pour qu'une poignée de cauries ou de feuilles de tabac disparaisse dans la chemise du Tirailleur qui sera tout fier, le soir à la veillée, de raconter le bon tour joué au nègre. Il y a aussi des perruquiers, et de très adroits même — relativement ! Ils vous prennent la tête à droite à gauche, avec brutalité, puis avec un vieux couteau, plus ou moins bien aiguisé, ils vous déchirent la peau pour enlever les poils. On ne paie pas cher, d'ailleurs, 10 cauries ; mais c'est bien assez pour un pareil travail.

Tout à coup, je suis interpellé par une bande de Tirailleurs qui me font signe de les suivre. Où vont-ils ? je n'en sais rien ; mais je serai bientôt renseigné. Après avoir suivi plusieurs rues tortueuses, où des gamins tout nus se roulent sur le sable, nous arrivons à une petite maison en terre presque perdue au milieu de paillottes abandonnées. La porte d'entrée est soigneusement close ; tous les alentours sont silencieux et déserts. Toc, toc ; un vieux tout gris et ridé, à la face tatouée et d'une laideur repoussante vient nous ouvrir. Mes Tirailleurs, en habitués de la maison, lui disent bonjour et s'engouffrent précipitamment à l'intérieur du réduit. Je les suis un peu songeur, me demandant ce que renferme cette maison mystérieuse. Après avoir traversé deux ou trois chambres sombres, nous arrivons dans une cour intérieure, où s'élève un superbe baobab, abritant de son ombre un groupe ravissant d'une dizaine de femmes, plus jolies les unes que les autres. « Ce sont nos femmes, me disent les Tirailleurs ; nous ne les laissons pas au camp, où peut-être quelqu'un nous les volerait : nous apportons ici du mil pour les nourrir et nous donnons au vieux quelques cauries pour les garder ; et comme cela nous sommes tranquilles. Elles nous aiment bien, ne veulent pas nous quitter, et comptent partir avec nous pour Kouka. »

Nous buvons un peu de lait ; les femmes se mettent à danser, accompagnées par les Tirailleurs qui jouent des airs kabyles sur des gouras et des calebasses, les seuls instruments de musique de ces dames noires. Nous fumons, assis en cercle sur des nattes, en regardant ces femmes s'agiter dans la poussière que leurs pieds nus soulèvent. Mais je remarque avec dégoût qu'elles ont toutes les dents rougies par le tabac et qu'elles font rouler dans leur bouche de formidables chiques. Décidément, les beautés de Zinder ont une vilaine habitude qui n'est pas de mon goût et dont je ne prendrai jamais mon parti. De temps en temps, un Tirailleur quitte sa place pour aller rejoindre sa dulcinée qui s'est éclipsée à nos yeux. Il n'en reste plus qu'un, assis près de moi ; je me lève, je lui serre la main en lui souhaitant beaucoup de plaisir, et sans oublier cette fois mon sac de cauries, je me dirige vers la porte. Je trébuche sur le vieux concierge qui dort étendu sur le sable en travers de la porte : « Toi partir ? me dit-il. — Oui, moi partir ; je n'ai pas la moindre envie d'avaler une chique ».

Il y a beaucoup de maisons de ce genre à Zinder. A Zengou, j'en connais une qui est encore plus curieuse. C'est une très jolie maison, aux murs élevés, avec une belle terrasse d'où l'on domine tous les environs, à côté de celle de Mallem-Yaro. Là habitent des femmes qui vendent leurs caresses pour quelques cauries ; elles ne sortent pas de chez elles ; mais ce qu'il y a d'original, c'est qu'elles ont à leur service des nègres qui viennent jusqu'au bivouac nous relancer, nous excitant par leurs paroles et leurs gestes, nous dépeignant les formes et la mignardise de ces femmes et le plaisir qu'on éprouve auprès d'elles. C'est ici un trafic très à la mode, et qui augmente de jour en jour. Toutes les femmes sont amoureuses ; il suffit d'avoir des cauries, et l'on est aimé.

A toutes ces maisons de joie, combien je préfère une bonne veillée au camp, au milieu de nos négresses, des femmes fidèles celles-là, ou à peu près, à leurs époux ; ce qui ne les empêche pas de nous divertir de leurs danses et de leurs chants. On se laisse bercer des heures entières par tous ces bruits. On rêve, on prie, on évoque la mère-patrie, et l'on songe à tous les plaisirs qu'on a quittés, aux jolies payses, aux bals où des orchestres vous entraînaient dans un tourbillon effréné. Mes narines frissonnent, je crois sentir le doux parfum qu'exhalent nos danseuses.... et je ne respire qu'un air infect, empesté de chair rance et de beurre fondu, sentant la négresse et le faisandé.

On passe aussi de bonnes soirées avec les amis qui ne manquent jamais la réunion du soir, au club de la « Boucle du Niger », toujours animé jusque vers 11 heures. Chacun raconte ses aventures et ses amours de la journée, ses déceptions et ses joies. On s'y console mutuellement, et on s'y retrempe l'âme. Puis, ayant repris courage, on chante sa petite chanson, vieux souvenir de café-concert ou de théâtre, mais surtout écho de France. Il nous faut si peu de chose pour nous amuser ; nous redevenons de grands enfants joyeux, après nos dures fatigues ; et, quand nous sommes ainsi rassemblés, nous ne demandons qu'à rire et à nous plonger dans l'oubli. La fumée de nos pipes, en petits nuages blancs ou bleus, monte lentement vers le ciel étoilé, emportant avec elles nos joies, nos chagrins et nos espérances.

Depuis que j'ai mon beau costume neuf, je ne l'ai pas encore blanchi, et il commence à devenir couleur de terre. Je voudrais bien le laver au puits, mais je n'ai pas d'effets de rechange. Pourtant, en transformant en chemise le morceau de bâche qui m'a servi de pantalon depuis Agadèz, et en m'improvisant un pantalon du même genre, cela me ferait deux tenues. Mais c'est bientôt dit ; faire une chemise ! Où trouver du fil et des aiguilles ? J'ai dans ma case un tellis, sac de toile servant à charger les chameaux. J'en effile quelques brins ; puis prenant sur un tallas une épine de 15 à 20 centimètres de long, j'en fais un poinçon pour percer des trous, où je passerai mon fil. Bien entendu, ma chemise n'aura ni manches, ni col. Une ouverture pour la tête et deux pour les bras, c'est tout ce qu'il faut, et ma garde-robe est montée.

Le Commandant a eu hier un entretien avec le serki et le Sergent Boutel. Il est question de pousser une reconnaissance vers Tessaoua, pour faire payer au Sultan de là-bas, des impôts qu'il nous doit, et pour rétablir un peu d'ordre dans ses Etats. Cette nouvelle anime le bivouac. Je voudrais déjà être en route pour sortir un peu de Zinder, où l'inaction me pèse. Jamais d'alerte : cette vie oisive ne me convient pas. Il me faut du mouvement, des combats et surtout du nouveau. A vrai dire, quand on marche, on voudrait s'arrêter ; et dès qu'on stationne, on voudrait repartir. Au rapport de ce matin, nous apprenons qu'un Tirailleur a été puni très sévèrement par le Commandant. Qu'avait-il donc fait ? Il était tout simplement allé chez le Serki, lui demander l'aumône de quelques cauries, pour faire comme ses Camarades plus riches que lui... un peu la fête ! Ce n'était peut-être pas très grave, mais la dignité militaire française était compromise.

Il est 10 heures : voici les longues files d'esclaves qui apportent les pâtées pour le repas du matin. Je vais comme d'habitude à la distribution. Les plats sont alignés. Je préside au tirage au sort et je me rends chez mon ami Delaporte qui m'a invité à déjeûner. — « Bonjour, Delaporte ! Ta femme et tes mioches vont-ils bien ? — Tiens, regarde s'ils sont beaux ! » En effet, je les vois tout habillés de blanc, au milieu du fouillis de bâts et de peaux de boucs qui encombrent la case. On installe un vieux sac sur le sable ; la chipotta, petite guerba d'eau fraîche, est apportée et suspendue à un piquet destiné à cet usage ; nous nous asseyons les jambes croisées, en tailleurs, et le repas commence. Nous sommes servis par sa charmante épouse, qui ne manque jamais de saluer, à chaque plat qu'elle apporte. Du mouton, rôti et en sauce, des oignons frits et des des haricots font ainsi leur entrée. Nous puisons à la fois dans tous les plats qui sont fortement pimentés, et, de temps en temps, nous buvons à la régalade une lampée d'eau pour apaiser le feu de notre gosier. Les deux gosses se sont approchés de la table ; ils barbottent à pleines mains dans les plats. L'huile et le beurre ruissellent sur leurs joues : ils sont dégoûtants, mais nous font bien rire et ne nous empêchent pas de continuer notre repas.

Il est charmant, ce déjeuner de famille. Il nous rappelle la bonne chère de France ; la soupe au lard, le cidre capiteux pétillant dans les verres, et la chère maman aux petits soins pour son fils auquel elle pense sans doute, le croyant mort peut-être. —

« Hélas, que ce bon temps est loin ! Reviendra-t-il un jour ? Ah, si jamais je revois la maison que j'ai quittée, de quel appétit je ferai honneur à tous ces plats ! Mais pour l'instant, puisque ce n'est qu'une vision, jetons-nous à corps perdu, pour oublier, dans l'existence qui nous est faite. Mangeons, buvons, chantons ! C'est notre vie d'à présent ; ne cherchons pas à pénétrer l'avenir et ses misères, ne songeons qu'à jouir du présent. — Allons Delaporte, une pipe, et fumons ! Blaguons, racontons nous quelque histoire qui nous mette un peu de gaîté au cœur. Peut-être que demain nos têtes coupées seront promenées, plantées au bout de piques, en trophée par ces noirs ! — Oui, tu as raison, et je suis ton conseil ; faisons donc la noce aujourd'hui ! Eh, la Femme ! A cet appel, la négresse un peu interloquée de notre bruyante gaîté, s'approche et se met à genoux pour attendre les ordres. Mon camarade lui remet un bouthyr qu'il a gagné en réparant les effets des membres civils de la Mission, et lui dit : « Va au camp des Sénégalais et dégrouilles-toi ! Dolo illa ; ils ont du dolo : rapportes-en. » La négresse prend son dernier né par un bras ; et, comme elle aurait fait d'un paquet de linge, le jette sur son dos, le ficelle avec un morceau de toile, et, d'un pas rapide, quoique lourd, se dirige du côté du fort.

Pendant ce temps, nous nous installons afin d'être plus à l'aise pour déguster le délicieux breuvage. La négresse ne tarde pas à revenir, portant sur sa tête une goura toute pleine ; on fait un trou en terre pour recevoir le récipient et le maintenir d'aplomb ; nous allumons nos pipes aux tisons du foyer, et tout en buvant, nous échangeons les propos de circonstance à la fin d'un tel repas. « Dis-donc, mon vieux, ne sommes-nous pas heureux ainsi ? Est-ce que beaucoup de gens sur terre ne voudraient pas être à notre place, au milieu de tous ces noirs et de toutes ces négresses ? Je n'avais jamais espéré que notre vie en campagne pût être aussi agréable et aussi mouvementée. Combien je préfère être ici, dans ce petit Paris Soudanais, plutôt que dans une morne garnison, à commander des *à droite* ou des *à gauche.* — Oui, c'est bien mon avis, disait mon camarade. Dans ces pays hostiles, on apprend à aimer et à se souvenir ; on éprouve et on comprend les nobles sentiments, niés et méconnus ailleurs, qui nous mènent sans effort à accomplir notre devoir. Les mots de France et de Patrie vibrent à nos oreilles avec le doux murmure d'une voix adorée. On est heureux d'être Français et de voir nos trois couleurs flotter sur le minaret ; on est fier d'être soldat, et de contribuer de ses peines, au besoin de son sang, à l'accomplissement de la tâche commune. — A ta santé, mon cher, tu es trop sentimental aujourd'hui ! Buvons donc à nos prochaines batailles, et à notre Commandant, toujours victorieux. Le bruit court d'ailleurs que nous partons demain en reconnaissance. Un dernier verre, et allons aux renseignements. »

Devant la case du Commandant, une foule de noirs se pressent, se bousculent pour avoir une bonne place au palabre. Lui est là, drapé dans un burnous écarlate, un chapelet dans les mains ; il a l'air pensif et semble prier. Qu'il est beau, dans cette attitude, notre Chef ! Ne dirait-on pas un saint en extase ? Mais si l'on pouvait voir à travers son lorgnon, on verrait briller dans ses yeux une flamme de ruse et d'ironie. Qu'il doit rire en lui-même de ces gens attentifs à ses moindres signes, comme pétrifiés devant lui. Certes, il sait bien les hypnotiser, ces gaillards tout retors qu'ils sont, et les faire trembler d'un geste et d'un regard. Je n'ai jamais vu pareille scène, à la fois grandiose et comique. Un silence de mort plane sur cette foule, en attendant que le Commandant parle. Il commence la prière : tout le monde l'imite. Puis, prenant la parole, il s'adresse au Serki et aux notables de la ville. A chaque phrase prononcée, l'interprète se tourne vers la foule et traduit ses paroles en langue haoussa. Les nègres répondent par des « Yos » formidables, en signe d'approbation.

Ce palabre dure plus d'une heure et se termine par une prière. Le Sultan se lève, salue en portant sa main droite à hauteur de son oreille, puis majestueux, d'un pas lourd et nonchalant, digne de son rang souverain, il s'approche de son cheval, dont la selle a été, pendant l'entrevue, recouverte d'une housse. Ses esclaves le saisissent respectueusement, et, avec mille précautions, le mettent en selle. La musique prend la tête du cortège et, suivi d'une foule hurlante de noirs, le Sultan prend le chemin de son palais. Sur son passage, hommes et femmes se prosternent et se jettent du sable sur le corps en témoignage de soumission.

Ordre est donné à un détachement de 150 hommes de partir demain pour Tessaoua. On prépare rapidement les ustensiles et le matériel, les guerbas pleines d'eau, et les bâts pour les chameaux. Tout est visité soigneusement pour que rien ne retarde le départ, qui aura lieu de bon matin. Les chameaux sont amenés au camp ; chaque section reçoit ceux qui lui sont destinés. Après quelques courses à la poursuite des récalcitrants, nous les faisons berrequer près de nos gourbis, et nous leur entravons les jambes de devant. Chaque homme reconnaît l'animal qui le portera demain matin, les bâts sont placés près des montures, il n'y a plus rien à faire qu'à attendre. Je n'ai vraiment pas de chance, c'est le vieux Kassoum, le Caporal de la 8ᵉ escouade qui part avec le Sergent Belin ; je vais être forcé de rester là, à garder les femmes et les gosses ; ce n'est guère amusant, et voilà déjà vingt jours que je fais ce métier-là. Enfin, prenons la chose du bon côté, puisque nous n'y pouvons rien changer. Peut-être trouverai-je ici des distractions ? Après une petite causerie avec Belin, heureux de partir à de nouvelles aventures, je m'endors, enfoui dans ma tellis.

20 Novembre. — « Allons, debout, s'écrie le Lieutenant bien avant le jour. Nous partons, hâtez-vous ». Tout le monde se lève, ceux qui restent comme ceux qui partent, et tous travaillent à bâter les bêtes de somme. Un coup de sifflet retentit, mais le départ est laborieux ; les maudits chameaux sont impossibles à tenir ; ils se sauvent de tous côtés avec des ruades et des grognements. Plusieurs hommes sont suspendus au bât par une jambe et emmenés ainsi à travers le camp, ou même à travers la haie d'épines qui l'enclot. La sangle du Caporal Ménage n'est pas assez serrée, et le bât est en arrière de la bosse, presque sur les cuisses ; aussi il faut voir la position du cavalier, qui a les pieds plus hauts que la tête et qui ne tient que par quelques poils. Mais il ne lâchera pas prise ; car s'il tombe, adieu le chameau, et il ferait l'étape à pied ! Enfin, tant bien que mal, la reconnaissance se met en route, escortée par des Spahis soudanais et quelques cavaliers de Zinder. « Au revoir, les amis, bonne route ! Moi, je reste ici à garder vos femmes. N'ayez pas peur, je veillerai bien ». Comme il fait encore nuit, je retourne à mon gourbi où mon sac de couchage est encore chaud. J'y rentre mes pieds et je m'endors d'un sommeil agité de cauchemars où les maudits chameaux me persécutent.

Dès que le jour paraît, nous réparons les dégâts causés par le départ nocturne. Les corvées d'eau se rendent au puits de Zengou, et le bivouac reprend son calme habituel. Après le repas du matin, composé comme toujours de bouillie de béchena et de mil, je vais au camp des Sénégalais trouver mon camarade de l'autre jour, le Caporal boucher de l'abattoir, et je lui demande une peau de bœuf que je vendrai pour me procurer quelques cauries. Il me reçoit très amicalement ; mais, n'ayant pas de peau de bœuf, il m'en donne cinq de moutons que je vais aussitôt vendre à Zinder. Je rentrais tranquillement au camp, lorsque je rencontre la femme de mon ami le Sénégalais, que je n'avais pas vue depuis la nuit de l'incendie. « Bonjour ! me dit-elle. Toi venir case avec moi. — Oui, certes, avec plaisir » et je l'accompagne jusque chez elle. Après m'avoir fait asseoir et boire une tasse de lait, elle me dit tranquillement : « Lui, parti avec Commandant ; moi aimer toi beaucoup ! » A ces mots, je lui saute au cou et je l'embrasse ; mais d'un mouvement rapide elle m'arrête et me fait comprendre qu'il faut se taire : « Que faire alors ? Il faut donc que je ne revienne jamais ici ? — Non ! ici jamais. Mais demain, viens au marché, j'y serai ». Là-dessus, je la quitte, plein d'espoir, et je rentre au camp.

A la porte du bivouac, je m'arrête pour écouter des nègres qui chantent une mélodie douce et traînante. Je ne sais d'où viennent ces gens, mais leur musique rappelle un peu certains airs espagnols. De temps en temps, je leur jette quelques cauries pour les encourager et faire durer le plaisir plus longtemps. Un musicien se détache du groupe et exécute une danse qui ne ressemble à aucune de celles que j'ai vues dans ces pays-ci : le pas en est plus gracieux, plus souple et plus rapide. Le danseur m'a distingué comme le seul blanc du groupe qui l'entoure ; aussi, ne manque-t-il pas de me saluer à chaque instant. Il ne danse que pour moi, ne me quitte pas des yeux, et n'arrête pas de me dire : Commandant ! Commandant ! Je lui ai déjà jeté plusieurs poignées de cauries, mais cela ne lui suffit pas ; à présent, il me crie : « Bouthyr, bouthyr ! — Ah ! pour des bouthyrs, cala, cala, babo ! » Je fais demi-tour, et je le laisse à ses lamentations.

Vers 5 heures du soir, je vais avec plusieurs hommes de mon escouade, aux puits de Zengou emplir quelques guerbas et prendre une douche. Nous cheminons d'abord sous de gros jujubiers, puis, le long de Zengou, à travers des jardins où poussent le tabac et le piment. Du tabac, il ne reste que les tiges, les feuilles ont dû être enlevées par un Tirailleur en maraude. Nous arrivons au puits, creusé au milieu d'un jardin qu'entoure une haie d'épines. Un nègre, accroupi dans un coin, veille sur des plantes de tabac qui commencent à fleurir. Nous remplissons rapidement nos outres et nous prenons une bonne douche. Plusieurs esclaves profitent de notre présence au puits pour nous faire remplir leurs gouras. C'est un spectacle original, que ces quatre grands diables tout nus, véritables squelettes, tirant sur une corde, au milieu de ces négresses qui rient de bon cœur. Mais ces scènes-là sont si fréquentes qu'on finit par n'y plus faire attention. Nos guerbas sur le dos, nous reprenons la route du bivouac, où un joyeux tam-tam se fait entendre.

Dans le gourbi de mes hommes, je trouve un Targui, un jeune et vigoureux garçon, qui vient à moi et qui me demande s'il est bien vrai que je sois musulman. Je lui dis que oui et je lui récite plusieurs prières. Il est visiblement étonné, mais il insiste, et me dit qu'il ne peut me croire que si je lui montre que j'ai été « baptisé » comme eux. Naturellement, cela m'est impossible ; et je refuse de me prêter à cette visite ; mais il ne démord pas de son idée et veut absolument savoir, si nous autres blancs, nous sommes bien des fidèles. Je lui affirme qu'à la Mission nous sommes tous musulmans, et je l'engage à revenir le lendemain s'il veut être convaincu. Depuis, je n'ai jamais revu cet homme ; et j'aurais eu soin de l'éviter si je l'avais rencontré.

A Zinder, il y a des théâtres guignols. On voit souvent, sur les places ou les marchés, des musiciens touareg qui accompagnent, de leurs roulements de tambour, un camarade. Celui-ci, couché sous une gandoura, fait mouvoir des marionnettes par l'ouverture du cou. C'est très primitif, mais amusant quand même ; et l'on passe de longs moments à regarder s'agiter ces deux ou trois morceaux de bois enveloppés de chiffons et terminés par une grosse boule, affreuse, informe, prétendant ressembler à une tête.

Les membres du club sont peu nombreux ce soir ; les uns font partie de la colonne ; d'autres ont préféré passer la soirée près de leur épouse. Nous ne sommes guère que trois ou quatre. On parle surtout du prochain départ pour le lac Tchad, des chevaux que nous aurons peut-être pour faire la route. Nous deviendrons cavaliers après avoir été chameliers et âniers. Qu'importe, pourvu que nous allions de l'avant ! Quel métier ne ferions-nous pas pour revoir un jour la France ! Je bourre encore une fois ma pipe et je souhaite le bonsoir à mes camarades, puis avant de me coucher, je me promène autour du camp, la tête pleine des événements de la journée, et bien sûr qu'une fois couché, je ne manquerai pas de rêver à l'entrevue qui m'attend demain avec ma jolie Sénégalaise.

21 Novembre. — C'est sur cette même pensée que je me réveille ; je fais rapidement un brin de toilette, Je frise ma moustache, et je m'achemine vers le marché. Elle y est déjà, qui m'attend. « Bonzour, me dit-elle, viens ! » Nous rentrons dans Zinder, et quelques instants après, nous sommes dans une hutte très propre, appartenant à une vieille aveugle pauvre et déguenillée. C'est ici que nous nous verrons tous les jours quand le soleil commencera à baisser. Portant son doigt à ses lèvres, elle me fait signe de conserver ce secret pour moi. Je l'ai si bien gardé, ce secret, qu'il m'a fallu écrire ces pages pour le divulguer, et que c'est ici le premier aveu que je fais de cette liaison, d'il y a quatre ans déjà ! Je passe un moment avec elle, et je la quitte en lui promettant de ne jamais manquer au rendez-vous. Ces charmantes soirées durèrent jusqu'au retour de son mari, qui, dans sa joie de me revoir, me combla de cadeaux razziés au cours de la reconnaissance sur Tessaoua.

Maintenant que ce temps est déjà loin, souvent le soir, dans ma garnison d'Algérie, je laisse aller ma pensée vers ces pays que j'ai tant aimés, sans doute parce que j'y ai tant souffert, et je me prends à les regretter, comme là-bas je regrettais la France, plus amèrement peut-être encore, parce que j'y songe sans espoir de retour, alors que là-bas la volonté de revoir ma Patrie me faisait triompher de toutes mes misères ! C'est qu'aussi là-bas l'exil et les privations m'ont appris de quel amour profond les joies du foyer, le Drapeau et la France méritaient d'être aimés, que j'y ai reçu le baptême du feu, entendu siffler les balles et vu tomber mes camarades à mes côtés ; c'est là-bas, enfin que j'ai connu la noble fierté du péril affronté et du devoir accompli.

Eh bien, de tous ces souvenirs glorieux, j'avoue qu'il n'en est aucun qui me soit aussi cher que celui de ma petite amie de Zinder, toujours vivante devant mes yeux. Je me rappelle les moindres détails des heures passées près d'elle. J'entends encore sa voix si douce murmurer à mon oreille : « Je t'aime ! » Je la sens toujours palpitante dans mes bras. Mes lèvres sont encore brûlantes de ses caresses et de ses baisers.

Ah, pourquoi de tous ces instants ne reste-t-il qu'un lointain souvenir ; ou plutôt, pourquoi ce souvenir ne s'est-il pas évanoui, emporté par le temps, au lieu de me poursuivre, de me harceler de regrets ? Je voudrais les revoir, ces chers pays, revivre un peu cette vie d'aventurier ; et pourtant, je craindrais de n'y plus trouver les sensations de jadis, les premières impressions de ma jeunesse. Que ma destinée s'accomplisse donc ! A quoi bon former des vœux stériles ? Ces heures de souffrance et d'amour, ces combats sont finis pour jamais ! Soit. Ma consolation suprême sera d'y rêver quelquefois, et de pleurer sans amertume sur ce passé lointain !

Mes distractions journalières ne varient pas beaucoup. Chaque jour, je passe un moment à bavarder avec ma négresse de France qui m'apporte un petit pot de crème. Je flâne d'une section à l'autre, et chez les Sénégalais, où je suis toujours bien reçu. J'aide aussi mon Lieutenant qui travaille au lever du plan de Zinder. Partout on nous fait le meilleur accueil ;

les noirs nous apportent du lait et de petits pains de gracas. C'est un grand honneur pour eux de les faire accepter au Lieutenant. Nous visitons les recoins les plus cachés ; partout les habitants nous souhaitent la bienvenue, nous font fête et nous serrent la main.

Notre ancien blessé d'Aoudéras est venu nous rejoindre. Il nous apprend qu'on se bat dans le Damergou. Il est sans armes et demande à rester avec nous ; on le lui accorde. Le soir, à la veillée, la musique et les danses font toujours fureur.

Une vieille Soudanaise nous apprend à fabriquer du savon et de l'huile de cacaouettes. Voici ses recettes : Pour le savon, elle ramasse des cendres qu'elle fait bouillir longtemps dans une goura pleine d'eau. Elle passe cet eau pour la débarrasser des cendres et la remet à bouillir dans la goura. Elle y ajoute ensuite de la graisse de mouton qu'elle délaye jusqu'à ce que le mélange ne forme plus qu'un bouillon épais et très gras. Elle laisse refroidir le tout qui forme une masse compacte. Le savon est fait, il n'y a plus qu'à le pétrir en boule. Ce savon, à vrai dire, laisse le linge un peu gras, mais il le nettoie, ce qui est l'essentiel. Pour faire de l'huile, on fait d'abord griller un grand nombre de cacaouettes qu'on pile ensuite dans des mortiers ; enfin, on les pressure jusqu'à ce que l'huile en sorte.

Un jour, un Tirailleur joua un assez vilain tour à cette négresse ; elle était précisément en train d'achever la fabrication d'une goura de savon, quand l'homme, la prenant par les jambes, lui plongea tout le haut du corps dans sa marmite. Elle en sortit la figure toute graisseuse, jurant, criant après tout le monde ; il fallut s'éloigner, car tout ce qui lui tombait sous la main devenait un projectile : calebasses, pilons, gamelles, marmites, tout voltigeait ; elle était folle de colère. Un pauvre Tirailleur qui n'était pour rien dans l'affaire étant passé à proximité, elle l'empoigna de ses deux bras robustes, et il dut lutter avec elle pour se défendre. Gandoura, pagne, tous ses vêtements étaient tombés, elle ne s'en apercevait pas. Le Tirailleur finit par la coucher à terre : elle écumait de rage d'être vaincue ; ses yeux étincelaient ; on eût dit une vraie tigresse. Nous autres, nous avions formé le cercle et nous ne cherchions qu'à exciter les combattants. Enfin, à bout de forces, elle cessa de lutter et s'enfuit chez elle en poussant des hurlements de chacal.

Le plan de Zinder est terminé ; je suis maintenant maître cordonnier, ou plutôt bottier. J'emploie de la peau de bœuf, bien salée, que j'enterre dans le sable humide pour qu'elle ne durcisse pas, et des peaux de chèvre (fillali). J'ai pour outils un couteau et trois alènes. Deux hommes travaillent sous ma direction : ils cousent les semelles ; moi, je découpe les tiges et les empeignes. Assis tous les trois dans mon gourbi, nous travaillons joyeusement en chantant de vieux airs du pays qui font paraître la journée courte. Nous sommes pleins d'ardeur, et, si nous ne sommes pas encore très habiles, nous arrivons tout de même à donner à nos produits, l'aspect de bottes. Nous mettons des renforts aux talons, et nous entourons les œillets de petits ronds de cuir bleu ou blanc ; c'est original, luxueux même. Pour battre le cuir, nous avons deux grosses pierres qui servent, l'une de table, l'autre de marteau. Nous découpons de longues lanières de cuir qui remplacent le fil poissé. Quand une botte est terminée, on la remplit de sable pour lui donner une forme. Quelle forme ! Impossible de s'en faire une idée. J'en ris encore quand j'y pense. L'une ressemblait à un énorme pied d'éléphant tout rond ; l'autre avait le bout plus large que le talon ; et d'aucune on ne pouvait dire qu'elle fût du pied droit ou du gauche ! L'atelier s'emplissait ; il y avait des bottes partout, pendues au plafond, accrochées à la muraille ; les unes blanches, les autres rouges. Il y en avait pour tous les goûts, et aussi pour tous les pieds, de la plus petite à la plus grande pointure. A côté de chez moi, est un atelier de confection de guerbas ; les ouvriers sont aussi très gais et chantent sans cesse. Les Tirailleurs qui ne sont pas employés à ces travaux, passent leur temps à jouer au loto ou à taquiner les marchandes esclaves qui rôdent dans le camp.

Tous les soirs, à 4 heures, le travail fini, je vais à Zinder me reposer auprès de mon amie, qui ne manque jamais de m'apporter quelque chose à manger. Ces beaux jours ne devaient pas durer longtemps. Nous apprenons que le Commandant va bientôt revenir, qu'il s'est procuré des chevaux pour lesquels nous allons confectionner des selles, et que nous ne tarderons pas à partir pour le lac Tchad. A cette nouvelle, j'ai les larmes aux yeux, car j'ai pris goût au séjour de Zinder, où je me suis organisé une existence idéale. Plusieurs noirs, montés sur de superbes chevaux arrivent au camp ; ils viennent de Tessaoua où se trouve le Commandant ; ils nous apprennent qu'il y a des daquis (chevaux) en grand nombre et que nous serons tous montés. Je me demande quel cavalier je vais faire. Je veille assez tard à causer avec mes hommes, de ces chevaux que nous allons avoir, des galops et des charges que nous allons nous payer. On parle aussi des chutes, qui seront sans doute nombreuses, car la plupart des Tirailleurs, en tant que Kabyles, n'ont connu chez eux, comme montures, que de modestes bourriquots.

La fabrication des bottes et des outres continue, plus active que jamais. N'ayant plus de fillali, je demande à mon Lieutenant de l'argent pour en acheter chez Mallem-Yaro. Il me donne un bouthyr, et me voilà parti chez ce personnage, le plus riche négociant de la contrée, et le plus influent conseiller du Serki. Avant d'entrer chez lui, je visite un peu Zengou, que je ne connais pas. Presque toutes les maisons sont en torchis, comme à Zinder. Les rues sont étroites, mais propres. Des autruches en liberté se promènent dans les cours des maisons. Les paillottes sont nombreuses, mais elles sont presque toutes bâties en dehors de l'agglomération des maisons. Je parcours des rues tortueuses, entre des murs élevés. Beaucoup d'esclaves, couchés par terre, semblent dormir ; mais à mon approche ils se lèvent et me tendent la main. La plupart des habitants appartient à la race des Touareg Kélouis, à la face voilée. On ne se sent pas à l'aise ici comme à Zinder ; ces Touareg, armés jusqu'aux dents, n'inspirent guère confiance. Au lieu de la familiarité nègre, ils affichent une froideur qui confine au mépris. Zengou est situé à 1.500 mètres environ de Zinder, et le chemin qui va de la ville au faubourg, à travers les plantations de béchena, est une vraie promenade.

Devant la porte de Mallem-Yaro, je trouve une foule de gens : des marchands tripolitains, des juifs, des chameliers, qui attendent la sortie du négociant pour lui parler d'affaires ou lui demander l'aumône, car Mallem-Yaro est très généreux et très bon pour les pauvres, auxquels il distribue chaque jour de grands plats de viande, de béchena et de haricots. Je pénètre dans la maison. La première salle que je traverse est encombrée de tas de cauries, que dix à douze nègres sont occupés à compter. Voici comment ils s'y prennent : ils tracent, avec la main, des sillons dans le tas de coquillages, ils les groupent cinq par cinq avec une rapidité vertigineuse, et il est bien rare qu'ils se trompent. J'arrive ensuite dans une cour où des indigènes sont assis, en attendant leur tour d'audience. Je me fais annoncer par un grand nègre, à la stature herculéenne, qui revient bientôt me dire d'entrer. Je pénètre alors dans un petit réduit sombre, où Mallem-Yaro est assis sur un coussin brodé de rouge. Je lui tends la main, je fais les salutations d'usage, et je m'assieds à côté de lui. Je lui explique le but de ma visite, puis, nous causons de choses et d'autres. J'amène la conversation sur la France et je lui raconte diverses anecdotes qui lui font pousser des yos formidables. A part cela, il ne dit pas un mot, mais ne me quitte pas des yeux.

J'ignore le fond de ses pensées, mais il paraît satisfait de mon récit, car il m'offre de prendre du thé avec lui.

On nous apporte donc deux tasses de thé fumant ; tout en buvant, je continue à lui parler de tout ce qu'on voit en France ; puis nous parlons de mes peaux de fillali : je lui en achète six. Après quoi, je me lève, je lui serre la main et je me retire. En retraversant la chambre aux cauries, je fus tout surpris de voir un nègre m'en présenter un plein sac en me disant : « Mallem-Yaro ». Je le pris, puisque c'était un cadeau, et je sortis rapidement pour aller compter ma fortune : il y en avait 2.500, c'est-à-dire pour 2 francs 50 environ. Allons, encore de quoi acheter du nounou, des berlingots et de la dongoulé ! Rentré à l'atelier avec mes peaux, j'active l'ouvrage, car le retour du Commandant et notre départ pour le lac Tchad sont prochains.

Vers 4 heures, un premier convoi de 30 chevaux conduits par des noirs nous arrive. Le capitaine Reïbell, assisté de quelques Tirailleurs arabes qui se connaissent en chevaux, les examine pour voir s'ils sont propres au service, et il n'en accepte que dix-sept. Les autres sont trop faibles ou trop maigres. Les chevaux reçus sont répartis entre les sections, mis à la corde et surveillés par un Tirailleur qui prend la garde d'écurie. Notre métier de cavaliers commence. Un joli petit cheval noir, très gras, m'est affecté ; j'en suis enchanté, ce sera un ami pour la route : je vais d'abord le baptiser. Quel nom pourrais-je bien lui donner ? Tiens, pourquoi pas « Yamina » en souvenir de ma conquête d'Agadèz ? C'est un étalon ; mais peu importe : le nom me plaît, je le lui laisse.

On prévient le Sultan qu'il aura à nous fournir un grand nombre de selles, car nous serons tous montés. Mallem-Yaro se charge de cette communication et se rend immédiatement auprès du Serki. Quelques heures plus tard, on nous apporte des selles ; le

Capitaine Reïbell les examine et en achète un grand nombre, aussitôt distribuées pour être réparées. Je n'ai pas de chance : la selle qui m'échoit est dans un état lamentable ; les coussins sont plats comme des galettes ; le pommeau, en forme de col de cygne, est cassé ; il faut que je tire parti de tout cela. Je ne suis pas embarrassé pour si peu : je taille quelques lanières de peau de bœuf et je me mets à l'ouvrage. Je m'occupe ensuite de la bride et du harnachement, je veux que mon daqui soit coquet, bien équipé, et que chacun dise en le voyant : « Yamina, qu'il est beau ! Quelle jolie bête ! » Mes bottes sont terminées ; je fabrique maintenant des musettes pour donner le béchena aux chevaux. Matin et soir, nous les conduisons à l'abreuvoir, deux par deux, opération dangereuse pour nous qui ne sommes guère adroits. Nous les laissons bêtement s'approcher l'un de l'autre. Ils se mordent, ruent, souvent nous échappent ; et il n'est pas facile après de les reprendre.

Chaque matin, maintenant, nous prenons une leçon d'équitation. Il faut nous voir, l'air penaud, courbés en deux sur notre selle, un genou plus haut que l'autre, aussi grotesques que Don Quichotte sur Rossinante, mais aussi fiers que lui. Nous sommes enchantés d'être devenus cavaliers, de faire des voltes et surtout des marches en bataille au trot et au galop ! Souvent on mord la poussière, entraînant parfois la selle avec soi. Les camarades rient et se moquent de vous ; mais on leur rend la pareille, quand vient leur tour, ce qui ne tarde pas. Quand le galop est trop allongé, je ne peux pas m'empêcher de saisir à deux mains le pommeau de ma selle pour ne pas tomber. J'ai l'air capon ; mais tant pis, j'aime mieux cela que d'aller m'allonger sur le sable. D'autre fois, je tire mal à propos sur les rênes ; mon cheval me conduit alors dans les tallas : j'en sors la figure en sang et les effets déchirés. De colère, j'éperonne ma monture qui s'emballe. Je me raccroche où je peux, et, secoué comme un sac, je

Le pansage

galope au milieu de mes camarades qui excitent encore mon cheval. Affolé, il court de tous côtés sans que je puisse l'arrêter ; enfin je lâche tout, et je tombe à terre comme une masse. Mon pauvre derrière est en sang. La selle est si mal rembourrée que le bois m'entre dans les chairs. Je suis un bien infortuné cavalier. Moi qui croyais que c'était si facile de monter à cheval, de trotter, de pousser une charge ! Ah non, ce n'est pas si commode que cela ! Mais patience. Un jour viendra où je serai plus habile ; d'ailleurs je ne suis pas le seul : presque tous mes amis sont aussi maladroits que moi.

Après la promenade, nos chevaux sont mis à la corde et le pansage commence : là aussi, nous sommes novices. On gratte trop fort l'animal qui regimbe et cherche à envoyer des coups de pied. On crie : le cheval tire sur son entrave et l'arrache ; il se sauve dans le camp, mettant le désarroi dans les autres sections qui le reçoivent, les chevaux à coups de pieds, les hommes à coups de bâtons. Les autres chevaux prennent peur et s'échappent aussi. Alors commencent des courses folles à travers les gourbis, les bagages et les cuisines. Les marmites sont renversées, les cuisiniers se fâchent, les gardes d'écurie s'arment de bâtons. Tout le monde crie, tout le monde court ; c'est un désordre inexprimable, mais bien amusant. Les écuries sont toujours tenues très propres. Matin et soir, la ration est donnée aux chevaux, qui seront bien vite habitués à l'heure militaire.

22 Décembre. — Le Commandant annonce son retour pour demain matin de bonne heure, nous préparons tout pour aller à sa rencontre. Il paraît que le capitaine compte nous faire manœuvrer un peu pour lui montrer nos talents. Je vois d'ici la manœuvre ; elle sera agrémentée de nombreuses culbutes. Enfin, usons de suif et armons nous de courage. Pour rehausser ma tenue, et me donner l'air d'un vieux cavalier, je mets une plume d'autruche à mon chapeau, le long du bord gauche relevé. L'autre côté est rabattu pour imiter un chapeau de mousquetaire Louis XIII. Je me regarde dans ma glace pour me rendre compte de l'effet ; et je n'en suis pas trop mécontent : avec ma barbe tordue en pointe et mes longs cheveux, j'ai une tête à la d'Artagnan. Satisfait de mon œuvre, je dis bonsoir à Yamina qui dort déjà sur le sable, et je vais de mon côté me plonger dans les rêves.

23 Novembre. — « Allons, me dit mon Lieutenant, la journée va encore être chaude ; le soleil est à peine levé qu'il nous grille déjà la peau. — Ça ne fait rien, mon Lieutenant ; mais pourvu que je ne me casse pas le cou dans la manœuvre de ce matin ! — Mais non, il n'y a pas à avoir peur ; tenez-vous là-dessus comme si vous n'aviez jamais fait autre chose dans votre vie. — Oui, mon Lieutenant, c'est vrai ; n'empêche qu'au premier galop je vais crier comme Cugusse : A moi le pommeau ! » Becbec, le gros Caporal français de la 7ᵉ escouade se lamente ; monter à cheval lui cause de cruelles souffrances ; il est tout en sang. Pauvre ami ! ce n'est donc pas assez d'avoir tant souffert des pieds le long de la route ; il faut maintenant souffrir d'ailleurs ! Je crois qu'une fois rentrés en France il ne nous restera pas un coin de peau qui n'ait eu sa part d'écorchures. Dame, à la guerre comme à la guerre. Plus tard, au coin d'un bon feu, en fumant sa pipe, on racontera tout cela aux petits enfants du pays ; ce sont des souvenirs qui restent, ceux-là !

« Allons ! A cheval ! » crie le Capitaine. Nous nous accrochons, pour nous enlever, à toutes les parties du harnachement, car nous manquons de souplesse. Nous allons au petit galop jusqu'à 700 ou 800 mètres au delà du lac situé à l'ouest de Zinder, sans apercevoir le Commandant, et sans voir aucune trace de chevaux ou de chameaux. Pour se renseigner, le Capitaine avise un nègre qui lui répond que la colonne est passée et doit être arrivée au bivouac.

Demi-tour alors, et en avant ! D'abord au trot, puis au galop ; et, l'allure s'allongeant, nous sommes bientôt à la charge. Impossible de tenir nos montures. Les chevaux des sections de queue s'excitent et veulent rattraper ceux de tête qui ne veulent pas se laisser dépasser. Aussi, notre troupe est une vraie mêlée qui passe comme un ouragan. Mon gros Becbec embrasse le cou de son cheval, et nous montre une magnifique pleine lune. Quand à moi, j'ai un pied sans étrier et l'autre sans chaussure : je fais des bonds formidables sur ma selle qui me meurtrit les chairs, et j'ai tout lâché pour saisir à deux mains le pommeau. Je ne sais que faire pour éviter la chute fatale, et je suis loin d'être à la fête sur mon daqui. La charge aurait encore duré longtemps si le camp n'était tout à coup apparu devant nous. Les Officiers qui sont en tête ralentissent, et nous reprenons tant bien que mal nos places pour rentrer en ordre ; je tire sur mes rênes en me tenant debout sur mes étriers pour éviter le pénible contact de la selle.

Le Commandant ne peut s'empêcher de rire en nous voyant, et ma foi, le coup d'œil en vaut bien la peine. Tous nos camarades de la reconnaissance sont là. On se serre la main. « Comment vas-tu ? Qu'as-tu rapporté ? » C'est la première question qu'on pose à chacun. Les femmes des arrivants sont en grande toilette, et toutes joyeuses : leurs maris leur ont donné, qui un pagne, qui une paire de sandales, qu'elles se sont empressées de revêtir pour fêter cet heureux retour. Mon Sénégalais vient m'inviter à dîner pour ce soir. Il a, paraît-il, un cadeau à me faire. J'accepte, tout en me demandant si le gaillard n'a pas appris le tour que je lui ai joué, et s'il ne veut pas me faire un mauvais parti. Enfin, faisons toujours bonne contenance. Pour le moment, le camp est un vaste marché ; le Commandant répartit entre les sections les 250 ou 300 chevaux qu'il a ramenés. On les marque au fer rouge sur la croupe ; le Lieutenant fait ensuite la distribution aux hommes :

chacun reçoit une monture, cheval ou méhari. On donne ensuite aux cavaliers les selles, les harnais et les bottes ; il faut nous voir, une fois chaussés. Elles sont trop grandes et trop larges, et comme le renfort du talon n'est pas assez rigide, au bout de quelques heures de marche, le talon se place sous la plante du pied, et le bout file en avant, nous allongeant démesurément le pied.

Sitôt mon travail terminé, je vais chez mon Sénégalais casser la croûte. Il me reçoit à bras ouverts, et me fait voir les belles choses qu'il rapporte de là-bas. Il m'offre un superbe pantalon et une gandoura que j'accepte sans me faire prier, et tout en jetant à la dérobée un coup d'œil malicieux à sa femme. Son regard me répond : « Il ne sait rien, n'aie pas peur ! » Le repas est gai ; on parle de Tessaoua. Le Sénégalais m'apprend que le Commandant a rapporté à Zinder, le corps du colonel Klobb. Il me raconte aussi qu'on a livré quelques petits combats, où il a eu la chance de ramasser des bouthyrs et deux esclaves. Après quoi je le quitte, enchanté, moi qui craignais un drame, de m'en être tiré à si bon compte. C'est fini, maintenant. Adieu, mes amours de Zinder, adieu ma jolie Sénégalaise ! nous ne retournerons plus à la petite hutte où chaque soir tu m'attendais, toujours gaie, toujours souriante. Il faut nous quitter sans espérance de nous jamais revoir. De jour en jour, nous nous éloignerons l'un de l'autre ; et que restera-t-il de cet heureux temps ? De ton côté, rien peut-être, mais du mien, un tendre souvenir et un profond regret. C'est la vie du soldat en campagne, et je l'aime trop pour me plaindre ; mais les séparations sont toujours dures, et ce n'est jamais sans avoir le cœur déchiré que je quitte l'amie qui m'avait habitué à un peu de bonheur, pour aller plus loin, toujours plus loin, chercher de nouvelles amours et de nouveaux chagrins.

En rentrant au camp, je trouve ma « Française ». Elle vient me demander si je consentirais à emmener avec moi un négro qui voudrait faire route avec nous jusqu'à Bégra, village situé sur le chemin que nous allons suivre d'ici au Tchad. J'accepte, car je sais que maintenant la nourriture ne manquera pas ; et j'aurai ainsi un palefrenier pour soigner mon cheval. Nous activons le rembourrage de nos selles ; nous fabriquons des piquets et des entraves : dans deux jours nous partons. Nous continuons aussi nos exercices équestres dans la plaine de Zinder ; il s'agit de se dégourdir en prévision du jour où nous serons appelés à charger contre l'ennemi.

Le bruit court qu'une colonne de blancs s'avance vers nous et doit bientôt arriver ici. La verrons-nous avant notre départ, et aurons-nous le bonheur de recevoir des nouvelles et des lettres de France ? — Des lettres, il y a si longtemps que je n'en ai reçu. Que deviennent mon père, ma mère, ma petite sœur ? Ils sont malades, morts peut-être ; sûrement, ils pleurent sur mon sort, car le bruit de la perte de la Mission a dû courir plus d'une fois ! Ah, pauvre mère ! que je serais heureux, si je pouvais t'apprendre que ton petit Charles est encore vivant, et bien portant, heureux à Zinder, et qu'il espère aller bientôt t'embrasser et te consoler de toutes tes peines. Mais je ne puis rien faire que prier Dieu qu'il conserve tes jours, afin que je puisse à mon retour te conter mes souffrances et mes joies. C'est notre plus grande privation, ici, de ne pouvoir communiquer avec tous ceux qui nous sont chers. Pas de nouvelles ! Rien ! Perdus comme nous le sommes au cœur de l'Afrique, le reste du monde n'existe plus pour nous, et nous sommes morts pour lui.

Que fait-on en France ? Que deviennent mes amis du régiment, ma compagnie, et mon escouade, et tous les vieux soldats ? Peut-être sont-ils aussi à l'autre bout de la terre, dans quelques pays jaune ou noir, à rêver aux mêmes souvenirs que moi ! Aurai-je jamais le bonheur de les revoir, ces vieux amis, ou demain sera-t-il mon dernier jour ? Certes, la mort ne m'effraie pas ; mais je ne voudrais pas mourir sans avoir revu tout ce que j'ai tant aimé. Goûter encore une fois au cidre de la maison, respirer l'air de mon petit jardin, entendre tinter la cloche de ma paroisse, et puis m'en aller tout doucement au milieu des miens, je ne demanderais pas autre chose pour prix de mes souffrances. J'aurais la consolation de penser en mourant au petit cimetière fleuri qui m'attend, à la tombe pieusement visitée par les amis. Au moins, je ne serais pas oublié. Tandis qu'ici, un trou dans le roc, quatre pierres, une branche d'épine, pas même de croix, rien qui signale que là repose un Français tombé pour la Patrie. Les Camarades saluent, et passent, presque indifférents, car demain peut-être ce sera leur tour !

Tiens, mais je pleure ! Est-ce donc que je tremblerais ? Mais non, que diable ! Où donc avais-je la tête de rêver à tout cela, n'est-ce donc pas ici que le soldat trouve la plus belle mort et la plus belle place pour le repos éternel, au soleil, dans la brousse ? Pas de larmes sur cette tombe, mais le gazouillement des oiseaux, et parfois le rugissement du lion. Allons ! Ne pleurons pas ! Je suis bien venu jusqu'ici, j'irais plus loin, que diable, jusqu'au bout ; et je ne mourrai pas dans ce pays. Quelque chose me dit que je reverrai la France, que j'irai finir la bouteille de vin laissée entamée à Tizi-Ouzou le jour de mon départ, et que je reprendrai, comme si de rien n'était, la vie de là-bas qui me ménage encore d'heureux jours....

« Dis-donc, le Fenec ! Sais-tu à quoi tu ressembles ? — Non. Eh bien, je vais te le dire : Tu as la tête d'un saint. Ah, tu aurais fait un fameux père blanc ! Tu as toujours l'air d'être dans la lune. Allons, viens boire une tasse de dolo ; cela te fera passer la migraine. » C'est mon ami Bonjean qui m'interpelle ainsi joyeusement du surnom dont il m'avait baptisé à la Mission, en venant me chercher pour fêter notre départ de Zinder. Je le suis dans sa case où un grand pot de dolo nous attend, au milieu d'un cercle nombreux de camarades qui y puisent à pleins quarts pour s'égayer un peu. Je veille avec eux jusque vers onze heures, et je vais me coucher pour être dispos pour le départ qui aura lieu de bon matin.

II. — DE ZINDER AU LAC TCHAD

26 Décembre. — Bien avant le jour, nous sommes à cheval, le fusil en bandoulière, les piquets d'attache à la selle, et la musette gonflée de béchena. Je dis adieu à Monsieur Dorian et à Monsieur Leroy, qui nous quittent pour rentrer en France par le chemin le plus court, par le Dahomey. Je serre la main aux camarades des 1re, 5e et 6e Sections, qui restent avec le convoi et qui ne nous suivront qu'à deux ou trois jours de distance. Le cœur un peu gros, j'envoie de la main un baiser vers ce Zinder que je quitte à jamais. « Adieu mes amours ! adieu, ma jolie Sénégalaise ! Adieu charmant pays où j'ai trouvé ma première joie après tant de souffrances ! Sois aussi doux et aussi hospitalier, à ceux qui restent, à ceux qui nous suivront ! » Un dernier regard au bivouac, à ma case abandonnée, un sourire à la princesse Fathima que nous laissons ici et qui pleure de nous voir partir ; puis plus rien ; nous nous enfonçons dans la nuit : Nous marchons désormais droit vers le lac Tchad.

Quelle douceur pour nous que cette route à cheval ! Plus de fatigues, plus de blessures aux pieds. On se laisse bercer par sa monture, on sommeille sans craindre les chutes ; on rêve, confortablement assis sur sa selle. On pourrait sans danger s'attarder : la région est calme et pacifique ; aussi nous est-il permis de parler, de fumer et de rire. Ainsi en a décidé le Commandant. Que nous sommes heureux d'avoir un tel Chef, soucieux des moindres détails capables d'améliorer notre bien-être ou d'atténuer nos fatigues. Aussi, comme nous l'aimons ! Comme nous saisissons toutes les occasions de reconnaître ses bontés par notre courage et notre entrain. Nul effort ne nous rebute quand il s'agit d'atteindre au but qu'il s'est proposé, et nul danger ne nous effraie. Qu'il faille marcher sans relâche, jeûner, ne pas boire, ou se battre, c'est toujours avec joie que nous le suivons, lui qui paie sans cesse de sa personne ! Après quelques heures de marche, abrégées par les rires et les pipes, la colonne s'arrête. La 4ᵉ Section s'est trompée de route : on met pied à terre pour permettre à nos camarades de s'orienter vers nous. Les clairons sonnent des appels bientôt répétés sur notre gauche. Nous sommes maintenant tranquilles, et nous n'avons plus qu'à attendre nos compagnons.

Je profite de ce repos pour casser la croûte, en faisant griller dans les cendres un morceau de mouton. J'éprouve en ce moment une singulière béatitude ; j'admire le pays ; tout m'occupe et me sourit, un rien m'intéresse. Où sont ces haltes mornes dans le désert, où personne ne parlait, où l'on ne songeait qu'à la fatigue passée et à venir ; on déchargeait machinalement les animaux, pour pouvoir soi-même se coucher un moment. Maintenant la plus franche gaîté règne pendant les haltes : on caresse et on soigne son cheval ; on se chauffe et on mange. Personne ne se plaint et tout le monde chante. Plus de chameaux ni de bourriquots à charger et à recharger vingt fois pendant l'étape. Nous n'avons que nos chevaux et nos armes. Pas de bagages : les villages nous donnent à manger, et les puits à boire. Pendant ce temps, la 4ᵉ Section a rejoint. « A cheval ! » crie le Commandant. Je saute en selle, et on repart. Le jour est venu, et nous voyons au passage plusieurs petits villages composés chacun de quatre ou cinq huttes. Le terrain est légèrement mamelonné et parsemé d'arbres et de buissons. Nous traversons ensuite les cinq ou six petits villages de Cagnia, bâtis au milieu de cultures de mil. Je trouve le paysage charmant ; il est vrai que maintenant j'ai le loisir d'admirer la nature ; je ne marche plus comme une brute, la tête basse et les bras ballants, mais en voyageur, en touriste.

La route est bordée de part et d'autre d'une haie d'épines, probablement pour empêcher qu'on ne pénètre dans les cultures : c'est une véritable avenue, ombragée de palmiers-doum à la jolie couleur vert tendre. Le village de Matankouari est planté fièrement au sommet d'une colline ; celui de Merria au contraire est au bas d'une descente, dans une sorte de cuvette. On forme le bivouac à un kilomètre du village ; les chevaux sont mis à la corde et dessellés au bout d'un quart d'heure de repos seulement pour éviter un refroidissement trop rapide ; les selles sont rangées à cinq mètres des cordes et le pansage commence par le massage du dos de nos montures. Le chef du village a été prévenu ; aussi s'empresse-t-il de venir saluer le Commandant. Il fait dresser un gourbi en paille pour loger les Officiers. Nos hommes s'empressent d'aller au fourrage. Les plus dégourdis simplifient l'opération en rassemblant les nègres présents pour leur faire faire la corvée : ces gens-là ont des chevaux, donc de quoi les nourrir : donc qu'ils en apportent. Pendant ce temps, de longues files d'esclaves arrivent au camp, apportant quantité de plats de mil, des gouras de lait, et poussant un troupeau de moutons. Le fourrier en fait aussitôt la distribution entre les sections. Il y a tant de provisions que nous pouvons en donner à tous les pauvres qui sont accourus, et qu'il nous en restera encore largement pour le casse-croûte de demain matin.

Le nègre que j'ai amené de Zinder n'a pas perdu son temps ; je le vois revenir conduisant une dizaine de nègres du pays, chargés de fourrage et d'un grand paillasson qui va me faire une superbe case. Il rapporte aussi quelques litres de lait dans une goura. C'est un bon début ; voilà un nègro dégourdi. Qu'il continue seulement ainsi, et il peut compter sur une bonne récompense de ses services. Le paillasson est déroulé : il est assez long pour servir de lit à tous les hommes de l'escouade ; on le dispose donc à l'endroit où nous devons coucher. La paille de fourrage est distribuée aux chevaux de l'escouade, sans oublier celui de mon Lieutenant. Plusieurs moutons sont déjà dépouillés, les feux s'allument ; nous pourrons bientôt déjeuner. En attendant, les chevaux sont menés à l'abreuvoir, dans un étang qui sépare les deux villages de Merria. Beaucoup d'échassiers, des marabouts surtout, se promènent gravement sur les rives, plantées de quelques palmiers-dattiers. Les villages sont entourés chacun d'une haie épineuse qui remplace avantageusement, au point de vue défensif, un mur en terre. Les habitants viennent nous voir au camp, et, pour le salaire de quelques morceaux de tripes de nos moutons nous rendent de menus services de ménage.

Après le repas, composé de mouton rôti et de béchena, je fais la sieste au pied d'un énorme tamarinier, à côté d'un groupe de Tirailleurs qui déjà jouent au loto. Mon nègre, repu de viande et de mil ronfle près de mon cheval. Vers 4 heures, on conduit les chevaux une seconde fois à l'abreuvoir ; je donne un coup d'œil à ma monture et à mon équipement ; tout est en ordre. En attendant le repas du soir, je m'étends sur mon paillasson pour écouter « Premier Bataillon » qui raconte des histoires de mariages arabes. Il est toujours aussi comique. Il ne se fait pas de mauvais sang, notre brave cuisinier ! A la tombée de la nuit, quelques petits postes sont placés autour du camp. Les pipes s'allument. Tout le monde est couché maintenant ; le camp est calme et silencieux. Avant de m'endormir, je songe à cette agréable journée, présage, espérons-le, d'une route facile, et je remercie Dieu de sa protection.

27 *Décembre*. — Les feux s'allument de bon matin, pour réchauffer le restant de mil qui va nous servir de chocolat. Mon nègre selle mon cheval, y place

les accessoires nécessaires pour la route et m'aide à me mettre en selle, car je suis encore d'une maladresse qui me fait honte. Je prends la tête de mon escouade et nous partons. Comme nous passons près d'un village, le cri d'un coq salue le lever du jour. Je suis tout ému par ce chant, pareil à celui qui sonne le réveil dans les fermes de France. Le soleil paraît, inondant de clarté la nature. Je commence à m'habituer au cheval, et je n'en souffre plus trop. Je puise de temps en temps dans ma musette, et j'en retire un morceau de pâtée ou de mouton que je savoure en me laissant conduire au gré de mon daqui. J'apprécie de plus en plus le charme de cette route qui se déroule sans fatigue, à travers ce décor riant et varié, où les villages, les cultures, les arbres et les taillis se succèdent au premier plan, rompant de leurs tons crus la teinte de poussière dorée des lointains.

Nous dépassons plusieurs villages, et nous traversons un fourré d'arbres de toutes essences qui couronne une colline au pied de laquelle nous nous arrêtons pour camper. L'emplacement est délicieux, au milieu de jardins de cotonniers, de baobabs et de dattiers. De hautes herbes de marais nous promettent un lit moelleux pour ce soir. Nous sommes tout près des puits d'Ilalla, relativement éloignés du village de ce nom, qui est bâti sur le versant de la colline opposé à celui où nous campons. Les noirs nous apportent en suffisance du mil et des moutons, ainsi que des marmites en terre, car nous n'avons aucun ustensile de cuisine. Moi d'ailleurs je n'en ai pas besoin ; j'enfouis dans un trou plein de braise ardente trois têtes de mouton, bien nettoyées. Demain matin, je les retirerai rôties et délicieuses ; c'est ce que les Arabes appellent « Bouzellouf ».

28 Décembre. — Le réveil est sonné, comme toujours, de très bonne heure, pour nous permettre de profiter longtemps de la fraîcheur de la nuit pour notre marche. Je retire des cendres mes trois Bouzellouf, cuits à point : j'en garde un pour moi et je donne les deux autres à mon escouade. Le paysage est très varié, et toujours de plus en plus beau : tantôt de petits lacs où se mirent de hauts palmiers doums ; tantôt des villages, les uns habités et les autres déserts ; souvent des passages à travers des roseaux d'où s'envolent, à notre approche, des perdrix et des alouettes. La colonne s'arrête au-delà d'un village, au bord d'un lac de toute beauté. Comme d'habitude, des gourbis ont été dressés pour nous recevoir, et les plats de mil arrivent. Nous n'avons donc plus aucun souci du lendemain, et nous nous trouvons heureux comme des pachas. Durant la route, j'avais déjeûné de mon Bouzellouf, exquis et croustillant.

29 décembre. — Ce matin, nous partons par un brouillard épais et glacial. Heureusement que j'ai pour manteau la gandoura de mon Sénégalais. La route est donc gaie malgré le froid. D'ailleurs, on a toujours à se raconter des histoires pour tromper l'ennui. Je galope de la gauche à la droite de mon escouade, causant avec mes hommes qui partagent ma gaîté et chantent de vieux refrains kabyles. Nous campons au bord d'un lac. Les nègres apportent à manger pour nous et nos bêtes. Je n'ai rien à faire, puisque mon Boy s'occupe de toutes mes affaires. Je vais faire une partie de cartes avec quelques camarades, à l'ombre d'un bouquet de palmiers doums. La clôture de ce village n'est point comme ailleurs une haie d'épines ni un mur en terre ; c'est une simple rangée de troncs d'arbres plantés en terre côte à côte. Il y en a de toutes les grosseurs, sans aucun ordre : les bûcherons d'ici ne sont guère artistes. Le soir, longue veillée où la conversation roule surtout sur le lac Tchad.

30 décembre. — En montant à cheval, il me vient à l'idée que dans deux jours nous serons au 1ᵉʳ janvier. Ce sera le second jour de l'an que je passerai sans le fêter en famille ou entre amis de garnison. Celui de l'année dernière était plus triste que ne sera celui d'après-demain ; si seulement, je pouvais passer le suivant en France, au coin d'un bon feu, en épluchant des marrons et en mangeant des crêpes ! Le pays a toujours le même aspect, sauf certaines parties où les herbes ont été brûlées par les habitants pour débroussailler le terrain et le préparer à la culture. Nous traversons trois petits villages et nous côtoyons plusieurs lacs qu'on devine seulement à travers le rideau de palmiers doums qui en ombragent les rives mystérieuses. Je commence à prendre goût au cheval et à devenir un cavalier passable : au galop, je me tiens à peu près. Un de ces jours, il faudra que j'essaye de pousser une charge un peu allongée. Nous campons entre deux villages entourés de palissades. Un marché sans grande apparence, quelques paillottes seulement, s'élève près du camp. Les habitants, avertis comme d'habitude un jour à l'avance par les courriers que le Serki de Zinder a chargés de nous précéder, ont préparé des gourbis et de la nourriture en abondance.

Mon Boy ne manque jamais, dès l'arrivée, de faire sa tournée dans le village, et il me rapporte tout ce dont j'ai besoin : paille, paillasson pour me coucher, et souvent un peu de lait. Je me laisse paresseusement dorloter par ce nègre qui ne sait qu'inventer pour me témoigner son zèle. Mon cheval ne manque de rien non plus, et ne maigrit pas, au contraire. J'ai toujours un appétit féroce, et je me porte très bien. Pourvu que cela dure ; je ne demande pas autre chose ! Si, pourtant ; il y a quelque chose qui me manque : une petite amie pour raccommoder mon pantalon qui, vers le fond, commence à s'user. Deux Tripolitains viennent rendre visite au Commandant. Il y en a partout de ces gens-là, qui ne songent qu'à enlever au pauvre nègre ses bouthys à mesure qu'il les gagne. Faute de tam-tams, trois hommes de mon escouade qui veulent donner un concert ce soir accompagnent sur des gouras leurs chants. « Premier Bataillon » se livre à une danse effrénée.

31 Décembre 1899. — La région est toujours pareille, mais si belle qu'on ne se lasse pas de l'admirer. Partout de magnifiques palmiers doums, enlacés jusqu'à leur cîme de lourdes lianes. Mais je préfère, pour leur étrangeté les longs couloirs sombres sous les voûtes de roseaux, au bord des marais dont l'eau scintille au soleil à travers la paroi de verdure. Le long de la route, sont semés quelques village aux huttes rondes, aux toits pointus, coiffés d'œufs d'autruche, dont la blancheur nacrée contraste avec la teinte sombre des paillottes. Nous campons de bonne heure au village de Yamia. Mon nègre et mes hommes installent un gourbi où toute l'escouade peut faire la sieste. Les chevaux sont menés à l'abreuvoir sans incident, et largement pourvus de fourrage.

Les moutons et le béchena sont assez abondants pour que le repas se prolonge jusqu'à 9 ou 10 heures du soir. Après ce copieux dîner, je me sens heureux et bien portant : il ne me manque qu'un bon cigare pour me déclarer complètement satisfait de cette dernière soirée de l'année 1899. Nous sommes maintenant, trois camarades et moi, étendus silencieux sur le sable, autour d'un feu mourant. Les tisons se consument d'une flamme saccadée dont le sautillement accompagne bien les rêveries qui dansent dans ma tête. Ma pensée s'envole à travers l'Espace et remonte le cours du Temps. Je repasse, dans une rapide vision, par toutes les péripéties de la route, depuis plus d'un an. Le départ d'Ouargla, les premiers chameaux, les indociles bourriquots, la dernière lettre que j'ai reçue... puis les marches éreintantes, interminables, sans pain, sans eau, à travers les rochers et les sables ; mon premier combat ; la néfaste journée du 9 juin où nous dûmes brûler tous nos bagages pour pouvoir continuer la route en avant. Je frémis au souvenir de cette terrible étape de la soif, où deux mois plus tard la Mission agonisait dans la plaine de feu, n'échappant que par miracle à la mort. Le spectre de mes camarades morts et perdus dans le désert, sans un tombeau, sans une croix, se dresse devant moi. Je maudis le destin aveugle qui **les a couchés là-bas**, exilés à jamais du sol de la Patrie. Je pense que ce sort aurait pu être le mien, et je songe à leur vieux père, à leur mère éplorée qui attendent en vivant d'espérance le jour où le fils chéri reviendra les consoler. Hélas, pauvres parents ! La place au coin du feu restera toujours vide ; vos cheveux blanchiront encore, et vous mêmes, vous quitterez ce monde sans avoir connu la joie du retour. Vous n'aurez pu le serrer dans vos bras, l'entendre vous raconter ses souffrances, ses combats et ses rêves ; pas une nouvelle, pas un souvenir de lui. Vous ne saurez même pas qu'il est tombé victime du devoir, en héros, et qu'il repose au milieu du désert, loin de tout regard humain. Je souffre en pensant à ces parents en larmes ; je pleure pour eux, car si la mort ne nous effraie pas pour nous-même, elle nous fait trembler quand nous songeons à ceux qui nous aiment et que notre perte laisserait inconsolables.

Mourir ici ! C'est la plus belle mort pour un soldat ! Pourtant, lorsqu'on se rappelle les plaisirs passés, les joies du foyer, les dînettes d'enfants sur l'herbe, les promenades sentimentales dans la campagne, les joyeuses veillées en famille, la petite rue tortueuse qui menait à l'école, les camarades d'atelier, le vieux contre-maître grognon, le premier voyage en chemin de fer, l'arrivée à Paris... le cœur se serre, les yeux se troublent, et une larme de regret glisse sur les joues halées du soldat qui s'en veut à lui-même de cette faiblessse. Alors, on se sent devenir lâche ; on voudrait à tout prix revivre un moment de cette existence passée avant de s'en aller dans l'éternité. Mais non, il n'y faut pas songer. La France est trop loin pour qu'aucune nouvelle, aucun écho en arrive à présent jusqu'à nous. Un mot, une ligne nous causeraient une telle joie ! Comme ils rompraient notre exil et nous rattacheraient à l'existence ! Hélas, c'est impossible, nous devons longtemps encore vivre seuls. isolés du reste du monde, souffrant en silence pour l'honneur du Drapeau. Notre seule consolation est la satisfaction que donne la pensée du devoir accompli. Notre seul espoir est en Dieu qui nous à préservés de tous les périls et qui nous fera revoir notre Patrie. Je ne désespère pas : l'année qui vient verra peut-être la fin de nos épreuves.

Le foyer maintenant est éteint, sauf une petite flamme bleue, légère comme un feu follet, qui se joue sur les cendres et ne veut pas mourir. Elle s'évanouira pourtant à son tour dans quelques instants, avec cette année dont les dernières minutes s'achèvent, et comme elle, sans qu'il en reste rien. Tous dorment autour de moi, oubliant les fatigues, pour se réveiller demain prêts comme toujours à continuer la haute et difficile mission que la France nous a confiée. Adieu, année 1899, entre dans le Passé, mais non dans l'oubli ; grâce à nous tu ajouteras à l'histoire de l'armée française une page mémorable pour le récit de notre pacifique conquête, dont la gloire égale celle des plus hauts faits d'armes. Quelle est donc cette troupe qui a osé affronter et su vaincre les solitudes sahariennes ? C'est une poignée des fils de cette grande et généreuse France, de cette Patrie de héros, mère des Lamy et des Reïbell.

1ᵉʳ Janvier 1900. — De bon matin, tout le monde est debout : On se serre les mains. Nous souhaitons une bonne année à nos Officiers de peloton ; puis nous allons en corps saluer notre cher Commandant qui, étendu sur une chaise longue dans un coin du camp, semble rêver. Il nous fait l'accueil le plus cordial. En des mots que l'on sent partir du cœur, il nous félicite de la bonne volonté et du courage que nous mettons à accomplir notre devoir. Il nous dit qu'il regrette de ne pouvoir nous récompenser tous en ce moment ; mais nous pouvons être certains, dès notre retour en France, de voir briller sur notre poitrine un souvenir bien gagné que nous pourrons porter fièrement. Puis il nous tend la main. Nous la serrons avec respect et les larmes aux yeux. Que nous étions heureux ! Hélas ! Eussé-je pu croire que moins de quatre mois plus tard ce chef tant aimé devait tomber en plein triomphe, mortellement frappé par la balle d'un sauvage, et que je ne devais pas connaître le bonheur de porter cette Médaille militaire que j'aurais tant voulu recevoir de sa main !

Nous songeons ensuite au départ, et bientôt nous sommes en route. Nous traversons un petit village désert, dont il ne subsiste plus que des plates-formes semblables à des nids de cigogne, qui servaient aux habitants de postes d'observation pour surveiller leurs récoltes. A la tombée de la nuit, nous apercevons les villages de Karguéri et de Mia, noyés dans la verdure des palmiers-doums. A l'entour s'étend une forêt épaisse qui retentit par moments du cri rauque d'une bête fauve en chasse. Nous campons à 8 heures du soir au milieu de hautes herbes. Les chevaux sont mis à la corde ; on allume de grands feux à la lueur desquels nous nous installons. Après avoir mangé un morceau de mouton, une bonne ration de béchena et fumé une excellente pipe, je m'endors paisiblement jusqu'au lendemain.

2 Janvier. — Départ de grand matin, rapidement et en bon ordre, car nous sommes à présent de vieux cavaliers auxquels cinq minutes suffisent pour harnacher le daqui et se mettre en selle. Après avoir traversé une quantité de lacs de natron et d'oueds aux rives ombragées de palmiers-doums, nous gravissons une légère pente inculte qui nous mène au gentil petit village de Guérine-Sélek, bâti au bord d'une dépression remplie d'efflorescences salines, dans un pays assez étrange. Nous campons tout près de la haie d'épines qui enclot le village. Les hommes vont les uns au fourrage, les autres aux provisions, c'est-à-dire acheter, ou plutôt chaparder si possible, de quoi améliorer l'ordinaire de l'escouade. Chacun se dégrouille suivant le principe bien connu.

On nous apporte du village une nourriture abondante. Je mets de côté plusieurs têtes de mouton pour les faire cuire à l'étouffée. Tout est donc pour le mieux ; nous regrettons seulement d'être un peu trop légèrement vêtus et surtout de manquer de couvertures, car les nuits sont froides et humides. Les habitants de la région que nous traversons maintenant vivent exclusivement de la vente du sel, un sel très impur, appelé « mongoul » en haoussa, qu'ils récoltent dans les mares et qu'ils échangent contre du mil et des moutons. Ils sont en général propres, intelligents et travailleurs ; ils ne sont pas belliqueux, et l'on n'en voit guère qui soient armés de lances. Dans l'après-midi, je vais promener mon désœuvrement derrière le village au bord de l'oued, pour admirer le paysage charmant qui se déroule à mes pieds. Le fond de la rivière à sec est couvert de trous et de buttes.

3 Janvier. — Départ à une heure du matin. Il ne fait pas clair de lune ; mais le ciel est si limpide qu'on se croirait en plein jour. Que ces marches de nuit sont donc belles et poétiques ! Tout est silencieux et calme. Pas un souffle de vent ; rien, tout dort. Moi, je rêve éveillé sur mon cheval qui suit à pas comptés son chef de file. Sans bruit, comme un serpent qui rampe, la colonne traverse les monts et les vallées, les bois et les marais. Je voudrais qu'elle n'eût jamais de fin, cette promenade nocturne, où mon âme, doucement bercée s'engourdit dans une délicieuse béatitude. Pourtant, après avoir parcouru de la sorte 40 ou 50 kilomètres, nous campons auprès d'un village « de sel » composé d'une trentaine de paillottes qui s'élèvent au milieu de l'oued. Les habitants se sauvent d'abord à notre approche ; mais ils reviennent bien vite dès qu'ils ont compris que nous ne sommes pas des pillards, mais des amis.

4 Janvier. — Toujours les mêmes paysages, et le même terrain couvert de palmiers-doums et de lacs natronés.

5 Janvier. — Pendant la route, j'ai une illusion

singulière devant un spectacle tout nouveau pour moi. Parvenu sur le haut d'une crête dominant une immense plaine, je m'écrie tout à coup : « La mer, la mer ! » Mais ce n'est qu'un brouillard répandu à nos pieds, qui lentement s'élève et couvre toute la plaine jusqu'à l'horizon. On campe au village de Cheri, où l'exploitation du mongoul est le seul gagne-pain des habitants. Une forte haie épineuse entoure le village qui est bâti au bord d'une cuvette. Des touffes de buissons bien verts poussent çà et là au milieu des fours à sel. Un grand lac d'eau saumâtre aux rives vaseuses remplit le fond de la cuvette. Nous apprenons que le village de Begra se prépare à nous recevoir à coups de flèches, car il est occupé par des soldats de Rabah. Tant mieux, alors, on se battra. Préparons-nous à dérouiller le mousqueton !

A Chéri, je vois pour la première fois un poisson, fumé et séché, bien entendu, du lac Tchad. Il a au moins un mètre de longueur. Pas la moindre culture de mil aux environs : heureusement que les moutons abondent ; nous faisons quand même bonne chère. Mon Boy nègre est toujours à mon service. La canaille engraisse, bien qu'il marche toujours à pied. Arrivé à l'étape, toujours le premier au village, il n'hésite pas, si le fourrage manque, à le remplacer par le toit d'un gourbi. Il me trouve toujours des nattes pour me coucher, et souvent du lait. Impossible d'être mieux servi.

6 Janvier. — Départ à 2 heures après-midi, pour scinder l'étape. On s'arrête à 7 heures ; on coupe des brassées d'herbes pour donner à manger aux chevaux. Des feux sont allumés et nous nous endormons tranquilles.

7 Janvier. — A 4 heures, nous levons le camp. Toujours les mêmes paysages ; quelques médiocres gourbis perdus dans une forêt de palmiers. Enfin nous campons près d'un petit village bien pauvre où nous sommes forcés de nous serrer la ceinture. Boubaker, notre interprète noir, ancien ministre du

Sultan de Bornou, qui resta neuf mois prisonnier de Rabah, fait la tête et déclare que ni lui ni son épouse ne peuvent se passer de dîner. Le Commandant se met en colère, et de quelques gifles et d'un coup de botte bien placé le ramène à la raison. Sa femme ne se plaint pas, car bon nombre de Tirailleurs ne demandent qu'à partager avec elle leur maigre ration, espérant bien, tôt ou tard, trouver la récompense de leur générosité. Elle n'est certainement pas bien belle. Mme Boubaker, avec son énorme morceau de verre dans la narine droite ; mais elle est gaie : c'est une véritable diablesse, toujours chantant, criant, gesticulant, blaguant. Elle a su se mettre bien avec tous les Tirailleurs et obtient d'eux toujours quelques cauries. Elle a pour monture un gros bœuf noir qui disparaît sous les tapis, les calebasses, les terrines et objets de toute sorte qui composent son ménage. Elle vend aux amateurs un peu de tabac qu'elle a eu soin de chiquer d'abord, afin que rien ne soit perdu.

8 Janvier. — Nous cheminons toujours sur le même terrain de lacs et de palmiers. Nous établissons notre bivouac à Adeber, que mes amis et moi nous baptisons Aldebert, du petit nom de notre Lieutenant d'Artillerie, M. de Chambrun. Ce pays-ci a été complètement ruiné et dépeuplé par les incursions des bandes de Rabah. Sur trois villages, deux sont inhabités ; nous y trouvons cependant des marmites pour faire notre cuisine, mais pas l'ombre de provisions. Les gourbis sont transportés à notre bivouac pour nous servir d'abris et de combustible.

9 Janvier. — Séjour. Je fabrique un peu de savon pour mon escouade, d'après la mode de Zinder, et j'en profite pour me laver. Vers le soir, arrive le Capitaine Reïbell avec le convoi. On fait une distribution de mil et de thé, car le pays ne fournit rien. La veillée se prolonge, car nous sommes heureux d'être tous réunis. On chante en buvant son quart de thé et on parle de Begra et de notre prochaine arrivée au lac Tchad.

10 Janvier. — Nous sommes à la limite de la région des salines, et nous allons retrouver les cultures de mil. Les gens des environs nous apportent des vivres. Ils ne parlent plus la même langue que ceux de Zinder. Ici, c'est le Béribéri ; là-bas c'était le Haoussa. Il est très difficile de se faire comprendre. D'ailleurs, ils paraissent très contents de nous voir, surtout d'apprendre que nous venons pour les délivrer du joug de Rabah ; je crois que sans cet espoir ils ne seraient pas si empressés à nous apporter des vivres et à nous fournir des guides. Nous rompons à deux heures après-midi, les cavaliers en tête, les chameaux à l'arrière de la colonne, tout le monde est monté. Nous traversons ainsi de superbes vallées et des paysages enchanteurs où, par un contraste saisissant, des ruines et des ossements humains attestent le passage récent des Rabbistes. Ici, des huttes incendiées et des cases désertes ; là un squelette, un crâne ou un tibia ; et nous frémissons de colère en songeant aux atrocités encore impunies, commises ici même par le bandit.

Nous passons près d'un formidable incendie dont les étincelles voltigent en l'air comme une pluie d'étoiles. Le ronflement du brasier parvient jusqu'à nous. C'est superbe, mais c'est effrayant de voir avec quelle rapidité le feu dévore les herbes de la plaine et les arbres de la forêt. Vers minuit, nous campons en pleine brousse, au bord d'une rivière. Mes cuisses, échauffées par la selle me font souffrir. L'étape a d'ailleurs été longue aujourd'hui, 45 kilomètres environ. Mon nègre m'apprend que dans la région où nous sommes, et où l'on rencontre de l'eau dans tous les bas-fonds, les hippopotames sont nombreux. Cela ne m'étonne pas, car j'ai aperçu le long de la route des crottes si grosses, qu'il n'y a que ces énormes bêtes pour en faire de pareilles.

11 Janvier. — Au jour, nous saluons avec plaisir la première vraie rivière que nous ayions rencontrée depuis notre départ d'Algérie. La Komadougou-Yobé coule là, à nos pieds, roulant dans un fouillis d'herbes ses eaux claires. Ses berges sont garnies de beaux arbres qui se penchent au-dessus du courant en formant un dôme de verdure. Nous admirons cette eau vive qui ne tarit jamais. Nous aimerions à nous attarder à l'ombre de ces rives, mais il est 9 heures et le Commandant vient de donner l'ordre de seller : nous allons partir.

Les premières heures de marche sont pénibles à cause de l'épaisseur de la brousse épineuse. Nos guenilles sont happées au passage par les piquants qui se font comme un plaisir de nous deshabiller. Nous suivons un moment la petite rivière de Ieggueur, affluent de la Komadougou ; puis nous rentrons dans la brousse. Nous y voyons les ruines de plusieurs villages détruits par Rabah. Les hautes herbes dépassent déjà ce qui reste des cases, et couvrent d'un peu de pittoresque ce décor de massacre. Enfin la brousse s'éclaircit, des clairières s'ouvrent ; des villages habités se montrent au milieu de cultures de mil où les moutons, les bœufs et les autruches paissent en liberté. Nous arrivons aux grands villages de Kabi ; il est près de 6 heures du soir.

Mon nègre m'attend déjà ; il me présente une petite jarre d'eau que je bois d'un trait car j'ai grand soif. Puis sans desseller mon cheval, je le pousse au grand trot vers le village où je compte l'abreuver. De retour au camp, je trouve de grands feux allumés, et tout un régiment de marmites prêtes à recevoir la patée et la viande de mouton. Les gens du village apportent du mil pour les chevaux, et des provisions pour nous. Jamais nous n'en avons tant vu. Chaque homme en a au moins deux kilogrammes. Dans tous les coins du camp on fait la cuisine. Il y aura ce soir de nombreuses indigestions. A onze heures, le camp n'est pas encore endormi. Comme il y avait de quoi manger, nous en avons profité pour prolonger le repas.

12 Janvier. — Dès la pointe du jour, nous partons,

et nous pouvons admirer la beauté du paysage ; nous traversons des cultures, des pâturages et des jardins de cotonniers. Nous arrivons vers 9 heures à Bégra. Bégra est bâtie au bord de l'oued Komadougou-Yobé. Un mur en terre, renforcé d'une haie d'épine, en forme l'enceinte. Dès l'arrivée, comme à l'ordinaire, quelques hommes s'empressent d'explorer le village d'où ils rapporteront des paillassons, du fourrage et des marmites. Les chevaux sont conduits à l'abreuvoir. Sur la berge, je vois pour la première fois des rizières bien vertes ; et, dans le fleuve quelques caïmans, montrant leur gueule grande ouverte au-dessus de l'eau. On nous apporte du mil, des poissons frais, des œufs, de la pâtée de béchena et du mouton. Tout est bon et abondant. Des femmes viennent nous vendre diverses denrées, en particulier une sorte de nèfle dont le goût rappelle celui des bonnes poires de France.

Peu après notre arrivée, une foule de chefs font leur entrée au camp ; ils adressent leurs salamalecs au Commandant. Ils nous jurent qu'ils sont avec nous et se déclarent prêts à marcher contre Rabah. Les palabres commencent. Tout ce mouvement nous distrait et nous aide à passer la journée. Nous avons maintenant avec nous tout un peuple de nègres des divers villages que nous avons traversés ; ils nous suivent, s'agitent, mais ne nous rendent aucun service. Il y a surtout le fils de l'ancien sultan du Bornou, Ahmar-Scindda. Il est, bien que détrôné, entouré et choyé par une foule de ses anciens sujets qui voudraient bien que nous le nommions Sultan. Certainement, c'est facile de le proclamer ; mais pour lui rendre son royaume, il faut compter avec Rabah. Le soir, longue veillée : on déguste de délicieux rôtis de mouton. Nous nous réjouissons d'être arrivés dans ces beaux pays où la vie est si facile.

13 Janvier. — Séjour. Les habitants de la contrée sont en général armés d'une lance à lame très large et assez bien travaillée. Tous sont propres, bien vêtus et de figure intelligente. J'achète pour quelques perles une superbe peau de panthère pour servir de tapis à ma selle. Les femmes d'ici ne sont pas belles : je n'en parle pas. Danses exécutées par les femmes qui nous suivent depuis Zinder ; elles deviennent méchantes ; elles se posent en maîtresses vis-à-vis des femmes du village. Elles sont fières d'être des nôtres. La grosse Kadidja est toujours aussi énorme et affreuse.

14 Janvier. — Séjour. Le camp est très animé, bien avant le lever du soleil. Les pilons retentissent dans les mortiers, se mêlant aux cris des femmes et à ceux des cuisiniers qui luttent contre les maudits éperviers forts nombreux et toujours à l'affût du morceau de viande à enlever. On amène des chevaux, des bœufs et du mil, le tout provenant des soldats de Rabah campés ici avant notre arrivée. Une imposante cérémonie a lieu au camp. Ahmar-Scindda, entouré par la foule de ses partisans se rend devant le Commandant pour être reconnu par lui et sacré Sultan du Bornou. La nouba et les clairons de la Mission sont là, prêts à jouer. On récite la fatha. Le nouveau souverain est revêtu d'un superbe burnous de soie blanche et le Commandant le proclame Sultan. Aussitôt les cris et les hurlements éclatent de toute part ; la nouba, les tam-tams, les you-yous font rage ; tous témoignent d'une joie frénétique et délirante. Le Sultan est conduit en grande pompe à son palais improvisé, tout près du camp : une hutte en paille entourée d'une enceinte en nattes. Les noirs vont lui rendre hommage et se prosterner à ses pieds. C'est un va et vient qui dure jusqu'à la nuit.

15 Janvier. — Séjour. La fête commence dès le matin par une aubade, douce mélodie, plaintive et lente, qui arrive jusqu'au camp, et dont nous prenons notre part. La journée se passe comme la précédente, gaie et tumultueuse. Nous préparons nos selles et notre équipement ; puis, en cercle autour d'un bon feu, nous parlons du lac Tchad

16 Janvier. — Après avoir traversé l'oued Yobé, nous arrivons à 7 heures à Doutchi. Des gourbis sont déjà montés pour nous recevoir, nous et le Sultan, qui voyage avec toute sa suite. Comme toujours, on nous apporte à manger en abondance. Même pays, mêmes gens. Pendant la nuit, mon cheval se détache et s'échappe. Je cours après lui pendant une heure ; et quand je le rattrappe, il a déjà renversé plusieurs marmites et piétiné bon nombre de Tirailleurs qui hurlent comme des enragés en voyant leurs gouras éventrées.

17 Janvier. — A 1 heure du matin, par un beau clair de lune, nous partons 120 hommes en reconnaissance, accompagnés de 2 à 300 auxiliaires. Nous nous glissons en silence à travers les halliers et les cultures, puis nous retraversons l'oued Yobé. Au-delà, un terrain sablonneux, parsemé de paillottes en ruines. Nous marchons ainsi pendant une heure environ, et nous nous arrêtons en vue du village de Tafie. La colonne se masse autour du Commandant qui donne ses ordres ; d'un galop endiablé nous poussons nos chevaux vers le village qui, en un clin d'œil, est cerné de toute part. Le jour n'est pas encore venu. Tout est calme, tout semble reposer ; on n'entend pas un cri, on ne reçoit pas une flèche. Le village serait-il abandonné, ou bien les habitants, surpris d'une attaque aussi prompte, se sont-ils terrés, mourant de peur, dans leurs cases ? Non pas, car voici quelques têtes qui se dessinent au-dessus de la zériba, cherchant sans doute s'il reste un chemin pour fuir. Le soleil se lève ; sa grosse face rouge apparaît à l'horizon. Le village et la forêt se découpent nettement sur la plaine. Les huttes jaune d'or s'illuminent des premiers rayons ; le jour luit maintenant de tout son éclat. Tafie et ses habitants sont en notre pouvoir.

En attendant l'issue des événements qui doivent se dérouler en ce moment à la porte principale, du côté opposé à celui que nous occupons, je place quelques sentinelles et j'envoie des hommes à la corvée de bois, car je prévois la fin prochaine de l'opération. Je ne me suis pas trompé : trois quarts d'heure après, arrivent deux beaux moutons pour le repas de mon poste. En une minute, on allume un feu d'enfer, on tue, on dépouille et on dépèce les deux victimes. Chacun choisit son morceau et le fait rôtir. Quelle viande succulente, et quel gai repas ! On voudrait à ce prix prendre tous les jours un village d'assaut. Manger, boire et se battre ; mais c'est le rêve du troupier ! Quel beau spectacle que ce feu où rôtissent de superbes gigots, tandis que nous fumons nos pipes ! Mes hommes sont ravis ; ils se délectent d'avance à la vue du rôti. Nous sommes les maîtres ici ; nos fusils sont bons ; qui donc oserait nous résister ? Ces gens-là sont trop lâches : ils préfèrent se soumettre et nous héberger.

Le village s'anime ; il en sort des troupeaux de moutons et de bœufs conduits par des Tirailleurs. C'est probablement la rançon que les habitants nous devaient et que nous sommes venus réclamer. Le clairon sonne le rassemblement : « A cheval, et en avant ! » A peine ai-je quitté mon poste qu'une bande de nègres, vraies hyènes noires, se précipite vers le village et l'envahit. C'est le fort de ces gens-là, de se cacher pendant le combat et de piller après la victoire. Nous prenons la route du camp. Derrière nous, suit la masse confuse des noirs, lourdement chargés de butin. Aussitôt arrivés, nous attachons nos chevaux à la corde ; puis, à un signe du Commandant qui nous désigne tous ces nègres pillards, nous nous précipitons sur eux pour leur faire abandonner tout ce qu'ils ont volé. Brouhaha inexprimable, cris, lamentations et jurons. Puis tout redevient calme. Le soir, fête générale dans le camp : festins, danses, chants et musique.

18 Janvier. — Départ à 5 heures du matin. D'abord la brousse clair-semée, puis une vraie forêt de palmiers doums. Qu'il fait bon, sous ces palmiers ! On y sent un petit vent frais qui fait oublier la chaleur du soleil. L'ombre de ces beaux arbres repose nos yeux des paysages arides et grillés. Nous dépassons plusieurs villages : parfois un crâne ou un squelette humains se remarquent sur la route. Pauvres malheureuses victimes, si vous pouviez parler et raconter vos souffrances, vous en auriez long à dire sur ces bourreaux. Allez, vous serez bientôt vengés du sanguinaire Rabah. Nous campons à 10 heures, auprès de rizières, à Gaschguer, que le Commandant a surnommé « l'Ossuaire » à cause de la quantité de débris humains qui jonchent le sol. Ici, cinq crânes, blancs comme l'ivoire, sont disposés en pyramide ; plus loin, des tibias, des fémurs. Partout des ossements qui nous rappellent que Rabah a passé par ici. Le cœur se serre d'angoisse devant ce tableau ; un vertige vous prend ; on voudrait le tenir, le bandit, le lyncher, et lui faire expier ses crimes. Les habitants, heureux de notre présence, nous apportent des vivres en quantité ; sans doute, ils espèrent, grâce à nous, vivre bientôt libres et tranquilles. La Komadougou coule à quelques cents mètres du camp ; ses rives sont couvertes de verdure et de beaux arbres, à l'ombre desquels je vais faire une bonne sieste en attendant la soupe.

19 Janvier. — A 5 heures, nous sommes en selle ; la colonne s'ébranle et s'enfonce sous les palmiers doums, dans un site étrange et superbe. Le sentier serpente, tantôt dans la brousse, tantôt au milieu de huttes et de marigots. Vers 9 heures, nous arrivons au lac de Fougoua, que nous longeons d'un bout à l'autre pour gagner le campement établi à l'autre extrémité sur l'emplacement du village détruit de Tséloum. Ce lac est d'une beauté étrange, avec ses eaux aux reflets bleus, ses rives habillées de vert tendre, et son peuple d'oiseaux aquatiques qui s'envolent à notre approche, sauf les canards, plus braves. Grâce aux habitants des villages voisins, les vivres ne manquent pas ; j'installe mon lit à l'ombre d'un arbre gigantesque et je déguste une délicieuse tasse de thé. Que la nature est belle ici ! Que je suis heureux de parcourir ce pays enchanteur où chaque étape amène une nouvelle surprise. Dans la soirée, quelques Oulad-Sliman venus de Néguigmi, se présentent au camp et sont reçus par le Commandant. Que veulent-ils ? Notre protection, sans doute. Nous apportent-ils au moins des nouvelles d amis ? Je l'ignore. Ce qui me frappe surtout en eux, c'est leur regard, faux et traître.

20 Janvier. — Le départ a lieu deux heures plus tôt qu'hier ; l'étape doit être longue. D'abord, la brousse épineuse ; je laisse force lambeaux de mes effets à ces maudits chouks qui me lacèrent la figure et les mains. On n'y voit goutte pour diriger son daqui, qui semble s'amuser à passer sous les arbres d'où le cavalier sort meurtri et ensanglanté. Au jour, le supplice cesse et nous admirons les huttes des villages de Wousso, Béri et Jabellem, semblables à des ruches d'abeilles. Vient ensuite Déyïa, dont les habitants nous font un accueil enthousiaste. You-yous ininterrompus des femmes, saluts de la lance et du bâton par les hommes, rien n'y manque. Sur leurs visages éclate la joie qu'ils éprouvent à nous voir passer. Pour eux, la fin de Rabah est proche. La liberté dont ils sont privés depuis si longtemps va leur être rendue ; ils vont pouvoir vivre d'une existence tranquille, sans avoir à redouter continuellement le pillage de leurs champs, le viol de leurs femmes, et pour eux-mêmes, l'esclavage.

Après une étape de 35 kilomètres, nous campons à Yo, qui n'est plus qu'une ville en ruines, dans une enceinte presque démolie. Quelques huttes délabrées abritent encore des malheureux qui n'ont pas voulu les abandonner. Des détritus de toute sorte, gouras brisées, calebasses défoncées, s'amoncèlent autour des débris des cases brûlées. Cinq grands palmiers rachitiques, seuls survivants des plantations de la ville, dominent d'un air morne ce désastre. Là, dix ans plus tôt, vivait un monde de travailleurs ! Rien n'en subsiste plus : la guerre et le pillage n'ont rien laissé derrière eux. A quelques pas, la Komadougou déroule ses rives admirables dans un fouillis de verdure peuplé de gazelles.

21 Janvier. — A 4 heures, nous sommes en route dans la plaine, à travers une brousse très clairsemée, où nous laissons derrière nous le village de Gamandjem. Les habitants en sortent et nous font un moment la conduite en poussant de bruyants you-yous. Vient ensuite une plaine presque nue ; puis, les champs cultivés de mil et de cotonniers recommencent jusqu'aux abords d'Arégué. Les habitants, qui nous ont aperçus de loin, s'empressent de nous construire des gourbis ; mais nous n'en profitons pas, et nous passons sans nous arrêter, car la forêt qui se dresse devant nous doit être le dernier obstacle qui nous dérobe la vue du lac, et nous avons hâte de la franchir ; c'est d'ailleurs un simple rideau d'arbres, rapidement traversé. Au-delà, nous ne voyons d'abord qu'une vaste plaine ; mais là-bas, tout à l'horizon, dans une échappée, paraît à nos yeux ravis la bande azurée du lac Tchad.

III. — AUTOUR DU LAC TCHAD

Je le vois donc enfin, ce lac depuis si longtemps désiré ! Je voudrais le contempler dans son ensemble, goûter son eau et m'y plonger, en prendre possession. Il m'attire, il me fascine. Pour aujourd'hui, il faut y renoncer, car nous sommes encore loin de sa berge. Ses abords en cet endroit sont défendus par des marécages qui le rendent inaccessible. Le sol que les eaux doivent recouvrir dans les grandes crues est tapissé d'écailles de poissons.

A la halte, vers 2 heures, je vais, avec un homme de mon escouade, couper dans la forêt de l'herbe pour nos chevaux. Je suis frappé au premier abord de la quantité et de la grosseur des crottes d'éléphants : d'énormes blocs, deux fois gros comme la tête d'un homme. Il faut vraiment que ces animaux soient d'une taille monstrueuse ! De gros arbres, où s'enchevètrent des lianes qui montent jusqu'à la cîme, empêchent le soleil de pénétrer dans la forêt sombre et silencieuse. J'aperçois seulement des singes, se balançant sur les plus hautes branches. Je découvre, au milieu d'un fouillis d'épines et de broussailles, le squelette entier d'une bête colossale, éléphant ou rhinocéros, et je suis absorbé dans sa contemplation quand l'approche d'un animal de même taille, mais vivant, celui-là, me réveille désagréablement.

C'est un rhinocéros qui s'avance vers moi, lourd et majestueux. Sans perdre mon temps à le regarder, je me dirige vers la clairière où les Tirailleurs coupent de l'herbe, et je rejoins mon homme de corvée. Le vilain animal suit le même chemin et s'approche. Que faire ? — Tirer ? Mais c'est défendu. Je fais signe à mon homme, et nous grimpons sur un gros arbre. Le rhinocéros avance ; son pas lourd écrase le sol, et nous entendons sa respiration. La grosse corne qui surmonte son nez semble nous menacer. Il s'arrête au pied de notre arbre ; il renifle ; il regarde autour de lui. Que va-t-il faire ? Je suis loin d'être rassuré, en me rappelant plusieurs histoires de ce genre racontées dans des récits de chasses et de voyages. Mon cœur bat très fort, je l'avoue. C'est la première fois que je me vois dans une situation aussi critique. Malgré mes craintes, j'admire l'animal ; il est énorme ; son corps est bardelé de plaques de peau cornée, rugueuse et noirâtre. Je voudrais bien essayer de le tuer, mais je suis arrêté par les ordres répétés : Défense absolue de chasser. Enfin, au bout de dix minutes, un siècle pour nous, l'animal s'éloigne, toujours avec la même tranquillité. Quel soupir de soulagement nous poussons, en descendant de notre perchoir. Bien vite, nous rejoignons les camarades qui récoltent leur herbe et ne se sont aperçus de rien. Nous rentrons tous au bivouac avec d'énormes bottes de fourrage.

Le camp est très animé. Des noirs venus d'Arégué nous ont apporté notre nourriture de la journée. Je m'assieds sur ma maigre couverture, et je savoure mon repas, sans détourner mes yeux du lac qui, à l'approche du soir commence à se couvrir d'ombre. La nuit est venue ; les étoiles scintillent, la nature est endormie ; un petit vent frais, humide d'avoir effleuré la grande nappe d'eau, me fait frissonner ; je ferme les yeux pour mieux prêter l'oreille, et discerner l'imperceptible murmure des flots du lac.

22 Janvier. — Le réveil vient de sonner et la croix du Sud ne marque guère qu'une heure et demie ou deux heures. Nous sellons rapidement et nous marchons droit au sud. Ma section est d'arrière-garde ; j'en suis heureux, car je pourrai tout à mon aise au lever du jour contempler le lac. En attendant, tout est calme ; je me laisse aller au gré de mon cheval qui m'emmène dans les hautes herbes, d'où se dégage une odeur de marais et de fauve. J'éprouve d'étranges sensations dans ces roseaux qui me frôlent la figure ; à chaque instant, je crois voir passer une ombre gigantesque ; cependant, il n'y a rien, car mon cheval avance toujours d'un pas égal et sans manifester d'inquiétude. Enfin, le soleil paraît, inondant de lumière le lac et la forêt. Tout s'éveille, les oiseaux et les antilopes. La colonne, poudrée d'une fine poussière blanche, se déroule comme un long serpent. Et là, tout près, l'immense nappe bleue du lac resplendit au soleil, éblouissant nos yeux de son flamboiement superbe. Qu'il est beau, ce lac ! Son horizon est sans limites, comme celui de la mer. Cette étendue d'eau qui depuis tant de mois est le but de nos efforts est enfin conquise ! Lac mystérieux, tu n'es donc pas une chimère ! Combien d'explorateurs ont rêvé de te voir, et sont morts à la peine, leur désir inassouvi. Plus heureux que tant d'autres, je te contemple, je te possède, et je me mire, extasié, dans tes eaux.

Le sol que nous foulons est couvert de traces

d'éléphants et d'hippopotames, ou plutôt sillonné de larges pistes frayées par le passage de ces animaux. Nous marchons tranquillement quand un de nos hommes nous fait remarquer qu'une troupe de cavaliers arrive au grand galop derrière nous. Nous nous arrêtons pour résister à cette attaque, les yeux fixés sur le nuage de poussière qui avance. On commence à distinguer dans cette masse confuse quelques points noirs ; et quand ils sont plus rapprochés, nous reconnaissons des antilopes qui nous ont sans doute pris pour un troupeau de leurs congénères, et ont chargé sur nous. Les voilà, tout près ; leurs sabots résonnent sur le sol ; elles arrivent avec une vitesse vertigineuse. Nous restons immobiles, cloués d'admiration, sans songer au danger d'être renversés. Nos chevaux affolés bondissent sur place ; nous pouvons heureusement les maintenir, et nous assistons au défilé le plus extraordinaire que l'on puisse voir. A peine les antilopes nous ont-elles dépassées, que nous rendons la bride à nos chevaux et que nous nous précipitons à leur poursuite. C'est une course folle ; nos chevaux bondissent comme des enragés. La chasse aurait peut-être longtemps duré, si quelques coups de feu n'avaient mis le désarroi dans la bande de fuyardes, qui se dispersèrent en un clin d'œil dans toutes les directions.

En hâtant l'allure, nous reprenons la route suivie par la colonne, car elle nous a déjà beaucoup distancés. Nous nous arrêtons cependant encore un moment à regarder passer quelques éléphants ; nous avions cru tout d'abord, en apercevant leurs dos au-dessus des roseaux, que c'était un groupe de cases d'indigènes. Plus loin, en vue du campement, nous en rencontrons encore cinq magnifiques. Le Capitaine Reibell, avec quelques hommes, les poursuit en les poussant du côté du camp. Leurs pas résonnent sur le sol comme les grondements d'un tonnerre lointain. Ils secouent les oreilles et balancent la trompe en poussant des grognements ; ils sont en colère d'avoir été dérangés ; mais ils ne nous font pas tête, et s'enfuient sans chercher à venger un des leurs, que le Sergent Villepontoux vient de tuer d'un coup de fusil.

Le troupeau est à moins de cinquante pas du camp. La pièce de 44 est braquée sur eux, mais le coup ne part pas, le Commandant ayant vu derrière les éléphants les cavaliers qui les poursuivent. Inconscients du danger qu'ils viennent de courir, les pachydermes continuent à brouter tranquillement dans les hautes herbes aux abords du camp. Il y en a d'ailleurs beaucoup ici : par out dans la plaine, on voit des points noirs qui sont autant d'éléphants. Notre bivouac ne les effraie pas ; ils ignorent encore le chasseur. A la tombée la nuit, je fais un succulent repas : deux belles grillades de viande d'éléphant et une bouillie bien grasse, car j'ai rapporté environ deux kilogrammes de graisse de l'éléphant tué. Elle est d'un rouge écarlate très appétissant, et elle est très bonne à manger ; pendant quelques jours, mes bouillies ne seront pas trop maigres. Quant à la viande, elle est coriace et sans aucun goût ; en terme militaire, c'est du « sous-pied ». L'étape est surnommée « le Camp des Eléphants ».

23 Janvier. — Départ à 5 heures du matin ; je suis gelé. La nuit a été très froide, et comme je suis peu vêtu, j'ai constamment grelotté. Nous côtoyons d'abord le lac, puis nous obliquons à droite dans la brousse, d'où nous ressortons près du village de Béri. Les habitants nous saluent, mais nous ne nous arrêtons qu'à Kaoua, où nous faisons halte à 10 heures du matin. Ici, nous sommes loin du lac ; c'est aux puits qu'il nous faut boire et abreuver nos bêtes. Les habitants nous fournissent les vivres et le fourrage. Les moutons une fois dépecés, nous échangeons les peaux contre du lait ou du tabac. Les femmes viennent en grand nombre au camp, pour tâcher de nous vendre diverses choses ; nous n'achetons rien, mais nous nous amusons toute la soirée à les entendre jacasser. Beaucoup d'entre elles sont gentilles, aimables, bien tournées ; leurs membres sont comme faits au moule, et leurs poitrines fermes, reluisant au soleil, attirent les regards. Mais aucune d'elles ne veut nous suivre ; elles se trouvent heureuses ici. Heureuses, relativement ; je crois plutôt que c'est la crainte de Rabah qui les arrête, car elles savent que nous marchons contre lui pour le combattre ; et, si nous étions vaincus, elles savent quel serait leur sort.

Nous apprenons que M. Gentil n'est pas encore arrivé sur le Chari, que Rabah possède une forte armée, et que Dikoa, sa capitale, est bien fortifiée. Comme nous ne possédons qu'un canon et que nous sommes à court de cartouches, la situation est critique. Que va-t-on faire ? Nous ne tarderons pas à le savoir, car les Officiers sont réunis en conseil de guerre, pour décider si on va continuer la marche en avant sur Dikoa, ou bien si l'on va contourner le lac Tchad par le nord, en territoire français. Notre attente est de courte durée ; les ordres arrivent : nous faisons demi-tour sur Yo et nous prenons la route au nord du lac.

Cette nouvelle produit une consternation générale. Etre à dix jours du Chari, et songer que nous allons faire deux mois de marche pour l'atteindre ! Il y a de quoi se décourager. Oh, ce demi-tour ! Cette marche en arrière dans le néant ! Nous n'en verrons donc jamais la fin, de ces étapes et de ces souffrances. Plus de chaussures, plus de chemise ! Un bout de chiffon comme pantalon. Mais que l'on marche donc sur Dikoa ! Dussions-nous tous y périr. Ah, pauvre France ! aujourd'hui, je désespère presque de jamais te revoir. Etre si près du bandit et ne pas l'attaquer ! Quelle déception ! Mes camarades sont comme moi, abattus par ce demi-tour. Pourtant, les plus sages y voient le gage de la victoire finale. Le Commandant est prudent et ne veut pas risquer la vie de ses soldats sans être sûr du succès. La mort ne l'effraie pas, nous le savons ; mais il pense à nous, ses enfants. Il a notre vie entre ses mains et ne veut pas la sacrifier inutilement. Il veut rendre le plus possible d'entre nous à leur pays et à leurs parents. J'ai bien reconnu plus tard que j'avais tort, et que la marche sur Dikoa aurait été notre mort à tous.

24 Janvier. — A 5 heures, nous partons, obliquant vers l'ouest, pour gagner Kouka, ancienne capitale du Bornou. La plaine, d'abord très boisée, se dénude. Nous voyons les villages de Kartari, Ganteski, Gambarou, tous en ruines. Enfin, nous atteignons Kouka, que nous traversons. La ville n'est plus qu'un inextricable pêle-mêle de murs écroulés et de cases détruites par le feu, de poteries et d'ossements. On voit des squelettes humains disparaissant dans les touffes de béchena, qui poussent plus vivaces que jamais dans ce cimetière. Dire que cette ville était si florissante, il y a peu de temps encore, lors du passage du Commandant Monteil, et que rien ne subsiste plus de sa grandeur passée ! Un voile de deuil plane sur ce désastre dont la vue serre le cœur. Mais quand donc le tiendrons-nous, ce brigand de Rabah ? Quand donc pourrons-nous apaiser notre soif de vengeance, lui faire expier ses forfaits ? Est-il possible que Dieu ait permis l'accomplissement de pareils crimes ? La traversée de Kouka, d'une porte à l'autre, a bien 4 à 5 kilomètres ; pendant cette marche, qui dure trois quarts d'heure, nous ne voyons que des ruines. Ce défilé me semble durer trois siècles, tant j'ai horreur de ces spectacles ; et c'est avec un vrai soupir de soulagement que je sors de ces décombres pour pénétrer dans la plaine, où l'on respire au moins l'air des champs et de la forêt.

Nous marchons ensuite dans une plaine de sable blanc ; nous côtoyons la mare de Messakouari, et nous campons enfin, à 2 heures de l'après-midi, aux villages d'Allaïrou, après une très fatigante étape de 40 ou 45 kilomètres. Le camp est entouré d'une zériba. L'abreuvoir commence dès l'arrivée, car l'eau est rare ici ; notre travail sera long et pénible. Un peloton de 80 cavaliers Tebbou nous attend. Le Commandant les engage à retourner chez eux ; quand le moment de marcher contre Rabah sera venu, nous les préviendrons. Malgré la tristesse qui oppresse nos cœurs, le camp est assez animé, grâce surtout aux auxiliaires et aux femmes qui ne veulent pas nous quitter. Voilà des femmes vraiment courageuses, des compagnes dignes de nous. Elles font toute l'étape à pied, lourdement chargées, et elles ne se plaignent jamais. Toujours gaies, toujours souriantes. Cette vie de privations qui nous paraît pénible, comparée à leur sort habituel, leur semble délicieuse.

25 *Janvier*. — Départ à 5 heures et demie. Le pays n'est pas varié : des collines sans grand relief, séparées par de larges espaces nus. Nous campons à Arégué, après 40 kilomètres de marche. Les habitants nous promettent des moutons qu'ils vont aller chercher au pâturage, et nous donnent un peu de mil en attendant. Avec quelques camarades, je passe une partie de la journée à admirer les femmes Tebbou ; elles sont belles, bien découplées, et ont un air de majesté qui va bien avec leur haute stature. Le soir, à la tombée de la nuit, les moutons ne sont pas arrivés ; il nous faut nous coucher sans souper.

26 *Janvier*. — Dès le jour, nous sommes prêts à partir ; mais nous attendons, dans l'espoir de voir enfin paraître les moutons promis la veille. A 6 h., rien n'est arrivé ; nous nous mettons en route. Les environs paraissent tranquilles. Le village est, dit-on, désert. Nous n'obtiendrons rien des habitants, qui, nous ayant vu faire demi-tour et ne pouvant comprendre nos projets, doutent de notre courage.

Tout espoir de déjeûner n'est pas encore perdu, car nos guides ont découvert les traces fraîches d'un troupeau de bœufs ; il s'agit de les suivre et de les rattraper. Un certain nombre de Tirailleurs et d'auxiliaires, sous le commandement du Capitaine Reïbell, partent à leur recherche, pendant que nous allons les attendre quelques kilomètres plus loin. Le Capitaine et sa petite troupe entrent dans le village où tout est désert. Pas un être vivant ne paraît ; mais 150 bœufs magnifiques pâturent aux portes ; la reconnaissance s'en empare et nous les amène. La marche reprend ensuite dans la brousse sillonnée de mejbets (sentiers) en tous sens. Nous rencontrons une caravane d'une vingtaine de bœufs chargés de mil, qui se dirige sur Arégué, le village que nous venons de quitter. Au premier abord, la caravane s'effraie, mais ne tarde pas à se rassurer. A la vue des bœufs que nous emmenons, les gens de la caravane poussent de grands cris et lèvent les bras au ciel, car ils viennent de reconnaître leurs animaux

Nous traversons ensuite une zône de végétation luxuriante où se cachent plusieurs villages ; nous traversons l'endroit dénommé Souk-el-kémis, clairière dans la brousse, où s'élèvent quelques pauvres gourbis perchés sur quatre piquets pourris. Nous campons à midi sur un tertre, au village de Kiessa. Du haut de ce monticule, la vue est superbe ; une mer de verdure, d'où émergent les villages de Yada, Béribéri, Kiessa Fououri, nous entoure et s'étend jusqu'à l'horizon. La Komadougou coule tout près de nous. Nous voilà donc encore une fois sur le Yobé. Est-ce pour longtemps ? Je voudrais bien en être déjà parti, malgré la beauté du site. J'ai beau chercher à réagir, je vois tout en noir. Je suis profondément démoralisé par cette marche en arrière qui nous éloigne du but espéré, de la fin de nos misères et de l'anéantissement de Rabah. Mais patience ! ce jour tant désiré arrivera à son tour. J'irai revoir les plaines fleuries de mon cher Nogent, son vieux château aux murs crénelés, et ma mère et mon vieux père.

Et cependant, s'il me fallait mourir ? Si la Patrie réclamait mon sang, aurais-je le droit d'hésiter ? Non pas ! Avant d'être à moi-même, j'appartiens à mon pays : je lui dois tout, jusqu'à mon dernier souffle, jusqu'à la dernière pulsation de mon cœur. J'aime la vie, certes ; mais jamais nulle crainte n'ébranlera mon courage, car c'est pour la France que je vis, et pour elle que je suis prêt à mourir.

Ah ! douce Patrie, dont seule la vision me soutient ici, que je t'aime, et que je te vénère ! Tu es la fée qui me conseille, le rayon printanier qui dissipe mes tristesses, le souffle réconfortant qui me donne le courage de lutter et de vaincre. En toi seule, j'ai mis mon espoir. J'ai beau rêver des amours idéales chantées par tant de poètes, j'en reviens toujours au tien, le plus noble et le plus pur. En est-il de plus profond, de plus sincère, de plus durable ? On croit aimer une maîtresse : on la désire seulement ; quand on l'a possédée, on l'oublie. Le cœur se lasse vite des sensations matérielles ; il se blase sur les jouissances les plus raffinées, et ne garde comme souvenir que la désillusion. L'absence, l'éloignement ont raison des passions qu'on croyait éternelles ; ils ne font que fortifier le culte de la Patrie. Rien ne peut l'entamer, ni l'avilir. Elle nous rend notre amour, veille sur nous, et s'enorgueillit à répéter les noms des plus braves de ses enfants. Les années s'écoulent, les générations passent, sa mémoire reste fidèle. Aimons-la donc bien, et travaillons à sa gloire. Si beaucoup d'entre nous meurent de cet amour, qu'ont-ils à regretter ? Ils n'ont fait que payer leur dette, et honoré le nom français.

Le soleil descend derrière la forêt. Les ombres s'allongent à l'infini ; c'est l'heure de la nuit, du repos, du rêve. Le camp est silencieux, les chevaux dorment à la corde. Le sifflement du merle, le hululement de la chouette se mêlent au doux murmure de la rivière. Au loin, la chanson d'un esclave exhale sa note plaintive. Le vent qui souffle à travers les arbres de la forêt entraîne et fond ces bruits en un mélodieux hymne de la nature. Adieu, belle journée, sois bénie. J'ai souffert et j'ai pleuré, mais je t'aime, malgré tout.

27 Janvier. — Dès le matin, nous continuons à renforcer la zériba ; puis, je me promène du côté de la Komadougou. Que ses rives sont belles et sauvages. Des jardins de blé, de coton et de mil lui empruntent de l'eau au moyen de perches à bascule, qui permettent de déverser le liquide dans les petites rigoles qui sillonnent le sol. Nos bœufs et nos chevaux paissent tranquillement dans les hautes herbes, surveillés par les Tirailleurs. Rien ne trouble cette quiétude ; tout le monde ici paraît heureux. Mais, si l'on pouvait lire au fond des cœurs, on trouverait bien des petits chagrins. La gracieuse Fathma aux yeux noirs, le petit café maure au délicieux caoua, causent de vifs regrets. Tout comme le Français, le pauvre Tirailleur indigène songe à son pays, à ses hautes montagnes, à son petit village caché sous les oliviers. Il n'en parle guère ; mais le soir, je devine ses pensées à sa mélancolie, quand il s'étend, triste et rêveur, sur sa couverture. Les habitants d'Arégué se repentent de leur mauvais accueil du début ; ils nous apportent du mil en échange de quelques-uns de leurs bœufs qu'on leur rend. La distribution est rapidement faite, et la mouture aussi, entre deux pierres, tout simplement.

28 Janvier. — Je suis de service au pâturage, d'où mes chevaux s'échappent sans cesse pour aller rendre visite aux juments de la 3ᵉ Section, qui sont parquées dans le voisinage. Quelles courses, que de cris et de jurons après ces maudits étalons ! Mes hommes n'en peuvent plus et sont heureux de rentrer au camp. Ils passent la veillée à raconter aux camarades les péripéties de cette mémorable journée.

29 Janvier. — Les marchandes viennent assez nombreuses ; elles vendent surtout du lait. Pour m'en procurer, je prélève un peu de mil sur la ration de mon cheval. Je touche un abaïas (chemise), les habitants d'Arégué en ayant apporté un stock pour racheter quelques bœufs. J'échange la moitié de ma ceinture rouge contre un pantalon ; je suis donc habillé de neuf, et je puis jeter les loques crasseuses qui m'enveloppaient d'une odeur de nègre. Nous réparons tant bien que mal notre harnachement qui commence à se disloquer.

30 Janvier. — Je vais prendre un bain dans l'oued Komadougou, mais sans entrer complètement dans l'eau, de crainte des crocodiles. Il y en a beaucoup, et de très gros. Le Commandant envoie une lettre à M. Gentil ; espérons qu'elle arrivera à bon port.

31 Janvier. — Je commence à m'énerver de la longueur de cet interminable séjour ; mais je me distrais malgré tout avec mes amis.

1ᵉʳ Février. — De bon matin, le camp s'anime ; des petits marchés s'établissent. On y voit du mil, du blé, du tabac, une sorte de vermicelle brun. Toutes les denrées sont sales et peu appétissantes. Il s'en dégage une odeur d'huile rance qui est, paraît-il, fort appréciée ici. Je troque un peu de sel contre un pot de lait, une peau de mouton contre une carotte de tabac. Vers 10 heures, je vais aux environs du camp récolter du fourrage. Après avoir traversé des jardins de cotonniers, nous arrivons dans une vaste plaine couverte d'herbe où mes hommes se mettent à faire des bottes. Pendant ce temps, je flâne aux alentours. Plusieurs gazelles se lèvent à mon approche, à moins de cinquante pas de moi ; elles me regardent et s'enfuient. Je voudrais bien en tirer une, mais il nous est défendu de chasser. Je dois me contenter de les admirer, tout en rageant de voir tant de gibier perdu.

Tout à coup, un sifflement sourd se fait entendre derrière mon dos. D'un bond je me retourne, et que vois-je ? Un énorme serpent qui rampe vers moi ; ses yeux brillent comme deux charbons ardents ; sa gueule grande ouverte darde une longue langue pointue. Que faire ? Fuir, impossible. Tirer, c'est défendu sous peine de huit jours de prison. J'attends donc, ma baïonnette à la main. Il avance, il se replie, prêt à bondir. Alors, je m'élance sur lui et d'un coup de tranchant je lui fends la tête, puis avec acharnement, je le frappe à tou. de bras, mais il n'est pas encore mort. Il se tord, se débat ; ses anneaux craquent et m'enlacent la jambe droite qui est comme paralysée. Mon angoisse et ma fureur augmentent ; je veux à toute force me dégager. Enfin, je réussis à lui trancher la tête, que je foule de mon pied gauche. Puis, de ma baïonnette, je lui entaille le corps qui se déroule peu à peu et finit par lâcher prise complètement. Ah ! quel soupir de soulagement je pousse en voyant la bête morte, en lambeaux sur le sol. J'appelle mes hommes pour la leur montrer ; ils sont tout émotionnés à cette vue. Eux aussi, de leur côté, ont tué un serpent, mais beaucoup moins long, (un mètre seulement), que nous rapportons au camp.

2 Février. — Je vais encore au pâturage près de la Komadougou-Yobé, dans un bas-fond où l'herbe est assez verte. Mes petits postes placés, je m'assieds à l'ombre des grands arbres qui bordent l'oued. Impressionné par la solitude, le silence, par la beauté du paysage qui m'environne, je laisse ma pensée s'en aller au fil de l'eau et s'échapper vers la France. Qu'il est doux d'y penser, du fond de l'exil, même lorsqu'elle semble vous oublier, lorsqu'on est sans nouvelles des parents et des amis. Ah, belle Patrie ! à travers un brouillard confus, je t'aperçois, lointaine. Je ne désespère pas de fouler bientôt ton sol aimé, de te dire merci des encouragements que ton souvenir m'a donnés. Que je me sens petit et chétif, loin de toi ! Une larme vient mouiller ma paupière ; je n'essaie pas de la retenir ; elle m'est douce et par elle mon cœur s'épanche. Mon courage revient plus vivace que jamais. Quand, à la tombée de la nuit, je quitte ce petit coin enchanteur où ma journée s'est passée dans un rêve à évoquer la France, mon âme est raffermie et confiante. Au camp, je trouve une délicieuse pâtée de mil au lait, que je savoure avec plaisir. Etendu sur ma couverture, je fume une bonne pipe, puis je m'endors, bercé par les hurlements des chacals qui remplissent la plaine.

3 Février. — Enfin, nous partons à 6 heures, pour aller camper à Belagana, à une heure d'ici. Pour gagner ce village nous traversons une brousse épaisse, puis un marigot où nos chevaux enfoncent jusqu'au poitrail. Impossible de rester en selle ; il nous faut entrer nous-mêmes dans la vase, d'où nous sortons en piteux état. Le village est entouré d'un mur en partie démoli ; les paillottes s'élèvent au milieu de quelques palmiers. Le tout forme un ensemble assez pittoresque, mais très pauvre, car les bandes de Rabah ont passé par ici, laissant de tristes souvenirs derrière elles.

4 Février. — Départ à 5 heures. Nous cheminons d'abord dans une brousse épaisse, puis dans des cultures de coton. Enfin, nous retrouvons le lac, et nous obliquons fortement au nord. Quelques pirogues de Boudoumas, les pirates du Tchad, sont en vue, mais se tiennent à distance. Nous campons à midi, après une marche longue et fatigante. Le lac est tout près, à moins d'un kilomètre. Nous pouvons le contempler à loisir, nous baigner dans son onde, qui est tiède et claire. On peut avancer dans l'eau jusqu'à cinq ou six cents mètres du bord sans perdre pied ; le fond est très plat, mais assez vaseux.

Pendant vingt jours, nous allons marcher ainsi, côtoyant le lac, tantôt de près, tantôt de loin, foulant un sol de roseaux et de boue. Nous contournons des flaques d'eau natronnées. Des couloirs de fauves sont nettement marqués dans les hautes herbes. Nous rencontons sur toute la route, des hippopotames et des éléphants, tantôt vivants, tantôt à l'état de squelettes, restés debout dans les fourrés. Parfois, des antilopes, souvent par bandes d'une centaine, s'approchent dans une charge effrénée de la colonne où elles croient peut-être de loin reconnaître un autre troupeau. Elles avancent dans une nuage de poussière, s'arrêtent haletantes, intimidées, puis, brusquement reprennent leur course, soit en faisant demi-tour, soit en longeant la colonne, poursuivies par nos balles qui manquent rarement d'en coucher à terre quelques-unes, bonne aubaine pour l'ordinaire de la journée ; les vivres sont d'ailleurs rares.

Pendant ces vingt longs et tristes jours, nous avons beaucoup souffert de la faim et du manque de sommeil. Les étapes sont longues et pénibles. Nous marchons souvent de 1 heure du matin jusqu'à 11 heures ou midi, toujours sans arrêt, en selle sous un soleil brûlant. A l'étape, pas d'ombre, à peine pouvons-nous, pour dormir, nous abriter la tête derrière un sac ou une selle ; tout le reste du corps est à la merci des rayons cuisants. Nos souffrances sont d'autant plus pénibles que nous songeons à ce fatal demi-tour de Kouka, alors que nous étions à peine à dix jours du Chari.

Pendant cette route si monotone et si dépourvue d'incidents, le courage m'a manqué pour prendre des notes et pour tenir mon journal. A quoi bon, quand il n'y a rien à dire ? Mais une impression d'ensemble est restée fortement gravée dans mon souvenir. Nos marches de nuit ne s'effaceront jamais de ma mémoire. Le silence qui nous entourait avait pour moi un charme indéfinissable. Ces lacs, ces roseaux, ces marais à peine entrevus sous un rayon de lune ; ces plaines mortes, où surgissait tout à coup de l'ombre un bouquet de palmiers ; ce sont des paysages de rêve que je contemplais avec délices. Et si parfois mes yeux s'élevaient vers la voûte céleste, ils ne pouvaient se détacher des quatre étoiles d'or de notre compagne fidèle, l'étincelante Croix du Sud. Ah, les douces nuits ainsi passées ! Que de beaux rêves ébauchés sous le ciel pur du lac. Que de fois, bercé sur ma selle, j'ai soupiré, sans savoir pourquoi, devant toutes ces beautés mortes et silencieuses qui me fascinaient, tandis qu'au loin, la voix sonore du lion s'élevait dans le silence de la forêt. Oui, pour moi, nul spectacle ne vaut celui de la nature dans ces nuits mystérieuses, peuplées de fantômes par le caprice des rayons de la lune. Le corps est inerte et somnole ; l'âme s'en dégage et s'envole légère à travers l'espace, pour se reposer au foyer familial, d'où elle revient au lever du jour, plus forte et mieux trempée.

18 Février. — Nous rencontrons enfin le Lieutenant Joalland, venu à notre rencontre avec 30 Tirailleurs. C'est une bien grande joie pour nous tous. Il apporte des journaux de France, datés de plus d'un an, mais qui n'en sont pas moins lus et relus avec passion. Il nous apprend qu'il est campé à Goulféï, sur le Chari.

24 Février. — Nous arrivons à Goulféï, où nous attend la Mission « Afrique Centrale », après avoir parcouru 200 kilomètres dans les quatre derniers jours. Depuis notre demi-tour, nous avons laissé en route plus de cinquante chevaux, morts de fatigue et du manque de nourriture. Ceux qui restent ne sont plus que des carnes informes, montées sur quatre piquets. Ils sont boiteux, tremblottants, prêts à tomber au moindre souffle. Ce ne sont plus les fiers et fougueux chevaux des fantasias de Zinder, mais de pauvres vieux carcans, des squelettes, des fantômes, épuisés et fourbus. Pourtant, c'est à eux que nous devons d'être arrivés jusqu'ici, d'avoir franchi en deux mois plus de mille kilomètres depuis Zinder. Maintenant que nous avons rejoint nos camarades et que nous sommes en force, les combats vont commencer.

QUATRIÈME PARTIE

LA CAMPAGNE CONTRE RABAH

I. GOULFÉÏ A KOUSSRI
(24 Fév.-2 Mars 1900)

II. PRISE DE KOUSSRI
(3 Mars)

III. RECONNAISSANCES ET COMBAT
DU LOGONE
(6-9 Mars)

IV. SIX SEMAINES A KOUSSRI
(10 Mars-20 Avril)

V. ARRIVÉE DE LA MISSION GENTIL
(21 Avril)

VI. COMBAT DU CHARI
Mort du Commandant Lamy
(22 Avril)

VII. PRISE DE DIKOA
(1ᵉʳ Mai)

VIII. POURSUITE DE FADEL-ALLAH
(4-22 Mai)

RETOUR EN FRANCE

IX. DE KOUSSRI A MATADI ET A BORDEAUX
(23 Mai-26 Octobre)

I. — DE GOULFÉÏ A KOUSSRI

24 Février. — Notre campement est établi à 200 mètres de celui des Sénégalais. Le Chari, large de 300 mètres, coule tout près, mais il est impossible de s'aventurer sur la rive sans être salué par des coups de fusil tirés du haut des murs de Goulféï, qui est bâti en face de nous sur la rive gauche du fleuve. Un mur de cinq ou six mètres de hauteur entoure la ville et laisse à peine apercevoir le faîte des toits. Les abords sont couverts d'une brousse épaisse, où de temps en temps passe au galop un cavalier fuyant sous les balles, car nos sentinelles ont ordre de tirer sur tout homme qu'elles voient. De notre côté, la berge domine d'environ dix mètres le lit de la rivière ; l'abreuvoir est difficile et dangereux. Avant de le commencer, on fait tirer par les factionnaires des feux de salve sur Goulféï, pour faire rentrer les têtes qui apparaissent au-dessus des murs. Alors seulement, les chevaux descendent, dix par dix, dans l'eau, pendant qu'au-dessus d'eux les Tirailleurs se tiennent prêts à riposter en cas d'attaque. Etant de corvée de bois avec mes hommes, je me montre de temps à autre sur le bord pour narguer les guetteurs de la rive opposée : les canailles m'aperçoivent et tirent sur moi ; j'en profite pour leur répondre. Cette première journée se passe ainsi en coups de fusil : cela nous amuse de nous sentir en contact avec l'ennemi !

25 Février. — La nuit a été animée par de nombreux coups de feux ; c'est bien plus gai qu'une marche dans la brousse ! L'après-midi, le canon de 80 de montagne de la Mission Afrique Centrale est braqué sur la ville et envoie deux obus. Ils doivent produire de l'effet car des nuages de poussière et de débris volent en l'air après chaque coup. Une reconnaissance de Sénégalais rentre au camp ; elle ramène 150 bœufs qui sont les bienvenus car nous n'avons plus rien à nous mettre sous la dent. Notre ami le sultan Ahmar-Scindda est toujours avec nous, ainsi que sa suite ; grâce à ces bons nègres nous nous amusons un peu, car nous avons tous les jours de nouvelles farces à leur faire.

26 Février. — Départ à minuit. Quel départ ! quelle marche fatigante dans la brousse épaisse par une nuit des plus obscures. Les épines nous déchirent les mains, la figure et le corps ; impossible de s'en garantir, il y en a trop et il fait trop noir. Nos chevaux ont peine à suivre leur chef de file. Tout à coup, je me sens pris par le cou et enlevé de ma selle ; je porte les mains à ma gorge pour me dégager car je suis à demi étranglé, et je commence à tirer la langue. Malgré tous mes efforts pour me débarrasser de la liane qui m'a ainsi accroché au passage, je ne peux y parvenir, et je ne sais ce qui serait advenu de moi si le cavalier qui me suivait ne m'avait pris par les jambes et tiré de cette fâcheuse position. Je tombe sur le sol comme une masse, à demi mort, bien heureux de trouver à empoigner la queue d'un daqui pour suivre la colonne. On fait enfin halte pour permettre au convoi de nous rattrapper. J'en profite pour rejoindre mon cheval et me remettre en selle. Au lever du jour, la futaie de grands arbres s'éclaircit, faisant place à une brousse plus basse, mais plus épaisse, de jujubiers. Je marche avec quatre hommes sur le flanc droit de la colonne scrutant les buissons et les ravins. Pas trace d'ennemis, mais une quantité de singes qui s'enfuient à notre approche. Nous atteignons le bord de la rivière, et on s'arrête.

Le Commandant s'avance pour se rendre compte si Mara, village qui s'élève sur la rive opposée, est occupé. Des pirogues, qui depuis notre départ nous avaient suivis par le fleuve, partent en reconnaissance. Personne ! Mara est désert. Nous descendons sur la berge du Chari et le passage commence. Vingt-cinq Sénégalais s'embarquent d'abord dans les pirogues ; puis c'est le tour de mon Lieutenant et d'une dizaine d'hommes qui tiennent leurs chevaux par la bride. Je suis du voyage suivant ; je tiens, non pas mon cheval, mais celui d'un Tirailleur de mon escouade. La pauvre bête, maigre et faible fait pitié ; j'ai préféré confier le mien à un nègre vigoureux en la force de qui j'ai confiance. La pirogue démarre, les chevaux suivent : nous sommes au milieu du fleuve, tenant d'une main la bride, de l'autre la queue de nos daquis. D'abord, tout va bien ; mais bientôt ils ne nagent plus, ils s'abandonnent, enfoncent et disparaissent sous les pirogues qui ne peuvent plus avancer. On tire, on crie, les chevaux n'en peuvent plus ; ils faut les soulever, les porter. Je m'arc-boute contre la pirogue pour maintenir la tête de mon cheval au-dessus de l'eau, mais en vain : ses yeux sortent de leurs orbites. Encore un effort pourtant ! Un noir le saisit par la queue et à nous deux nous parvenons à l'amener jusqu'à la rive ; mais hélàs il est mort. Les autres sont arrivés vivants, mais dans quel état ! Cinq minutes de plus, et tous y restaient.

Nos chevaux sont parqués dans un bas-fond où pousse un peu d'herbe. Des hommes sont placés en faction autour de la ville. Je m'empresse d'aller y faire un tour à la recherche de mil. Mais il ne reste rien. Les Sénégalais qui sont venus par ici dernièrement ont tout pris et tout brûlé. Le convoi arrive, et le passage des chameaux et des charges commence. En attendant le débarquement de mes bagages, je prends un bain dans le fleuve, sans crainte des caïmans, car le bruit que nous faisons doit les avoir éloignés. Je pose mon fusil et mes cartouchières sur mes guenilles et, plongeant près d'un cheval mort, je suis bientôt à vingt brasses de la rive. Pan ! Pan ! « Aux armes ! » Tout le monde saute sur son fusil et court aux remparts. Je me débats dans l'eau comme un diable, j'atteints la berge ; je me ceinturonne de mes cartouchières, et mon fusil d'une main et ma chemise de l'autre, je me précipite vers mes camarades qui reviennent déjà. C'était une fausse alerte : quelques éclaireurs signalés dans la brousse. Je me remets tranquillement à l'eau.

Tous les bagages et les chameaux de ma section sont passés. Nous campons à l'angle nord de l'enceinte, près d'un énorme figuier. De là, on jouit d'un coup d'œil superbe, mais il ne faut pas que l'admiration fasse oublier le dîner. Je pars avec un de mes hommes à la découverte, car nous avons faim et il nous faut à manger. Maison par maison, je fouille tous les coins sans rien trouver. Les Sénégalais, arrivés les premiers, sont établis avec leurs femmes dans les plus beaux logis. Ils ne veulent pas se déranger et nous regardent même avec dédain et dégoût. Sans doute, nos loques et notre air misérable nous rendent repoussants : nous n'y pouvons rien ; dévorons donc ce nouvel affront.

Après bien des recherches infructueuses, nous trouvons dans une cour un peu de mil répandu à terre ; nous ramassons le tout, graines et poussière. Un Sergent de Sénégalais compatit à notre misère et nous propose de faire nettoyer et écraser notre mil par sa femme. Nous acceptons avec reconnaissance. Mes autres hommes n'ont pas perdu leur temps ; ils ont ramassé du fourrage pour quelques jours et trouvé des garas qui pleines d'eau attendent sur le feu la farine pour la soupe du soir.

Une reconnaissance commandée par le Lieutenant Verlet-Hanus et le Sergent Rocher repart vers Goulféi pour recueillir les charges perdues cette nuit, entre autres celle qui contient le théodolite du Lieutenant de Chambrun et tout son travail astronomique depuis notre départ. Voilà ce qui nous attend souvent le soir : bien tranquilles, prêts à nous reposer d'une rude journée, nous recevons l'ordre de repartir et de marcher, toujours marcher !

A la tombée de la nuit, je vais avec mon Tirailleur chez le Sergent Sénégalais. Il a installé une natte sur le sable et nous attend, heureux de nous faire plaisir. Nous nous asseyons auprès de lui ; sa femme nous apporte la pâtée de mil entourée de bouillon de bœuf, où nagent quelques petits morceaux de viande. Nous nous lavons les mains dans une calebasse d'eau, et chacun à son tour puise à pleine main dans le plat. Mon Sergent est très aimable et parle assez bien français ; il veut que je vienne souvent le voir. Nous parlons de Zinder, des amis restés là-bas ; et aussi des prochains combats où il y aura, me dit-il, beaucoup de femmes et de bœufs comme butin.

27 Février. — Au jour, le Lieutenant Britsch emmène en reconnaissance une quarantaine d'hommes dont je suis. Nous marchons une heure dans la brousse ; des sangliers se sauvent à notre vue. Nous débouchons dans une immense plaine, près d'agglomérations de huttes démolies et désertes, entourées d'anciennes cultures de mil. Nous visitons toutes les cases, une à une, à la recherche de grain, mais sans en trouver. Tout est brisé, émietté. C'est la désolation complète. Ce paysage est lugubre ; la mort a passé par là, ne laissant que de tristes souvenirs. Nous nous reposons un peu à l'ombre et nous reprenons la route de Mara. Bientôt, nous entendons des coups de feu devant nous. Attention, marchons serrés, l'arme prête. En effet, à soixante pas de nous, nous voyons déboucher une quinzaine de cavaliers noirs qui, surpris à notre vue, s'arrêtent un instant. Aussitôt, les fusils crachent la mort sur ces bandits qui détalent à grande allure, sans riposter. Au pas de charge, nous gagnons un talus qui domine les alentours, mais, plus personne ; tous ont disparu. Un cheval seulement, est resté sur place, une jambe brisée par une balle. Nous rapportons au camp la selle et la bride, d'un travail curieux, qui sont fort admirés. Ces éclaireurs étaient venus jusque sous les murs de Mara et avaient tiré au hasard dans le troupeau au pâturage. Aucun homme n'a été atteint ;

mais un chameau de mon escouade a été blessé. On le tue et on le dépèce.

Aujourd'hui, le convoi du Capitaine Joalland a franchi le fleuve. Hier, il avait campé sur la rive droite. Avec plusieurs hommes, je vais chercher du fourrage et des cornas (jujubes). Il suffit de secouer quelques-uns des jujubiers qui poussent partout dans la brousse, pour avoir de quoi remplir une musette de fruits. Rebiaï, un des meilleurs soldats de mon escouade, m'attend ; il a préparé une calebasse d'eau et étendu un paillasson sur le sable. Tout est prêt, je verse mes cornas sur le tapis et nous déjeûnons ; maigre repas, mais nous n'avons pas autre chose. Nous touchons bien un peu de viande, mais si peu qu'il faut se débrouiller et trouver n'importe quoi. Du matin au soir, tout le monde rôde dans les huttes, à la recherche de mil ; mais on n'en trouve pas. Ceux qui ont découvert des silos se sont empressés de les vider sans rien dire.

L'après-midi, j'explore le coin nord du village. Un grand nègre, taillé en hercule, m'invite à entrer dans sa case et m'offre un siège, sorte de petit banc sculpté. Ce nègre est un Choua, il parle un peu l'arabe et je peux causer avec lui. Sa hutte, assez vaste, est remplie d'un fouillis inextricable de filets de pêche, de perches, de poteries, de fourneaux en terre, de poissons secs et de paillassons. Dans un coin, quatre ou cinq grands diables me regardent avec des yeux flamboyants. Est-ce moi ou mon fusil qui les intéresse ? En tous cas, qu'ils ne bougent pas ou ils sont morts ! Notre conversation roule sur Rabah. Chaque fois que ce nom est prononcé, le vieux nègre brandit le poing, d'un geste de malédiction. Il est superbe de colère. Ses yeux brillent, ses dents grincent, sa figure devient féroce. Je crois que s'il tenait Rabah il le dévorerait tout cru. Ici, comme partout où nous sommes passés, on le hait, et c'est avec terreur qu'on parle de ce tyran qui fait tomber les têtes par caprice. Mon nègre me fait don d'un superbe couteau « pour couper le cou à Rabah ». Il croit que c'est facile, lui, et voit déjà son ennemi mort. Je le laisse à ses rêves, qui bientôt, je l'espère, se réaliseront.

Les gens d'Ahmar-Scindja ont découvert en ville plusieurs silos. A mon retour, je trouve une bonne bouillie chaude, au bouillon de bœuf. Il y a longtemps que je n'avais eu pareil festin. J'allume une pipe et, près d'un bon feu, je rêve à la France. Les patrouilles circulent, nulle crainte de surprise, on s'endort tranquille sous l'œil vigilant des sentinelles.

28 Février. — De bon matin, nettoyage des écuries et pansage. Nos chevaux sont éreintés, fourbus ; raison de plus pour les soigner et tâcher de les remettre sur pied. On leur donne un peu de mil qu'ils avalent gloutonnement. Tout comme nous, ils ont faim. Dans la journée, de l'autre côté du fleuve, arrive un grand personnage, le Cheik-El-Khobry. En attendant que nos pirogues aillent le chercher, il nous procure un spectacle amusant. Ses soldats — ils sont une trentaine, armés de fusils — tournent en cercle au son du tam-tam et des flûtes. Ils marchent en file indienne, au pas, comme une troupe régulière, disciplinée. L'un d'eux porte un drapeau français, donné par le Capitaine Joalland au frère de Cheik-El-Khobry, et que celui-ci est fier de nous montrer. C'est impressionnant pour nous de voir ces couleurs flotter au-dessus de tous ces noirs. Il nous semble que nous sommes chez nous, en pays connu et ami. Le soir, promenade au camp des Sénégalais, où je suis partout bien reçu.

1er Mars. — Rien de nouveau. Des reconnaissances circulent toujours autour de la ville, mais ne signalent rien, car tout est tranquille et paraît mort. Nous préparons les bâts pour les chameaux, les selles pour les chevaux, et nous couchons au pied des murs, car demain nous partons.

2 Mars. — Au point du jour, nous démarrons, le convoi au centre, entouré par des cavaliers. Les malades et les éclopés sont partis en pirogue et rejoindront au gîte. La brousse, clairsemée au départ, s'épaissit jusqu'à devenir impénétrable ; les perdrix et les pintades abondent. Nous traversons des villages déserts et des marécages pour arriver à Teurbat, qui est habité. A notre approche, les gens du village se sauvent, emmenant leurs troupeaux de bœufs et de moutons ; les spahjs enveloppent tout ce monde qui est obligé de faire demi-tour. Nous campons à midi, non loin du Chari, au bord d'un marigot. Je suis de service avec le Sergent Belin au pâturage, tout près du camp. Nous plaçons nos sentinelles dans le haut des arbres, seul moyen efficace de se garder, étant donnée l'épaisseur de la brousse. Le convoi pittoresque des nègres qui nous suivent passe tout près de notre petit poste. Il est suivi de près par le troupeau de moutons du Sultan Ahmar-Scindda. Nous ne pouvons résister à la tentation de faire main basse sur le plus beau de la bande. Cachés dans les buissons, deux de mes hommes l'égorgent, le dépouillent, et cinq minutes après, d'appétissantes grillades entourent le brasier du poste. Nous formons le cercle, et chaque fois qu'une brochette est à point, elle est partagée entre nous. Ce repas pittoresque nous fait passer trois bonnes heures. En rentrant au camp après le pâturage, je suis invité à souper par mon Sergent sénégalais ; j'accepte, non pour manger, car je n'ai plus faim, mais pour fumer, car il a du tabac, dont je manque absolument. A 9 heures, une reconnaissance commandée par le Lieutenant Britsch rentre ; elle avait pour mission de reconnaître la ville de Koussri. Elle a été reçue à coups de fusil ; donc la position est occupée ; demain, nous allons rire.

II. — PRISE DE KOUSSRI

3 Mars. — Les éclopés et les malades restent au camp avec le convoi et les membres civils de l'expédition. Les troupes des deux Missions, sous les ordres du Commandant Lamy, s'avancent vers Koussri, emmenant avec elles nos deux canons, un

80 de montagne et un 44 ᵐ/ᵐ. Au lever du soleil, nous sommes devant les murs de la ville ; les sections se déploient, le canon tonne, un pan de mur s'écroule, on entend des cris, une vive fusillade nous répond : le combat est commencé. Les Sections ouvrent le feu à 200 mètres des murs sur les têtes qui apparaissent au-dessus des remparts. Le canon continue son œuvre ; au quatrième coup, une partie de l'enceinte s'écroule ; le feu de l'ennemi cesse un instant. Alors, couvrant le tumulte, retentit le commandement « A l'assaut ! » Tout le monde a reconnu la voix du Commandant. Nous nous précipitons vers la brèche : c'est une course folle, une bousculade terrible : chacun veut avoir l'honneur d'arriver le premier. Quelques Français réussissent à escalader le mur, non sans peine, car il est haut et la brèche est bien à 4 mètres du sol. Il faut jouer des pieds, des mains et de la baïonnette, et faire des trous dans le mur pour grimper.

Une véritable grappe humaine crie, hurle et s'acharne sur cette brèche, la seule qui nous permette de passer ; une pluie de pierres qui nous tombe sur la tête n'arrête pas notre élan. On essaye de faire sauter la porte à la mélinite, mais elle résiste ; notre fureur augmente : un dernier effort, et quelques hommes sont enfin dans la place. La musique infernale des nègres cesse aussitôt, car les cinq ou six Tirailleurs qui sont tombés la baïonnette menaçante au milieu de cette masse noire ont suffi pour la mettre en déroute. En deux minutes, tout le reste des nôtres est passé et la poursuite commence. Nous essuyons encore quelques coups de feu, mais la ville est bientôt traversée, et nous arrivons au bord du Logone qui coule au pied des murs du côté opposé à celui de l'assaut. Là se présente à nos yeux un émouvant spectacle. La rivière est couverte de pirogues remplies de nègres, et la surface de l'eau est noire de têtes de nageurs fugitifs, qui plongent, émergent, et disparaissent de nouveau, cherchant à gagner l'autre rive. Du haut de la berge où nous avons pris position, notre tir redouble d'intensité et de précision. Un jeu de massacre commence, où chacun prend pour cible une de ces têtes, ou l'une de ces barques qu'il s'agit de couler. Vieillards, femmes et enfants y sont entassés pêle-mêle avec les combattants ; nos balles fauchent au hasard.

La rivière est rouge de sang et couverte de cadavres, qui glissent au fil de l'eau, en attendant d'être happés au passage par les caïmans. Quel écœurant carnage ! Les pirogues débordent de sang, où baignent des groupes de blessés, les yeux hagards et la bouche tordue de douleur. Enfin, le clairon commande : « Cessez le feu ! » Les fusils se taisent et nous dégringolons le talus pour aller boire à la rivière, car nous mourons de soif. A notre approche, les femmes restées dans les pirogues et non blessées poussent des you-yous de peur. Nous leur faisons signe de nous apporter de l'eau. Elles s'empressent de nous obéir, après avoir rincé leurs calebasses rouges de sang. Le Capitaine Joalland, avec ses Spahis soudanais et quelques sections de Tirailleurs a contourné la ville ; il a la chance de tomber sur un groupe de sofas qui fuyaient le long de la rivière. Quelques coups de sabre et de fusil, et la bande est dispersée, abandonnant un étendard et des armes.

Les femmes, les enfants et les vieillards prisonniers sont rassemblés sous la garde de quelques hommes, et nous partons à la découverte dans le village. J'emmène avec moi un dégourdi qui n'a peur de rien. Nous traversons les cours et les maisons, baïonnette au poing, fusil chargé, prêts à tout événement. Déjà plusieurs femmes nous suivent, chargées de notre butin.

Arrivé dans une cour qui donne accès à plusieurs maisons de riche apparence, je laisse nos captives sous la garde de mon Tirailleur et je pénètre dans une des cases. A peine entré dans ce sombre réduit, où règne une répugnante odeur de poisson, j'aperçois un vieux accroupi dans un coin qui me vise avec un arc. Plus rapide que lui, d'un coup de baïonnette en pleine poitrine, je l'étends à mes pieds, hors d'état de me nuire. Puis je continue mes recherches. Il y a de tout dans ce gourbi : miel, blé, cacaouettes, un peu de mil, un attirail complet pour la pêche. Mais, que vois-je, se cachant derrière le vieux ? Une gentille femme qui se prosterne et me supplie par gestes de l'épargner. Devant cet être jeune et frêle, ma fureur se calme, je la prends doucement par la main et je la fais sortir de sa cachette. Je lui demande alors, tant bien que mal, s'il n'y a rien à manger de caché. Elle me fait signe que oui et me montre le sol dans un coin de la case. Je comprends qu'il y a là un silo ; tout à l'heure, je reviendrai. Je l'emmène auprès de nos autres prisonnières que nous conduisons déposer nos prises auprès du Lieutenant. Il y a déjà un tas énorme de provisions : riz, calebasses de mil, et pots de miel. Mais ce dont il y a surtout, ce sont des femmes ! Quelques-unes jolies, mais la plupart repoussantes.

Le Commandant survient, il nous désigne nos cases et ordonne de laisser les prisonniers libres de retourner chez eux. Les femmes poussent de frénétiques you-yous, lèvent les bras au ciel et jettent à tous les échos des « sennous » de joie, puis toutes disparaissent. Les provisions sont emmagasinées dans une maison voisine de celle du Commandant, et tout rentre dans le calme. Je m'installe dans une superbe case, au milieu d'un quartier habité par des familles de pêcheurs ; je recrute une trentaine de porteurs noirs et, avec mon Tirailleur, je retourne au gourbi où j'ai tué le vieux nègre. J'y retrouve ma gentille négresse qui m'indique de nouveau l'emplacement du silo. Celui-ci est bientôt vidé. Il contenait une quantité considérable de provisions : plus de 100 kilos de béchena, 200 de maïs, du riz, du mil, des terrines de beurre et des pots de miel. Je fais porter le tout à l'abri des regards indiscrets. Puis j'invite la jeune femme, qui y consent, à me suivre chez moi comme épouse.

Alors commence la période la plus heureuse de ma vie d'aventures. J'ai des vivres pour six mois, une belle case, une gentille femme, une foule de serviteurs toujours prêts à accourir à mon appel. Je n'ai jamais connu pareil bonheur. Vers 4 heures, arrive le convoi ; je rassemble mes chameaux, ainsi que mon daqui, dans une cour qui leur est destinée. J'attache mon cheval près de ma case, et je charge mes voisins de le soigner et de le nourrir ; qu'il ne lui manque jamais rien, ou gare la chicotte ! La tombée de la nuit est lugubre ; de tous côtés s'élèvent des plaintes et des prières. On voit aller et venir des ombres noires, creusant une fosse pour une sœur, pour une mère. Ce tableau m'impressionne plus encore que le combat. Nous avons, de notre côté, deux morts et un blessé. Je me couche sur une natte près de la porte de mon gourbi, et je m'endors à côté de ma douce épouse.

4 Mars. — Koussri est situé sur la rive gauche du Logone, à 1.200 mètres de son confluent avec le Chari. La ville est grande, un mur très élevé l'enveloppe sur trois faces, et la rivière sur la quatrième. Les maisons couvrent à peu près la moitié du terrain de l'enceinte ; le reste est nu, couvert d'herbes et de détritus. Deux portes seulement débouchent à l'extérieur, directement dans la brousse qui commence au pied des murs. Presque tous les habitants sont de pacifiques pêcheurs. Le soleil se lève ; un rayon d'or pénètre dans ma case et l'illumine. Ma femme est là, devant moi, me présentant un pot de lait frais et des poissons frits. Qu'elle est jolie, ainsi nimbée de lumière ! Son petit air timide et résigné la rend plus désirable encore. Ainsi donc, cette femme m'appartient, je suis son maître, j'ai tous les droits sur elle, elle est mon esclave. Eh bien, non ! je n'abuserai pas de sa faiblesse, je veux qu'elle vive auprès de moi sans crainte, libre de m'aimer ou de me haïr, de me quitter ou de partager mon sort.

Je prends le lait qu'elle me présente ; et, après en avoir bu, je lui fais comprendre que le reste est pour elle, qu'elle est ici chez elle et n'a rien à craindre. Que ma soupe soit seulement toujours prête à l'heure, et que rien ne manque à ma table. J'ai du mil en quantité, qu'elle y puise pour aller acheter tout ce qu'il nous faut. Oui, me répond-elle avec un gracieux sourire, et elle sort, me laissant couché sur les peaux de mouton qui me servent de lit. Elle revient bientôt, accompagnée de plusieurs femmes. Après mille salutations, la plus vieille s'avance, me baise les pieds et les mains et me dit, en me montrant mon amie : « C'est ma fille ; permets-moi de vivre près d'elle et de vous servir ; je veux qu'elle reste près de toi et qu'elle soit ta femme ; ainsi tous la respecteront ». J'accepte avec joie cette proposition ; je donne un pagne à la vieille, un autre à ma femme, ainsi que plusieurs bagues et un bouthyr. C'est trop de bonheur pour ces négresses qui tombent à genoux et, pendant un quart d'heure, ne cessent de pousser des « sennous » de contentement. Puis, elles me laissent seul avec ma femme à qui je fais, sans tarder, une théorie complète sur la propreté et sur l'entretien de sa chevelure ; je lui défends d'y mettre de l'huile ; je la veux belle, mais sans odeur de rance.

Je fais moi-même un brin de toilette, et je vais voir mes hommes, logés tout à côté ; trois ou quatre sont déjà mariés ; tous sont heureux. A la rivière, quantité de gens se baignent. C'est un coup d'œil charmant de voir toutes les femmes se jeter toutes nues dans l'eau, quittant avec une inconsciente impudeur le léger chiffon dont elles s'habillent. Je descends sur la berge, non pour me baigner, mais pour guetter l'arrivée des pirogues et acheter du poisson ; toutes celles que j'aperçois en sont pleines. Le soleil déjà haut marque l'heure du déjeûner ; je retourne à ma case, où je suis salué par tous mes voisins et par ma charmante épouse, qui paraît satisfaite de son sort. La table est mise, je m'assieds sur une natte recouverte d'une peau de mouton et je savoure un délicieux plat de riz. Puis viennent des poissons, du lait, des pains de mil enduits de miel, et pour pièce de résistance, un gigot de mouton baignant dans le beurre frais fondu. Tout est excellent, mais je ne sais par quel plat commencer, il y en a trop. Ma vieille négresse me sert ; ma femme, avec un superbe éventail en plumes d'autruches, écarte de moi les mouches. Je suis un vrai pacha, choyé, dorloté ; rien à faire, beaucoup à boire et à manger, une jeune femme pour m'égayer, que faut-il de plus ? Laissons-nous donc vivre heureux, car qui sait ce que demain nous réserve ?

J'ai aussi un boy de neuf à dix ans, vêtu du costume national : une peau bien noire et reluisante. Il me suit comme un chien, couche à mes pieds. Un seul mot, et le voilà parti pour exécuter l'ordre donné. Il a pour principale mission de veiller sur ma femme ; gare à qui oserait lui conter fleurette, car rien ne lui échappe ; c'est un fin luron qui, je crois, sera bien vite trop dégourdi. Ma case est des plus confortables ; le sol est couvert de peaux de mouton ; les ustensiles de cuisine, les pots de miel et de beurre sont rangés dans un coin ; mon fusil et mes cartouchières forment panoplie avec une lance et un arc. Un léger pagne bleu ferme l'entrée, tamisant le jour et invitant à la sieste. Il fait frais, les bruits du dehors sont à peine perceptibles. Quelle tranquillité ! Je me laisse bercer par le frou-frou de l'éventail balancé au-dessus de ma tête. Ma femme semble heureuse ! Le matin, suivie de mon boy, elle va faire son marché et revient vite voir si je dors encore et si rien ne me manque. Elle est aux petits soins pour moi ; je ne puis ouvrir l'œil sans qu'elle me présente quelque friandise, ou bien ma pipe qu'elle sait à merveille bourrer de tabac et qu'elle se fait un plaisir d'allumer.

III. — RECONNAISSANCES ET COMBAT DU LOGONE

6 Mars. — Cette douce existence, à peine entremêlée d'heures de service, ne devait pas durer longtemps. Depuis la prise de Koussri, les habitants des environs accourent se mettre sous notre protection. Ils affirment que les rabistes occupent Karnak, sur le Logone, à une quarantaine de kilomètres en amont de Koussri. Le Commandant charge le Lieutenant Métois de vérifier le fait ; nous partons donc en reconnaissance dès le matin, au nombre de 40, et nous remontons avec une extrême prudence le bord droit de la rivière. Vers le soir, nous apercevons les murs de Karnak ; on s'arrête, on se forme en carré dans la brousse. Les sentinelles sont posées ; la nuit venue, chacun se couche à sa place, son fusil entre les bras, et le silence se fait.

7 Mars. — Il est environ une heure du matin ; le calme glacial des nuits du Soudan règne autour de nous : il semble que la solitude soit absolue. Tout à coup une vive fusillade éveille l'écho de la forêt et le cri sinistre : « Aux armes » retentit dans la nuit. Nous sommes tous debout ; sans commandement, nous cinglons l'obscurité d'une grêle de plomb. Les noirs nous couvrent d'un feu nourri. Grâce à la lueur de leurs coups, nous pouvons leur répondre. Dans l'ardeur du tir, pas un homme ne tremble ; nous avons en nous-mêmes la confiance qui donne toutes les audaces. D'ailleurs la voix du Lieutenant domine le bruit et nous encourage. Nous entendons aussi parler les assaillants ; ils ne doivent être qu'à quelques pas de nous ; on s'attend, d'un instant à l'autre, à un corps-à-corps.

Mais l'ennemi ne tire plus. Où donc est-il ? La nuit est si noire que chacun de nous voit à peine les deux camarades qui l'encadrent. L'attente et l'incertitude nous énervent et nous engourdissent ; un froid mortel nous glace. Le silence dans cette obscurité nous impressionne plus péniblement que le fracas de la fusillade. Il nous faut faire un violent effort sur nous-mêmes pour conserver notre sang-froid et attendre de pied ferme cette attaque qui ne vient toujours pas. Les noirs se sont-ils sauvés, ou bien, patiemment embusqués, guettent-ils le moment favorable pour se ruer sur nous et nous surprendre ? Des patrouilles envoyées en avant du camp ne rencontrent personne ; elles rapportent le corps, déjà raidi par la mort, d'une de nos sentinelles. En outre, trois hommes, dont mon ami Becbec, sont légèrement blessés. Pendant le reste de la nuit, nous restons tous aux aguets ; dès qu'il fait jour, la reconnaissance, fixée sur la présence de l'ennemi à Karnak, reprend le chemin de Koussri

Le souvenir de ce petit engagement, pourtant moins meurtrier que bien d'autres, m'a toujours fait frissonner, tant la nuit ajoute d'horreur au combat. Rien n'est plus angoissant que de lutter contre des fantômes et de se fusiller avec d'invisibles adversaires.

8 Mars. — On apprend par des indigènes fugitifs, plus nombreux aujourd'hui que jamais, que Fadel-Allah, le fils de Rabah, approche avec une forte troupe, ravageant tout sur son passage. Il vient de brûler le village de Kabi, à mi-chemin de Karnak à Koussri. Le Commandant donne l'ordre au Lieutenant Rondenay de partir à la nuit tombante avec une reconnaissance de 130 fusils. Je suis encore désigné pour en faire partie. Nous marchons cette fois sur la rive gauche du Logone, mais nous ne devions pas faire tant de chemin que l'avant-veille pour joindre l'ennemi.

On avance avec prudence, scrutant tous les buissons, car un souffle de danger est dans l'air. Peu après le départ, nos éclaireurs, en débouchant dans une clairière, sont salués de coups de fusil ; on ralentit, car l'ennemi est proche et il fait très noir. Nous trouvons près d'un village désert les cendres d'un feu et quelques aliments : nous n'avons donc débusqué qu'un petit poste. Le Lieutenant nous fait former en carré et envoie demander au Commandant

30 spahis. Nous passons la nuit sans dormir, croyant à chaque instant voir apparaitre l'ennemi.

9 Mars. — Dès l'aube, les cavaliers arrivent sous la conduite du Lieutenant de Thézillat. La marche en avant est reprise, des Spahis en éclaireurs et en flancs-gardes. Au bout de quatre kilomètres, ils nous signalent un fort groupe de sofas montés. Notre colonne s'arrête ; les Spahis mettent pied à terre, leurs chevaux, tenus par six hommes seulement, sont abrités au bas de la berge du Logone. Une vingtaine d'entre nous s'avance dans le lit très large et presque entièrement à sec de la rivière. Quelques coups de fusils tirés sur les cavaliers noirs les mettent en fuite : mais aussitôt une grêle de balles s'abat sur notre droite : le gros des forces de Fadel-Allah, que nous n'avions pas aperçu, prend l'offensive de flanc. La section Oudjari se déploie sur la droite pour répondre au feu des assaillants.

Pendant ce temps, une nuée de rabistes charge la ligne de 23 Tirailleurs dont je fais partie. Le tir des sofas est très intense ; une véritable pluie de plomb nous arrose à bout portant ; la place n'est plus tenable. Le Lieutenant Rondenay nous ordonne de sortir du lit de la rivière et de rejoindre nos camarades qui, dans la brousse, en haut de la berge, défendent vaillamment leur vie. A peine avons-nous fait un pas en arrière, que les sofas s'imaginent nous avoir vaincus ; ils se jettent sur nous en poussant des cris de triomphe. Il faut se frayer un passage à coups de baïonnettes jusqu'au pied du talus que nous escaladons. Mais la panique s'empare des Tirailleurs : le Sergent Villepontoux, Delaporte et moi, nous avons grand peine à les rallier. Enfin nous parvenons à rejoindre la colonne et à former le dernier côté du carré. Il était temps, nous sommes entourés de toute part.

Alors le Lieutenant Rondenay fait mettre les blessés au centre ; sur son ordre, les chefs d'escouade, debout, l'arme au pied, face à l'ennemi embusqué à quelques mètres, font l'appel de leurs hommes. Puis, on se met à genoux et on ne tire qu'à coup sûr, car chaque Tirailleur n'a que 120 cartouches. L'ennemi approche de plus en plus ; il nous tue un homme et en blesse un autre qui essayait de nous rejoindre. Il est pris, déshabillé et haché de coups de sabre devant nos yeux. Nous assistons à son supplice, impuissants à lui porter secours. Je le vois encore se tordre de souffrance sous les coups de sabre et de lance ; mais l'ordre est de ne pas bouger. La fusillade continue ; les arbres sont couverts de nègres qui tirent sur nous à bout portant. Les hommes, les femmes et les enfants poussent des hurlements de bêtes fauves ; leurs tam-tams font un vacarme infernal qui retentit à nos oreilles comme le glas de la mort. Mais nul d'entre nous ne bouge, ni ne tremble ; nous attendons, avec un sourire de défi sur les lèvres, la grande faucheuse.

Nous tirons peu, car déjà plusieurs hommes ont jeté ce cri sinistre : « Plus de cartouches ! » Ce cri de rage, je l'entends encore. Je vois aussi ce pauvre Tirailleur qui avait reçu une balle dans l'œil et qui se tordait à mes côtés, sans pousser un cri, sans laisser échapper une plainte. Et le Sergent de Moustier qui me tendait son bidon ! je vais le saisir lorsqu'il lui échappe des mains, les deux courroies coupées par une balle. Deux Tirailleurs tombent au même moment : l'un a une balle dans le cou, l'autre une dans la bouche. Nous sentons que la fin approche ; il nous reste à chacun encore cinq ou six cartouches et c'est tout. La rage s'empare des plus braves, qui veulent aller se faire tuer au milieu des ennemis plutôt que de mourir ici, sans pouvoir se défendre. Le bruit de la fusillade, les cris des femmes, le sifflement des balles nous enivrent et nous exaspèrent.

Tout à coup, comme si un ressort les avait lancés, cette poignée de soldats se dresse et pousse un cri de guerre ; entraînés par les gradés français, tous tombent tête baissée, baïonette en avant, sur les sofas qui sont en un clin d'œil culbutés et en déroute. La charge est si précipitée et si terrible que les esclaves de Fadel-Allah n'ont pas le temps de charger les bagages qui sont dans le camp ; nous y pénétrons et nous faisons un butin énorme. Pour ma part, je me suis jeté à corps perdu dans cette mêlée ; j'ai chargé de toutes mes forces et de toute la vitesse de mes jambes sur trois noirs qui fuyaient devant moi dans la brousse ; leur compte fut vite réglé : deux coups de fusil, un coup de baïonnette et les trois brigands étaient couchés à mes pieds. Je continue à charger, encore plus excité, à côté du Lieutenant Rondenay. Dans l'impossibilité de commander ses hommes dispersés pour la poursuite, il a ramassé le fusil d'un blessé, et, comme un simple soldat, il s'est jeté sur les noirs. Qu'il est beau, avec sa grande barbe qui frémit et pointe vers l'ennemi. Ses yeux lancent des éclairs, sa bouche s'ouvre pour crier : « Chargez ! » Son poing nous montre dans la fumée, là-bas, les étendards ennemis. Il est tel qu'on se représente les héros des combats antiques.

Il me demande des cartouches : sans cesser de courir, je lui en donne trois seulement, car il ne m'en reste que six. Je tire, en marchant, sur un groupe de cavaliers ; l'un d'eux tombe, j'ai tué son cheval. D'un bond, je suis sur lui, et, avant qu'il ait eu le temps de se servir de ses armes, je lui traverse la poitrine de ma baïonnette. Ma colère ne s'arrête pas là : quelques nègres poussent trois chameaux chargés, il me les faut ; avec un spahi saharien, je charge contre eux, je les mets en fuite, et, entre autres prises, je m'empare d'un revolver de fort calibre que je donne à mon Lieutenant. Dix minutes après la fin du combat, le Commandant arrive avec du renfort ; ses hommes sont à bout de forces, car ils viennent de fournir 8 kilomètres au pas de course. Les 160 Tirailleurs et Spahis que nous étions ont donc eu raison de 2.500 sofas. Le combat a duré plus de deux heures ; nous avons 3 tués et 29 blessés. Le Lieutenant de Thézillat est grièvement blessé au pied et le Lieutenant Oudjari légèrement à la ceinture.

Cette inoubliable journée m'a valu une citation à l'ordre du jour de la Mission. Je ne puis résister au désir de la reproduire ici, moins par orgueil que pour en reporter l'honneur sur le Chef vénéré qui se connaissait si bien en courage, et dont l'exemple et le prestige nous rendaient capables d'aborder en face tous les dangers.

« Le Caporal Guilleux a constamment fait preuve
« du plus grand calme sous le feu de l'ennemi et de
« beaucoup d'entrain au moment de la charge, est
« arrivé un des premiers dans le camp ennemi.

« Koussri, le 12 Mars 1900.

« Signé : LAMY ».

Ce témoignage de satisfaction était la plus douce récompense que je pusse recevoir ; il suffisait à me faire oublier toutes les fatigues passées ; il devait m'aider à supporter les épreuves de l'avenir.

Les morts et les blessés sont rassemblés à l'ombre, en attendant l'arrivée des pirogues qui les transporteront à Koussri. Je pars à la recherche de mon cheval ; je le trouve entre les mains d'un nègre qui se prépare à fuir avec lui. Je loge une balle dans la partie la plus charnue de ce voleur, et je reviens m'étendre près de mes camarades, autour d'un feu où rôtissent quantité de morceaux de mouton. Il y a aussi une énorme peau de bouc remplie de dolo ; je porte le goulot à mes lèvres et je me régale de ce délicieux breuvage. Mais je n'avais pas compté avec le soleil qui est chaud, avec mon ventre qui est vide, et avec ce farceur de dolo qui est traître, aussi, cinq minutes après, je m'endors, légèrement ému, pour ne pas dire ivre. Lorsque je me réveille, on part à la poursuite de Fadel-Allah. Nous pouvons à peine avancer dans la brousse épineuse ; notre figure et nos mains sont couvertes de sang. Çà et là, on trouve une selle, un cheval blessé, des ustensiles de cuisine. Enfin, nous arrivons au village de Kabi, récemment incendié. Les habitants poussent des cris de frayeur à notre approche, mais ils sont vite rassurés et nous apportent des calebasses d'eau ; je suis heureux de pouvoir y tremper mes lèvres sèches et pâteuses. Les Sénégalais, plus malins que nous, pour se vêtir eux-mêmes, ont déshabillé tous les habitants, hommes et femmes qui s'approchaient d'eux, et les ont laissés tout nus. J'ai bien ri en voyant ces négresses se sauver dans toutes les directions, cachant leur nudité derrière une calebasse ou avec leurs mains.

Au delà de Kabi, le pays semble tranquille ; nous reprenons la route de Koussri où nous arrivons à la nuit. Les habitants nous attendent à la porte et poussent de joyeux you-yous. D'un temps de galop, je suis chez moi, mon boy prend mon cheval et je tombe dans les bras de ma femme. Je la trouve plus belle que jamais. Elle me regarde et me tâte partout, pour bien s'assurer que je ne suis pas blessé. Toutes nos voisines sont heureuses de me voir sain et sauf, et ne savent que faire pour me le témoigner. Mon épouse se trémousse comme un diable pour préparer mon lit ; elle veut que je me repose, mais toutes me demandent de leur raconter le combat. Après avoir quitté mes bottes et mon ceinturon, accroché mon fusil à la muraille, je m'assieds sur une peau de mouton et ma femme m'apporte à manger. Rien ne manque à ce repas : bouillabaisse de poissons secs pilés et cuits au beurre, lait, gâteaux de miel et de cornas, bouillie au riz, bœuf grillé. Les femmes sont en cercle autour de moi et me regardent comme un Dieu. Elles écoutent attentivement mon récit, sautillent de bonheur et poussent des cris de joie quand je leur dis que bientôt Rabah sera entre nos mains et que nous lui couperons le cou.

Le repas achevé, je fais apporter une calebasse d'eau pour me laver. Ma femme me jette de l'eau sur le corps et me masse. La toilette finie, j'ouvre le sac d'étoffes que j'ai ramassées après le combat. Toutes se taisent et ouvrent de grands yeux. Je tire un à un les pagnes et les rouleaux d'étoffe aux couleurs éclatantes et plusieurs petites glaces de deux sous que je distribue aux assistantes. Ma femme ne quitte pas des yeux un superbe pagne bleu ciel qui fait envie à toutes ses amies. « Tu le veux, lui dis-je ? » Elle ne répond pas, mais ses yeux brillent. Je le lui donne ; elle s'empresse d'aller s'en revêtir, et revient me remercier. Elle saute, elle rit ; les autres femmes me regardent avec des yeux langoureux pleins de convoitise ; mais je remets le tout dans le sac. Il ne manque pas de camarades qui sont presque nus et qu'un pagne habillera. Après mille salutations, ces femmes se retirent. J'ouvre une seconde fois le sac aux étoffes ; je mets de côté quelques vêtements pour mon Capitaine, mon Lieutenant et moi. Je donne encore un superbe pagne blanc et deux colliers à ma femme. Le reste sera pour les camarades que j'irai voir demain.

Enfin je me fais apporter ma pipe, et, tout en fumant, je me remémore le combat du matin ; certes, la journée a été rude, j'ai vu la mort de bien près : mais devant des Officiers comme les nôtres et des soldats comme nous, tout doit fléchir, rien ne peut résister à nos charges à la baïonnette. Quel beau moment que la charge ! On ne se sent plus, on court, on vole, on frappe, on tue ; les balles sifflent sans vous toucher, les noirs tombent ou disparaissent : nous sommes victorieux, et je me retrouve vivant sans une égratignure. Pourquoi ne dure-t-elle donc pas plus longtemps, cette charge enivrante ? C'est le meilleur moment du combat, c'est une fête, c'est une danse. Pour orchestre, la fusillade, le cri des fuyards, le râle des mourants. Je regrette presque de n'en avoir pas rapporté une marque qui me rappelle à jamais ce beau jour ; mais les combats ne sont pas finis, et j'ai le temps de recevoir à mon tour la blessure rêvée. Les tisons du foyer s'éteignent, la ville est silencieuse ; seuls les pas de la ronde résonnent au dehors. Ma femme dort à mes côtés, c'est l'heure du repos : une prière, et dormons.

IV. — SIX SEMAINES A KOUSSRI

10 Mars. — Je suis réveillé bien avant le jour. Je casse la croûte ; un coup d'œil à mon cheval, quelques ordres à ma femme, et je pars avec mon boy pour porter aux camarades quelques effets. Nous longeons la rivière qui offre un charmant spectacle : les barques des pêcheurs sillonnent l'eau dans tous les sens, précédées chacune d'une pirogue portant deux gamins : l'un la dirige, l'autre rabat le poisson vers le filet abaissé dans l'eau. Ces gens-là passent souvent la nuit entière à la pêche ; ils font leur cuisine à bord, sur un petit fourneau portatif. Le matin, quand le jour paraît, les barques sont déjà vides de poisson, ils ont soin de le débarquer avant le réveil de la troupe, se souvenant que le lendemain de notre arrivée, nous les avons dévalisés de leur pêche. Ils sont roublards, ces nègres et il serait difficile maintenant de les voler. Quant à moi, je n'y songe pas, car mes voisins me donnent tous les jours une superbe friture pour gagner ma bienveillance. Ils pêchent surtout deux sortes de poissons : l'un, qui a les deux nageoires caudales bleues, a trop d'arêtes ; l'autre qui a un côté de la queue bleue et l'autre rouge, est meilleur. Pour le faire cuire, point n'est besoin d'huile. Il peut frire dans sa propre graisse, et en laisse assez pour lustrer trois ou quatre chevelures. Des femmes viennent en longues files, une goura sur la tête, se baigner et chercher de l'eau. Elles barbottent et remplissent leurs gouras sans se préoccuper des caïmans qui pullulent. Je m'arrête à regarder une malheureuse négresse décharnée, couchée sur une mauvaise natte. Elle a un pied et un bras brisés ; pas de pansement, pas un bout de chiffon sur ses plaies. De la main gauche, elle essaie de chasser les mouches qui s'acharnent sur elle. Pauvre infortunée, je la plains, mais je ne peux rien pour la soulager. C'est triste, la guerre, mais ce n'est pas notre faute si cette femme a été blessée ; nous ne pouvons pas diriger nos balles pendant le combat. Malheur aux pauvres esclaves trop vieux pour fuir ou pour combattre qui se trouvent dans la mêlée, les balles tuent sans discernement. Mon boy, lui, rit de cette pauvre vieille. Il est bien portant, il est sous ma protection, il mange, il boit tout son content ; que lui importent les souffrances des autres ! C'est bien là l'âme de ces maudits nègres, aussi noire que leur peau. Ils n'aiment et ne craignent (car c'est tout un pour eux) que le chef, le maître qui les gorge de pâtée, les comble de butin et de femmes, ou les roue de coups par caprice et leur coupe la tête.

J'arrive enfin chez mes camarades, tous fort occupés, à faire des chaussures, à soigner leurs chevaux, à conduire les hommes au fourrage, ou à taquiner leurs kradens. « Bonjour, les amis ! la santé et les amours marchent-ils à souhait ? — Ah, je crois bien, vois plutôt, » me répond Bonjean, qui fume tranquillement sa grosse pipe en regardant trois nègres s'escrimer à la corvée de litière de son écurie. « Et Ravin ? — Regarde donc dans le gourbi, je crois bien qu'il fait encore la sieste. » En effet, rêvant sans doute à la France, il est étendu de tout son long sur une natte. « Bonjour, Ravin ! Tu sais, je t'apporte un chic costume. M'invites-tu au moins à déjeûner ? — Bien sûr, mais à condition que tu fournisses le riz : je n'en ai pas. — J'y ai pensé, tiens, regarde, il y en a au moins deux kilos ». Je m'assieds près de lui et je lui montre le pagne et le pantalon que je lui apporte : « Tu sais, je les ai pris sur le corps d'un grand diable, qui faisait bien un peu la grimace pendant que je le déshabillais, mais un coup de crosse l'a fait taire. — Je te remercie, mon cher, encore quatre ou cinq jours et j'aurais été tout nu.

Alors, tu es des nôtres ce matin, tu restes à déjeûner ?
— Oui, mais tu sais, pas de blagues, ne me fais pas manger des briques ».

Je laisse un pagne pour Bonjean, puis je vais chez Trabessac. Il me reçoit à bras ouverts, enchanté du pantalon que je lui donne. Nous buvons un peu de lait ; et, en attendant l'heure de la soupe, nous allons voir de petites négresses qu'il connaît. Toutes sont gentilles ; une surtout est remarquable par sa peau presque blanche et ses longs cheveux frisés. Mon camarade la taquine ; depuis notre entrée à Koussri, elle et lui sont de vieux amis qui, souvent le soir au clair de lune, vont rêver sur le bord de la rivière en parlant de bouillies de mil, de poissons frits et de pots de lait. Tel est le langage amoureux des négresses ; les fleurs, les petits oiseaux et les beautés de la nature sont des sentimentalités qui ne leur disent rien, à elles qui font l'amour à coups de triques.

De nombreux baigneurs barbottent dans le Logone ; les femmes restent près du bord, les gamins s'en vont jusqu'au milieu du courant, plongeant sous les pirogues. Tous nagent très bien ; les plus beaux à voir sont nos Tirailleurs dont la peau blanche se détache au milieu de la foule nègre. C'est curieux de voir ces blancs et ces noirs tout nus qui se coudoient sans embarras ; les premiers jours, on était mal à l'aise dans ce costume ; mais l'habitude est prise maintenant, et on n'éprouve aucune gêne à quitter sa chemise en public. Les négresses rient et se moquent de nous, cela les étonne de nous voir si blancs avec nos figures bronzées. Malgré notre couleur, elles nous témoignent beaucoup d'amitié parce que nous sommes forts et que nous allons les débarrasser de Rabah.

« Eh, le Fenec ! » C'est Ravin qui m'appelle pour déjeûner. « Au revoir, Trabessac, à ce soir ! » Cinq minutes après, je suis à table au milieu d'une dizaine de camarades. Pour la circonstance, je me suis procuré une cuiller en bois. C'est plus convenable, pour une fois qu'on dîne en société, de ne pas se servir de ses doigts. « Quelle bonne odeur ! — Je crois, me dit Ravin, que le déjeûner sera bon ; regarde ce plat de riz, est-il assez appétissant, en as-tu jamais vu un pareil ? il est au lait et au miel ». Comme invité, c'est à moi l'honneur de l'entamer. Je puise avec mon énorme cuiller dans la blanche pâtée, et en trois coups, je remplis mon écuelle jusqu'au bord. Tout le monde en fait autant et le repas commence. On est vraiment très bien, assis par terre avec le plat sur les genoux. On ne risque pas de mettre les coudes sur la table ou de se tromper, pour poser fourchette et couteau, du côté voulu par les règles. C'est bien plus pratique que les cérémonies qu'on fait en France, pour ne manger parfois qu'un hareng saur et boire un verre de cidre.

Après le riz, viennent le poisson, un ragoût de mouton, d'énormes grillades de bœuf, et des petits pains de maïs au miel. Comme boisson, du lait. Quelle vie nous menons ! on se bat, on risque sa peau, mais on a de quoi boire et de quoi manger, on ne manque de rien. Que faut-il de plus à un soldat pour être heureux ? Après le repas, nous dégustons un thé délicieux ; les pipes s'allument, on commence à raconter des histoires et la conversation roule surtout sur nos prochains combats. On se promet un terrible carnage de ces maudits sofas qui nous exaspèrent par de quotidiennes alertes. C'est toujours à l'heure de la sieste, quand nous nous reposons dans les bras de nos épouses, qu'on sonne aux armes, qu'il faut courir aux remparts, pour y passer un quart d'heure et revenir bredouilles. Ah, canailles, un jour viendra où vous expierez vos crimes, et où nous vous tiendrons au bout de nos baïonnettes ; alors, pas de quartier, vous y passerez tous, nous avons à venger sur vous l'assassinat de nos frères d'armes ! On chante quelques vieux couplets de la Paimpolaise, et on se quitte heureux et pleins d'espoir dans l'avenir.

Toujours suivi de mon boy, je regagne mon domicile. « Sennou, sennou, Guillou ! » Ma case est remplie de femmes qui me saluent ; elles savent mon nom et s'amusent à le prononcer. On me fait place ; avec beaucoup de majesté, comme un haut dignitaire, je m'étends sur mon lit de peaux de moutons. J'ai si bien déjeûné qu'une sieste ne me fera pas de mal. Mon épouse, superbe avec son pagne bleu-ciel, prend son éventail et s'assied près de moi, en chantant un air de son pays. Je m'endors en rêvant qu'au-dessus de ma tête voltigent des papillons. Deux heures après, bien reposé, je vais comme d'habitude faire un tour dans les cases de mon escouade, donner des ordres, commander les petits postes du pâturage, voir les chevaux, distribuer leur ration de mil, ainsi que les denrées d'ordinaire de mes hommes.

Mon service fini, je vais à la rivière, prendre un bain avec des amis. Là tous les soirs, lorsque le soleil disparait derrière la ville, nous nous rassemblons nombreux près de cette eau claire et limpide qui nous a si souvent manqué. Quel bon moment que celui du bain. Je pique une tête dans l'eau, et en quelques brasses, je me trouve au milieu des femmes qui passent à gué pour retourner à leur village. Elles ne m'ont pas vu arriver ; je leur saisis les jambes et je les attire sous l'eau ; elles poussent des cris affreux et lâchent tous leurs bagages. Se croyant prises par des caïmans elles jettent des hurlements désespérés. Tout le monde s'amasse sur la berge pour assister à leur agonie, et quand on voit les victimes reparaître à la surface de l'eau à côté d'un grand diable à la peau blanche, tous rient de la farce. Nos femmes assistent à nos ébats ; mais, plus réservées, elles ne se baignent qu'après notre départ. Elles font une sérieuse toilette, pour ne pas rentrer à la maison sentant le poisson ou l'huile rance.

Pourquoi ce joyeux temps n'est-il plus ? Pourquoi n'en reste-t-il qu'un lointain souvenir ? Je voudrais

revivre un jour, une heure de cette douce existence aux amusements enfantins, me plonger encore dans les eaux rapides du Logone, taquiner les négresses, les voir rire et les entendre crier. Ah, charmantes soirées, que vous êtes loin déjà ! Les mois, les années ont passé, d'autres soucis sont venus assombrir mon esprit, d'autres joies ont fait tressaillir mon cœur. Pourtant, je me souviendrai toujours de ces trois mois de vie facile où mon existence se partageait entre ces moments de plaisir et les heures de combat. Alors, j'étais vraiment heureux !

Depuis notre arrivée à Koussri, le service de sûreté est très strict. Des factionnaires postés sur toute la longueur du mur surveillent le bled. Nul ne peut s'approcher des remparts sans être aperçu. Dès qu'une patrouille de Rabah se montre, le cri de « Aux armes ! » retentit, aussitôt répété par toutes les sentinelles. Chacun prend son fusil, abandonnant la pâtée fumante ou la partie de cartes pour courir à son poste. Quel tumulte dans la ville ! Tout le monde crie ; les uns sont à peine réveillés, à peine vêtus ; les autres courent la bouche pleine, un morceau de viande à la main. On a crié « Aux armes ! » Adieu femme, pipe, sieste, repas, travail ; il faut tout quitter et courir au mur. Les habitants rentrent dans leurs cases et montent sur les toits pour bien voir, et se sauver si nous étions battus. Les Chouas de la rive droite du Logone, passent la rivière emmenant bœufs, moutons et tout leur matériel. Les animaux se mettent de la partie et remplissent l'air de leurs cris. Peu à peu, tout bruit cesse ; un silence de mort pèse sur la ville ; tout le monde est anxieux, on attend. Lorsqu'on s'est bien rendu compte par des patrouilles que cette fois encore l'attaque n'est pas sérieuse, et que quelques sofas seulement ont occasionné l'alerte, le Commandant nous donne l'ordre de réintégrer nos cases. Les Chouas rassurés, repassent la rivière ; chacun retourne à ses occupations.

Le service le plus pénible est la garde au pâturage, dans la brousse, assez loin des murs. Tous les deux ou trois jours, le tour revient de s'offrir cette distraction. Là, il faut ouvrir l'œil et le bon, car derrière chaque arbre, chaque buisson, un noir est peut-être embusqué. Des patrouilles ennemies battent la brousse, n'attendant qu'un moment favorable pour se jeter sur nos troupeaux. Nos factionnaires sont généralement placés sur le haut des arbres pour mieux scruter les environs. Au moindre bruit, tout le poste est debout, prêt à faire feu. A l'heure de la soupe, une moitié des hommes mange, pendant que l'autre veille. Silence complet, pas de jeux, pas d'histoires ; l'ennemi est là qui rôde : pour un instant d'inattention, nous risquons de nous faire couper le cou. Enfin, à 5 heures du soir, on conduit le troupeau à l'abreuvoir dans le Logone, et on le ramène à l'intérieur des murs. La journée de pâturage est finie, et le chef de poste peut aller goûter un repos bien gagné auprès de son épouse qui l'attend avec impatience. C'est au tour des sentinelles de veiller.

2 Avril. — Depuis notre arrivée à Koussri, le Commandant a, paraît-il, envoyé plusieurs courriers à M. Gentil qui se trouve sur le haut Chari. Tout dernièrement, le Lieutenant de Chambrun est parti avec 60 chameaux. Aujourd'hui, ce sont MM. Foureau et Villatte qui remontent le fleuve avec 15 pirogues et 30 Tirailleurs sous les ordres de l'adjudant Jacques. Ils profitent du départ de ces embarcations, qui sont envoyées à M. Gentil, pour rentrer en France. Il est 10 heures du soir quand cette petite flotille démarre, emportant avec elle quelques lettres pour ceux qui, depuis seize mois, sont sans nouvelles de nous. Mais aussi, j'ai mis une lettre dans ce sac qui part pour la France : un simple morceau de papier plié en quatre, portant sur une face l'adresse à peine lisible de mes parents. Malgré le manque d'enveloppe, elle est arrivée en France. Je suis heureux de remercier ici de tout mon cœur M. Foureau du soin qu'il a pris de la faire parvenir à destination. Non sans regrets, nous regardons cette flotille s'éloigner de la ville, car pour nous le départ est loin d'être fixé. Nous avons encore bien des nuits de veille à passer, des reconnaissances à faire, des combats à livrer. Espérons pourtant, et prenons patience !

Les jours s'écoulent en pâturages, baignades et réceptions chez mon Sergent sénégalais qui m'accueille toujours à bras ouverts. Nos femmes nous font passer d'agréables soirées ; mais, malgré ce bien être relatif, nous sommes toujours sur le qui-vive. Pas un jour ne se passe sans qu'une patrouille ennemie ne vienne nous harceler : énervantes alertes qui nous obligent à courir aux remparts et à nous faire griller la peau au soleil. Ma section cantonne maintenant au nord de la ville, dans de vieilles masures. Ma case est inhabitable ; les murs sont couverts de grappes de punaises qui empestent l'air. Le premier jour, sans y faire attention, je m'étais couché dans ce réduit ; à mon réveil, j'étais tout couvert de ces affreux insectes ; j'en avais partout, dans la barbe, les cheveux, et jusque sur un morceau de pain qui était dans ma poche. Y ayant mordu sans le regarder, j'ai cru que j'allais me trouver mal de dégoût, tant j'avais la bouche empoisonnée. Depuis j'ai quitté ce taudis ; je vis dans mon ancienne case avec ma femme. Les nuits se passent d'ailleurs au pied des murs ; à la chute du jour, chaque homme emporte sa natte et se couche à sa place de combat. On carotte bien quelques heures pour rentrer chez soi ; mais rarement, car l'amour ne nous fait pas oublier le devoir.

Chaque jour voit augmenter la population de Koussri ; des paillottes remplissent maintenant l'espace d'abord vide entre la ville et les murs. La ville est redevenue gaie ; la vie des indigènes a repris son cours normal. Souvent le soir, avant de regagner ma place de combat, je m'arrête à une veillée nègre. On y parle toujours de Rabah, de ses exploits et de ses crimes. Tous me racontent des histoires de chasse extraordinaires ; ils me demandent quel jour nous partons pour Dikoa, où ne manquent ni les bouthyrs, ni les bœufs, ni les chevaux ; à les entendre, Dikoa est la ville la plus belle et la plus riche de ces contrées. Quand nous irons là-bas, tous nous suivront, dans l'espoir d'y ramasser du butin, de l'argent, du mil, et, ce qui les tente le plus, des esclaves ! Quels êtres que ces nègres. A peine sortis eux-mêmes d'esclavage, ils ne songent qu'à imposer ce sort à d'autres malheureux.

Malgré ce pénible service d'avant-postes, je ne néglige pas ma femme qui, de jour en jour, se civilise. Je trouve toujours ma soupe prête et du lait frais pour me désaltérer, chose précieuse sous le soleil épouvantable qui nous cuit. J'ai maintenant deux boys, aussi espiègles et filous l'un que l'autre. Le dernier venu est le fils de mon tailleur ; ici, comme en France, on confectionne des vêtements sur mesure. Sans prétendre rivaliser avec leurs confrères parisiens, les tailleurs d'ici savent faire un pantalon, une blouse, et surtout les réparations. En un jour, ils vous ajustent un complet solide et d'une coupe suffisante, à condition de leur fournir l'étoffe. Mon brave tailleur m'a donc donné son fils comme serviteur, à condition que je l'emmène à Dikoa, pour qu'il en rapporte du butin. Après le combat du 9 Mars, quand je lui ai porté des pagnes pour qu'il m'en fasse deux tenues, il s'est extasié sur la richesse de ces tissus. Je lui ai dit que je possédais bien d'autres belles choses et beaucoup de bouthyrs, et que, s'il me servait bien, il serait récompensé. Aussi il ne sait que faire pour me témoigner son zèle.

Il me montre une jeune négresse assez jolie, son esclave, et me dit : « La veux-tu pour femme ? Prends-la, je te la donne pour dix bouthyrs et deux pagnes ? Quand on est riche comme toi, on doit avoir plusieurs femmes, c'est plus « zine ». Mais je ne veux rien entendre ; je ne suis pas nègre, moi. Que ferais-je de deux femmes ? Une me suffit pour faire ma soupe et m'éventer pendant la sieste. Il insiste et me détaille les qualités de son esclave : c'est une bonne fille, une travailleuse infatigable ; je pourrai chercher dans tout Koussri sans rencontrer mieux. C'est ce qui te trompe, mon vieux ; ma femme est bien plus jolie que ton esclave ; elle connaît le train-train de ma maison, je ne veux pas lui faire l'affront de lui donner une rivale. Là-dessus je le quitte, un peu désappointé de mon refus. A quoi bon risquer de mettre la brouille dans mon ménage puisque je suis heureux ainsi ?

Aujourd'hui, au pâturage, nous avons eu une alerte plutôt comique. Vers le milieu de la journée, alors que tout semblait calme, des coups de feu éclatent dans la brousse. Le matin, j'avais reçu du Sergent de Moustier, pour le cas d'alerte, l'ordre de rassembler le troupeau avec deux hommes par petit poste et de le faire rentrer à Koussri. Je me jette avec les hommes désignés sur les animaux ; et, à coups de pied et de poing, en poussant de grands cris pour les effrayer, nous les dirigeons vers la ville. Ils franchissent les buissons, traversent les fourrés et font des bonds prodigieux qui, malgré le danger, nous font bien rire. Ils arrivent ainsi devant la porte, si étroite qu'en temps ordinaire ils n'y passent qu'un par un. Aujourd'hui, ils s'y engouffrent par deux et trois de front. Pendant que je rassemblais le troupeau, le Sergent de Moustier réunissait tous les hommes restant aux petits postes et se préparait à combattre pour donner aux bêtes le temps de rentrer. Aux premiers coups de feu, l'alarme est donnée à Koussri ; en une minute, les murs se hérissent de têtes. Les canons sont braqués, tout le monde est à son poste. Une patrouille à cheval, commandée par le Lieutenant Meynier sort de la ville et tombe sabre au clair sur les cavaliers ennemis. Ils sont à peine une dizaine ;

le Lieutenant en tue un d'un coup de revolver ; les autres détalent à grande allure. Le calme rétabli, le troupeau revient au pâturage.

Ces alertes quotidiennes ne nous laissent plus une minute de repos. Si du moins nous pouvions livrer combat ! Mais non, les ennemis s'amusent à nous harceler de loin et à nous tenir perpétuellement sur le qui-vive. Quand donc viendra le jour où nous pourrons, face à face, leur jouer un air de notre façon et leur montrer comment nous jouons de la baïonnette ? Ils nous ont déjà vus à l'œuvre, mais je crois que la prochaine fois sera la dernière, car ils nous ont fait trop de mal pour qu'on en épargne un seul. Le pâturage est un véritable cauchemar pour nous. Quel soupir de soulagement on pousse le soir en rentrant à sa case pour souper. Les reconnaissances sont encore plus pénibles. De ces marches à travers la brousse, sous un soleil tropical, pieds nus dans les épines, on rentre en piteux état. On revient exténué, couvert de sang, pouvant à peine se tenir debout. Lorsqu'ensuite je pouvais m'étendre sur mon lit, j'étais bien heureux de trouver mon amie fidèle pour me plaindre, me laver les pieds et m'entourer d'attentions.

Ah, charmante petite femme, tu étais pour moi une sœur, une épouse, une amie dévouée, habile à apaiser mes souffrances et à adoucir mon existence. Qu'es-tu devenue ? sans doute l'esclave d'un nègre brutal. Si tu pleures l'heureux temps où tu étais libre et joyeuse près de moi, moi aussi, je le regrette. Souvent je pense à toi, je voudrais te revoir, revivre de cette vie d'aventures, d'amour et de dangers, goûter encore à tes friandises, jouir de tes douces câlineries. Tout cela est bien loin, mais je n'oublie rien. Maintenant, je suis condamné à végéter en garnison, à traîner ma tristesse d'une ville à une autre, en attendant le jour où peut-être je retournerai reprendre cette vie primitive, la seule que j'aime et qui m'attire.

Outre les alertes, il ne manque pas d'occupations qui nous aident à tuer le temps. Pour le moment, je suis fabricant de goudron. Après chaque repas, je fais recueillir les os. Quand il y en a assez, on les broie et on les met dans une marmite en terre. J'en bouche l'orifice en laissant un trou juste suffisant pour l'écoulement du goudron. Je fais ensuite en terre une excavation où je loge une autre marmite de même diamètre et de même ouverture que la première ; puis, je renverse le récipient plein d'os sur l'autre de manière que les deux trous correspondent et je lute le joint à la terre glaise pour empêcher l'air d'y pénétrer. Ces préparatifs terminés, je recouvre le tout de bois que j'allume. J'entretiens le brasier pendant trois ou quatre heures, puis, j'enlève la marmite contenant les os qui sont alors calcinés. Dans l'autre marmite s'est écoulé le goudron.

Cette nuit, je suis de ronde, ce qui m'arrive tous les cinq jours. Je visite les petits postes et je parcours la ligne des sentinelles. « Ouach kaïne ? (Qu'est-ce qu'il y a ?) — Oualou (rien de nouveau), » me répond le factionnaire interpellé. Mon itinéraire m'amène sur la rive du Logone sillonné de barques et de pirogues de joueurs de tambour. Du côté de la ville, tout est calme ; pas de bruit, pas de feux ; la lune aux pâles rayons nous protège par sa lumière, contre les surprises. Que cette nuit est belle ! et que la nature est troublante dans son sommeil sous ce ciel étoilé ! Pas un souffle de vent, pas un murmure dans la forêt. La rivière coule lentement, brillante, azurée, comme une nappe d'argent. Les petits villages Choua de l'autre rive grandissent sous la clarté mystérieuse, on croit voir des palais somptueux surgir de la brousse sombre. Quelle douce sensation j'éprouve ! Mon âme se laisse bercer par ce silence enchanteur. J'admire sans rien voir. Ma pensée s'est envolée là-bas vers la Patrie que je vois resplendir dans une auréole de grandeur et de majesté. Des voix amies

murmurent à mon oreille des paroles d'espérance :
« Patience, disent-elles, bientôt tu reverras la France,
bientôt tu seras dans nos bras. Ne faiblis pas, les
épreuves s'achèvent ; encore un effort, et tu sortiras
victorieux de la lutte ! » Le cœur raffermi, je vais
réveiller mon suivant de ronde, puis je me couche
et je m'endors en rêvant à la France.

Ce matin, Ménisser, un Tirailleur de mon escouade,
qui est vedette au pâturage aujourd'hui, éprouve je
ne sais quel pressentiment. Toujours est-il qu'il ne
veut pas monter son cheval qui est d'une faiblesse
effrayante. Il me demande à prendre le mien qui est
encore en assez bon état ; j'y consens. Il part alors
content avec un camarade de la sixième escouade, le
chef de nouba de la Mission. J'ai bien fait de lui
prêter mon cheval. Vers deux heures de l'après-midi,
la garnison est mise en émoi par le cri « Aux
armes ! » dix fois répété. En un clin d'œil, les murs
sont couronnés de soldats, les issues gardées, on
attend. On voit d'abord les chameaux venir à grande
allure vers la ville, puis les vedettes au galop. Les
portes sont ouvertes, tout ce monde s'y engouffre,
heureux d'être en sûreté. Mais deux hommes manquent
à l'appel. Que s'est-il donc passé au pâturage ?
J'interroge Ménisser encore tout tremblant. Pâle
comme un mort, il me raconte ceci : « J'étais en
vedette avec trois camarades à 400 mètres du troupeau,
moi pied à terre avec l'un deux, les deux
autres à cheval aux aguets. Tout à coup, sans nous
avertir, ils partent dans la brousse à fond de train.
Nous sautons à cheval, mon compagnon et moi, pour
les suivre, et nous les apercevons, poursuivant quatre
cavaliers ennemis qui s'éloignent vers un espace
découvert. Soudain une masse de noirs arrive de
tous les côtés et nous enveloppe en nous envoyant
une salve de coups de fusil : Deux de nos camarades
sont alors tombés ; ils n'en restait plus qu'un avec
moi. Poussant nos chevaux à grands coups d'éperons
nous avons passé au milieu des ennemis, et non sans

peine, nous avons échappé à leur poursuite ; ils nous auraient rattrapés si d'autres vedettes, venues à notre secours n'avaient arrêté leur élan par quelques coups de feu. J'ai profité de ce répit pour sauter à terre, filer dans la brousse et arriver jusqu'ici. »

Dans ce mouvement fait pour couvrir la retraite du troupeau, un Spahi soudanais a montré à ces bandits ce qu'un soldat français est capable de faire devant le danger. Un peu avant d'atteindre les murs, sa monture s'affaisse sous lui : il saute à terre, enfonce son sabre dans le ventre du cheval pour ne pas le laisser vivant entre les mains des ennemis ; puis, faisant face aux assaillants, il leur tient tête en reculant pas à pas jusque sous les murs de Koussri où il est enfin en sûreté. Nous sommes encore tout émus de cette alerte quand des hommes rapportent le corps de notre malheureux chef de nouba, tout couvert de blessures. Les sofas ont tranché la tête et l'ont emportée comme trophée. Une patrouille de cavaliers retourne sur les lieux ; un triste spectacle l'y attendait. Le corps de l'autre vedette est déjà à demi déchiqueté par les vautours ; le nez et les yeux sont mangés ; il est presque méconnaissable. Une fosse est aussitôt creusée pour recevoir les restes de ce malheureux, victime de sa témérité. Mon cheval s'est tiré d'affaire tout seul et est rentré au camp ; un de mes boys l'a ramené à l'écurie. Le lendemain, on enterre le pauvre noubiste dans le petit cimetière où beaucoup des nôtres reposent déjà. La cérémonie fut courte mais émouvante ; tous ceux qui y assistaient, et surtout les hommes de la 2ᵉ section se promirent bien de le venger et de faire payer cher à ses assassins ce nouveau crime.

Quelle triste vie que la nôtre ! Plus un moment de tranquillité. A chaque instant l'ennemi est signalé ; puis il disparaît comme par enchantement. Impossible de s'éloigner de son poste, d'aller voir ses amis, de rester auprès de sa femme ; il faut être toujours prêt à prendre son fusil et à courir aux remparts. Nous sommes démoralisés par cette inaction. Nous attendons avec une impatience fébrile le jour du combat : avec quel entrain nous chargerons contre ces noirs qui se moquent de nous. Mais il faut pour celà attendre l'arrivée de M. Gentil, car le peu de munitions qui nous reste ne suffirait pas pour une action décisive. Je suis de plus en plus abattu. Il me semble voir au loin le navire qui nous attend dans le port pour nous ramener en France, et nul ne sait quand nous quitterons ce pays maudit. Pourtant l'heure de la bataille finira bien par sonner ; la lutte sera terrible, nul d'entre nous ne faiblira et des flots de sang couleront. Ces barbares verront la couleur de celui de nos veines, nous ne l'épargnerons pas. Serions-nous tous couchés sur le champ de bataille, les jambes broyées, le corps mutilé, que nos bras se lèveraient encore pour frapper. Misérables bandits, qui savez si bien torturer les prisonniers et les esclaves sans défense, assassins de Bretonnet, de Crampel, de Béhagle, vous tremblez maintenant en voyant en nous les vengeurs de vos victimes. Votre heure approche, préparez-vous à vous défendre : notre attaque ne sera pas, comme les vôtres, lâche et timide ; nos coups vous frapperont en face ; nous vous combattrons au grand jour, un contre dix, un contre cent s'il le faut. En dépit de vos cris, de vos tam-tams et de vos hurlements, nous aurons la victoire et la tête de votre chef le féroce Rabah. Bientôt, de votre armée de brigands, il ne restera que des cadavres mutilés en proie aux chacals et aux vautours.

En attendant, notre situation devient critique ; les vivres diminuent. Le nombre des pêcheurs, il est vrai, a augmenté ; il y a plus de 60 barques à Koussri ; à notre arrivée, on en comptait à peine 30. Mais la provision de mil s'épuise ; les magasins sont presque vides, et la ration journalière est réduite. Toutes les cases sont minutieusement visitées chaque jour par une équipe de nègres envoyés à la recherche des silos. De temps en temps, on en découvre un, et c'est grâce à cela que nous pouvons vivre, car nous n'avons plus aucune ressource du dehors. Nos Tirailleurs aussi font la chasse aux provisions ; le sol est fouillé dans tous les coins, sans égard pour les cris des propriétaires qui craignent de voir leurs maisons s'effondrer. Les noirs cachent tout ce qui est nourriture ; il faut leur prendre les vivres de force. Mes voisins viennent à chaque instant pleurer à mes genoux, implorant l'autorité de mon grade pour empêcher qu'on ne bouleverse tout chez eux : « Nous n'avons pas un grain de mil, me dit une vieille ; rien n'est caché, nous ne vivons que de poisson ». Je les console, bien décidé d'ailleurs à ne rien faire. Au diable ces nègres ! On se fait tuer pour eux et ils ne disent pas même merci. Il faut pourtant bien que nous mangions pour conserver nos forces et vaincre Rabah.

Plusieurs esclaves fugitives sont venues à Koussri chercher un refuge. Elles sont gentilles, mais toutes marquées d'une profonde cicatrice sur les deux bras ; ce sont les cachets de Fadel-Allah et de Niébé, les fils de Rabah. Pauvres malheureuses, c'est par milliers qu'on vous compte. Bientôt, nous vous donnerons pour toujours la tranquillité en abolissant cet odieux esclavage. Alors vous comprendrez peut-être ce que le vilain blanc, le Kouffar, est capable de faire pour les faibles et les opprimés. Jamais nous n'avons été cruels envers vous ; si vous vivez près de nous, c'est de votre plein gré, parce que vous êtes heureuses et en sûreté sous les plis de notre drapeau, hors de l'atteinte des bandits. Notre présence ici vous aura fait jouir du premier des bienfaits de la civilisation : la liberté, que vous n'auriez jamais connue sans nous. Beaucoup d'entre nous sont déjà morts à la peine ; vous en souviendrez-vous ? Je sais bien que vous êtes des nègres qui ignorez la reconnaissance ; ce qu'il vous faut pour être heureux, c'est à boire, à manger, et des coups de trique ! Il sera long et difficile de changer vos habitudes ; nous tâcherons d'y parvenir. La France est riche en enfants épris de sa gloire, qui sont heureux de se sacrifier pour la faire aimer et connaître. Qui sait ? plus tôt qu'on ne pense peut-être, vous souviendrez-vous des Kouffars, du « Commandanne », comme vous dites dans votre langage ; les soirs de veillée, vous raconterez à vos petits enfants notre passage, nos combats, nos efforts pour vous délivrer de l'oppresseur, du tyran. Vous leur apprendrez à aimer le drapeau qui flotte sur vos murs et vous protège.

Les reconnaissances ne se font plus de jour ; c'est pendant la nuit qu'elles fonctionnent. Tous les soirs, dix ou douze hommes sortent de la ville en deux ou trois groupes, guidés par des noirs. Soit à pied, soit en pirogue, ils fouillent les environs, jusqu'au camp de Rabah qui s'est avancé à moins de 5 kilomètres de la ville. Défense de parler, de fumer ; on avance lentement dans la nuit noire, risquant à chaque instant de se heurter à une troupe ennemie. C'est le seul moyen de se renseigner sur l'adversaire. On s'approche du camp, on compte les feux, on examine la situation du tata et les sentiers les plus propices à l'attaque. Pour tout cela, le Commandant ne se fie qu'à lui-même. Aussi n'est-il pas rare que quelques instants après le départ des patrouilles il ne sorte seul, enveloppé dans son burnous. Il suit les reconnaissances, les surveille, se rend compte de leur mode d'action. Il pousse même jusque sous les remparts ennemis, pour vérifier l'exactitude des renseignements qu'il reçoit.

Il n'a confiance qu'en lui-même ; de notre côté, il nous semble que sans lui tout serait perdu, que nous ne pourrions ni combattre ni vaincre. Sentiment injuste, j'en conviens, car tous nos Officiers sont prêts à se faire tuer pour nous conduire à la victoire ; tous nous ont déjà donné, dans des moments difficiles, d'admirables exemples d'abnégation, d'entrain au feu et de dévouement au drapeau. Mais malgré tout, nous ne voyons qu'un chef : le Commandant. Dès le départ de la Mission, il a pris possession de nous, corps et âme. Nous sommes ses esclaves. Quoi qu'il commande, nous obéirions sans réfléchir ; derrière lui, nous irions à la mort sans hésiter. Son regard a quelque chose qui attire, qui fascine, qui fait frissonner ; il inspire le courage aux timides, donne la force aux plus débiles ; son exemple communique à tous un élan irrésistible. Je ne saurais définir l'amour que nous éprouvons pour lui ; tout contribue à augmenter son prestige : sa longue barbe de patriarche, son regard clair et franc, son attitude, sa froideur même. Qu'il vienne à parler, tous écoutent, parfois sans comprendre ; il a parlé, cela suffit ! Les Tirailleurs l'ont surnommé « Bebec », non sans raison, car c'est pour nous un second père, qui nous aime comme ses enfants et qui souffre de nos misères.

Cher Commandant, souvent entre amis, nous nous demandons quelle récompense assez belle pourrait vous être offerte, mais nous n'en voyons aucune qui soit digne de vous ; Dieu seul, et nous l'en prions ardemment, vous donnera le bonheur que vous méritez. Nous ne songions guère, en faisant ces vœux, que le jour était si proche où il devait vous rappeler à Lui !

V. — ARRIVÉE DE LA MISSION GENTIL

20 Avril. — Tous les jours, on s'attend à voir paraître M. Gentil. Aujourd'hui on annonce son arrivée pour demain. Ah ! si cette nouvelle, tant de fois démentie, était vraie, quel bonheur pour nous ! Nous marcherions aussitôt contre Rabah ; et après, c'est le retour en France ! Il se peut que les trois quarts d'entre nous succombent, mais certainement le tyran noir sera vaincu, et les heureux survivants pourront aller, fiers du succès, embrasser leurs parents. En tous cas, si le combat est terrible, il ne sera pas long : nous irons de si bon cœur qu'en un clin d'œil leur tata sera enlevé à la baïonnette, et que les ennemis seront en fuite, ceux du moins qui ne resteront pas sur le terrain. En attendant, je nettoie mon fusil avec plus de soin que jamais.

21 Avril. — C'est chose certaine ; M. Gentil arrive ce soir. Ma femme partage ma joie et m'entoure de câlineries ; elle espère bien que nous serons vainqueurs et que je lui rapporterai ma musette pleine de cadeaux. Oui ma belle, ne crains rien ; je reviendrai, j'en suis sûr. Un pressentiment me dit que je sortirai encore de ce combat sain et sauf, sans une égratignure. Il semble écrit que la campagne finira sans qu'aucun souvenir s'en grave sur ma peau. Je le regrette presque, et j'envie ceux de mes camarades qu'une blessure a marqués pour leur début au feu. A tout hasard, je fais un repas aussi copieux que s'il devait être le dernier, puis je me livre à la sieste sous le frais éventail de mon épouse. A mon réveil, vers 1 heure, elle me fait comprendre que M. Gentil, le Kouffar, comme elle dit, arrive. D'un bond, je suis sur la rive du Logone où la foule anxieuse attend. Je m'assieds sur un mur d'où je domine les environs. Le nombre des curieux augmente à chaque instant, les toits en sont couverts ; tout ce monde manifeste une joie exubérante. A 2 heures, quelques cavaliers paraissent sur l'autre rive du fleuve. Les you-yous retentissent. On se bouscule, chacun veut voir, c'est à qui aura la meilleure place. Enfin la colonne, longue file de porteurs noirs lourdement chargés et encadrés de soldats, débouche de la brousse ; elle entre dans le lit du Logone pour venir camper de notre côté. Les cris redoublent. Les rues sont pleines de gens qui se hâtent d'aller à la rencontre de nos frères du Congo. Quel étrange défilé ! Il y a là des noirs de toutes les races, hommes et femmes, tous hideux, sans un morceau de chiffon sur le corps. De temps en temps, un soldat passe, l'air fatigué ; eux aussi ont souffert pour arriver jusqu'ici.

La Mission Gentil campe dans l'espace vide entre les maisons et les murs de Koussri. Je vais fraterniser avec les camarades. Je serre la main de nombreux Soudanais et Sénégalais parlant bien notre langue. Tous sont heureux de nous avoir rejoints. Indigènes et Européens se promettent de prendre, sur l'armée de Rabah, la revanche de l'échec subi à Kouno en Octobre dernier. Un d'eux surtout me paraît plus excité que les autres ; c'est qu'il a été blessé là-bas et que son ami intime y a été tué. Tout à coup, j'ai la joie d'apercevoir le Lieutenant Kieffer, un Officier de mon Corps que j'ai connu à Blida. Que je suis content de lui serrer la main ! Il me semble que je retrouve mon régiment, ma famille. Les Tirailleurs l'entourent ; il les appelle par leurs noms. Il est heureux, lui aussi, et attendri ; sa voix tremble et ses yeux sont humides.

Je vais voir aussi le fameux Sultan du Baguirmi, Gaourang, rétabli, nominalement du moins, dans son autorité par M. Gentil, comme Ahmar-Scindda l'a été par nous. Quel homme, c'est un hercule. Au milieu de sa bande noire, il se pose en monarque indomptable. Je m'approche de lui : il se redresse et me regarde en maître, en souverain, presque avec insolence. Moi, je lui rends la pareille, et, bien en face, je le fixe en me moquant de sa grosse face bouffie : « Ah, mon vieux, ne crois pas qu'avec nous tu vas prendre des airs de pacha ; tu n'es qu'un vulgaire négro, comme tes sujets. Un simple Tirailleur est un autre personnage que toi. Tu as beau me regarder avec des yeux de panthère, je les connais les sultans de ton espèce ; je n'en voudrais même pas pour cirer mes bottes ». Là-dessus, je lui tourne le dos, le laissant au milieu de son entourage bariolé, en extase à ses pieds. Puis, je me dirige vers les cantonnements des 5ᵉ et 6ᵉ sections, au parc d'artillerie. Là, j'assiste au déballage des « caisses de champagne ! » Si ces maudits sofas ne sont pas contents, c'est qu'ils seront bien difficiles, car nous leur verserons, sans l'épargner, le vin de ces belles bouteilles d'acier. Avec une pareille boisson, je crois que les ivrognes seront nombreux, et que plus d'un restera sur place à cuver son ivresse.

Le soleil commence à descendre. Je retourne à ma case pour me préparer à la bataille de demain. Un camarade pénètre chez moi comme une bombe en criant à tue-tête : « Eh, Guilleux ! Eh, le Fenec !
— Quoi, quoi ? Pas tant de bruit ; tu n'es pas chez un nègre, et tu pourrais bien frapper avant d'entrer, au cas où ma femme changerait de chemise. Que veux-tu ? Un pot de lait, une pipe de tabac, ou bien viens-tu me chercher pour boire une tasse de dolo ?
— Ah, non, mon grand Secco, j'ai mieux que cela : prépare ton quart ; aujourd'hui, il nous tombe un colis postal épatant ; rien de si beau, rien de si bon !
— Eh bien quoi, parle, tu m'impatientes. Est-ce la tête de Rabah que tu m'apportes ? — Non ! C'est.... je n'ose te le dire ; j'ai peur que tu ne deviennes fou de joie. — File, va-t'en au diable, tu m'exaspères.
— Enfin, il y a un quart de vin, mon poteau !!! Viens vite, les copains vont tout boire ». Je saute sur mon quart et je suis en courant mon camarade, me délectant d'avance. Une minute après, je suis au milieu des amis qui dégustent lentement un quart de vin, de ce délicieux breuvage dont nous avons été privés depuis notre départ d'Algérie. Quelle belle couleur ! J'ai peur d'y goûter ; il y en a si peu : il faut faire durer le plaisir longtemps. J'y trempe les lèvres et je bois goutte à goutte. On parle, on rit ; ce peu de vin nous grise ; je suis presque ivre. On porte un toast à M. Gentil pour le remercier de sa bonté.

Je vais souper ; puis je reviens du côté des nouveaux arrivés. Que vois-je ? Une table, une lampe, des bouteilles, des assiettes ! Tout le bien-être que nous ne connaissons plus depuis longtemps. Je m'approche des deux Sous-Officiers attablés qui terminent leur repas : « Bonsoir Messieurs, bon appétit ! — Merci, me répond l'un deux. Vous allez vous coucher ?
— Oui, c'est l'heure, et puis c'est demain le grand

coup ! » Je dis encore quelques paroles insignifiantes, car je vois qu'ils s'apprêtent à prendre le café ; on vient d'apporter la bouteille de cognac. Je n'ai pas envie de m'en aller ; qui sait si je ne boirai pas, moi aussi, un peu de café ? On m'invite en effet ; j'accepte sans me faire prier ; je m'assieds sur une chaise pliante, et je commence à parler tout en guignant du coin de l'œil un paquet de tabac, du Maryland, qui me fascine. J'ai une envie folle d'étendre la main et de faire une cigarette. Tout à coup, un des Sous-Officiers, que j'ai su plus tard s'appeler Levassor, me dit qu'il était chargé de dire bonjour à un Caporal de la Mission Saharienne dont il ne se rappelait plus le nom. Je lui cite tous les Caporaux de la Mission, en m'oubliant, bien entendu. Je recommence ainsi une seconde fois, et ce n'est qu'à la troisième que je me nomme. « Mais c'est vous ! me dit Levassor. Je suis moi même de Chartres. En faisant mes adieux à Nogent, j'ai vu M. Audigier, le sous-préfet, qui m'a chargé de vous donner le bonjour de la part de vos parents. — Ah, merci ! Que je suis heureux de rencontrer un compatriote ! et de savoir mes parents en bonne santé. Leurs nouvelles datent de plus d'un an ; mais pour moi, c'est presque d'hier. Merci aussi à M. Audigier d'avoir pensé à moi ; je ne suis donc pas oublié, bien que si loin de la France et des miens ».

Pendant cette conversation, je grille des cigarettes ; je profite de l'aubaine, il y a si longtemps que je n'ai fumé de bon tabac que je ne peux me retenir. Je quitte mes camarades, le cœur plein de joie, après avoir bu une goutte de cognac, une petite larme il est vrai, car j'en ai peur. Je ne veux pas être malade demain. Au lieu d'aller directement me coucher au pied des remparts, je vais faire mes adieux à ma femme. Pauvre petite amie, elle a bien du chagrin, et je le comprends. Si je suis tué, un autre maître, un nègre sans doute, la prendra et la rendra malheureuse ; elle ne sera plus aimée, dorlotée comme par moi ; elle entrevoit une vie de souffrances. Allons, du courage, je reviendrai et tu resteras mienne ! Vers 2 heures, je la quitte après un baiser, le dernier peut-être ! Couché sur ma natte, je ne peux pas dormir, c'est à elle que je pense, je tremble pour son sort. L'avoir tant aimée, avoir goûté près d'elle un peu de vrai bonheur, et l'abandonner ainsi sans défense, c'est cruel ; mais à la guerre, le devoir avant tout ; il nous commande, quitte à nous faire taillader la peau, de culbuter ces nègres que je voudrais voir à tous les diables. — Obéissons ! Je suis soldat dans l'âme ; j'aime bien ma gentille négresse, mais je préfère à sa voix tendre les clameurs de la charge et le fracas du canon.

Oui, je suis un vrai sauvage ! Rien ne me plaît plus que le combat. Hurler ! sabrer ! abattre des têtes ! On n'est heureux que dans cet enfer, au milieu du danger, des cris, de la fumée, du sang. Mais après le combat, triste tableau qu'un champ de bataille ! Partout des morts, des mourants qui râlent et se tordent de souffrance. Le sol est rouge, l'air est empesté d'une odeur de chair grillée ; on foule à chaque pas des corps mutilés, des blessés à la bouche crispée, aux yeux hagards. Affreux charnier, monceaux de cadavres, armes brisées, cases en feu, chevaux éventrés, mares de sang, pourquoi vous aime-t-on ? Je ne sais, mais vous nous attirez, vous nous fascinez. Le danger nous grise encore plus que l'amour. Oh, destinée qui me conduis, toi que maudissent les veuves et les orphelins, j'ai confiance en toi, je t'obéis en esclave. Impassible, souriante, tu planes au dessus des pires calamités. Je m'abandonne à ta main de fer, sans vouloir songer à l'avenir, heureux de me dire que chaque pas à ta suite est un pas vers la mort.

VI. — COMBAT DU CHARI. — MORT DU COMMANDANT LAMY

22 Avril. — L'arrivée de la Mission Gentil porte à 700 le nombre des combattants prêts à marcher contre l'armée de Rabah. Le Commandant, qui depuis trois mois attendait cette jonction pour livrer la bataille décisive, a son plan d'attaque tout prêt ; aussi, le soir même de notre réunion, il donne ses ordres, et le matin du 22 nous sortons de Koussri. Le Commandant rassemble les Officiers, leur adresse ses dernières recommandations, et la troupe s'avance en trois colonnes : La colonne de droite, (Mission Afrique Centrale) est commandée par le capitaine Joalland ; celle du centre (Mission Gentil) par le capitaine Robillot ; celle de gauche (Mission Saharienne) par le capitaine Reïbell. Le Commandant est au centre et dirige l'attaque. Nous avons trois pièces de 80 de montagne et une de 44 $^{m/m}$.

On marche ainsi pendant 4 kilomètres, puis la colonne Joalland commence le feu ; l'ennemi répond par une fusillade nourrie. Pendant ce temps, les deux autres colonnes font un mouvement tournant pour cerner l'ennemi sur trois côtés de son camp et ne laisser comme face libre que celle de la berge du Chari. Bientôt elles ouvrent le feu à 600 mètres des sofas qui sont bien abrités dans leur tata. Ils ont débroussaillé sur 700 à 800 mètres le terrain en avant d'eux et ont de la sorte un magnifique champ de tir.

Les sections se forment en ligne, et pendant deux heures, une pluie de balles et d'obus est lancée sur le camp ; l'ennemi nous répond par un feu intense et bien dirigé qui fait plusieurs morts. L'heure de la charge nous parait lente à venir ; le Commandant a dit que nous ne chargerions qu'après deux heures et demie de combat ; on attend donc, mais il juge sans doute que le moment est venu, car sur son ordre, les clairons sonnent. Alors, hurlant, brandissant nos fusils nous nous ruons vers le tata où cinq à six mille sofas nous attendent, résolus. Au pied de l'enceinte, notre élan est un moment brisé, car l'obstacle est haut et difficile à escalader, on est forcé de passer par les portes à peine large d'un demi-mètre. Les noirs profitent de cet arrêt pour nous fusiller à bout portant du haut des murs, sans que nous puissions leur répondre.

Heureusement, le Lieutenant Britsch, mon chef de section, a franchi la porte en tuant un nègre qui l'ajustait : je le suis, et nous voilà dans le tata. Partout des morts ; les blessés se soulèvent pour nous envoyer leur dernier coup de fusil ; les chevaux éventrés se cabrent sur notre passage ; les cases en feu nous grillent la peau. Des sofas se jettent sur nous le sabre à la main : nous les lardons de coups de baïonnette ; le corps à corps devient général. Nous rugissons, nous mordons, nous déchirons comme des lions en fureur. Rien ne nous arrête : nous refoulons l'ennemi jusqu'à l'autre extrémité du camp et les sofas qui ne peuvent pas escalader le mur pour s'enfuir sont massacrés à coups de crosse et de baïonnette. Ce tableau est resté gravé dans ma mémoire : je vois encore ces 400 ou 500 sofas, acculés par ma section au pied du mur. Ils montent les uns sur les autres pour essayer de franchir l'obstacle, et forment une pyramide humaine de trois ou quatre étages. Mais les Tirailleurs qui les tiennent ont soif de vengeance ; ils s'acharnent sur eux. Pour un nègre qu'on abat, dix tombent avec lui, aussitôt étouffés sous la masse de leurs camarades qui les piétinent.

Pendant ce temps, les autres colonnes en faisaient autant de leur côté, et bientôt le tata est évacué par ses défenseurs ; mais la lutte redouble d'acharnement, car Rabah, qui n'est que blessé, rassemble ses meilleurs soldats et, par un retour offensif sur notre droite, essaye de rentrer dans le tata. Le Commandant veut s'y opposer et se jette sur eux avec les quelques hommes qui l'escortent. C'est à ce moment qu'il est frappé d'une balle. Le Capitaine de Cointet est tué raide à son côté ; le Lieutenant de Chambrun a un bras cassé ; trois ou quatre Spahis sont tués, cinq ou six blessés ; tous les officiers et les soldats qui entourent le Commandant sont atteints. Mais les

Sénégalais exécutent le mouvement indiqué : ils chargent avec rage. Les sofas sont mis en fuite. L'artillerie tire à mitraille, presque à bout portant, et achève de les anéantir.

La poursuite commence, elle ne sera pas longue ; ceux des fuyards qui ont pu traverser la rivière sont loin ; mais pour la plupart, ils sont encore dans l'eau. Des Tirailleurs se forment en ligne sur la rive ; leur feu bien ajusté a vite arrêté les nageurs : toute tête qui émerge est criblée de balles et s'enfonce pour ne plus reparaître. Parmi les fugitifs dans la brousse, Rabah est reconnu par un Sénégalais son ancien prisonnier. Il est entraîné par quelques sofas fidèles ; mais, hors d'état de les suivre longtemps, il est abandonné par eux. Le Sénégalais le rejoint, l'achève d'un coup de fusil dans la tête et rentre tranquillement au camp. Apprenant que M. Gentil a promis une prime à qui lui rapporterait la tête de Rabah, il retourne à l'endroit où il l'a laissé, lui coupe la tête et la main droite et les rapporte. La tête est reconnue par tous les chefs nègres présents et par plusieurs Soudanais qui ont été ses captifs. On la présente au Commandant qui la regarde avec un dernier sourire ; puis il dit à ceux qui l'entourent : « Je meurs content, puisque Rabah est mort ».

Nous ramassons nos morts, il y en a 28, et nos blessés, au nombre de 75. Du côté de l'ennemi, le carnage est effrayant ; autour du camp et dans le tata, il y a au moins 1.500 morts et plus du double de blessés. Une réception enthousiaste nous accueille à notre retour au camp ; c'est un bonheur inespéré pour tous ces noirs d'être enfin délivrés du tyran. Toute la nuit va se passer en danses et en feux de joie. Les Baguirmiens ont rapporté le corps de Rabah ; hommes, femmes, enfants, tous le piétinent en poussant des cris frénétiques, si bien que demain matin il ne restera plus de ce grand chef qu'une bouillie informe. Telle fut la fin du bourreau de Crampel, de Béhagle, de Bretonnet et de milliers de pauvres victimes. La journée a été rude ; le combat a duré deux heures et demie ; la victoire est complète, mais ce succès est trop chèrement payé par le grand malheur qui nous frappe : notre brave et bien-aimé Commandant est mortellement blessé. Le soir même, vers 7 heures, les pirogues rentrant de Koussri nous apprennent que le Commandant a succombé. Deux autres Français avaient trouvé la mort dans le combat : le Capitaine de Cointet et le Sergent Rocher.

Après avoir pris un bain dont j'avais grand besoin, je m'étends sur mon lit pour goûter un peu de calme. « Eh bien, ma mignonne, dis-je à ma femme, me voilà revenu, toujours vivant, jamais blessé. Ah, j'ai bien pensé à toi, là-bas. Avant le combat, j'avais un peu peur de ne plus te revoir. Mais il était écrit que mes craintes seraient vaines ; pouvais-je t'abandonner, toi si tendre et si gentille ? Tiens, apporte à manger, assieds-toi là, près de moi, bien près pour que je puisse lire dans tes grands yeux noirs, et que j'oublie la triste journée, la lutte atroce où tout n'est que sang, plaintes et blessures ! Quel doux repos ! Qu'on est bien ainsi, loin du combat. Après les brutales étreintes de la bataille, j'aime à m'abandonner, à me laisser dorloter par toi ; tes caresses me sont plus suaves, ta voix m'est plus douce après celle du canon. Sauvage, féroce tout à l'heure, maintenant je m'attendris, je me sens faible dans tes bras souples et nerveux ; et puis surtout, j'oublie. Oublier ! c'est le rêve ! Oublier le massacre, ne plus voir ces hommes qui tombent mutilés autour de moi, ne plus entendre les cris des enfants, les plaintes des mourants. Ah, si tu savais ! Partout des blessés, des morts éventrés et hachés. La mitraille fauche, on frappe sans voir, tout est rouge, vision fantastique où des êtres presque nus dansent et gesticulent au bout de nos baïonnettes et s'abattent sanglants à nos pieds.

« Et ces pauvres femmes, victimes de leur sort d'esclaves, qui ne pouvaient fuir ! Je vois encore ces infortunées, la poitrine ouverte, étendues dans les flammes qui lèchent leurs blessures et avivent leur martyre. Ah, ma douce amie, que je suis heureux de m'arracher à ce souvenir. J'aime bien la bataille, mais aujourd'hui, c'est trop triste, il y avait trop de cadavres, trop de sang ; et puis surtout, notre brave Commandant est tombé, frappé à mort. Cette pensée me déchire le cœur, je ne puis croire à ce coup de la fatalité. Ah Dieu, pourquoi ne m'as-tu pas pris à sa place ? C'était son devoir de vivre encore. Vois tous ces orphelins en larmes. Il fallait nous frapper tous et l'épargner. J'ai bien souffert, j'ai souvent pleuré, mais jamais comme aujourd'hui ; mon cœur saigne ; la pensée de ne plus jamais revoir le Commandant m'anéantit. Je veux encore entendre sa voix ; je veux lui voir encore tirer sa moustache ; je veux qu'il vive, qu'il revienne parmi nous. Pourquoi n'est-il plus, celui qui, pendant de longs mois nous a fait vivre par son exemple et sa sollicitude, nous ses soldats, ses enfants ?.Il a rempli sa mission, il est prêt à rentrer en France à notre tête, couvert de gloire, et la balle d'un nègre l'enlèvre à notre amour !

« Devant un pareil malheur, on ne peut plus croire à rien ; on maudit, on blasphème. Est-il possible qu'un pareil chef, un soldat de cette trempe puisse mourir ? Si un sacrifice pouvait racheter sa vie, il n'est pas un de nous qui ne soit prêt à donner son existence en échange de la sienne. Cruelle destinée, contemple ton œuvre ! vois ces soldats pensifs, abattus, désespérés. Ne pouvais-tu choisir parmi eux tes victimes ? Prends-en un quel qu'il soit, il est prêt : prends-les tous, mais rends-nous notre Commandant. Sans lui, nous ne saurons plus marcher à la victoire ; dans le combat, nous ne verrons plus que le danger et la mort. Quand donc viendra la fin de nos misères ? Après tant de fatigues et de douleurs, cette épreuve est la plus cruelle. Maudite soit la guerre qui nous enlève ce que nous avions de plus cher, de plus sacré au monde ! Que nous importent les succès, les honneurs ? Le Commandant est mort et tout est mort en nous. Notre âme s'est envolée avec la sienne : il ne reste plus ici que notre corps, loque humaine inerte et désemparée ! J'ai soif, ma tête est en feu. L'image du Commandant est toujours présente devant mes yeux ; il nous regarde, nous montre le chemin et nous crie : « En avant, et vengez moi ! »

23 Avril. — De bon matin, nous nettoyons et nous rajustons de notre mieux nos effets pour accompagner le Commandant et nos camarades à leur dernière demeure. Le soleil est déjà haut. Les troupes se massent près de la maison du Commandant : « Portez armes ! » retentit. Le cercueil renfermant les restes de notre chef vénéré apparait, couvert du drapeau tricolore, puis se dirige vers le cimetière. A sa suite, sont portés les autres corps, enveloppés dans des sacs. Tête baissée, en silence, nous suivons le funèbre cortège. Les troupes se forment en cercle pour entendre les paroles d'adieu que le Capitaine Reïbell et M. Gentil vont prononcer.

Nous sommes tous profondément recueillis devant les corps de nos frères d'armes, encore si près de nous, mais qui vont bientôt disparaître. Les larmes coulent sur nos figures bronzées et l'attendrissement gagne même les Touareg, qui semblent partager notre douleur, au bord de la tombe de celui qui a su les vaincre et se faire aimer d'eux. Le Commandant est le seul qui ait fait pleurer ces bandits, insensibles jusqu'alors à toute peine et à toute souffrance ; quel témoignage plus sûr pourrait-on invoquer de son prestige et de son ascendant inouïs sur ces peuplades ?

Le moment le plus déchirant est celui où notre chef bien-aimé disparait dans la tombe, perdu à jamais pour nous. Mon cœur se refuse à rappeler ce souvenir cruel ; ma douleur est trop profonde, et mes larmes, dans leur muette sincérité, sont plus éloquentes que toutes les paroles. Nous jetons sur son cercueil chacun une poignée de cette terre d'Afrique pour laquelle il a vécu, pour laquelle il est mort. Puis, silencieux et tristes, nous regagnons nos cases en songeant aux devoirs nouveaux que nous impose la mort du Commandant, et nous promettant d'honorer sa mémoire par notre dévouement à son œuvre.

VII. — PRISE DE DIKOA

25 Avril. — Rabah est donc mort, son armée est en déroute ; mais Dikoa sa capitale est encore debout, et son fils Fadel-Allah tient encore la campagne avec de nombreux partisans. Une reconnaissance de Sénégalais remonte le Logone en pirogues pour s'assurer si, comme on le prétend, Karnak-Logone est occupé par Fadel-Allah avec 500 fusils. Je fais partie d'une colonne qui suit à pied la rive du fleuve, pour soutenir la flotille en cas de besoin. Mes deux boys m'accompagnent, enchantés d'être du côté des vainqueurs. En vue de la ville, nous nous arrêtons ; les pirogues s'avancent et constatent que Karnak-Lagone est évacué. Rien à faire de ce côté ; demi-tour.

26 Avril. — Nous arrivons à Koussri dès le matin et nous campons sur le marché pour être prêts à repartir demain. Mon travail terminé, je vais, suivi de mon premier boy, faire un tour à ma case et rendre visite à mes voisins que je n'ai pas vu depuis le 21 Avril. Tous sont joyeux ; un délicieux repas préparé par mon épouse fume sur la natte. Je me mets à table, c'est-à-dire que je m'assieds par terre. Ma femme me raconte ses craintes. Elle voudrait m'accompagner à Dikoa : je refuse, sachant quels dangers nous y attendent. Elle insiste à grand renfort de minauderies et de grimaces et me dit que je ne suis pas gentil, car bien d'autres femmes suivent leurs maris là-bas. Enfin, je lui persuade qu'elle doit rester ici, et que je reviendrai bientôt.

A 5 heures, je rentre au camp pour terminer mes

préparatifs : quelle cohue ; tout Koussri est là. Beaux-pères et belles-mères font leurs adieux à leurs gendres. Les épouses sont étendues tristement auprès de leurs maris ; elles aiment un peu, ces petits soldats si bons, si joyeux, si braves ; elles pensent aux heureux jours passés, aux enivrants festins, aux danses du soir. Elles auraient voulu que tout cela n'eût jamais de fin. Après notre départ, que deviendront-elles ? Des esclaves, dont la misère s'avivera du regret d'avoir connu le bonheur. Chères petites négresses, je vous plains de tout mon cœur ; vous nous aimez, et nous vous laissons sans défense à vos maîtres d'hier qui vous feront expier vos infidélités à leur égard. Hélas, c'est la guerre ! Nulle peine n'est plus cruelle pour nous que l'obligation de vous quitter ; mais le devoir commande, et nous sommes ses esclaves.

C'est l'heure de la soupe, ma femme apporte à manger pour le dîner d'adieu. Nous ne sommes pas les seuls à en faire autant. Dans tous les coins, des groupes se forment autour des gouras. Les cris perlés des femmes se mêlent à la voix gouailleuse des Tirailleurs ; les boys se battent pour un os, un reste de bouillie. Les mères sont plus tristes ; à l'écart, elles assistent de loin à ces ébats, maudissant sans doute ce départ. « Allons, mange, bois, tu as l'air triste ». Ma femme ne répond pas, mais à ses yeux je vois perler deux larmes. Oh, ces larmes, je ne les oublierai pas, car elles me disent naïvement son amour. Moi aussi, je suis ému, mais mon caractère aventureux reprenant le dessus, je prends ma femme dans mes bras et je lui chante à pleine voix une vieille chanson grivoise. Elle n'en comprend pas un mot, mais ses larmes cessent ; un petit sourire plisse le coin de ses lèvres, elle est consolée. Nous restons sur notre natte, nous laissant bercer par les chants et les tam-tams ; puis, au milieu de ce vacarme, je m'endors.

27 Avril. — « Sennou ! Sennou ! Lalé ! Lalé !

Guillou, Ialé ! » Ces salutations m'éveillent au milieu d'un cercle d'une dizaine de gens. Mon tailleur m'apporte une calebasse de lait frais ; il me prie d'emmener, outre son fils, mon second boy, son frère avec moi à Dikoa. Comme j'ai assez de vivres pour le faire, j'y consens ; ils pourront m'être utiles. Ma belle-mère me présente des poissons frits pour mon déjeûner que j'expédie rapidement, en donnant des ordres à mes hommes. Ils ne m'écoutent pas, occupés qu'ils sont par leurs femmes ; mais les nègres ne manquent pas et le chargement se fait tout de même. Mon cheval est sellé, mes bourriquots sont rassemblés : tout est prêt. J'embrasse mon épouse. Elle pleure, cette pauvre petite. Un coup de sifflet retentit ; la masse de bourriquots et de chameaux s'ébranle ; un dernier baiser, et, le cœur bien gros, je saute en selle.

La porte est franchie ; la colonne marche sur Dikoa. Une foule de nègres nous suit en amateurs. Plusieurs femmes nous accompagnent : elles sont de Dikoa, Kouka ou des villages voisins. Elles marchent avec entrain ; chaque pas les rapproche de leur pays. Elles ont de leurs maris la promesse d'être libres de les quitter en arrivant chez elles ; aussi sont-elles encore plus câlines que d'habitude. La femme de 6150, un homme de mon escouade, a un babil qui nous tient en éveil la journée entière. Elle me raconte que son père est riche, qu'il a beaucoup de bœufs, que son village est grand. Elle me parle aussi de son ami 6150 : « Je l'aime bien, me dit-elle, je ne le quitterai que lorsqu'il partira ». Je crois bien qu'elle l'aime ! Dans un temps où il était en prison, elle passait toutes ses journées près de lui, et le soir elle pleurait en racontant ses peines à ma femme.

Le frère de mon tailleur fort gaillard de 30 à 40 ans se charge de mener les bêtes de mon escouade ; un de mes boys conduit un âne qui porte le mil et les ustensiles. Ce bourriquot appartient à mon tailleur ; il me l'a prêté à condition que je le lui amène chargé de butin. J'ai promis, mais je ne sais pas si je pourrai tenir ma parole. Au camp, la Mission Saharienne s'établit au bord d'un marigot ; les deux autres Missions bivouaquent de l'autre côté. Mes nègres dessellent mon cheval, alignent mes charges et me dressent un gourbi. Une demi-heure après l'arrivée, je puis me reposer à l'ombre. Ils vont ensuite faire du bois ; la femme de 6150 prépare la cuisine. Nous touchons de la viande de mouton et du mil pour nos chevaux, le tout en quantité suffisante. Sieste, pipe, et promenade dans le camp. Le soir, je veille un peu avec Philippeaux, puis je vais m'étendre sur le lit de roseaux que mes nègres ont eu soin de me préparer.

28 Avril. — Départ de bon matin ; nous campons à Afadé. A peine sommes nous installés qu'un troupeau de moutons passe à proximité. Le camp ne fait qu'un bond sur cette proie avec une vivacité de bête fauve affamée. On se bat, on s'arrache les moutons. En un clin d'œil, la place est nette : plus de deux cents victimes sont suspendues aux arbres et dépouillées par des mains habiles, tandis que les rires et les hurrahs retentissent. Les Officiers se sont bien aperçus du coup, mais il a été si vite fait qu'il est impossible de rendre les moutons à leurs propriétaires : on se contente de les réunir pour en faire une équitable répartition. Pendant cette razzia mes nègres n'ont pas perdu leur temps ; ils m'ont ramené trois superbes bourriquots chargés de beurre, de mil et de nattes. Ils tombent bien, ces ânes : la femme de mon Tirailleur va donc avoir une monture ! On dit que l'étape de demain est longue et sans eau. Le Capitaine Reïbell part avec quelques cavaliers pour contrôler ces renseignements.

29 Avril. — Après une courte étape, nous rejoignons le détachement parti la veille. Il est campé dans un petit village.

30 Avril. — Une marche de soixante kilomètres au moins, par une chaleur accablante nous amène au village de Ouarsalé, bâti sur un piton élevé. Il n'est pas bien grand, mais nous trouvons quand même assez de cases pour nous abriter. Dès l'arrivée, je vais au puits pour abreuver mes animaux, car dans un moment, la Mission entière va s'y précipiter et il faudra se battre pour garder sa place. Après quoi, je rentre à ma case, chez une famille de nègres bien misérables. Dans leur dégoûtant réduit, une vieille femme accroupie me regarde avec des yeux morts. Que puis-je faire pour ces pauvres gens ? J'ai du mil, des oignons, de la viande, je vais leur en donner un peu. La vieille, voyant que je lui présente un plat de mil, s'approche en rampant et se confond en remerciements : « Aman illa. — Yo illa, » et me montre trois grandes gouras remplies d'eau, cachées au fond de la case dans un fouillis de roseaux. Je remplis ma petite chipotta que j'accroche à un piquet pour que l'eau rafraîchisse, puis une marmite que je mets sur le feu. Ensuite je visite le village.

Je vais d'abord aux cases de mes hommes, tous très bien logés. Les habitants sont serviables et ne leur refusent rien.... de ce qu'ils ont, c'est-à-dire ni l'eau, ni le bois. Les femmes sont cuisinières, les maris palefreniers ; et mes Tirailleurs eux, couchés sur des nattes, fument nonchalamment leur pipe. Oh ! ils savent très bien se faire servir, ces gaillards ; mais sans cris, sans disputes, sans violences, et souvent ils partagent leur ration avec leurs serviteurs. Ils font rire les nègres et taquinent les négresses.

« Tamatote par ci, Tamatote par là ! » Un petit bécot ne les effraie pas. Elles rient de bon cœur, les coquines, et sont à la fête au milieu de ces soldats gais et blagueurs. De retour à ma case, je trouve une bouillie au lait et un ragoût de mouton dont je me régale, puis je vais dormir à l'ombre. Le soir à la veillée, mes hôtes me racontent de terrifiantes histoires dont Rabah comme toujours est le héros.

1ᵉʳ Mai. — En route pour Dikoa. D'abord une plaine immense et déserte, parsemée de taillis ; puis quelques villages, dont les habitants nous saluent et nous apportent de l'eau. Le paysage est monotone ; je ne puis mieux le comparer qu'à la Beauce. Les villages se multiplient ; les bouquets d'arbres grandissent ; on voit quelques champs de tabac. Il est 6 heures. La colonne s'arrête, les Officiers se rassemblent. Il paraît que Fadel-Allah a quitté sa capitale ce matin au lever du soleil. Nous reprenons la marche en avant. Les murs de la ville se dessinent, nous pénétrons dans la banlieue de Dikoa. Mon Lieutenant m'envoie en patrouille avec quatre hommes pour explorer les environs et faire rentrer dans la ville les bandes de nègres qu'on voit s'enfuir. Sont-ce des habitants de Dikoa, ou des pillards ? Nous allons le savoir.

Je pars donc au galop, le fusil à la main, prêt à faire feu. Mes quatre Tirailleurs me suivent, échelonnés à 20 ou 30 mètres. Bientôt nous tombons sur une bande de 300 à 400 nègres lourdement chargés. Je les appelle et leur fais signe de s'arrêter, mais ils poursuivent leur course. Je suis à cent mètres d'eux quand trois cavaliers débouchent de derrière un bouquet d'arbres et déchargent leurs fusils sur nous. Les balles sifflent à nos oreilles sans nous toucher, et en un instant nos agresseurs sont cernés. Les tuer ? Non pas. Nous les deshabillons seulement ; et, après avoir brisé leurs trois grands fusils nous les laissons sans une guenille sur le dos. Nous rejoignons les fugitifs. Ces gens-là ne me comprennent pas ; ils abandonnent leurs fardeaux, mais je ne peux arriver à les rassurer et à les ramener vers la ville.

Nous sommes à l'entrée du Dikoa « civil », la ville bâtie à l'extérieur des murs ; car dans la forteresse ne logent que les soldats. Toutes les cases sont vides, j'en visite plusieurs où je trouve quantité de corbeilles d'œufs, tous couvés malheureusement. Le quartier des Tripolitains est encore habité. Quinze ou vingt d'entre eux, brillement vêtus, assis autour d'un vieux à barbe blanche, me regardent sans effroi et avec une sorte de dédain. Tous sont armés de fusils et de pistolets sculptés et incrustés de pierreries. « Sebah krère, ouah chrag koum, me crient-ils. — Sahah, (merci). » Je m'arrête, ils me serrent la main et nous offrent une tasse d'un thé délicieux que je ne refuse pas, car c'est une rare aubaine. Je cause un moment avec eux, tout en scrutant du coin de l'œil les maisons voisines sur le toit desquelles j'aperçois bon nombre de têtes. Je les quitte et je pénètre dans la ville militaire.

Une muraille, haute de quatre ou cinq mètres, et très épaisse à la base, entoure la forteresse. A l'extérieur, un fossé large et peu profond. A l'intérieur, un talus à gradins permet de monter jusqu'à un mètre du sommet pour tirer par dessus. Çà et là, quelques embrasures. Ce mur est d'une solidité remarquable. Une rue du rempart, large et propre règne tout autour de la ville. Les maisons sont en terre et entourées chacune d'une clôture enfermant de nombreuses paillottes, habitations des esclaves, écuries et dépendances diverses. J'avance, en suivant des rues toujours très propres et absolument désertes. Pas un habitant ne se montre. Je débouche enfin sur une large place où je rencontre des camarades qui me disent qu'ils sont déjà campés dans le palais d'un des fils de Rabah. Je les suis et je rejoins ma section où déjà les feux s'allument pour faire cuire le repas.

Je desselle rapidement mon cheval et je le débarrasse de son chargement supplémentaire, une vraie garde-robe : quatre boubous, cinq pantalons, deux ceintures, trois paires de souliers, quatre pagnes, toute la défroque de nos ennemis de tout à l'heure. Puis je pars faire une seconde visite à mes Tripolitains ; j'ouvre la bouche pour leur demander du thé, quand une formidable explosion nous cloue sur place : c'est la poudrière de Rabah qui vient de sauter. Une colonne de feu et de fumée s'élève au-dessus de la ville ; des détonations sinistres nous assourdissent ; une pluie de débris de toute sorte s'abat sur le sol. Le premier moment de stupeur passé, je quitte d'un bond mes Tripolitains et je m'élance au pas de course vers mon poste.

Les murs de Dikoa à peine franchis, nous sommes arrêtés par une barrière de feu ; toutes les cases flambent, les murs s'écroulent, la fumée nous aveugle ; enfin, non sans peine, nous rejoignons notre section. Les bêtes chargées sont réunies sur la grande place, attendant le signal du départ. Par où passerons-nous ? Nous sommes au centre d'un immense brasier et le rideau de flammes qui monte jusqu'au ciel semble ne laisser aucune issue. Il n'en est rien, heureusement ; et, en guidant nos bêtes une à une entre les cases en feu, nous parvenons à sortir des murs. Là, on s'arrête un moment pour se reconnaître ; quelques hommes rentrent dans la ville, pour s'assurer que rien n'a été oublié : la plupart, ils songent surtout au plat de bouillie resté à la cuisine. Quel que soit le danger, ils ne négligent jamais leur ventre. D'ailleurs l'incendie s'apaise et nous allons camper dans la banlieue, au milieu d'un beau jardin de citronniers entouré de murs très hauts, et à l'abri de toute surprise. Les deux autres Missions sont tout près de nous.

A peine installés, mes Tirailleurs s'échappent de tous les côtés à la recherche de vivres et de femmes. Moi aussi, je pars à l'aventure avec mes nègres et un homme : je ne vais pas bien loin. Une bande de nègres pillards chargés de calebasses se dirigent vers nous ; je les laisse approcher ; puis je fonce sur eux, et sans explications : « Par le flanc droit, en avant marche, au camp ! » Ils sont 29, c'est une bonne prise. Je leur fais déposer leur butin dans ma case ; puis je réitère l'opération. Quand mes provisions me paraissent suffisantes, je m'en vais à la recherche d'un cheval et d'une épouse.

Mon flair de vieux troupier me conduit à une maison de belle apparence ; je l'explore en détail.

Une douzaine de femmes jeunes et vieilles, sont attachées deux par deux, et un vilain diable de Baguirmien les surveille, son fusil, une espèce de grand bâton, entre les mains. Je lui montre le mien et je lui dis : « Tiens-toi tranquille, si tu bouges, tu passes l'arme à gauche ! » Il me regarde d'un air furibond. J'emmène toutes les prisonnières vers le camp. A peine ai-je fait cent mètres que le maudit nègre tire sur moi ; le maladroit me rate. Je me retourne et je lui loge un pruneau dans la jambe. Il tourne un moment sur lui même et roule sur le sol. A l'entrée du camp, j'arrête ma smala, je la passe en revue et je fais mon choix : « Tiens, toi, la petite mignonne qui as l'air si timide, viens, tu feras ma soupe. » Elle ne comprend pas, je lui prends la main et je la conduis à ma case. J'installe les autres dans un grand gourbi vacant où elles seront en sûreté.

Assis devant ma case, je regarde mes hommes dispersés dans notre jardin avec leurs négresses. Ce qui étonne surtout, c'est le nombre de pots-au-feu : chaque Tirailleur a le sien, sans compter les poules qui rôtissent. Le camp est un fouillis pittoresque de gens qui crient, de volailles, de bourriquots, de moutons et de chevaux. Impassible au milieu de tout cela, le Tirailleur couché fume sa pipe. Pour mes hommes, le bonheur consiste à manger, boire, caresser sa femme et taquiner les vieilles. Des cris de joie partent de tous les côtés. On s'interpelle : « As-tu une belle femme ? — En veux-tu une ? — Viens goûter mon pot-au-feu ! — Viens voir mon épouse et mes moutons ! » J'ai pour ma part, sept moutons, quatre chèvres, deux vaches, deux chevaux, à boire et à manger dix fois plus qu'il ne m'en faut.

Ma femme, au milieu de tout mon ménage, ne semble pas désorientée ; elle s'est mise au travail, son pagne serré à la ceinture, le buste dégagé. Elle trottine, montrant au soleil ses mignons petits seins, ronds comme des pommes, qui se dressent provoquants sur sa noire poitrine. Elle est vraiment gentille, grassouillette à souhait. Ses cheveux bouclent sur sa nuque ; son nez fin, aux narines ouvertes, rappelle celui de la Parisienne ; ses lèvres entr'ouvertes, humides, épaisses, sensuelles, appellent le baiser. Ah, vilain soleil, pourquoi n'es-tu pas couché ? Je ne me sens pas le courage d'attendre jusqu'à ce soir pour goûter à sa bouche, pour baiser ses mignonnes quenottes qui brillent comme des perles quand elle esquisse un sourire. Tant pis si je trompe ma femme de Koussri ! Elle ne le saura pas ; et vraiment ce n'est pas ma faute : celle-ci est si troublante, ses yeux sont si profonds qu'il serait impossible au Père la Pudeur lui-même de ne pas se laisser émouvoir par tant de charmes.

« Eh bien, Guilleux, et vos Tripolitains ? — Ah oui, mon Lieutenant, je n'y pensais plus, mais j'y vais tout de suite. Eh ! Ragoua ! Cherrier ! Ménisser ! Prenez vos moucalas et en avant ! » En cinq minutes nous sommes chez les marchands, pour renouer la négociation interrompue par l'explosion. Je me fais faire cadeau de 20 paires de sandales, de deux belles gandouras et de cinq boubous bariolés. Je reviens au camp et je donne d'abord à mon Lieutenant à choisir ce qui lui plaît : le reste est pour mes amis. Ma négresse n'est pas oubliée : je l'appelle dans ma hutte, je jette à terre ses guenilles et je l'habille tout à neuf : « Là, te voilà belle maintenant ; tâche de bien faire la soupe et surtout n'oublie pas de traire les vaches et les chèvres ; car il ne manque pas de gens qui le feraient pour toi cette nuit ! » Elle sort joyeuse pour montrer à ses amies ses beaux effets, ses bagues et les anneaux de ses chevilles.

Je réveille mes boys et nous allons à l'abreuvoir. Anes, chevaux, vaches, moutons sont poussés vers le puits. En route, je rencontre des Tirailleurs qui ramènent des bœufs chargés de mil, de gouras, de tapis, et aussi de femmes : « Sbah krère, Sergent, chauf enças mléah la chia fihsta ga n'zouza. — Sahah, sahah, ana quin toument endou ouaad el mera qui secor. — (Bonjour, sergent, regarde nos belles femmes ; ce soir, c'est la fête, nous sommes tous mariés. — Merci, merci ; moi aussi, je suis marié, et avec une aussi jolie que les vôtres.) Rentré à ma case, je m'avance vers mon épouse ; et, gravement, devant mes hommes qui rient de sa confusion, je dépose mon premier baiser sur ses lèvres vermeilles. Puis, la prenant par la taille, je la conduis vers la natte où nous allons savourer notre repas. « Moussa, Moussa ! Apporte à manger ! » Le gredin de boy, qui n'attendait que cet ordre, se précipite sur la goura et nous présente le pot-au-feu fumant d'où se dégage une odeur des plus appétissantes. Ma femme est timide, elle mange du bout des lèvres. C'est sans doute la première fois qu'elle soupe assise auprès d'un homme, — et d'un kouffar surtout ! « Allons, chérie, pas de manières, pas de fausse honte ici. Tu es mon épouse, mon amie, n'aie pas peur ; bois, mange et souris un peu. Ne sois pas triste ; j'aime à rire, tu vas le voir tout à l'heure. » Je l'encourage comme une jeune mariée craintive, mais elle ne cesse de trembler. Quant à moi, je n'en perds pas une bouchée, je mange comme quatre, je bois deux litres de lait avant de laisser le reste du souper à mes nègres ; puis je vais à ma section.

On me donne des détails sur la formidable explosion de la poudrière, où le Capitaine Bunoust, le Lieutenant Martin et le Maréchal-des-Logis Papin ont été grièvement brûlés et ont vu la mort de bien près. Puis nous parlons de nos épouses, chacun se vante de posséder la plus belle ; je prétends que la mienne surpasse toutes les autres ; mais lorsque Cherrier me montre la sienne, je suis forcé de convenir qu'elle réalise l'idéal de la beauté et que je n'ai jamais rencontré, dans ces pays-ci, de femme qui l'égale. Arrive l'heure du départ de la colonne qui doit poursuivre Fadel-Allah. Les hommes commandés se rassemblent ; les chevaux et les chameaux sont prêts ; tout ce monde quitte le camp, après de rapides baisers donnés aux amies. Moi, qui ne suis pas de cette expédition, je veille encore un peu, tout énervé de cette journée si fertile en incidents divers, et je finis par m'endormir au milieu de mes provisions.

2 Mai. — Je commence de bon matin ma journée en absorbant un bouillon au vermicelle. Je soigne mon troupeau, puis je pars à la recherche de mil, accompagné de trois Tirailleurs. Dikoa est très animé ; les Barguirmiens pillent et saccagent tout. Ils sont avides de butin, ces nègres, et encore plus lâches ! Ils nous laissent toujours livrer combat sans y prendre part ; puis, lorsque le danger est passé, ils sont les premiers à piller ; et ils savent si bien s'y prendre que nous sommes les dindons de la farce : autrement dit, en termes militaires, « nous nous brossons ». Mais je vais leur jouer un tour de ma façon. Tout près de nous, dans une case, quatre de ces bandits sont en train de dépouiller de malheureux nègres qu'ils rouent de coups. Je me précipite sur eux avec mes trois Tirailleurs, et, des pieds et des poings nous les culbutons ; nous les deshabillons à leur tour, et nous les envoyons tout nus à la recherche d'autres vêtements ; puis je rends leurs effets aux victimes qui tremblent dans un coin.

Nous continuons notre promenade à travers Dikoa, aucun habitant n'est revenu ; on peut donc sans scrupule fouiller toutes les maisons, du moins celles qui existent encore, car le feu a presque tout détruit. La partie la plus dévastée est le palais de Rabah où a eu lieu l'explosion ; seuls quelques pans de murs encore debout témoignent de l'importance de cet édifice. L'atelier d'armurerie subsiste encore : il est curieux. Des crosses et des canons de fusil, des étuis de cartouches françaises, de forges, des enclumes, des scies sont minutieusement rangés sur de longues tables en terre recouvertes de tapis. On voit que Rabah veillait de près à la bonne tenue de son arsenal. A 10 heures, je rentre, impatient de me mettre à table. J'invite la femme de Cherrier à déjeûner avec nous : je remarque que mon épouse est jalouse et se montre peu accueillante pour sa compagne. Je ne lui en fais pas l'observation tout de suite ; mais plus tard, quand nous sommes seuls, je lui fais comprendre qu'une femme comme il faut ne doit pas se conduire ainsi. Elle ne me répond pas, mais je vois qu'elle tremble. Elle a peur ; pauvre petite. « Allons, c'est fini, rassure-toi et viens avec moi, nous allons faire visite à Ménage. »

3 Mai. — Vie de plaisir et de bombance jusqu'au soir.

4 Mai. — Grasse matinée jusqu'à 7 heures du matin. A midi, promenade à Dikoa d'où je rapporte encore un énorme butin. Vers trois heures, arrivent quelques spahis commandés par le Maréchal-des-Logis Belkacem. Ils nous apportent des nouvelles de la colonne partie le 1ᵉʳ Mai : elle a livré combat aux troupe de Fadel-Allah dont la smala a été enlevée par un vigoureux assaut. Lui-même est en fuite. Le médecin major Haller est blessé. Le Capitaine Reïbell demande quarante hommes de renfort pour continuer la poursuite.

VIII. — POURSUITE DE FADEL-ALLAH

A 5 heures, les 40 hommes sont rassemblés ; cette fois, j'en suis ; le Lieutenant Ondjari prend le commandement, et nous nous mettons en route en emmenant le canon de 44 mm. que le Maréchal-des-Logis Neuville accompagne. Nous marchons toute la nuit, guidés par les spahis.

5 Mai. — Des cadavres encore tout saignants, à demi-déchiquetés déjà par les vautours, jalonnent le lieu du combat que nous traversons pour arriver au camp de Deguemba. C'est un amas de huttes en paille où grouille un millier de gens, surtout des femmes. Je n'en ai jamais tant vu ; ces négresses, femmes, de chefs et de soldats rabistes sont jolies et dégourdies. Ce ne sont plus nos épouses de Koussri, timides et nonchalantes : ce sont de véritables démons espiègles, aux caresses raffinées. Les femmes des Tirailleurs de mon escouade m'apportent de l'eau fraîche, de la bouillie, de la viande et du lait. J'accepte tout car j'ai faim, et elles sont si gracieuses qu'on ne peut rien refuser de ce qu'elles offrent.

Mais il faut s'arracher à ces délices pour reprendre la poursuite de Fadel-Allah. Je ne m'attendais pas à un départ si prompt. Adieu donc les amours ! Le Capitaine Joalland reste avec 80 Tirailleurs à la garde du camp. Après une courte marche, nous nous arrêtons dans un village de belle apparence où nous sommes bien accueillis. Les gourbis sont pris d'assaut par la colonne ; on n'a pas de temps à perdre, il faut se dégrouiller, nous allons seulement faire la soupe et une légère sieste. Le Maréchal-des-Logis Neuville s'étant trouvé malade et étant retourné à Dikoa, le commandement de la pièce de 44 est donné au Sergent Coullié ; il se met aussitôt à en apprendre la manœuvre pour être apte à s'en servir à la première occasion. Vers quatre heures, nous repartons sur les traces des fuyards.

Peu à peu, la nuit étend son voile sur la plaine ; nous marchons en silence. Une légère brise commence à souffler. Le murmure du vent grandit ; un tourbillon de poussière nous poursuit et nous enveloppe au passage, fâcheux compagnon de route. Quelques larges gouttes de pluie froide nous arrosent ; une rafale secoue les arbres qui poussent de lugubres gémissements : tout annonce une bourrasque. Le déluge menaçant se déchaîne avec une telle violence que la marche devient impossible ; nous n'avançons plus que la main dans la main. La pluie nous cingle le visage ; nos yeux ont peine à rester ouverts pour voir le camarade qui nous guide. C'est un enfer où l'eau remplace le feu. Je suis trempé jusqu'aux os, mais je ris malgré tout car mon Lieutenant me lance quelques mots d'encouragement qui me font oublier notre pénible situation.

Quel effroyable temps ! Nous pataugeons dans la boue ; nous rampons presque, courbant l'échine, ruisselants d'eau ; tout notre corps pleure ; mes cheveux et ma chemise se collent à ma peau comme un suaire glacé. Les cascades qui descendent de ma nuque jusqu'à mes reins me font frissonner ; ma bouche se crispe, mes dents grincent, tout mon corps se contracte. J'essaie de réagir, de croire que j'ai chaud ; hélas, c'est trop difficile ; l'eau tombe toujours, le vent redouble de violence, et nous plions sous la tempête. Pourtant, fantômes de naufragés, miséreux débraillés, que nous sommes, nous marchons à l'ennemi, la tête basse peut-être, mais à coup sûr l'espérance au cœur !

Enfin Dieu qui voit notre courage a pitié de nous : il nous conduit vers quelques huttes en paille ; nous nous y précipitons et nous allumons du feu pour essayer de nous sécher et de nous réchauffer un peu. Ces gourbis sont trop petits pour nous contenir tous, et nous y sommes serrés les uns contre les autres, sans pouvoir faire d'autre mouvement que de tendre nos mains engourdies vers la flamme bienfaisante. Nous jouissons avec une naïveté enfantine de la chaleur de ce bon brasier qui nous réconforte. D'épais flocons d'une fumée âcre remplissent la hutte, mais nul ne quitte sa place, car dehors la pluie et le vent font rage. La nuit est noire et menaçante. Je me sens bien peu de chose devant cette colère de la nature. Qu'il ferait bon, là-bas dans ma petite chambre, devant un bon feu, d'entendre le vent ronfler dans la cheminée et siffler sous la porte, de cacher ma tête dans le lit aux draps blancs, et de m'endormir à l'abri de la bise ! Mais tout ce bien-être est déjà si loin dans mon souvenir que je doute de l'avoir jamais connu. Un peu réchauffés, nous partons. La pluie a cessé, le vent s'apaise, le calme revient et nous marchons plus crânement.

6 Mai. — Peu à peu, le jour paraît, estompe les bouquets d'arbres dans la plaine et éclaire notre lamentable cavalcade ; nous sommes plus mouillés que si nous venions de passer un fleuve à la nage. Hommes et chevaux baissent la tête et traînent la jambe. Nos chapeaux de paille, dont le bord se relevait hier d'un pli victorieux, et dont la plume d'autruche pointait avec tant d'élégance, ont un air bien piteux ; ils ont encore plus souffert que nous de l'orage. Enfin une traînée de soleil se glisse à travers les nuages : les têtes se redressent, les chevaux hennissent ; le rayon s'épanouit et répand le bien-être sur son passage. Béni soit l'astre généreux qui nous rend la vie, qui réveille la nature de son anéantissement, et qui efface en un instant le souvenir de l'affreux cauchemar.

Nous marchons dans un pays verdoyant, semé de lacs et de cours d'eau à l'onde claire. Quel contraste avec les visions lugubres de la nuit. Mais ces riants paysages conservent la trace du passage de Fadel-Allah. Les cadavres encore chauds, tout saignants, les yeux à peine clos jalonnent notre route de repères funèbres. Ils semblent nous dire : « Hâtez-vous, marchez, le but est proche ; chaque minute de retard fait de nouvelles victimes parmi les femmes et les enfants qui ne peuvent suivre la fuite affolée de ces bandits. » Nous nous arrêtons de onze heures à une heure pour abreuver nos chevaux, faire griller un morceau de viande et grignotter un bout de pain de mil. Nous traversons un terrain où Fadel-Allah a stationné la veille : il n'est donc pas bien loin ; vers 7 heures nous atteignons le camp qu'il vient d'abandonner.

On fouille les huttes, je ramasse un peu de mil en grain. Qu'en faire ? Le temps presse, nous partons à 10 heures, je le fais donc cuire tel quel. Je m'étends auprès du feu pour reposer mes jambes raidies. Mes hommes font cuire comme moi leur béchena sans l'écraser : « Bah ! demain on mangera un peu mieux, je l'espère, n'est-ce pas Moussa ? » Mon boy me regarde, et, sortant d'une calebasse une superbe cuisse de mouton rôtie, il se met à rire de ma stupéfaction : « Ah bravo, Moussa ! c'est bien cela ; va, tu seras récompensé d'avoir pensé à ton maître ! » La soupe est cuite, à table. Mon nègre découpe le gigot de son mieux et s'escrime à souffler sur la bouillie trop chaude. 10 heures : en route, et pour le grand coup, je crois. Jusqu'à trois heures du matin, nous marchons à toute vitesse, pour surprendre les fugitifs.

7 Mai. — Au petit jour, on ralentit l'allure ; les chevaux et le convoi s'arrêtent sous la garde de quelques hommes. Nous avançons avec précaution. A la brousse succède une immense plaine nue ; et là-bas, dans la brume du matin, des feux à l'épaisse fumée nous révèlent la présence de l'ennemi. Nous approchons en silence, à pas lents, courbés en deux, en profitant de tous les accidents de terrain pour nous dissimuler. Un petit tertre abrite notre déploiement en ligne et reçoit notre canon. D'ici on distingue en détail le camp que nous poursuivons depuis deux jours. Tout y paraît calme ; les femmes en longues files vont puiser de l'eau, les chevaux sont à la corde, pas un factionnaire en vue.

La distance est donnée aux sections ; les culasses mobiles scintillent au soleil en découvrant l'âme des fusils où la cartouche se précipite ; le canon engloutit son obus. Chaque œil cherche une cible pour y diriger sa balle ; la respiration se réduit à un léger souffle ; nous sommes prêts à surprendre l'ennemi par une pluie de fer et un vent de mort. « Feu de salve ! A 800 mètres, joue... feu ! » Un formidable crépitement déchire l'air et se répercute au loin ; les détonations se succèdent et le fracas du canon, domine la fusillade. Là-bas, la poussière s'élève par petits nuages ; des ombres noires s'agitent, des cris perçants arrivent jusqu'à nous ; la surprise et la peur bouleversent le camp. « En avant ! » crie le capitaine Reïbell : les sections sont alignées comme à l'exercice ; le fusil à la main, la tête haute et dédaigneuse, nous marchons avec calme et d'un pas assuré vers l'ennemi. De son côté, il s'apprête au combat ; une masse sombre et confuse se montre devant les gourbis.

On s'arrête : du haut d'un rocher, la gauche de la ligne exécute un feu à volonté nourri, tandis qu'à droite les spahis dessinent au galop un mouvement enveloppant. Quand les cavaliers sont assez avancés, les baïonnettes sortent des fourreaux, et, toujours belles, toujours fières, toujours victorieuses, se fixent au bout des canons. L'arme haute, la main droite à la hanche, le cou tendu, le jarret raidi, nous partons coude à coude au pas de charge. En tête, le sabre à la main, les Officiers se redressent et nous enlèvent par leur allure. Notre œil étincelle, notre bouche ouverte lance un cri de guerre ; c'est du délire nous dévorons l'espace. « En avant, à la baïonnette ! » crie le Capitaine. Un rugissement s'élève ; dans la poussière soulevée, on ne voit plus que l'éclair de l'acier pointant vers l'ennemi. Tout est confus, tout est rouge devant nos yeux, et nous allons, avalanche hurlante, nous jeter sur la masse noire qui nous attend.

Soudain notre élan s'arrête devant une ligne de femmes qui surgit à quelques pas de nous. L'ennemi n'est donc pas là ! Sans un coup de feu, sans un coup de sabre, nous écartons cette barrière inerte et nous envahissons le camp. Un butin considérable tombe entre nos mains : esclaves sans armes, femmes, bœufs, chevaux, moutons et provisions de toutes sortes. Mais de combattants, nulle trace ; tous ont fui abandonnant leurs richesses. Le Capitaine rassemble aussitôt les cavaliers et continue la poursuite. Il devait rapidement disperser les derniers compagnons de Fadel-Allah, en tuer un grand nombre, ramener de nombreux prisonniers et s'emparer de presque toutes les armes auxquelles les troupes de Rabah avaient dû leurs succès. C'était l'anéantissement définitif de cette force militaire qui avait si longtemps résisté à la nôtre.

Pendant ce temps, les sections établissent leur bivouac. J'ai ramassé treize femmes, dont une au teint mat, plusieurs sacs de mil, 45 gourcos (5 francs) 3 bœufs, 5 moutons, un cheval et une foule de provisions. Je laisse le tout sous la garde d'un de mes Tirailleurs ; et, suivi de trois nègres que j'ai fait prisonniers, je vais chercher un gourbi pour loger ma smala. Vingt minutes après, nous nous installons dans un palais en paille. Mes femmes y rangent mon mil, mon beurre, denrée précieuse, et se mettent à faire la cuisine. En attendant la soupe, je vais faire visite à mes amis des autres sections : entourés de femmes, de nègres, de bœufs et de gouras, ils ont tous une large part de prise. Mon ami Philippeaux se démène comme un diable au milieu de tous ses hommes qui n'ont d'yeux et d'oreilles que pour leurs femmes. « Eh bien, Philippeaux, cela marche-t-il ? Ah non ! Impossible de rien obtenir de ces lascars. — Viens donc chez moi, un copieux déjeûner nous attend. » Mon ami ne se le fait pas dire deux fois, car son ventre est creux comme le mien.

Arrivé à ma hutte, je fais étendre une natte sur le sable et apporter le ragoût de mouton, très pimenté mais délicieux, puis une bouillie de mil, le tout arrosé de lait. Nos femmes vont profiter des restes : à peine avons-nous fini de nous servir, que ma négresse brune se précipite sur les plats et les emporte pour les partager avec une de ses amies, aussi gentille qu'elle d'ailleurs, dont j'aperçois la silhouette à travers le paillasson de la case. Sont-elles astucieuses, ces négresses ! Se sachant jolies toutes les deux, elles prennent leurs quartiers chez moi, me faisant comprendre que les autres, vieilles et laides, n'ont pas droit à mes faveurs et qu'elles seules en sont dignes. Toutefois je n'oublie pas les autres à qui je donne du mil et de la viande pour leur journée ; elles me serrent les mains pour me remercier.

Nous fumons plusieurs pipes en buvant un quart de thé, car il m'en reste encore un peu dans ma sacoche, puis nous retournons l'un et l'autre à notre travail. Je donne des ordres dans toutes les cases de mon escouade, puis je rentre dans la mienne. Je trouve mes deux négresses faisant leur toilette. L'une d'elles, nue, est couchée sur le ventre, laissant reposer sa tête sur les genoux de son amie qui, accroupie, la peigne avec une aiguille de fer. Ma goura de beurre est auprès d'elles : j'y regarde avec inquiétude : hélas ! elle est presque vide, et leurs cheveux en sont couverts. La colère me prend, je ferme les poings, j'ouvre la bouche pour les invectiver, mais quatre petites mains noires et potelées se tendent vers moi en me demandant pardon. Je comprends mal leur langage, mais leurs yeux, leurs poses suppliantes sont plus expressifs que toutes les paroles. Je suis vaincu, je pardonne : si elles ont gaspillé mon beurre, c'était pour se faire belles et séduisantes, pour me plaire, à moi, leur maître d'aujourd'hui. Je leur fais signe de continuer leur toilette sans crainte et de disposer de tout ce qui m'appartient ; je me couche sur une natte et je m'endors.

Quand je me réveille, vers 3 heures, l'une d'elles est couchée à mes pieds dans une pose de nonchalant et superbe abandon : j'admire sa taille, adorable de finesse, sa chair ferme à la peau noire et brillante, ses seins qui ondulent en une cadence rythmée sur sa poitrine. Un de ses bras, relevé derrière la nuque, laisse voir dans le creux de l'aisselle quelques poils follets frisés et tremblottants ; le bas de son corps est voilé par un léger pagne qui dissimule à peine des jambes nerveuses d'un irréprochable dessin. La seconde est près de moi, souriante, montrant deux rangées de mignonnes petites dents blanches et des yeux brillant d'un éclat si ardent qu'il me semble apercevoir tout au fond son cœur. Elle tient à la main un éventail qu'elle balance au-dessus de ma tête d'un mouvement lent de son bras grassouillet.

Ah, douce vision ! Suis-je donc dans le royaume des fées, dans un de ces palais fantastiques où les houris bercent leurs hôtes et les grisent de leurs ensorcellentes caresses ? Ce ne peut être qu'un rêve ; mes yeux doivent se tromper. Pourtant, s'ils étaient réels, ces êtres qui frémissent, cette chair qui appelle le baiser, ces femmes qui attendent un signe du maître pour se donner à lui ? De ma main étendue, j'arrête le bras qui balance l'éventail : il est ferme et brûlant ; je le sens qui s'abandonne. Ce n'est donc pas une illusion. Oui, tout est vrai ; ils vivent, ces grands yeux profonds et timides qui me regardent. J'entoure une taille souple qui se cambre et finit par défaillir, mes lèvres en ont rencontré d'autres, humides et brûlantes, qui me rendent mon baiser. Abattu, brisé, je retombe et me rendors, la tête noyée dans un flot de cheveux.

Quand je me réveille pour la seconde fois, mes deux femmes ont changé de place : celle qui était à mes pieds veille à côté de moi et sa main balance à son tour l'éventail au-dessus de nos têtes. Elle me regarde avec douceur et paraît heureuse que je ne la renvoie pas, devinant bien qu'elle aura son tour. Ses yeux s'arrêtent parfois sur son amie, mais sans dureté ; je ne sais quelles pensées agitent sa petite tête, mais elle ne paraît pas jalouse.

Vers 5 heures du soir, le Capitaine me fait appeler et me demande si je connais le malheur qui vient de nous frapper. Je reste ébahi, moi qui tout à l'heure étais si joyeux, je ne puis croire à une catastrophe. « Le pauvre Sergent Couillé, me dit-il, vient de se blesser mortellement en brisant les vieux fusils pris à l'ennemi. Par inattention, et après en avoir déjà démoli plusieurs, il en a saisi un par le canon et de toutes ses forces il a frappé la crosse à terre. Le fusil était chargé, le coup est parti et l'a atteint au ventre. La balle a été extraite par l'infirmier sénégalais, mais les intestins sont perforés, il n'y a plus d'espoir, c'est un homme perdu. Allez le voir, consolez-le, donnez-lui du courage, c'est tout ce qu'on peut faire pour lui. Le caporal Cleitz et vous, ferez un brancard pour que nous puissions le transporter demain. »

Je cours à la case où agonise mon malheureux camarade. Hélas ! Quel changement ; ce n'est plus le soldat d'autrefois, alerte et gai. Sa figure a déjà maigri, ses traits sont tirés ; ses yeux grands ouverts, aux regards éteints, sont fixés dans le vide ; ses pauvres mains qui, ce matin encore, faisaient tonner le canon sont décharnées, jaunies, crispées sur sa couverture. Pauvre Couillé, il faut donc que tu sois la dernière victime de Rabah, et que, même disparu, il nous frappe encore !

Ses yeux se tournent vers moi, il m'a reconnu : « Bonjour Couillé, eh bien quoi ! Ça ne va pas. Allons, un peu de courage ; ce n'est rien, ne te chagrine pas ; c'est demain qu'on part. Fadel-Allah est en fuite bien loin. A Dikoa, tu seras soigné, tu guériras : ensuite, c'est la France. — Non, c'est fini, mon vieux, je le sens bien. Encore quelques heures, et puis.... Ah, je ne la reverrai pas, la France, je vais rester ici dans la brousse, tout seul, sans amis, sans avoir embrassé les camarades. Mais cela ne fait rien ; ne pleure pas, Charles : j'en ai assez tué ! Tu as vu comme je pointais ma pièce ce matin. C'était visé, hein ! Ah, pourtant, je voudrais bien revoir la France et mon vieux Blida. Mais bah ! C'est la fin, je me vois déjà mort et je sens mes forces qui s'en vont. Tout est sombre ici ; tiens, ne vois-tu pas des oiseaux qui voltigent là-bas ? Ils sont gentils, ces petits, ils sont tout près ; ils savent bien que je vais mourir.... Dis Charles, demain, m'emportera-t-on dans une belle voiture pour que je ne souffre pas ? — Oui, et dans de bonnes couvertures ; tu seras très bien, ne te tourmentes pas, tes amis sont là. — Ah, ah, ah... »

Quelques hoquets, puis au coin de ses lèvres blêmes, un léger filet de sang rougit sa bouche. Sa tête retombe, ses yeux se ferment, il vient de perdre connaissance. Je reste un moment pensif, à le regarder. Je grave à jamais dans ma mémoire ce visage livide, et je le quitte pour aller faire le brancard qui doit le porter.

8 Mai. — Nous quittons Issegué avec toute notre smala, femmes, bœufs, chevaux et bagages. C'est une vraie fantasia où les Tirailleurs à cheval galopent et exécutent mille prouesses devant leurs épouses qui se pâment d'admiration sur leurs bœufs couverts de tapis, de calebasses et d'objets variés. Cette caravane est un des plus pittoresques spectacles que j'aie jamais vus ; c'est un peuple entier en marche, une armée de femmes ; il y en a au moins cinq à six mille. Ma petite smala est conduite par mon boy, aidé de deux prisonniers qui rivalisent d'empressement à me servir. Mes deux favorites sont portées par des bœufs, les autres suivent à pied, chargées de tapis et de vaisselle. Moi, dans un accoutrement de Don Quichotte, je ferme la marche, me prélassant comme un pacha à l'allure nonchalante de mon bœuf. On cause, on rit, et la route se fait sans qu'on y pense. A l'entrée d'un petit bois je m'arrête un instant pour reseller ma monture et manger à l'aise une cuisse de mouton. La colonne me dépasse, et, seul maintenant, je regarde ramper ce long serpent noir qui s'éloigne.

Je suis tiré de ma rêverie par des cris et des appels plaintifs. Je me précipite et j'arrive à temps pour délivrer une gentille esclave de douze à quinze ans que deux noirs se disputent. Je la prends en croupe, et je pars au trot pour regagner le temps perdu. Ma petite protégée m'entoure la ceinture de ses bras pour ne pas tomber ; elle me serre très fort. C'est un enlèvement romanesque et des plus émoustillants. A la nuit, nous arrivons à l'ancien camp de Fadel-Allah où nous sommes déjà passés il y a deux jours. Notre malheureux ami Couillé a expiré en cours de route ; les hommes qui vont creuser sa tombe seront fréquemment relevés pendant la nuit, car le sol

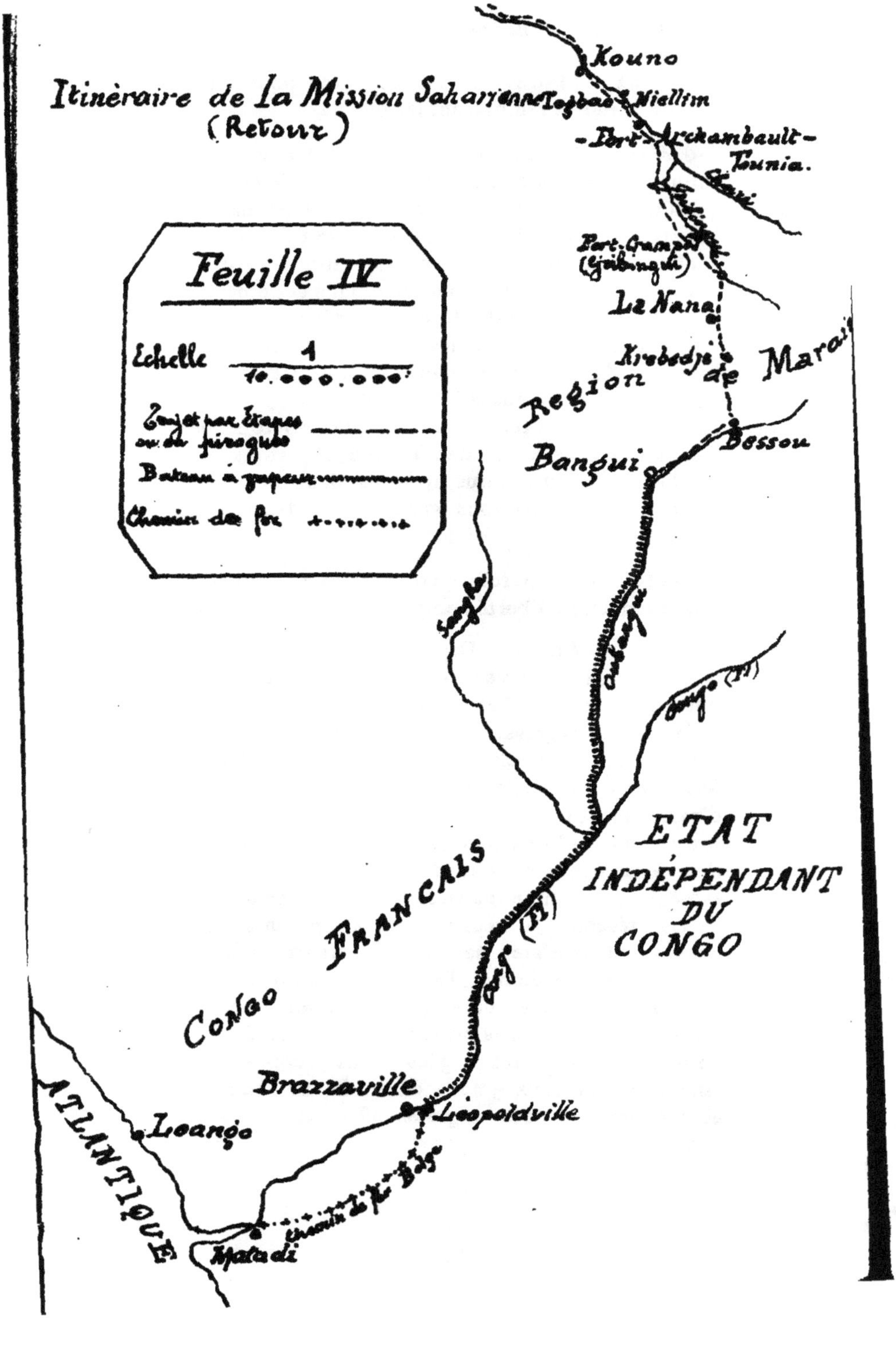
Itinéraire de la Mission Saharienne
(Retour)
Feuille IV
Echelle 1/10.000.000
Bateau à vapeur
Kouno
Niellim
Fort Archambault
Tounia.
La Nana
Krebedjé
Région de Marais
Bessou
Bangui
Sangha
Congo (Fl)
ETAT INDÉPENDANT DU CONGO
CONGO FRANCAIS
Brazzaville
Léopoldville
Loango
ATLANTIQUE
Matadi

rocailleux rend très pénible ce travail pour lequel nos baïonnettes remplacent les pioches.

9 Mai. — De bon matin, nous enterrons notre infortuné camarade dans une fosse profonde de trente centimètres à peine. Le Capitaine lui adresse ses adieux émus, puis le corps est recouvert de terre, de roches et d'épines : pauvre sépulture ! C'est fini maintenant, il faut l'abandonner dans cette brousse où jamais plus sans doute un Européen ne passera. Ah, pauvre Couillé, tu n'as pas eu le bonheur de mourir à Koussri ; là du moins tu dormirais près de notre bon Commandant ! Adieu cher ami, repose en paix dans ces solitudes ; nous ne t'oublierons pas. Chacun regagne sa section et nous repartons. A la tombée de la nuit, nous arrivons dans un village dont les habitants nous vendent des denrées qui varient un peu notre ordinaire.

10 Mai. — On marche à volonté ; plus d'ennemis, rien à craindre ; liberté complète.

11 Mai. — Arrivée à Deguemba, où amis et amies nous accueillent à bras ouverts. Le troupeau humain que nous amenons fraternise avec les femmes d'ici. Je laisse mes négresses aux soins de mes boys et je vais prendre le thé chez mon ami le Caporal Aboud. Son gourbi est vaste, meublé de tapis, de caisses, d'ustensiles variés en fer et en cuivre, et d'une magnifique selle passementée de rouge et de bleu. Ses deux épouses sont de teint mat, délurées, espiègles ; elles aiment à rire et ne s'effarouchent pas de ma présence. Je m'assieds en face de lui sur une couverture écarlate ; ses deux femmes prennent place, l'une près de moi, l'autre près de lui ; et, avec leurs éventails, elles nous caressent d'un vent frais qui nous fait oublier la brûlante chaleur du dehors. Le thé est bu à petites gorgées ; nous prenons notre temps comme deux grands chefs. Le déjeûner est ensuite servi par une négresse affreusement laide. Son horrible figure est pourtant bienvenue, car le ventre commence à crier famine. Le repas achevé, je laisse Aboud à ses amours et je vais aux miennes.

12 Mai. — La colonne, masse plus confuse que jamais de femmes, de bêtes de somme, de cavaliers richement équipés, se met en route, non sans peine. On s'arrête non loin de Dikoa, près d'un village. Nos boys, arrivés avant nous, en ont enlevé les cases et les ont apportées toutes montées sur le lieu de notre campement. Rien ne me manque donc à mon arrivée : deux gourbis m'attendent, pourvus d'eau et de bois. Je descends de cheval et je commence par donner mes ordres à mes hommes. Quand tous sont installés, je rentre chez moi où une bonne bouillie est prête ; je bois un quart de thé, puis je m'endors, bercé par le frou-frou des éventails qui se balancent au-dessus de ma tête.

13 Mai. — Arrivée à Dikoa en cavalcade. Quelle entrée triomphale ! Les chevaux hennissent, tendent l'encolure, se cabrent sous l'éperon. Les bœufs qui portent les épouses favorites s'avancent majestueusement comme fiers de leurs fardeaux, les moutons trottent en désordre. Les cris de joie des habitants massés sur notre passage retentissent. Tous sont gais ; l'avenir leur apparaît radieux : Rabah mort, Fadel-Allah en fuite, sans soldats, sans fusils, sans argent, hors d'état de nuire. Chacun regagne sa case, les animaux sont mis à la corde ; la vie de camp reprend son train train habituel. Nos maisons sont remplies d'énormes sacs de mil ; des autruches déplumées, en quête de nourriture viennent les becqueter. On répartit, entre les sections, les bagages à transporter : deux jours se passent ainsi.

15 Mai. — En route pour Koussri. Quelle confusion, lorsqu'il faut démarrer. Les charges trop lourdes et mal cousues se déchirent ; le mil se répand partout ; personne ne reconnait son bien. Plusieurs bœufs s'empêtrent et s'abattent. On ne s'en occupe guère : si une charge manque à l'appel, on la remplacera par celle d'une autre section ! La première étape est longue et pénible, même pour nous qui sommes à cheval ; les autres sont moins dures, et le septième jour nous arrivons au but.

21 Mai. — Nous rentrons à Koussri d'où nous sommes partis le 27 Avril ; un grand nombre de femmes nous ont suivis jusqu'ici. Nous traversons le Chari pour aller camper sur la rive française, près de l'emplacement où va s'élever le Fort-Lamy ; le passage du fleuve se fait facilement. J'atteins avec joie la berge. Là m'attend mon amie de Koussri, ma gentille épouse que je n'ai pas vue depuis un mois. Je la reçois dans mes bras, et pendant un moment, j'oublie tout pour ne penser qu'à elle.

Nous allons nous asseoir à l'ombre de palmiers, au milieu de nos voisins qui, pour fêter mon retour, ont apporté une calebasse de lait frais, des poissons frits et une délicieuse bouillie. Auprès de ma femme, je déjeûne en répondant aux mille questions que me pose mon auditoire nègre. Tout ce petit monde, que je considère comme une famille, est gai et joyeux de me revoir ; il faut dire que je viens de leur distribuer une quantité de pagnes et 50 bouthyrs. J'ai donné à ma femme de belles étoffes et 80 bouthyrs mis de côté pour elle.

J'achète en vue de la route pour trente bouthyrs de sucre et de thé à des Tripolitains ; je prépare tous mes bagages ; puis, la nuit venue, je traverse le fleuve en barque et je me dirige d'un pas rapide vers mon ancienne demeure : j'y trouve mon épouse qui m'attend. Raconter cette nuit me serait impossible, bien que l'affection vraie y tienne plus de place que la sensualité : le matin, vers trois heures, en quittant cette femme pour ne plus la revoir, j'avais les yeux pleins de larmes et le cœur bien gros. Que le camp me paraît triste à mon retour ! Quel morne silence. Je m'étends abattu et rêveur sur ma natte ; et, jusqu'au lever du jour, je songe à l'existence avec laquelle je viens de rompre, à ce qu'était ma vie depuis trois mois.

Adieu charmante femme, compagne fidèle des bons et des mauvais jours ! Adieu, combats enivrants ! Il faut renoncer à ces soirées troublantes, à cette vie d'abandon, de tendresses et de dangers ! C'est fini ! Rien ne me restera, que le souvenir, de cet heureux passé, que je ne voudrais n'avoir jamais vécu. Je cherche à réagir par le travail contre ces sombres pensées. La journée, consacrée à nos préparatifs, passe avec une rapidité effrayante. Le départ approche ; encore une nuit ! Demain, c'est le retour en France, ce retour tant attendu ; mais je ne songe qu'au déchirement de l'heure présente. Aussi, n'y tenant plus, à la tombée de la nuit, je m'esquive et je retourne à Koussri passer une dernière nuit d'amour.

IX. — RETOUR EN FRANCE

23 Mai. — Le jour du départ est arrivé : les femmes quittent le camp et, tout en pleurs, prennent le chemin du Fort-Lamy. Que de larmes elles versent, ces pauvres abandonnées, en nous quittant pour l'inconnu ! Quarante pirogues de toutes dimensions sont amarrées à la rive du fleuve. Chaque groupe y installe un gourbi, y entasse ses provisions. Une centaine d'hommes commandés par le Lieutenant Métois, et dont nous faisons partie, Philippeaux, Ménage et moi, suit à cheval le bord du Chari, pour conduire le troupeau de deux cents bœufs.

J'échange avec le Maréchal-des-Logis Papin un fusil à tir rapide que j'ai pris dans un combat contre une boîte de choucroute conservée. Je fais de rapides adieux à tout le monde, et d'un bond je suis en selle pour rejoindre mes camarades qui ont déjà pris de l'avance. Adieu, Koussri, adieu ! J'envoie de la main un baiser à ce pays que j'ai si tendrement aimé, où j'ai été si heureux, et je m'éloigne à regret. En me retournant, je vois peu à peu diminuer les silhouettes de nos quatre camarades qui restent avec la Mission Gentil, pour en renforcer le cadre européen, et qui nous saluent de leurs grands chapeaux.

Ici s'arrêtent les notes que je prenais au jour le jour. Les pages qui suivent ont été écrites de souvenir après mon retour. Que le lecteur me pardonne si je passe très rapidement sur les faits, et si les détails manquent.

Depuis vingt mois, nous avions dépensé sans compter nos forces dans les marches et les combats : une réaction était inévitable ; elle se produisit dès le début de cette route qui dura trois mois, de Koussri à la côte de l'Atlantique. Ceux qui avaient traversé sans défaillir le désert et tant de fois affronté la mort ne résistèrent pas au climat meurtrier de ces régions tropicales. Beaucoup succombèrent ; je fus moi-même très éprouvé. Mes petits cahiers, si soigneusement tenus depuis mon départ de Blida, étaient couverts de notes ; je n'avais plus une seule feuille de papier blanc ; d'ailleurs ma fatigue, mon abattement et mon anémie étaient tels que j'étais incapable de rassembler mes idées et d'écrire une ligne. J'avais tout juste la force de ne pas mourir.

Grâce à l'énergique exemple de nos chefs, et dans l'espoir de revoir la France dont chaque jour nous rapprochait, nous luttions sans relâche contre les éléments et les difficultés de la route dans ce pays malsain. La pluie, le vent, les marigots, le manque d'effets, le froid et la longueur des étapes furent nos ennemis acharnés ; nous ne retrouvâmes un peu de bien-être qu'à notre embarquement sur le Pernambuco.

De Koussri à Mandjafa, la route est triste, tout est dévasté et désert. On ne rencontre que quelques huttes de pêcheurs, vivant dans une profonde misère. Les pirogues arrivent toujours très tard à l'étape ; aussi nos camarades « les Boudoumas » comme nous les appelons en souvenir des pirates du lac Tchad, sont heureux de trouver leur ration de bœuf prête à l'arrivée. Je suis nommé Sergent, ainsi que plusieurs autres caporaux. Pour fêter mon nouveau grade, j'offre à mes amis une gamelle de thé, fait avec celui que j'ai acheté avant notre départ de Koussri.

De Mandjafa à Bousso, le pays est plus gai et plus peuplé. A l'arrivée à l'étape nous faisons une popote qui ferait envie à nos amis les Boudoumas, condamnés au déjeûner froid. La viande ne manque pas ; à elle seule, la chasse suffit à la consommation journalière. Notre troupeau est conduit par des Tirailleurs commandés par le Sergent Philippeaux que j'accompagne souvent. Seuls, en arrière, nous admirons à loisir la nature, les hippopotames, et parfois, mais de loin, des lions. Notre bétail s'augmente à Bousso de quelques bœufs et de quelques moutons. Nous faisons nos adieux à la petite colonne de Sénégalais qui faisait, presque depuis le début, partie de la Mission et qui s'arrête ici. Je serre une dernière fois avec effusion la main de mon ami, le Sergent Belin, leur chef.

En route maintenant pour Fort-Archambault (Tounia). Nous dépassons plusieurs villages déserts et nous campons successivement à Kouno, où fut livrée la grande bataille du 29 Octobre 1899 par la Mission Gentil à l'armée de Rabah, et à Togbao-Niellim, où deux mois auparavant avait été anéantie la Mission Bretonnet. Un Officier et quelques hommes montent sur la hauteur de Niellim pour arranger les tombes des braves, victimes de cette lutte épique où cinq blancs et quarante-six Sénégalais avaient tenu en échec une armée de plus de deux mille fusils. Je remarque l'énorme croix qui se dresse au-dessus des rochers et bénit ces lieux lugubres.

Le soir, je vais porter la viande aux pirogues et prendre à bord nos rations de mil, de sucre et de thé. Nos amis les Boudoumas ne sont pas très satisfaits. Toujours sur l'eau, partant dès le jour, arrivant la nuit à l'étape, ils passent la journée entière au grand soleil. Souvent les pagayes échappent, les pirogues prennent l'eau ; bref ils passent de rudes journées ; aussi je préfère de beaucoup mon cheval et la terre ferme. Souvent, je reste en arrière de la colonne pour donner la ration de bœuf aux pirogues retardataires. Alors je profite de ce que je fais l'étape avec quatre hommes seulement pour chasser un peu : hippopotames, singes et crocodiles sont mon gibier habituel ; je rencontre aussi des lions et des panthères, mais dans la crainte de les manquer, je me contente de les regarder.

A Fort-Archambault, premier poste français, on campe dans des huttes en paille, au milieu de nègres et de femmes qui sentent à plein nez l'huile de poisson. Les environs du poste sont bien cultivés ; quelques villages plantés au milieu d'une végétation tropicale égayent un peu cette région, à part cela triste et misérable.

De Fort-Archambault à Gribingui, la route fut atroce. La pluie, le passage des marigots, les longues marches dans les roseaux nous infligèrent des souffrances ininterrompues. Nous vivions continuellement dans l'eau. Nulle part nous n'avons eu à déployer plus d'endurance et d'énergie que dans ces terribles parages. En arrivant à l'étape, trempés jusqu'aux os, il fallait encore construire des abris contre la pluie. Il était presque impossible de faire du feu, le bois étant tout mouillé. La plupart d'entre nous, mal vêtus, nu-pieds, souffraient cruellement. On n'entendit cependant aucune plainte, il n'y eut aucune défaillance. Tout le monde marchait, car là-bas au delà de la forêt, nous devinions vaguement la fin de nos misères.

Près de Fort-Archambault, nous avons perdu un homme, enlevé par un lion pendant la nuit. Nous avons tout fait pour le retrouver, mais en vain ; l'obscurité était trop profonde pour qu'on pût s'aventurer au loin dans la brousse. Le lendemain matin, quelques kilomètres après le départ, nous avons trouvé son corps auprès d'un marigot : un bras manquait et sa poitrine était ouverte d'un coup de griffe. A Gribingui (Fort-Crampel) où nous arrivons le 14 Juillet, nous sommes reçus par toute la colonie et une section de Sénégalais, commandée par le Sergent Menguel, nous rend les honneurs. Ce jour de fête marquera à jamais dans ma vie ; pour la première fois depuis mon départ d'Algérie, j'ai le bonheur de m'asseoir au milieu de Français devant une table servie de mets européens. Nous restons sans nouvelles des pirogues jusqu'au 25 ; puis nous voyons arriver les hommes par petits groupes. Ils sont d'une maigreur effrayante et meurent de faim ; voilà plusieurs jours qu'ils n'ont mangé. Leurs pirogues se sont brisées, et, les rives du fleuve étant désertes, ils n'avaient comme nourriture que quelques racines et un peu de gibier. Nous les réconfortons de notre mieux ; mais comme les vivres sont insuffisants pour un séjour prolongé, nous repartons de l'avant, laissant au poste tous nos animaux blessés, entre autres le cheval du Commandant Lamy : la pauvre bête nous suivait depuis l'Algérie.

Le premier poste que nous rencontrons ensuite est celui de la Nana, une jolie petite station établie depuis peu, mais assez confortable ; nous y trouvons des amis empressés et accueillants. Nous sommes à la source des rivières qui descendent vers le lac Tchad ; elles se relient sans interruption avec celles qui coulent vers le Congo par une zône marécageuse. Ici, les cours d'eau ne se prêtent plus à la navigation. Nous filons vers Krébedjé par un pays d'aspect agréable et verdoyant, mais coupé d'innombrables marigots, nos éternels ennemis. A chaque instant, il nous faut entrer dans les eaux puantes ; les racines cachées dans les herbes nous déchirent les pieds : nos corps amaigris frissonnent sous les caresses glaciales des lianes, nos dents claquent, et pourtant nous chantons, nous rions de nos souffrances, car au fond de nos poitrines de moribonds battent des cœurs toujours fermes.

La faim se met aussi de la partie ; nous commençons à dévorer les racines de manioc rencontrées en chemin : tout fait « ventre » en campagne. Après la viande de chameau et de bourriquot du désert, après le sorgho de l'Aïr, c'est le manioc qui nous fait vivre. Ensuite, que mangerons-nous ? Mais, bah ! les kilomètres s'ajoutent aux kilomètres, et chacun d'eux nous rapproche de la France. Notre meilleur aliment, c'est encore l'espérance. Le soir, à l'arrivée, il faut monter les gourbis. Quel travail fastidieux, sans serpes ni haches ; c'est la baïonnette qui nous tient lieu de tout. Non sans peine, la carcasse est dressée, puis vient la toiture faite de hautes herbes de marécage. Le tout réclame des liens solides, car la pluie aurait vite raison de ces frêles abris. Mais l'heure du repos n'a pas encore sonné. Sous l'averse éternelle, il faut rallumer le feu mourant, faire la soupe, soigner les animaux, leur donner le fourrage. Enfin vient la nuit qui interrompt tout travail, excepté le service des factionnaires.

On va donc se reposer un peu. Hélas non ; les chiques nous assaillent ; le froid chasse le sommeil, et la fièvre martelle nos têtes endolories. Les heures nous paraissent interminables dans l'insomnie. Chaque case est un hôpital, d'où sort un murmure de plaintes qui va se perdre dans la forêt avec le vent sifflant à travers les branches. Nos Officiers aussi souffrent sans se plaindre, et savent se montrer gais pour nous réconforter. Leurs paroles encourageantes nous vont droit au cœur et nous soutiennent dans l'accomplissement de notre tâche. La variété des sites pittoresques que nous traversons nous égaye aussi parfois un moment : tantôt une cascade, tantôt un pont de lianes suspendu au-dessus des eaux d'un torrent.

A Krébedjé, nous attendons l'arrivée du second échelon qui nous suit à quelques jours de distance, et quand il nous a rejoint, nous reprenons la direction de Bessou. Je suis bien las ; mon corps n'est plus qu'un squelette. Je marche quand même ; à quoi bon se plaindre, alors que tant de camarades, encore plus malheureux que moi, succombent à la fièvre et râlent sous la pluie ? Les mêmes paysages défilent toujours devant nos yeux. Sont-ils beaux ? Je ne sais. Maintenant je suis blasé, je suis devenu taciturne, je n'ai plus un regard pour les plus belles choses, moi jadis si enthousiaste. Je marche comme un automate, la tête basse, les yeux fixés à terre, sans rien voir, en proie à une idée fixe : je pense au retour, à la France, à mes parents, à mes amis. C'est dans cet état d'âme que j'arrive à Bessou. Quel charmant petit poste ! Une superbe allée ombragée de bananiers conduit à la maison des Pères Blancs. Autour, dans des cases, habite tout un petit monde noir d'enfants élevés par les Missionnaires.

Nous prenons à Bessou quelques jours de repos. Le Père Moreau est aux petits soins pour nous ; il se multiplie, pour suppléer à l'absence de son collègue, gravement malade. Le jardin potager est à notre disposition ; nous en profitons pour nous régaler de soupe aux choux et de salades. Quel goût exquis ont ces légumes ! Quel parfum délicieux se dégage de la marmite ! Je ne me souviens pas d'avoir jamais rien mangé de si bon que notre cuisine de Bessou. Le plus petit morceau de légume restant au fond de la gamelle était soigneusement râclé ; nous nous serions fait un scrupule d'en laisser perdre une parcelle. Le jour du départ est arrivé. Notre voyage va continuer en barque, nous n'avons plus qu'à descendre vers le Congo. Les pirogues sont amarrées à la rive ; un dernier adieu au brave père Moreau, et nos embarcations prennent le fil de l'eau. Bientôt Bessou disparaît au tournant du fleuve. Nous voguons sur l'Oubangui.

Le trajet de Bessou à Bangui est splendide ; le paysage est sauvage et grandiose. Le fleuve large et majestueux coule entre les rives ombragées d'arbres gigantesques. De temps en temps paraît un village sur la berge. Les habitants, anthropophages renommés, nous saluent de leurs cris et de leurs gestes. C'est très beau, mais interminable. Durant cet énervant voyage les souffrances physiques ne le cèdent en rien aux souffrances morales. Du lever du jour jusqu'au soir, nous devons rester exposés aux rayons brûlant du soleil, immobiles au fond d'une étroite pirogue. Point de cuisine : seulement un peu de viande prélevée sur le repas de la veille. Pour ceux d'entre nous qui sont encore valides, cette existence est à la rigueur supportable : on se laisse bercer par le chant doux et cadencé des pagayeurs qui ne cessent de pousser leurs monotones : « Co co yo ha, co co yé ». Mais pour les malades qui avaient besoin de calme, c'était un vrai supplice.

Enfin nous franchissons les rapides de l'Eléphant, et Bangui apparaît au loin, perché à flanc de coteau sur des roches noires dont la verdure environnante accentue la teinte sombre. Les pirogues sont amarrées au port ; nous les quittons pour toujours et nous débarquons, espérant toucher au terme de nos misères. Quel beau jour que celui de notre arrivée à Bangui ! Au milieu de blancs, et de Français surtout ! En route, nous avions bien rencontré des Belges, gens charitables, excellents cœurs, mais ils n'étaient pas des nôtres, des frères, des enfants de la même patrie. Nos visages amaigris s'illuminent d'un rayon de bonheur ; les plus malades se sentaient guéris. Mais ce n'était qu'une illusion : presque tous en effet, nous allions le matin à la visite du médecin. Les uns souffraient de crocos, sortes de chancres qui rongent les chairs jusqu'à l'os ; les autres étaient la proie des chiques. Je n'avais heureusement aucune de ces infirmités, mais j'étais anémié et je toussais jour et nuit. Mes amis et moi, nous allions souvent à la maison des Pères Blancs où nous passions des heures agréables ; nous en sortions réconfortés au moral et au physique, et les poches bourrées de bonnes choses.

Un jour une messe fut célébrée à la mémoire du

Commandant Lamy. Quelle douce sensation j'y éprouvai ! Dans le parfum de l'encens, au bruit des chants qui s'élevaient mélodieux dans la chapelle, je priais de tout mon cœur pour le Chef aimé qui n'était plus et vers lequel s'envolaient toutes mes pensées. Je regrettais presque de me trouver là vivant, et de ne pas être couché auprès de lui dans ce cimetière de Koussri où il dort du sommeil des braves ! Les larmes qui coulaient sur mes joues étaient bien douces ; je me sentais devenir tout autre, et j'étais heureux dans le silence et le recueillement qui planaient sur l'assistance. Cette cérémonie est déjà lointaine ; pour moi, elle date d'hier et jamais je ne l'oublierai ; jamais jusqu'alors je ne m'étais senti si près de Dieu ; jamais je n'avais compris comme à cet instant la bonté du Créateur et la protection dont il m'avait enveloppé.

Notre séjour a Bangui fut attristé par la mort de l'Adjudant Jacques, alité depuis notre arrivée. Lorsque les échelons suivants nous rejoignirent, je fus atterré de voir mes pauvres amis Pannet et Crosson du Cormier dans un état d'abattement tel qu'ils en étaient méconnaissables. Où donc est cette santé de Koussri, alors que nous accompagnions bruyamment nos amours de refrains joyeux « Et mon vieil ami Becbec, où donc est-il, je ne le vois pas. — Il est mort, me répondit une voix grave ; nous l'avons enterré à Gribingui. » Quelle terrible nouvelle pour moi ! « Adieu donc, cher compagnon de mes misères, fidèle ami de la route. La destinée m'a séparé de toi au moment où tu allais succomber, et je n'ai pu recevoir ton dernier souffle, ton dernier baiser. Adieu donc, brave camarade ; tu ne seras jamais oublié : ton nom est là gravé dans mon cœur. »

Les jours s'écoulent maintenant plus tristes que jamais, à attendre le vapeur qui doit nous conduire à Brazzaville ; on essaie en vain de tuer le temps par des causeries ; mais nos corps seuls sont ici, notre pensée est bien loin, près du clocher natal. Il arrive enfin, ce vapeur tant désiré ! Sa silhouette se dessine au loin sur l'horizon bleuté du fleuve. Il avance, sa coque nous apparait plus nette ; son sifflet retentit. Un panache de fumée noire s'élève majestueux et s'estompe en une traînée brumeuse. Il est là, il s'arrête ; la planche qui le relie à la terre est jetée. Les ordres sont aussitôt donnés pour notre embarquement ; nos colis et les vivres sont entassés dans la cale, ainsi que nos fusils, fidèles compagnons de bataille. Deux chalands en fer encadrent le vapeur de part et d'autre ; nous y prenons place : on serre les mains de ceux qui restent, le vapeur siffle et nous démarrons. Adieu les amis, adieu Bangui !

Nous sommes bien à l'étroit sur les chalands, mais plus gaîment que sur les pirogues. Chaque soir, le vapeur s'arrête près d'un village ou dans une crique du fleuve, et nous passons la nuit à bord, enveloppés dans nos couvertures. Puis le matin, au jour, nous repartons, plus plus heureux chaque jour à mesure que nous ons la France se rapprocher. Bien que très aff la dyssenterie, je continue mon travail de f , un bien petit service, consistant à distribuer les rations aux hommes. Pourtant j'ai grand peine à remplir ma tâche. Je n'ai plus de forces, mes jambes décharnées se refusent à tout effort, et mes bras ne peuvent plus remuer une caisse de vivres. Aussi me faut-il l'aide de plusieurs hommes, en aussi piteux état que moi. Ce n'est qu'à force de patience que j'arrive à bout de mon travail. Alors, avec quel plaisir je m'étends sur ma couverture ! C'est souvent à la nuit tombante ou sous la pluie qu'il me faut faire ces distributions, ce qui est beaucoup plus pénible. Pourtant j'y parviens tant bien que mal. La volonté l'emporte sur la fatigue.

Arrivés à Brazzaville, nous passons la nuit sur le bord du Congo que nous traversons le lendemain pour aller prendre le chemin de fer belge qui va nous conduire à Matadi. Le trajet fut très pénible pour moi, malade comme je l'étais de la dyssenterie. Je ne dus mon salut qu'à la sollicitude de mon bon camarade Ménage qui, nuit et jour, ne m'a pas quitté un instant. Il m'était défendu de manger quoi que ce fût et de boire autre chose que de l'eau de riz. Mon ami y veillait. Ce régime était très dur pour moi qui mourais de faim. Je l'insultais, je le maltraitais ; mais lui, impassible, ne m'écoutait pas et je devais me contenter de mon eau de riz. Je suis heureux d'avoir ici l'occasion de le remercier du plus profond de mon cœur. Si je suis encore de ce monde, c'est à lui que je le dois. Merci Ménage, au nom de mes parents comme au mien, merci mille fois.

Après deux journées de chemin de fer, nuits non comprises, on arrive à Matadi ; nous allons cantonner près du port dans de grandes baraques en bois. Je m'y trouvais très mal et j'y ai passé plusieurs jours au lit, sans forces, presque sans connaissance, et croyant mon dernier moment venu. Pourtant, j'en réchappai, et je le dois, je crois au poulet rôti que m'envoya le Commandant Reïbell. Dans mon délire, je voulais à toute force manger du poulet, moi qui depuis si longtemps étais privé de tout. Le Commandant étant venu me voir, je lui en demandai, en pleurant, en le suppliant. Pour satisfaire ce qu'on croyait le dernier caprice d'un mourant, il m'en envoya un. Quand le poulet arriva, je n'en voulais déjà plus ; mais je ne sais ce qui s'était passé en moi : j'allais mieux, mon envie maladive avait été exaucée, j'étais sauvé. Quelques jours après, je me levais ; je commençais à manger, un œuf, puis deux : ce fut le début de ma convalescence et la première étape de ma guérison. J'appris avec douleur la mort de mon pauvre ami Pannet qui avait succombé à Brazzaville à une attaque de dyssenterie.

Enfin le jour du départ est arrivé. Le « Pernambuco » de la Compagnie des Transports Réunis du Hâvre est ancré dans le port. Il ne nous reste plus qu'à nous embarquer, et cette fois pour la France. La traversée se passa sans incidents et d'une façon trés agréable pour nous qui n'avions plus à nous occuper de rien et qu'à nous laisser vivre. Plus d'abreuvoir, plus de pâturage, plus de gardes à monter ! Nous débarquons à Bordeaux le 26 Octobre 1900. Là, je trouvai ma mère qui m'attendait, bien heureuse de me revoir après m'avoir tant de fois cru mort, et moi j'étais fou de joie de pouvoir l'embrasser et lui faire oublier ses angoisses.

Je renonce à décrire notre impression à la vue des côtes françaises. Quand les lignes de notre Patrie bien-aimée se dessinèrent à l'horizon, une joie inexprimable nous pénétra ; ce bonheur nous anéantissait, nous étions muets et recueillis ; il nous eut été impossible de prononcer une parole tant nos cœurs battaient d'émotion. Tous nous avions les larmes aux yeux !

Ah, quelle journée mes amis ! Mes yeux se troublent encore quand j'évoque cette heure bénie où il nous fut donné d'apercevoir cette terre de France pour laquelle depuis vingt-six mois nous avions souffert, lutté et vaincu ; pour laquelle tant d'entre nous avaient versé leur sang et fait le sacrifice de leur vie ! Ce retour était la fin de nos souffrances, la récompense de notre dévouement. Pour prix de nos peines, nous allions revoir ceux que nous aimions.

Hélas, tous ne connurent point cet heureux jour ; beaucoup manquaient à l'appel. A ceux-là, à nos chers morts, à ceux qui reposent de leur dernier sommeil sous les sables du désert, au flanc des noires montagnes de l'Aïr, dans le petit cimetière de Koussri ou dans les marais du Congo, donnons un pieux souvenir : nul de leurs camarades ne les oubliera. Frappés par les balles ennemies, ou terrassés par la fièvre, ils sont tombés en braves, heureux de mourir pour la gloire de la France et l'honneur de son drapeau. La France est fière de tels Enfants ; et vous, pauvres parents, plus à plaindre que le fils aimé que vous n'avez pu revoir, songez à cela, et répétez bien haut : « Mon fils est un Héros : il est mort pour la Patrie. »

Adieu, terre africaine, ou plutôt, au revoir ! Car j'espère bien un jour retourner dans ces chers pays, revivre de cette âpre et pourtant bien douce vie de soldat en campagne. C'est là ma seule espérance, mon seul rêve. Puisse la destinée ne pas m'être trop cruelle et ne pas m'oublier trop longtemps dans le poste d'Algérie où j'attends, toujours prêt, l'ordre d'aller combattre pour la France et son Drapeau... Inch Allah !

Blida. — 1901.

ANNEXES

A. - COMPOSITION DE LA MISSION

1° MEMBRES CIVILS

2° ESCORTE DE LA MISSION

Pertes subies par la Mission

B. - ETAPES DE LA MISSION

COMPOSITION
DE LA MISSION SAHARIENNE

1° MEMBRES CIVILS

MM. **Foureau**, Chef de la Mission.
    Dorian, Membre du parlement.
    Villatte.
    Leroy.
    du Passage (jusqu'à Timassânine).

AUXILIAIRES CHAMBBA

El-Hadj-Abdul-Hakem-Ben-Cheik,
                  Chef des chambba.
Ahmed-Ben-Bitour,   chambbi.
Boujemâh-Ben-Brahim,   id.
Salem-Bel-Henni,   id.
Kaddour-Ben-El-Kheir,   id.
Embarek-Ben-Amara,   id.
Miloud-Ben-Amara,   id.

Ali-Biskra,   boy.
Ali-Touggourti,   id.

2° ESCORTE DE LA MISSION

A. — OFFICIERS

1ᵉʳ Régiment de Tirailleurs Algériens

MM. **Lamy,** Chef de Bataillon Commandant l'Escorte.
Reïbell, Capitaine adjudant-major.
Métois, Lieutenant.
Verlet-Hanus, Lieutenant.
Britsch, Sous-Lieutenant.
Oudjari, Lieutenant Indigène.

Rondenay, Lieutenant à la *1ʳᵉ Compagnie de Tirailleurs Sahariens.*
de Thézillat, Lieutenant au *1ᵉʳ Escadron de Spahis Sahariens.*
de Chambrun, Sous-Lieutenant *d'Artillerie Coloniale.*

Fournial, Médecin Aide-Major de 1ʳᵉ Classe.
Haller, Médecin Aide-Major de 1ʳᵉ Classe.

B. — SOUS-OFFICIERS

1ᵉʳ Régiment de Tirailleurs Algériens

Jacques, Adjudant.
Fontenaud, Serg.-Four.
Couillé, Sergent.
Belin, Sergent.
Ducros, Sergent.
Rocher, Sergent.
Villepontoux, Sergent.

Fournier, Serg.-Major.
Trabessac, Cap.-Four.
de Moustier, Sergent.
Amalou, Serg. indigène
Medjadji, Serg. indigène.
Asloudj, Serg. indigène.
Omari, Serg. indigène.

1ʳᵉ Compagnie de Tirailleurs Sahariens

Parra, Sergent.
Philippeaux, Sergent.

Kaddour, Serg. indigène.

3ᵉ Régiment de Spahis Algériens

Belkacem, Maréchal-des-Logis indigène.
Ségalas, Brigadier-Fourrier.

Bonjean, Maréchal-des-Logis au 1ᵉʳ Escadron de Spahis Sahariens.
Neuville, Maréchal-des-Logis au 12ᵉ Régiment d'Artillerie

C. — CAPORAUX ET BRIGADIERS

1ᵉ *Régiment de Tirailleurs Algériens*

Guilleux,	Caporal.	Arkoub,	Cap. indigène.
Receveur,	id.	Cherchar,	id.
Becbec,	id.	Téaleba,	id.
Delayes,	id.	Kassoum,	id.
Ménage,	id.	Abboud,	id.
Crosson du Cormier,	id.	Tgheurbit,	id.
Pannet,	id.	Amrouche,	id.
Lelièvre,	id.	Boutriha,	id.
Mohammed,	Cap. indig.	Zeghdoud,	id.

1ʳᵉ *Compagnie de Tirailleurs Sahariens*

Kleitz,	Caporal.	Barka,	Caporal indigène.
Billotet,	id.	Mohammed ben Hadj,	id.

1ᵉʳ *Escadron de Spahis Sahariens*

Ravin,	Brigadier.	El-Hamri,	Ch. de groupe.
		Abd-El-Kader	id.

Bouzidi, Brigadier au *3ᵉ Régiment de Spahis Algériens*.

D. — ÉLÈVES CAPORAUX ET BRIGADIER

Jacquin, Elève Caporal, 1er *Rég. de Tiraill. Alg.*
Delaporte, id. 1er *Cie de Tiraill. Sahar.*
Trenque, Elève Brig., 1er *Esc. de Spahis Sahar.*

E. — EMPLOIS DIVERS

Congues, Ouvrier d'art, 1er *Rég. de Tiraill. Alg.*
Benyahi, Clairon,   id.
Akli,   id.   id.
Mezabet,   id.   id.
Attalah,   id.   id.
Kébaïli,   id. 1re *Cie de Tiraill. Sahar.*
Saux, Trompette, 1er *Esc. de Spahis Sahariens.*
Lurine, Mar. Ferr. 3e *Rég. de Spahis Algériens.*

F. — EFFECTIF DE LA TROUPE

Sous-Officiers Français 15   Indig. 6
Cap. et Brig.   id.   11   id.   15
Cadres divers   id.   6   id.   5

Effectif des Cadres Fr. 32 Indig. 26 Total : 58
Tirailleurs Algériens   175
   id.   Sahariens   42   Total : 217
   Spahis Algériens   9
   id.   Sahariens   23   Total : 32

Effectif total de la troupe   307

3° ORDRE DE BATAILLE

ÉTAT-MAJOR

MM. **Lamy,** Chef de Bataillon, Commandant l'Escorte de la Mission.
Reïbell, Capitaine adjudant-major.
Fournial, Médecin Aide-major de 1ʳᵉ Classe.
Haller, id.

PETIT ÉTAT-MAJOR

MM. *Jacques,* Adjudant.
Fournier, Sergent-major.
Fonteneau, Sergent-fourrier.
Ducros, Sergent.
Trabessac, Caporal-fourrier.

ORGANISATION DES SECTIONS

Les unités de commandement sont les sections. Les 4 premières sections sont formées avec le personnel provenant du 1ᵉʳ Régiment de Tirailleurs Algériens.

La 5ᵉ section est formée de Tirailleurs Sahariens.

La 6ᵉ section comprend les Spahis, Algériens et Sahariens, et l'Artillerie (servie par des Tirailleurs).

CADRE DES SECTIONS

1re Section	Lieutenant	**Métois.**
	Sergent	*Rocher.*
	Caporaux	Receveur, Delaye.
2e Section	Sous-Lieut.	**Britsch.**
	Sergent	*de Moustier.*
	Caporaux	Guilleux, Becbec.
	Elève Cap.	Jacquin.
3e Section	Lieutenant	**Oudjari.**
	Sergent	*Couillé.*
	Caporaux	Crosson du Cormier, Pannet.
4e Section	Lieutenant	**Verlet-Hanus.**
	Sergent	*Belin.*
	Caporaux	Lelièvre, Ménage.
	Ouv. d'Art	Congue.
5e Section (Sahariens)	Lieutenant	**Rondenay.**
	Sergents	*Philippeaux, Parra.*
	Caporaux	Billotet, Cleitz.
	Elève	Delaporte.
6e Section (Sp. Sahar.)	Lieutenant	**de Thézillat.**
	Mar. des L.	*Bonjean.*
	Brigadiers	Ravin, Trenque (El.)
	Trompette	Saux.
(Sp. Alger.)	Brigadier	Ségalas.
	Mar. ferr.	Lurine.
(Artillerie)	Lieutenant	**de Chambrun.**
	Mar. des L.	*Neuville.*
	Sergent	*Villepontoux.*

4° PERTES SUBIES PAR LA MISSION

A. — FRANÇAIS MORTS AU FEU OU DE MALADIE AU COURS DE LA MISSION

Com. **Lamy,** tué à l'ennemi, *Koussri*, 22 Av. 1900.

Adjud. **Jacques,** décédé, *Bangui*, Septembre 1900.

Sergent **Rocher,** tué à l'ennemi, *Koussri*, 22 Av. 1900.
Sergent **Couillé,** tué par accident, *Bornou*, Mai 1900.

Caporal **Receveur,** décédé, *Sahara*, Novem. 1898.
Caporal **Billotet,** tué à l'ennemi, *Talack*, 14 Juin 1899.
Caporal **Becbec,** décédé, *Gribingui*, Juillet 1900.
Caporal **Pannet,** décédé, *Brazzaville*, Sept. 1900.

Tiraill. **Jacquin,** disparu, *Tamaga*, 20 Octobre 1899.

Caporal **Delaye,** tué à l'ennemi, *Ouda*, Février 1901.
Maréch.-Ferr. **Lurine,** tué à l'ennemi, *Chari*, 1900.

B. — DÉCÉDÉS A LA SUITE DE LA MISSION

Sergent **Parra,** décédé *en mer*, Octobre 1900.
Serg. **Crosson du Cormier,** décédé, *St-Maixent*, 1901.
Sergent **Ducros,** décédé, *Saint-Etienne*, 1901.
Trompette **Saux,** décédé, *Libourne*, 1901.

C. — MILITAIRES INDIGÈNES TUÉS A L'ENNEMI

Tirailleurs Algériens et Sahariens

Tebib, (Algérien)	*Irhaïène,*	13 Août 1899
Daïb, id.	*Koussri,*	3 Mars 1900
Edjekouane, id.	*id.*	id.
Lazab, id.	*Logone,*	9 Mars 1900
Boultouak. id.	*id.*	id.
Sadou, id.	*Koussri,*	12 Avril 1900
Tahenni, id.	*id.*	id.
Djellouk, id.	*Koussri,*	22 Avril 1900
Mohammed ben Aïssa, (Tirailleurs Sahariens)	*Logone,*	9 Mars 1900

Spahis Algériens et Sahariens

Kadry, (Algérien)	*Koussri,*	22 Avril 1900
Khaled, (Saharien)	*Karnak,*	6 Mars 1900
Sassi, id.	*Logone,*	9 Mars 1900
Nadjem, id	*Chari,*	fin 1900

D. — MORTS DE MALADIE OU PAR ACCIDENT

Aoudi, (Tir. Alg.)	1899	Kadem, (Tir. Alg.)	1900
Labsi, id.	—	Kadjaï, id.	—
Arkat, id.	—	Bouziane, id.	—
Ben Adel, id.	—	Idhène, id.	—
Smaïli, id.	1900	Karouba, id.	—
Seradj, id.	—	Bouhadda, id.	—
Akli, id.	—	Razouani, id.	—
Menkouche, id	—	Hayani, id.	—
Larbi, (Tir. Sahar.)	1900	Satta, (Spahi Alg.)	1900
Lassemar, id.	—		
Belkacem, id.	—	Boubeker, (S. Sah.)	1899
Abderamman, id.	—	Abd-El-Kader, id	1900
Miloud, id.	—		

5° ETAPES DE LA MISSION SAHARIENNE

20-21 Sept. 1898	**Blida - Biskra** (Chemin de fer.)	
27 Sept.-12 Oct.	Biskra-Ouargla *(Oued Rirh)*	400 k.
23 Oct.-10 Nov.	Ouargla-Timassanine *(Sahara-Erg)*	475
26 Nov.-20 Déc.	Timassânine-Tikhammar *(Oued-Samène-Tindesset)*	318
27 Déc.-17 Janv. 1899	Tikhammar-Tadent *(Tassili-Adrar-Anahef)*	363
27 Janv.-2 Fév.	Tadent—In-Azaoua *(Tanezrouft)*	274
12-24 Fév.	In-Azaoua—Iférouane *(Pays Touareg)*	272
25 Mai.-28 Juil.	Iférouane-Agadèz *(Aïr)*	343
18 Oct.-2 Nov.	Agadèz-Zinder *(Tagama-Damergou)*	457
27 Déc.-26 Janv. 1900	Zinder-Lac Tchad *(Damagaram)*	707
3 Fév.-3 Mars	Autour du Lac Tchad *(Bornou-Kanem)*	695
3 Mars-13 Mai	Campagne contre Rabah	650
23 Mai-1 Sept.	Koussri-Bangui	1.336
	Total des étapes	6.290 k.

Bangui-Brazzaville (Bateau à vapeur)
Brazzaville-Matadi (Chemin de fer)

6° DÉTAIL DES ÉTAPES DE LA MISSION

20 Septembre 1898	Blida-Sétif (Chemin de fer)	
21	Sétif-Biskra (Chemin de fer)	
22 26	*Séjour à Biskra*	
27	Oum-El-Henna	20 k.
28	Chegga	33
29	Bir-Sétil	20
30	El Ourir	25
1 Octobre	Sidi-Khélil	23
2	Ourlana	32
3	Maghar	35
4-6	*Touggourth*	22
7	Blet-El-Tamar	22
8	Oglet-Erg-Edden	33
9	El-Hadjira	32
10	El-Harifidji	35
11	El-Bour-N'goussa	27
12	*Ouargla* (Cédrata)	41
	Biskra-Ouargla Total	400 k.
13-22	*Séjour à Cédatra*	
23	A l'O. des gour Tarfaïa	18
24	Oued Smihri	26
25-26	Hassi-El-Mjeïra	15
27	Oghroud El-Mâlah	16
28	2 kil. O. du ghourd Retmaïa	26
29	Sud des Slassel-Dhanoun	38
30	S.-E. des Oghroud Torba	30
31-4 Novembre	Aïn-Taïba	15
5	Nord du Feidj El-Beïda	27
6	Dans le gassi Er Ghessal	38
7	Sud du teniet El-Bégra	42
8	Nord du gassi El-Adham	26
9	Entrée Nord du teniet et Chadi	44
10-14	*El-Biodh*	20

15 Novembre 1898		Estuaire de l'O. Tayentourt	16 k.
16		Chabet Tiguentarine	30
17		Est des gour Ikébrate	21
18		*Timassánine*	27
	Ouargla-Timassânine	Total	475 k.
19-25		*Séjour à Timassánine*	
26		Oued Ano-Ajéri	22
27		Tête de l'O. Ano-Ajéri	22
28		Est du Khanfoussa	21
29-30		Puits de Tabal-Balet	30
1 Décembre		Oued Taïnaouine	26
2		Sud du gour Ghdamsïa	27
3-7		*Aïn-El-Hadjadj*	10
8-9		Oued-Samène près Temannate	21
10		O. Samène-Gueddembbou	21
11-14		O. Samène-Inimani	18
15-19		Traversée du *Tindesset*	73
20		*Tikhammar*	27
	Timassânine-Tikhammar	Total	318 k.
21-26		*Séjour à Tikhammar*	
27-28		Près de Ahelledjem	21
29		Tihodaït-Tan-Hebedja	25
30		Oued Tissaddamarine	25
31		Oued Afara	29
1 Janvier 1899		Oued Affattakha	10
2-7		*Puits Tidjidi et Tadouhaout*	10
8		Oued Eyssi	31
9		Timmedoued	29
10		Vallée de Tafassasset	23
11		Anahef (Gour Ikénéouène)	33
12		Tilma d'Irsane	30
13		Iragha	18
14-15		Oued Adjou	30
16		Oued Amanemghad	22
17		Tahabert près Tadent	27
	Tikhammar-Tadent	Total	363 k.

18-26 Janvier 1899	Séjour à Tadent (Visite au puits de *Tadjenoud)*	
27	Au pied du pic Azerhiou	22 k.
28	Oued Abrakhouate	35
29	Près du pic d'Irhallaouène	46
30	Dans la plaine du Tanezrouft	46
31	Oued Tindjahai	46
1 Février	Bir-El-Assiou	47
2	*In-Azaoua*	32

Tadent—In-Azaoua   Total   274 k.

3-11	Séjour à *In-Azaoua* (Construction du Fort-Flatters)	
12	Afaïnarane	35
13	Nord de Fénabaka	29
14	Sud de Fénabaka	15
15	Pied du pic Tin-Dourdourène	35
16	Oued Djininao	24
17-19	Oued Igharghatène (Taghazi)	14
20	Près du mont Tabalout	15
21	10 kil. N. d'Agouatène	37
22	Près de l'Oued Tidek	23
23	Oued Terhiou	32
24	*Iférouane*	13

In-Azaoua—Iférouane   Total   272 k.

25 Février-24 Mai	Séjour à *Iférouane* (Irhazar)	
12 Mars	Combat d'Irhazar	
16 Mars-7 Avril	**Raid à In-Azaoua**	
14-21 Avril	Raid au puits de Taghazi	
24 Av.-14 Mai	Pâturage à *Oumerret*	
25 Mai	Oued Tartoha	25
26	Aguellal	26
27 Mai-24 Juin	*Séjour à Aguellal*	
5-11 Juin	**Raid à Iférouane**	
13-20 Juin	Reconnaissance et combat	

25 Juin 1899	Ano-Acherère	25 k
26	Oued In-Aouane	12
27	Oued Zellallette	27
28	Camp du col	16
29	Camp de la rivière trompeuse	30
30	Pied du mont Diguellane	24
1-2 Juillet	Puits d'Aourarène	20
3	Puits d'Assada	7
4	Teniet Ghraghar	16
5	Près d'Aoudéras	9
6	*Aoudéras*	6
7-23	*Séjour à Aoudéras*	
24	Au sud du mont Thilisdek	20
25	Oued Tini	12
26	Salem-Salem	29
27	Alaghsas	30
28	*Agadès*	9

Iférouane-Agadèz — Total 343 k

29 Juillet-9 Août	1ᵉʳ *Séjour à Agadèz*	
10-18 Août	Marche sur *Irhaiène* et retour	178
19 Août-16 Octobre	2ᵐᵉ *Séjour à Agadèz*	
18 Octobre	Puits d'Abellama (Tagama)	86
21	Puits de Tembellaga	58
23	Puits de Tédalaka	40
25	Puits de Techiasko	75
27	Kori	50
28	Gangara (Damergou)	8
30	Sabankafi	28
31	Sud de Dambiri	20
1 Novembre	Bakimarane	64
2	Zinder	28

Agadèz-Zinder — Total 457 k

3 Nov.-26 Déc.	Séjour à Zinder	
19 Nov.-23 Déc.	Reconnaissance à Gazoua et à Tessaoua	

27 Décembre 1899	Me:ria	20 k
28	Ilalla	34
29	Gazafa	35
30	Gamdou	30
31	Gueri Mari Kafia	17
1 Janvier 1900	Yamia	22
2	Mia	12
3	*Guérine Selek*	40
4	Lac de Kamia Kouram	15
5	Lac Bitoa	27
6	Djemmba	20
7	Chéri	12
8-9	*Adeber*	61
10	Kouigom (sur la Komadougou)	40
11	Kabi	42
12-15	*Bégra*	15
16-17	Doutchi	4
18	Ossuaire de Gaschguer	23
19	Tséloum	22
20	Yô	33
21	Bord du Tchad près Arégué	18
22	Camp des éléphants	42
23	Kaoua (Demi-tour au nord)	23
24	Allaïrou (Près *Kouka*)	38
25	Arégué	41
26	Kiessa (sur la Komadougou)	21

Zinder-Lac Tchad   Total   707 k.

27 Janv.-2 Fév.	*Séjour sur la Komadougou*	
3 Février	Bélagana	4 k.
4	Barroua	32
5	Camp de la Prairie	25
6	Camp des antilopes (Yara)	25
7	Anse de Ilomirom	33
8	Fallah	26
9	Kalogo	30
10	Kiskaoua	30

11 Février 1900	Camp du 11 Février	30 k.
12	Suoulou	18
13	Kokkodo	32
14	Tergounaoua	33
15	Néguéléoua	28
16	Lagunes de Maderem	27
17	Marais de Bela-Kabtoune	36
18-19	Déguénemdji	40
20	Méniménirène	39
21	Tingaga	40
22	Assala	58
23	Bit-El-Fil	34
24-25	R. D. Chari, en face Goulféï	25
26-Février-2 Mars	R. G. Chari-Mara	30
3 Mars	*Koussri*	20
	Tour du Tchad par le nord Total	695 k.
3 Mars	*Prise de Koussri*	
9 Mars	Combat du Logone	
10 Mars.-21 Avril	*Séjour à Koussri*	
22 Avril	Combat du Chari	
25 Avril-1 Mai	Marche sur Dikoa	100 k.
4-13 Mai	Poursuite de Fadel-Allah	450
15-21 Mai	Retour de Dikoa à Koussri	100
	Marches dans le Bornou Total	650 k.
23 Mai-1 Sept.	**Koussri-Bangui**	1336 k.

Bangui-Brazzaville (Bateau à vapeur) 800 k.
Brazzaville-Matadi (Chemin de fer) 380 k.

TABLE DES MATIÈRES

	Pages
Dédicace	7
1re *Partie*. — De Biskra à Agadèz	11
Salut au désert	13
I. De Biskra à Ouargla	17
II. De Ouargla à Timassânine	17
III. De Timassânine à Tikhammar	22
IV. De Tikhammar à Tadent	30
V. De Tadent à In-Azaoua	32
VI. D'In-Azaoua à Iférouane	35
VII. L'Aïr. — Séjour à Iférouane	36
VIII. Combat d'Irhazar	40
IX. D'Iférouane à Agadèz	56
2e *Partie*. — D'Agadèz à Zinder	93
I. Premier séjour à Agadèz	95
II. Marche sur Irhaïène	117
III. Second séjour à Agadèz	142
IV. D'Agadèz à Zinder	174
3e *Partie*. — De Zinder au Tchad et au Chari	197
I. Séjour à Zinder	199
II. De Zinder au lac Tchad	243
III. Autour du lac Tchad	265

	Pages
4ᵉ *Partie*. — La campagne contre Rabah.	281
I. De Goulféï à Koussri	283
II. Prise de Koussri	290
III. Reconnaissance et combat du Logone	297
IV. Six semaines à Koussri	305
V. Arrivée de la Mission Gentil	322
VI. Combat du Chari Mort du Commandant Lamy	327
VII. Prise de Dikoa	334
VIII. Poursuite de Fadel-Allah	346
Retour en France	
IX. De Koussri à Matadi et à Bordeaux	360

Annexes. — Composition de la Mission.

1° Membres civils	377
2° Escorte	378
3° Ordre de bataille	382
4° Pertes subies par la Mission	384
Etapes	
5° Tableau d'ensemble	387
6° Détail des étapes	389

BELFORT. — IMPRIMERIE J. SPITZMULLER

www.ingramcontent.com/pod-product-compliance
Lightning Source LLC
Chambersburg PA
CBHW060048190426
43201CB00034B/482